The Annual Report on China's New Media Studies

中国新媒体研究报告2021

主　编　曾祥敏
副主编　赵淑萍　吴炜华

中国记协新媒体专业委员会　编

人民日报出版社
·北京·

图书在版编目（CIP）数据

中国新媒体研究报告. 2021 / 中国记协新媒体专业委员会编. -- 北京 : 人民日报出版社, 2021.11
ISBN 978-7-5115-7139-7

Ⅰ. ①中… Ⅱ. ①中… Ⅲ. ①传播媒介—研究报告—中国—2021 Ⅳ. ①G219.2

中国版本图书馆CIP数据核字(2021)第234531号

书　　名： 中国新媒体研究报告. 2021
ZHONGGUO XINMEITI YANJIU BAOGAO. 2021
作　　者： 中国记协新媒体专业委员会　编

出 版 人： 刘华新
责任编辑： 刘　悦
封面设计： 邢海鸟

出版发行： 人民日报出版社
社　　址： 北京金台西路2号
邮政编码： 100733
发行热线： （010）65369509　65369527　65369846　65369528
邮购热线： （010）65369530　65363527
编辑热线： （010）65363105
网　　址： www.peopledailypress.com
经　　销： 新华书店
印　　刷： 北京盛通印刷股份有限公司
法律顾问： 北京科宇律师事务所 010-83622312

开　　本： 710mm × 1000mm　1/16
字　　数： 458千字
印　　张： 28.5
版次印次： 2022年1月第1版　　2022年1月第1次印刷

书　　号： ISBN 978-7-5115-7139-7
定　　价： 88.00元

编委会

主　编

曾祥敏　中国传媒大学电视学院党委书记、教授、博士生导师，入选2020年度全国广播电视和网络视听行业领军人才工程，先后被评为北京市青年教学名师（2017），北京市“师德先锋”（2018）、北京市教学名师（2019）。担任中国记协新媒体专业委员会副主任委员，北京记协理事、北京市突发事件应急委员会专家、《中国新闻传播研究》副主编。分别荣获国家级教育教学成果一等奖一次、国家级教育教学成果二等奖一次。国家级一流课程《电视采访报道》负责人。教育部“新世纪优秀人才支持计划”入选人员，国家级优秀教学团队“广播电视新闻学”核心成员。

主要研究领域为视听传播、媒体融合、国际传播、网络舆情传播。主要著作有《电视采访》（入选国家级教材）、《新媒体背景下的电视分众化传播》、《中国新媒体研究报告》（主编）。

副主编

赵淑萍　中国传媒大学电视学院教授、电视学院学术委员会主任，北京市优秀教师。担任国家社科重点研究项目“中国特色社会主义新闻传播理论的构建”首席专家。带领团队完成的北京文化援疆项目《走进和田》大型系列纪录片荣获中宣部第十三届精神文明建设“五个一工程奖”。

主要著作有《电视采访》《电视节目主持》《广播电视新闻写作》《现代电视采访教程》《新闻权威与个人魅力：美国电视新闻节目主持人成功之路》等，其中5本教材被列为国家教委普通高等教育“九五”“十五”“十一五”国家级规划教材重点建设项目和北京市精品教材。近年来，带领团队创新高校社会服务，《主流媒体价值重塑及创新传播研究——基于中央广播电视总台专题研究》等多项成果体现出学术前瞻性及时代意义。

吴炜华　中国传媒大学新闻传播学部电视学院教授，编辑出版学系主任，媒体融合与传播国家重点实验室博士生导师。香港城市大学博士，美国纽约大学博士后，麻省理工学院富布赖特研究学者，教育部“新世纪优秀人才”，全国广播电视“百优理论人才”。

研究领域包括视听新媒体、媒体融合与传播、青年及网络文化、动漫及游戏等，出版有专著《视觉叙事的文化笔记》《新媒体传播导论》、译著《新媒体批判导论》及英文专著*Chinese Animation, Creative Industries, and Digital Culture*（由英国罗特里奇出版社出版）等。

序

奋楫先识东风劲，融到深处再起航

中国记协新媒体专业委员会

光阴荏苒，媒体融合作为国家战略推进已迈入第八个年头。从《关于推动传统媒体和新兴媒体融合发展的指导意见》全面吹响奋进号角，到2016年党的新闻舆论工作座谈会中习近平总书记对媒体融合发展阶段的科学论述与融合创新的具体指导，再到“推进媒体深度融合”被明确写入《中华人民共和国国民经济和社会发展第十四个五年规划和2035年远景目标纲要》，经过八年的不懈努力与探索，我国媒体融合发展的整体战略路径和布局基本成形，改革创新的效果显著呈现。主流媒体已逐步实现由散点化、试验性的“技术驱动型”创新向一体化、全局性的“生态建构型”融合迈进。近一年来，新型主流媒体的建设成果也先后在统筹推进新冠肺炎疫情防控和经济社会发展、决战决胜脱贫攻坚、庆祝中国共产党成立100周年等重大报道中得到检视与验证。而我们深知，新型主流媒体建设越是走向纵深，就越是到了吃劲的时候，在内容创新、组织管理、人才队伍建设等方面都更具复杂性与挑战性。立足新的发展环境与时代背景，要实现构建完整全媒体传播体系、有效服务中华民族伟大复兴和全面建设社会主义现代化国家的历史任务，就要做到“仰望星空，脚踏实地”。唯有冷静感知、客观把握新媒体行业发展的“局”与“势”，才能正确厘清新时期推进深度转型的“术”与“道”，助力我国媒体融合事业这艘巨舰在深海之中乘东风、再起航。

2021年是媒体深度融合纳入国家“十四五”规划的开局之年。多项重磅政策的出台，及时解决了深度融合下一步往哪里走、如何走的关键问题，为新阶段的高质量发展把舵定调，主流媒体融合转型的发展方向也变得更加清晰。2020年9月，中共中央办公厅、国务院办公厅印发《关于加快推进媒体深度融合发展的意见》，从重要意义、目标任务、工作原则三个方面明确了媒体深度融合发展的总体要求，以“正能量”“管得住”“用得好”为新型主流媒体发展凝练定位，强调建立以内容建设为根本、先进技术为支撑、创新管理为保障的全媒体传播体系。同时，《意见》重申了互联网平台的主阵地地位，指出要以互联网思维优化资源配置，主动将优质内容、技术、人才、资金向互联网、移动端倾斜，推动主力军全面挺进主战场，实现主流媒体全面转型。11月，《中共中央关于制定国民经济和社会发展第十四个五年规划和二〇三五年远景目标的建议》发布，明确提出推进媒体深度融合等要求。2021年3月，《中华人民共和国国民经济和社会发展第十四个五年规划和2035年远景目标纲要》正式发布，提出“推进媒体深度融合，做强新型主流媒体。”这一系列关键性文件的出台，高屋建瓴地回答了全媒体传播体系建成什么样、如何实现的重要议题，为主流媒体进一步推进融合转型实践指明了发力重点，擘画了改革路线图，是新时期深化媒体改革创新、进一步扩大全媒体建设成果的重要工作依据与坚强引领。

2021年也是主流媒体“央省市县”四级融合发展布局加快形成的关键一年。随着县级融媒体中心完成在全国范围内的基本覆盖，市级媒体被纳入转型战略整体。作为建设全媒体传播体系的关键一步，四级布局的架构有助于对各级主流媒体资源进行优化整合，强化各级媒体的比较优势，既避免了媒体融合早期出现的贪大求全、生搬硬套、重复建设等问题，也更能依据各层级资源、市场、实际需求等客观情况对媒体定位、职责进行合理调整。在这一体系中，四级主流媒体功能职责各有侧重，发展方式各有不同。作为全国各级主流媒体的先锋队，以人民日报、新华社、中央广播电视总台为代表的中央媒体突出“领头羊”的作用，多点布局，全面出击，不断强化意识形态引领的能力，加快国际传播能力建设，同时积极进行各项前沿技术、产品、平台试验，为各级主流媒体提供了融合创新模式、价值引领范式参考。省级媒体则致力于整合省内资源，建设具有强大市场竞争力与传播影响力的区域性旗舰媒体集团，积极打造域内统一、多级联动的一体化数字平台，涌现出如浙江“天目云”、江苏“荔枝云”、湖北“长江云”、河北“冀云”、河南“大象融媒”等一批具有代表性的省级云平台，有力发挥了省级媒体在全媒体格局中的重要作用。市级媒体是构建区域信息服务枢纽、完善智慧城市建设、提升市民生活水平的重要依托。在省媒加速巩固、县媒全面跟进的两头带动下，一些市级主流媒体因地制宜、积极探索，扎根地方经济、政治、文化、社会、生态文明等各方面求新求变，在技术接入、机制借鉴、内容联动上加速进入全媒体传播体系建设中。作为四级格局中的神经末梢，县级融媒体中心建设在中央精神与国家战略的推动下未艾方兴，探索出了一些各具特色、灵活多元的发展模式，涌现出一批优秀的建设标杆。

回顾过去的一年，面向青年网络用户群体的“传播破圈”依旧是主流媒体在内容创新、话语体系改革以及传播策略提升方面的主线任务。在以中央媒体为代表的先锋队的大胆实验与积极探索下，主流媒体已逐渐掌握冲破“次元壁”的“流量密码”，主动依据年轻网络用户的文化偏好与消费习惯融合创新。复盘这一年主流媒体的“破壁”传播实践，我们可以深刻地体察到，主流媒体已基本完成第一步“融得进去”的任务，开始向“融得更好”“融得更深”的新目标迈进。现阶段下，主流媒体正逐步跳出对流行文化元素的简单拼贴，努力以自己的方式与节奏入场，通过进一步强化内容制作能力，在选择性地借鉴与吸收的基础上，实现对优质内容的有效融合与优秀文化的创造性转化和创新性发展。通过强化自身观点与内容在年轻群体的感召力与影响力，主流媒体正逐步推动青年群体文化的主动合流，实现从网络流行文化的集散地与扩散器向持续输出先进文化、引领网络文化风尚的产出地的转变，进一步强化对年轻群体的共识、共情、共鸣传播。

2021年是《中国新媒体研究报告》（以下简称《报告》）陪伴新闻传播业界与学界同行度过的第三个春秋。作为加强新媒体服务引导、促进和推动新媒体新闻信息传播事业健康发展的重点行业智库报告，《报告》致力于着眼大局，勇立潮头，多视角解读党中央各项重大决策与部署，立体化聚焦新媒体发展的新动态、新形势与新议题，多方位分析媒体融合进程中的问题、趋势与规律，为我国各级主流媒体的深度融合发展实践切实提供决策依据与经验参考。2021

年《报告》创新内容架构，由“总报告”“行业报告”“专研报告”和“融合精品分析”四部分构成，结合丰富多元的实证数据与典型案例，力争从宏观、中观、微观三个层面对2020年到2021年期间全国新媒体行业发展以及主流媒体融合转型的趋势、现象与热点进行深入解析。“总报告”基于全国范围内的调查问卷以及针对主流媒体从业者的半结构式访谈，从全局视角对我国主流媒体深度融合的发展进路进行梳理和探讨。“行业报告”将主流媒体的内容生产放在首要位置，思考主流媒体内容与话语体系创新的方向与模式。此外，本年度“行业报告”部分新增治理篇，聚焦近年来快速发展的网络短视频领域出现的知识产权纠纷、虚假新闻泛滥等问题，助力网络视听新业务的多元协同治理体系建设，维护和推动网络短视频的健康、有序发展。“专研报告”对本年度融合创新实践中具有代表性与影响力的细分领域进行专项研究，从中央媒体移动客户端建设、跨区域媒体协同发展、地市级媒体深度融合路径等多个方面进行深入分析和讨论。值得一提的是，针对新闻传播新业态对新闻传播人才培养的新需求，《报告》对当前传播业对人才需求的特征与变迁趋势进行专项研究，基于31家不同级别媒体的招聘信息进行实证分析，总结媒体融合国家战略对全媒体人才的要求与布局，分析研判新闻传播教育的理念与路径转型。“融合精品分析”致力于发掘优秀融合新闻产品案例，为媒体从业者提供先进经验和理念探讨的平台。《报告》从第30届中国新闻奖媒体融合奖项获奖作品中精选出12件代表作品，涵盖融合创新、短视频现场新闻、短视频专题报道、移动直播、创意互动、新媒体新闻专栏六大子类别，集中展现各层级主流媒体在技术先导、内容创新以及体制机制变革上的融合转型成果，为融合新闻报道一线创新创优提供生动参考。

习近平总书记指出，宣传思想工作一定要把围绕中心、服务大局作为基本职责，胸怀大局、把握大势、着眼大事，找准工作切入点和着力点。伴随着一批形态多样、手段先进、具有竞争力的新型主流媒体的建设提速，伴随着多元一体化的全媒体传播体系加快构建，媒体深度融合迈入全新阶段。我们既要继续保持“壮士断腕”的勇气与初心，也要有“螺蛳壳里做道场”的精细与耐心，更要有“奋楫先识东风劲”的感知与洞察。唯有对新形势、新格局做全面深刻的检视，才能立足新的历史发展节点，因势而谋、应势而动、顺势而为，使推动主力军全面挺进主战场、深化主流媒体体制机制改革、进一步完善四级媒体布局等各项工作有章可循、稳步推进。

雄关漫道真如铁，而今迈步从头越，祝福我国主流媒体建设事业乘东风、再起航，立足新时代，再铸新辉煌！

目　录

第一章　总报告

第二章　行业报告

第三章 专研报告

第四章 融合精品分析

第一章
总报告

我国主流媒体深度融合发展进路

曾祥敏　刘日亮　杨丽萍[①]

摘要：媒体深度融合发展以来，全媒体传播体系建设系统推进，四级融合发展布局纵深开掘。“最后一公里”布局完善，县级融媒体中心全覆盖，最弱一环开始发力，市级媒体走出“佛系隐身”状态；体制突破引领媒体深度融合转向，机制变革围绕内容建设提质增效，移动优先注重以人为本，中央厨房机制不断深化；主流媒体多路并进构建生态级平台，打好“新闻+政务”王牌，理好后疫情时代“新闻+公共服务”新牌，抓住“新闻+商务”机遇牌。本研究基于近一年我国主流媒体深度融合发展实践经验和难题，结合我国主流媒体深度融合发展调查问卷结果和对主流媒体从业者进行的一对一半结构化访谈[②]展开，围绕体制机制深化改革、主力军全面挺进主战场、全媒体内容链条深度重构等三方面重点探讨，以期为我国主流媒体深度融合发展的具体进路提供思路。

关键词：媒体深度融合；体制机制变革；主力军建设；全媒体传播体系

2021年是媒体融合作为国家战略整体推进的第八年，也是根据中宣部要求

---

① 曾祥敏，中国传媒大学电视学院教授、博士生导师；刘日亮，中国传媒大学电视学院博士研究生；杨丽萍，中国传媒大学电视学院博士研究生。本文系国家社会科学基金重点项目“移动互联网背景下主流媒体新闻视听传播变革研究”（项目编号：18AXW003）的阶段性研究成果。

② 我国主流媒体深度融合发展调查问卷由中国记协新媒体专业委员会于2021年5月至7月向媒体发放，共发放问卷5121份，最终收回有效问卷4537份；同步开展针对主流媒体从业者的一对一半结构化访谈，深度访谈15人，其中管理岗8人，采编岗7人。

基本实现县级融媒体中心全覆盖后的第一年。国家“十四五”规划和2035年远景目标纲要明确指出当前媒体深度融合战略的方向与目标，即“推进媒体深度融合，做强新型主流媒体”。在中共中央办公厅、国务院办公厅印发的《关于加快推进媒体深度融合发展的意见》（以下简称《意见》）指导下，主流媒体探索深度融合实践的路径与方向越发清晰：改革发展的重心正逐步由产品创新、业态转型转向媒体战略转移，再到互联网生态焕新。当前，“刀尖向内”、系统全面升级的体制机制突破成为关键发力点，打造新型主流媒体品牌成为内容建设方向，构建生态级互联网平台成为新型主流媒体转型升级的目标。同时，主流媒体在打造集合广泛连接、多元整合、持续发展的全媒体传播生态体系过程中，也面临层级差异化、区域不平衡的挑战，深度融合发展如何“破茧”这一问题已经迫在眉睫。

一、总体发展：媒体深度融合推进与全媒体传播体系建设

推进媒体深度融合是阶段发展的新起点，也是我国媒体融合进入深水区继续攻坚克难的变革，而我国全媒体传播体系的战略布局已经初建，未来必将是做深做准做细的全面推进。

（一）四级融合发展布局纵深开掘

截至2020年末，我国的融媒体建设已经初见成效[①]，四级融合发展布局初具框架，新型主流媒体由先锋队经验向较全面的主力军推广，融合机制改革持续纵深开掘。

1.顶层设计：媒体深度融合，全媒体传播体系完整提出

当下，媒体融合进入深水期和攻坚期，政策推进到了新阶段。《意见》提出媒体深度融合发展的总体要求，完整提出要建立以内容建设为根本、先进技术为支撑、创新管理为保障的全媒体传播体系；“推进媒体深度融合”被纳入《中华人民共和国国民经济和社会发展第十四个五年规划和2035年远景目标纲要》；国家广电总局印发《关于加快推进广播电视媒体深度融合发展的意见》并明确

① 张英培，胡正荣.从媒体融合到四级融合发展布局：主流媒体发展改革的新阶段[J].出版广角，2021（01）：6-9.

改革时间点。在战略政策中，诸多表述都提出了融合发展转型的新阶段与新方向——管理机制创新成为重点、优势资源全面布局互联网、央省市县协同发展、有效利用用户资源。①

2.先锋引领：央媒加强“央省联动”，省媒牵头“花式联动”

“央省市县”四级融合发展布局的目标在于构建有连接力、组织力、引导力的全媒体传播体系，形成全程、全效、全覆盖的智慧全媒体传播生态，因此，发挥媒体融合先锋队优势以保障四级新型主流媒体间的实时联动与快速反应尤为重要。

人民日报、新华社、中央广播电视总台等央媒通过搭建平台，邀请县媒入驻矩阵号、使用云平台、打造“全国县级融媒体智慧平台”等路径，实现与部分县媒的点对点联动。同时，加强与省媒的联动：一方面，央媒加强与省媒的内容资源共享、技术共融、传播平台和渠道互通，比如新华网客户端与闪电新闻客户端深度合作，协同构建四级融媒体一体化智能媒体资源平台，联合发起“百年百城·建党百年寻声”等；另一方面，央媒不断加强地方站建设，比如中央广播电视总台计划在全国各省（区、市）设立地方总站以加强融合联动，在2021年4月至7月间，重庆、浙江、河北、北京、山东、天津6家地方总站陆续揭牌，甘肃、河南等地方总站也正在建设中。省媒则基于省级云平台加强与内部各市、县、乡镇、社区的“花式联动”，包括一体调度、内容共享、数据互联、技术互通、政务服务矩阵聚合、文明实践平台服务、举办线下活动等。比如新甘肃云省级指挥平台建立覆盖全省的指挥调度地图②，以实时掌控市县扶贫新闻和动态；山东闪电云平台构建了省市县三级媒体共用的“媒体大脑”“指挥中心”和“内容中台”；湖北广电长江云按照省、市、县、乡、村五级架构开发长江云·新时代文明实践平台；浙江天目新闻举办温州龙湾区拍客大会、建立天目融媒体学院台州（黄岩）学院等线下活动，加强市县融媒联动、宣传与培训。

3.体系连通：市媒被纳入全媒体传播体系建设

项目组2020年的调研结果显示，作为连接“央—省—市—县”全媒体传播

---

① 曾祥敏，李刚.我国媒体深度融合发展中的关键问题[J].现代出版，2021（02）：65-74.

② 梁佳.省级融媒体平台助力脱贫攻坚的路径——以新甘肃云为例[J].出版广角，2020（22）：72-74.

体系的中间一环，市级媒体的融合之路在政策支持、机制建构、融合生产、人才技术、平台合作方面都处于弱势地位，部分市媒甚至进入“佛系隐身”的停滞状态。[①]而2021年的我国主流媒体深度融合发展调查问卷结果显示，虽然市级媒体的融合发展仍处于相对弱势的地位，但融合机制已经发生变革。在“您单位是否采取移动优先”一题中，87.15%的市媒被调查者选择“是”，且移动优先的具体体现呈现多元化分布，全媒体人才数量多、绩效考核侧重、发稿优先是三项最主要的机制变革（图1-1-1），初步显示出市级媒体被纳入全媒体传播体系建设的激励效果。而在四级融合发展布局的连通中，除了找到自身的优势着力点和差异发展之道外，暂时处于“中部洼地”的市级媒体也可以通过优势省县资源的两头带动，在技术接入、机制借鉴、内容联动上加速进入全媒体传播体系建设。比如成都广电神鸟知讯客户端围绕时政社交党媒定位，发力新闻、政务、文创产业，吸引超过1500个成都社区集体入驻；长沙市不断升级聚合政务、公共和社会服务、融媒体资讯于一体的客户端“我的长沙”；安徽芜湖市整合芜湖日报、芜湖广播电视台的新媒体资源，打造“今日芜湖”客户端，下载量超150万[②]；湖北鄂州市融媒体中心纳入湖北省市级融媒体中心建设样板工程等。

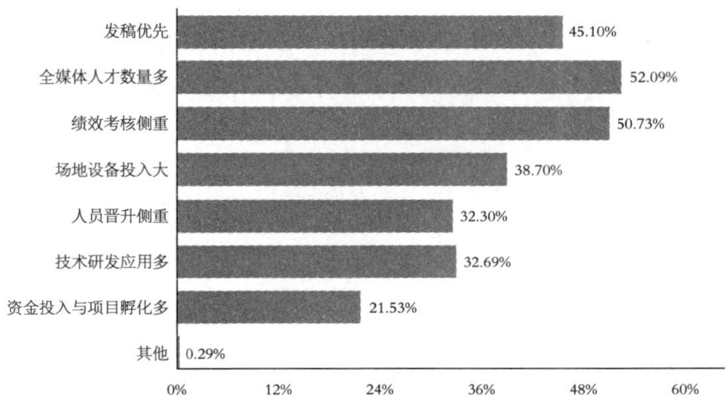

图1-1-1　“您单位如何体现移动优先”的市媒调查结果（总样本数：1031）

① 曾祥敏，刘日亮. 中国主流媒体融合发展现状调查和重点问题探究[C]. //中国记协新媒体专业委员会.中国新媒体研究报告2020，北京：人民日报出版社，2020：002-029.

② 韩万春.《芜湖日报》的媒体融合探索实践——“一体化”推进深度融合“高质量”提升引导能力[J].城市党报研究，2021（06）：49-51.

（二）体制机制突破引领媒体深度融合

媒体深度融合发展要“推动传统媒体和新兴媒体在体制机制、政策措施、流程管理、人才技术等方面加快融合步伐”[①]，体制机制成为新型主流媒体深度融合发展转向的重中之重，这不仅涉及通过顶层设计建立集约高效、重点突出的全媒体生态型互联网平台，还包括优化组织管理和运维机制，针对固定部门和柔性组织、生产经营和激励方式等进行系统化、差异化、有侧重的制度性建设。

1.体制机制变革：围绕内容建设提质增效

内容建设是全媒体传播体系建设的根本。一年来，各单位深度融合发展的机制变革也主要围绕内容建设展开。“您单位近一年内采取了哪些体制机制革新”一题的调查结果显示，采编流程融合创新、组织架构一体化、内容生产体系和传播链条建设分列前三，占比分别为66.74%、54.68%、52.92%（图1-1-2）。而将中央媒体、省媒、市媒、县媒数据进行交叉分析后发现，中央媒体近一年的机制变革主要体现在组织架构一体化上，继平台融通、内容建设之后，继续“刀尖向内”打破新旧媒体机构壁垒。而县级媒体在组织架构一体化、市场化经营管理、媒体内部管理机制革新方面均有显著加强，体现了其从创新“前台”技术应用与产品融合，到调整“后台”融合机制的深入发展。比如湖南浏阳市融媒体中心通过设立融媒体“指挥调度室”，形成协调联动、运转顺畅的融媒调度运行机制，对“一报两台一网一端三微”8个市属传播平台和“新湖南”等4个上级新媒体浏阳频道进行融媒调度，形成了“一体策划、一次采集、多种生成、多元传播、全天滚动、全媒覆盖”的调度机制[②]，通过采编机制再造引领业务、促进融合。

① 新华社.中共中央办公厅 国务院办公厅印发《关于加快推进媒体深度融合发展的意见》[EB/OL].（2020-09-26） [2021-07-16]. http：//www.gov.cn/zhengce/2020-09/26/content_5547310.htm.

② 胡敏.媒体深度融合中“浏阳模式”的建设与实现路径的探索[J].广播电视信息，2020，27（11）：14-16.

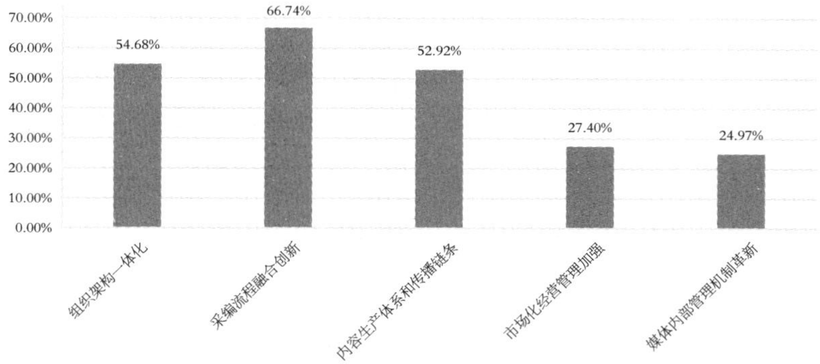

图1-1-2 “您单位近一年内采取了哪些体制机制革新”调查结果（总样本数：4537）

2.移动优先：人才主力军全面挺进主战场

把握移动传播规律、实践移动优先策略是主流媒体融合变革自始以来的转型重点。融合上半场，主流媒体的移动优先主要体现在生产满足用户在移动场景消费的新闻信息产品，把内容作为打开互联网主阵地的排头兵。而在当下的媒体融合深水区和攻坚期，移动优先策略深入主流媒体队伍内部，围绕激活人才的主力军建设进行机制突破。在移动优先的具体体现上，问卷结果显示：全媒体人才数量多、绩效考核侧重分别占比51.94%、49.76%，排在发稿优先之前（图1-1-3）。围绕人才主力军的机制调整，其实质是驱动媒体人的持续创新和学习能力，为主力军全面挺进主战场提供不竭动力。

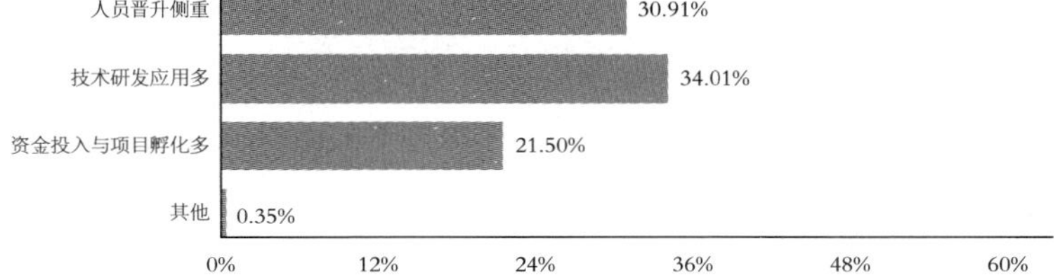

图1-1-3 “您单位如何体现移动优先”调查结果（总样本数：4537）

3.中央厨房：优化升级亟待推进

“一次采集，多元分发”的中央厨房在融合初期是各级媒体建设的重点，一些媒体将中央厨房建设成为拥有数据大屏、多功能办公区的物理空间，但在实用性上有所折扣，问卷结果显示，生产内容过于同质是最大问题，一次采集、多种生成不适配，工作沟通更加烦琐，使用频率低等问题同样明显（图1-1-4）。访谈对象M02[①]说：“中央厨房是否让记者编辑新闻生产变得更流畅，是否让上传内容得到进一步整合，是否能让新闻产品得到更大范围传播，这些都是需要进一步调整的地方。”

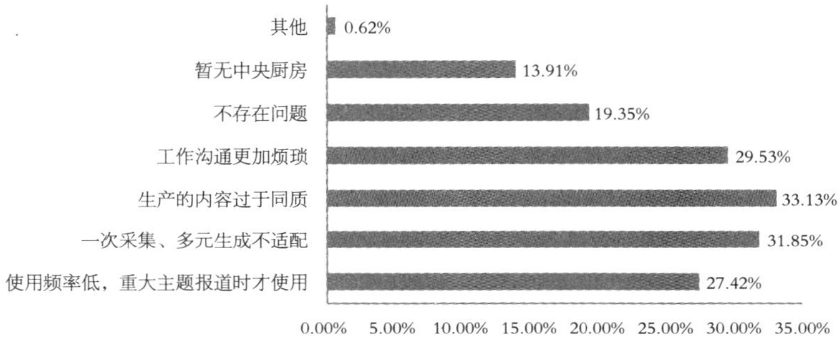

图1-1-4 “中央厨房使用问题”调查结果（总样本数：4537）

中央厨房不是“一锅烩”“一刀切”，正如访谈对象F02[②]所说：“各部门对同一新闻有个性化的报道侧重，存在竞争，不是对素材进行简单二次加工就可以。”作为协同作战的生产机制和资源整合的技术平台，中央厨房应进一步优化升级，打破中央厨房的物理空间束缚，以互联网思维优化中央厨房的内容、人员、绩效等资源配置和分工，提升记者的采编自主性，推进扁平灵活的调度机制，让中央厨房更好发挥作用。比如，在内容生产之后的传播推广环节加大探索，通过中央厨房优选同一报道选题下网感更强的产品进行新媒体端推荐分发，并根据新媒体传播效果及时统筹多次生产与传播，实现主阵地内容引领与主力军创新激励。

① 所在单位为湖北省级媒体，男性，从事采编工作。

② 所在单位为湖北省级媒体，女性，从事管理工作。

（三）多路并进构建生态级平台

在以数字化、网络化为底层逻辑的移动互联时代，主流媒体不是游离于社会运行系统外的“平行力量”，而是与社会高度同构并深度嵌入的基础设施①，探索建立“新闻+政务服务商务”的运营模式、构建服务于国家治理的多功能生态级平台是主流媒体深度融合发展的目标任务。

1.“新闻+政务”依然是拓展运营模式的首选

“新闻+政务”的主流媒体平台业务拓展是基于中国特色、中国道路的媒体发展模式，随着媒体区域云平台建设的不断完善，地方媒体接入或与政府共建政务垂直内容成为主流媒体参与社会治理的主要表现形式。在对主流媒体移动客户端功能设计的调查中，提供政务服务是继舆论引导监督、提供新闻信息之外的第三大功能，且三者占比相差不足5%，可以说，以提供新闻信息为主要功能的主流媒体新闻客户端基本都进行了政务功能建设。在具体的政务功能垂直版块建设中，政务公开（如发布最新政策）、政府专栏（如对接政府官网）、政府信箱（如提出行政管理建议）成为政务版块建设的三大核心（图1-1-5）。此外，问政投诉、接诉即办等注重用户交互、解决实际问题的政务功能也是媒体政务建设的重点。这类内容往往会通过用户与管理员公开问答的页面形成围绕社会治理的内容交互社区，具有用户地缘和生活的贴近性，成为平台增粉固粉的重要途径。

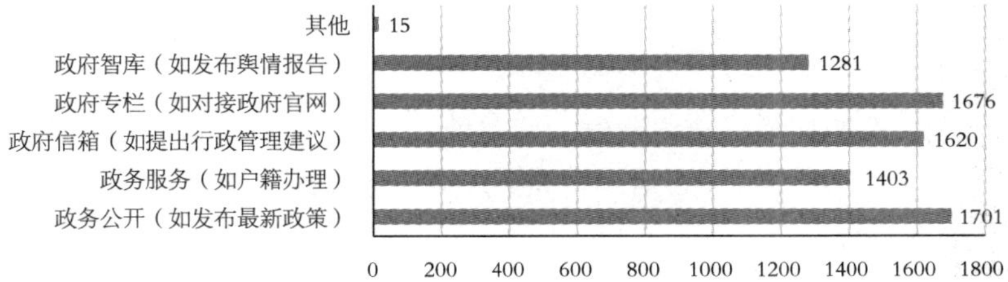

图1-1-5　“新媒体端政务功能垂直类别建设”调查结果（总样本数：4537）

① 戴元初，康培培.国家治理视域中的媒体深度融合：舆论生态、社会表征与时空再造[J].中国出版，2021（13）：45-49.

2.“新闻+公共服务”的后疫情特征明显

在“您单位的新媒体端实现了哪些公共服务”一题的调研结果中，就业、医疗、教育分列前三，占比分别为61.90%、61.86%、59.81%（图1-1-6），具有明显的后疫情特征。新冠肺炎疫情对国家社会的政治、经济、医疗、教育、传媒等都产生了深刻影响，后疫情时代，全面推进复工复产成为首要任务，搭建就业信息互联网平台响应了解决燃眉之急、助力社会治理的时代需求，而疫情催生的人们对医疗健康的急剧关注、线上教育的迅速发展等，也成为主流媒体公共服务功能的布局重点，体现了主流媒体与国家社会同频共振的责任担当。比如，截至2021年6月，“我的长沙”客户端作为“互联网+”城市综合服务平台，包括1703项服务，其中社会服务和公共服务约260项，汇集了疫苗预约、社保查询、医保电子凭证、户政办理等高频刚需服务，同时根据不同时期用户的需求度调整服务功能的排列位置，贴近用户需求，提升平台实用性、服务性。

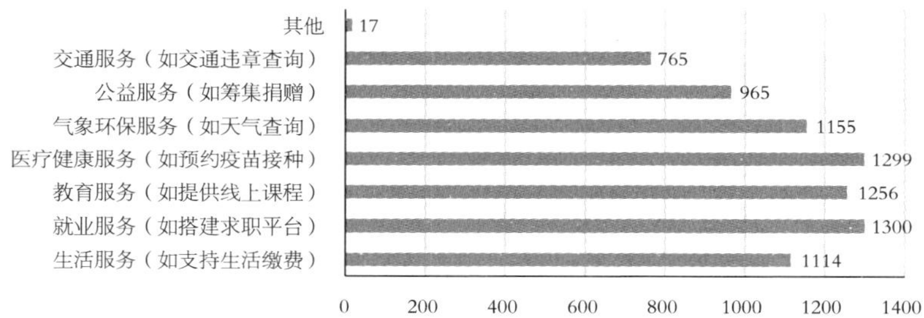

图1-1-6 “新媒体端公共服务功能垂直类别建设”调查结果（总样本数：4537）

3.“新闻+商务”的多元经营模式探索

主流媒体如何加强自我造血能力是目前普遍面临的难点，“新媒体的资金投入就像一个无底洞，我们拼不过互联网公司，而互联网公司往往也不依靠旗下的新闻产品实现盈利”[①]。在商务垂直功能具体类别开拓的调查中，以直播带货为代表的电商引流合作超过以广告投放为代表的商品推广，占比67.80%，位居第三（图1-1-7）。不过，目前主流媒体的直播带货多以公益为主，尤其是在后疫情、全面建成小康社会的时代环境下，主流媒体有着自身商务模式拓展和社会

① 所在单位为湖北省级媒体，女性，从事管理工作。

责任担当的双重任务，从传统的电视购物到直播带货的转变绝不仅是平台渠道的更替，更是规则玩法的重新洗牌。

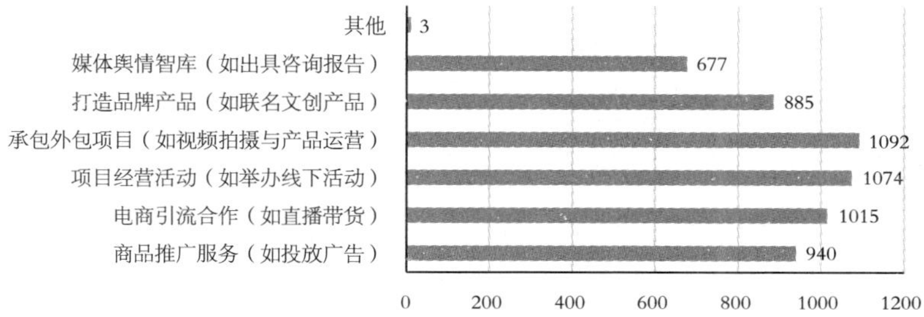

图1-1-7　“新媒体端公共服务功能垂直类别建设”调查结果（总样本数：4537）

可以确定的是，完善经营机制、拓展多元模式是主流媒体深度融合的重要发力点，持续的造血能力和创优创收能力也是考量生态级平台新时代生命力的重要标准。比如，央视网成立媒体资源事业群以帮助经营部门配置资源，规范管理品牌价值使用，避免资源贱卖，进行风险控制等。钱江晚报“小时新闻”客户端则通过优质原创内容运营与打造垂直品牌实现商务拓展，一是坚持自有平台和第三方平台“两条腿走路”，整合内外资源，增强全网分发、运营能力；二是开展“创意+策划+文案+宣传+执行”于一体的融媒体整合营销，如小时新闻与全国知名的浙二医院眼科中心合作，推出全国首个医媒融合打造的眼科App——斑马鱼平台，有别于互联网医院模式，斑马鱼主要侧重科普教育和面向C端用户会员体系建设。

二、重点突破：体制机制改革的具体探索

媒体深度融合必将体制机制改革做深做细做具体，这才是深度融合的重点，也是深度融合发展的要义。

（一）顶层设计：构建一体化全媒体组织架构

主流媒体的组织架构调整属于媒体单位的顶层设计，贯穿着从“合而为一”到“融为一体”的媒体融合全进程，体现着一家单位的改革勇气和执行智慧，决定着自身融合的深度和广度。2021年，调研的多家媒体再次对自身的全媒体组织架构进行深层调整，推动主力军全面挺进主战场，激活新媒体端的创新潜力。

1.横向设计：面向全媒体生产传播的组织“加减”

调整组织架构的直接目的就是通过机制调整推进和保障全媒体内容生产，一般采取改革组织结构、整合核心资源、更新管理和考核机制等方式。比如2021年，上海广播电视台融媒体中心就进行了人员和部门调整，将三分之二以上的员工全部纳入直接从事网端生产的融媒生产序列中，新设新闻指挥室、视觉工作室以发力新媒体产品生产。钱江晚报瞄准机构改革，传统纸媒采编部门仅保留一个报纸编辑中心，其他采编部门的工作重心全部面向移动端；同时撤销原来的新媒体中心，单独成立了产品与内容运营、创意设计、视频等部门，以更好适应移动端生产需求。而作为北京17家区级融媒体中心之一的北京经开区融媒体中心则彻底改革，率先试水由事业单位整建制转为企业方式运营①，尝试破解人才选用的屏障。

2.纵向布网：加强基于本地各级媒体的一体化连接

随着四级融合布局推进，各省市媒体也加强与本地基层媒体、区域组织的一体化连接，助推基层党建和现代化治理，建设新时代文明实践中心。比如湖南红网正在建设连接市县资源的地市级分站、县级分站；山东广电采取“一个平台一张网”模式，通过闪电云平台搭建全省主流媒体宣传工作的三级联动机制，并同步建设山东省新时代文明实践中心，助推志愿服务的现代化、信息化管理和开展；成都广电因地制宜，形成以市级融媒平台和“看度”客户端为支撑，覆盖多个区县融媒体中心的市县垂直融合格局；荆州日报社则发挥市媒融合的主动性，在融合上半场的成果基础上，探索助推社区治理的“一平台三融合”工作方法，即发挥党媒平台优势，与当前正在实施并推进的融媒体中心、新时代文明实践中心、党员干部下沉社区相融合，以市—区（县）—社区的一体化连接，织密区域共享共治信息服务体系。

3.区域协同：先声夺人，以广播带动媒体跨域融合

随着区域经济一体化发展、城市群和都市圈相继推出，以及广播领域的

① 杨雯. 北京首家试水整建制转企的区级融媒体中心正式运营——构建“横到边、纵到底”复合型传播矩阵[N/OL]. 中国新闻出版广电网.（2021-08-13）[2021-08-13]. https：//www.chinaxwcb.com/info/573941.

媒体深度融合发展，城市广播电台的跨域协作由偶发的主题事件广播报道逐渐转变为常态化的垂直多元全媒体产品矩阵传播，先声夺人带动城市媒体跨域融合。继2019年9月大湾区之声开播，长三角之声、京津冀之声也分别于2020年10月、2021年2月开播。以京津冀之声为例，节目围绕京津冀经济、政治、文化、社会、生态文明等主线，将政商内容与服务性、欣赏性内容相结合，《早安京津冀》《京津冀新干线》两档早晚高峰新闻节目采用的三地信息比例为4（北京）：3（天津）：3（河北）。[①]融媒传播方面，京津冀之声入驻津云、冀时客户端，同时在微博、各台微信公众号、抖音、快手等进行全媒体内容生产与传播。

主流媒体通过建立跨域协作机制，打造全媒体云平台，不仅能够促进城市资源交互、拓展用户市场，还能在协作中创新内容生产链条、推动媒体深度融合。保障区域协同长效发展，最重要的是基于协作的区域型媒体能否面向市场，建立在地化、品牌化的长效经营模式，比如建立区域化的著作权交易市场、孵化线上线下媒资项目、运营垂直领域内容产品等。

（二）内容为本：生产传播流程优化升级媒体

在多年的融合转型发展中，大多数主流媒体已经探索出保障自身当下全媒体内容生产的差异化采编机制，但究其核心，生产传播流程的优化升级都离不开统筹策划和采编制作。

1.统筹策划：*扁平灵活的机制保障内容生产的质与量*

根据对中央厨房使用效果的调研数据显示，中央厨房在推动机制改革、加强指挥协调、促进流程再造、加强集约生产、增强传播效果、提供技术支持、优化员工考核上的得分均超过4分（满分为5分）。正如访谈对象F06[②]所言："从多年来的融合传播实践来看，中央厨房路径不仅被证明是可行的，也是高效的。"

同时，对中央厨房作为统筹机制的自洽调整也在进行。比如湖北广电长江云通过设立长江云编委会实现一体策划实效，打通基于学习强国平台、微信公

① 孙海悦. 早晚高峰新闻联动 紧追热点服务民生[N/OL]. 中国新闻出版广电网.（2021-03-29）[2021-07-16].https：//www.chinaxwcb.com/info/570317.

② 所在单位为上海市省级媒体，女性，从事管理工作。

众号等的云调度机制，从而实现内容迅速策划生产、资源人员迅速集结。上海广电基于中央厨房模式设立的新闻指挥室，不仅能实现“一次对多次”生产发布，还实现了“中文与英文、大屏与小屏、新闻与外宣”新闻生产流程全面打通和深度互融。此外，还有媒体突破值班制的物理空间束缚，将三审三校中的第三审领导把关调整为领导24小时云审云校[①]，以在保障内容公信力的基础上提高传播的时效性。

2.采编制作：探索“一专多能，团队协作”的内容生产模式

全媒体记者的“一专多能”并不意味着采编报道都适合“单兵作战”。对全媒体记者采访模式效果的调查结果显示，“一专多能，团队协作，效果较好”的内容生产模式最受媒体人认可（图1-1-8）。“有时候过分强调新闻生产的单兵作战，可能会降低新闻质量，影响新闻产品的进一步传播。”访谈对象M02说。

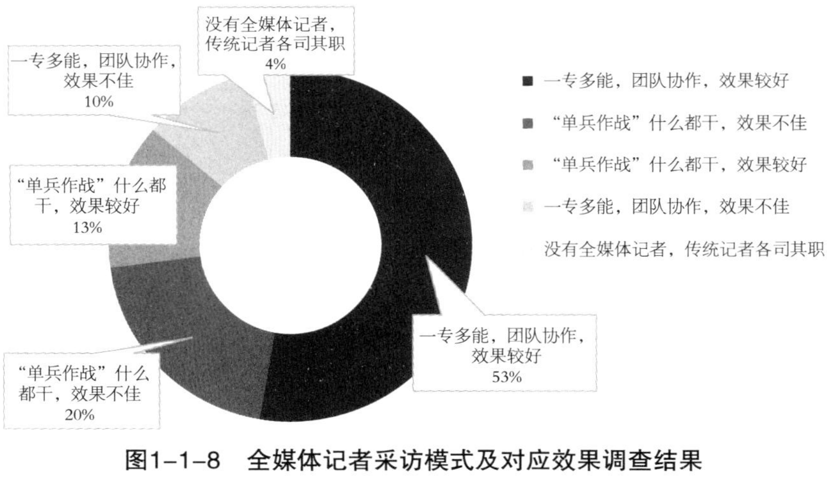

图1-1-8　全媒体记者采访模式及对应效果调查结果

在团队协作上，工作室、项目制、阿米巴经营[②]成为激发内容创新活力的有效机制。一年来，主流媒体持续发力工作室打造，不仅优化了内容生产传播，

① 来自访谈对象M05，所在单位为湖南省媒，男性，从事采编工作。

② 类似全员参与的小组制，以各个阿米巴的领导为核心，可自行制定计划，并依靠全体成员的智慧和努力来完成目标，让每名成员都有参与感和获得感。

还能实现营收增值。比如安徽广电融媒体工作室2020年总创收超3500万元，2021年上半年总创收超2000万元，获评国家广电总局“2020年全国广播电视媒体融合典型案例”，这主要就是得益于构建了针对激励融媒体工作室发展的政策保障体系和服务支撑体系。

（三）管理为要：机制创新提供多元保障

创新管理是保障。媒体融合不仅是打造融合产品，建立融合传播矩阵，还要在体制机制、政策措施、流程管理、人才技术等方面加快融合步伐，实现打散重组的组织架构重塑，通过科学管理激发媒体人的创造活力。

1.搭建中台系统，实现一体高效管理

近年来，搭建中台“新基建”成为管理创新中的热门话题，主流媒体也纷纷入局，尝试打造技术中台、业务中台、数据中台、AI中台等，与其说中台是技术创新，不如说中台是管理机制和管理思维的创新，能够减少“烟囱式”重复建设，打通业务实现差异化竞争。比如央视网近年就在进行数据中台、安全中台建设；湖南广电则借助集团整体数字化建设主导组织变革，通过搭建数字中台管理系统，推动企业资产财务、人力资源、产权管理、版权管理、审计分析等集团管控信息系统的集成应用①；四川封面新闻基于智媒云搭建了双中台——业务中台与数据中台，共同支撑起智媒云上层的应用和产品矩阵；山东闪电新闻则将闪电云平台作为全台的技术后台、内容中台和外联总台，实现一体化运作；浙江日报重点建设具备“1+6+39+X”能力体系（即1个基础数据能力体系、6类智能体系、39项智能服务能力和X项个性化扩展能力）的全媒体智能中台等。②

2.敢于动“蛋糕”，建立人才激励机制

新媒体端的绩效考核与人才晋升机制优化是激励效果最直接的管理机制变革，也是媒体融合管理创新中主流媒体采用较多的手段。但在部分传统业务与

---

① 国家广电智库.【启航新征程】湖南广电聚力建设主流新媒体集团.（2021-08-05）[2021-08-05]. https：//mp.weixin.qq.com/s/yGtKNFevWFW3i9HOD4De2w.

② 唐中祥.建设新型主流媒体 打造新时代重要传播窗口——浙江日报报业集团关于加快推进媒体深度融合发展的思考[J].传媒评论，2021（02）：8-11.

新媒体业务并存的主流媒体中，绩效考核仍有“不敢动蛋糕”、名存实亡、无效激励的情况。访谈对象F03[①]说：“对新媒体的绩效评价体系比较宽松，没形成激励效用。”而人才激励机制的失效，直接影响着记者编辑的新媒体内容生产积极性。访谈对象M06[②]说：“成就感、获得感低是现在地方媒体一线人员最大的问题。”

媒体深度融合要求“把更多优质内容、先进技术、专业人才、项目资金向互联网主阵地汇集、向移动端倾斜”，绩效考核和人才晋升的重点同样要向移动端倾斜。比如M01[③]谈到本单位的绩效机制改革时说：“除传统端编辑部门，对其他采编部门和人员的考核不以在传统端上发稿为刚性要求。重点考核内容生产部门的日常流量、活跃度、运营等指标，每周好稿奖80%奖励移动端。”此外，建立针对短期项目、品牌工作室、柔性组织的动态考核机制同样重要，比如新华社、湖北广电长江云都采取了“揭榜挂帅”机制，面向全社、全台征集内容创意，促进跨部门协同合作，实现揭榜人“输入一滴水”，“揭榜挂帅”机制“输出一片海”的内容生产激励效果，提升年轻人在工作中的获得感。

（四）运营创新：打造新媒体品牌实现持续造血

主流媒体的优势在内容、在品牌，想实现持续造血，就要让新媒体品牌“出圈”，品牌运营也是主流媒体引流变现的重要途径。目前，中国新闻周刊、南方都市报、齐鲁晚报、封面传媒等媒体的新媒体收入占比均已超过半数以上，仅满足于通过传统渠道变现的主流媒体终将会被时代淘汰。

1.专业垂直全领域的工作室布局

在去中心化与分布式并存的互联网环境中，打造专业、垂直的工作室品牌是适应用户圈层化生存习惯的有益实践。比如人民日报主打财经内容的“麻辣财经”，主打时政新闻解读的“侠客岛”等数十个融媒体工作室；安徽广电主打美食的“新视点”，主打健康服务的“江淮名医帮”；荆州日报主打生活类直播的“荆女郎”等。但媒体深度融合不能仅满足于融媒体工作室的从无到有、从0

---

① 所在单位为宁夏省级媒体，女性，从事管理工作。

② 所在单位为重庆省级媒体，男性，从事管理工作。

③ 所在单位为浙江省级媒体，男性，从事管理工作。

到1，要做到从1到100的创新，也就是市场化、社会化的推广实践[①]，通过品牌运营，与人建立圈层化、社群化的情感连接，与社会建立媒介化连接，提升自我造血能力和参与社会治理能力。

2.发力MCN机构实现公司化转型

2020年，中国短视频市场规模达1408.3亿元，继续保持高增长态势；2021年预计接近2000亿元。[②] 短视频平台不断探索商业模式，也刺激着主流媒体的市场化转型。一年来，主流媒体全面入驻短视频领域，省级以上广电机构入驻率达100%[③]，目前，全国至少已有30家广电机构向MCN机构转化，湖南、安徽、天津、河南、陕西、内蒙古等省级媒体MCN形成差异品牌。比如，继达人型、垂直型、共建型、产业型等广电MCN业态后，安徽广电AH SPACE构建了场景型广电MCN，AH SPACE不仅是网红基地，也是一个可以与产业、市场、平台嫁接的连接器。深度融合要求主流媒体发挥市场机制作用，增强市场竞争意识和能力，布局MCN机构成为激发主流媒体尤其是广电媒体造血活力的有效方式。此外，广东、云南、浙江、山东、山西、黑龙江、青海等广电机构相继成立新媒体孵化园，顺应移动互联技术和媒体传播业态发展潮流，进一步放大互联网产业集聚效应。但也要警惕“挂羊头，卖狗肉”的“面子融合”，无论是成立MCN机构还是孵化园、文化创意园，最终要考量的还是主流媒体在媒体属性和体制内特征之下的市场化运作模式转化效用。

三、加速调整：主力军全面挺进主战场

在互联网用户市场的争夺上，商业平台似乎总是快于主流媒体一步。抛开互联网商业平台的运作手段、资本投入、开放市场等先天优势，主流媒体主力军全面挺进主战场还能在哪些方面发力？面对当下媒体融合发展不平衡的情况，

---

① 喻国明.从“小融合”到“大融合”：推进媒体深度融合的一个关键性操作[J].城市党报研究，2020（12）：1.

② 艾媒咨询.2020-2021年中国短视频头部市场竞争状况专题研究报告[R/OL].（2021-01-23）[2021-08-02]. https：//www.iimedia.cn/c400/76654.html.

③ 宁雅虹. 广电长短视频融出新样态[DB/OL].广电时评.（2021-05-12）[2021-07-22]. https：//mp.weixin.qq.com/s/GuUnTs11YYyBONj1LYlijA.

后起步、未起步的主流媒体该如何挺进自己的主战场？

（一）新媒体优先：思维观念转型是最大难题

媒体深度融合需要彻底转型的勇气和观念转变，也需要品牌归属和用户导向的智慧操作。

1.深度融合发展需要更强定力、更大勇气

新媒体优先思维是一种勇于创新、彻底转型的思维，是从对互联网的百般探索到明确自身定位、获得主导权的过程。2021年问卷调查结果显示[①]，媒体深度融合的最大难题是思维观念问题，不是不知道何为融合、怎样融合，而恰恰是在了解了媒体融合面临的机遇和阵痛之后，对自身深度融合的忧虑。“问题的关键可能不在于大家想不想融合，而是在电视和报纸暂时不会消亡的背景下，媒体人如何在完成传统渠道内容制作与发布的同时，能有更多精力去走进新媒体。”在访谈对象M02[②]的工作要求中，传统渠道的内容是他需要完成的主业。此外，新媒体优先在内容生产过程中也出现了“变味”的情况。访谈对象M08[③]说：“只追求形式，不注重内容和思想表达，追求短平快，无法产生受众需要的东西。”矛盾之下，我们不能忽视一个现实，新媒体优先不一定是全员转向新媒体渠道，是守住根据地、占领主阵地的深度考量，也是资源配置、利益平衡的智慧操作，更是敢于开拓创新之举。深度融合正如大浪淘沙，浪过之后，每家媒体、每位媒体人找到自己的优势定位，并持续深耕，形成个性化品牌。

2.新媒体思维是品牌思维、情绪思维

品牌思维是一种融合思维，是创新转型基础上的效果导向；情绪思维是web3.0个体交互特点下的关系连接，是一种“非理性”逻辑，但作为互联网舆论特征的“非理性”不是反理性[④]，而是强调情绪共振、共情体验等心理连接和社会认同。目前，大部分主流媒体的内容生产都需要兼顾传统渠道与新媒体渠

---

① 特指我国主流媒体深度融合发展调查问卷，由中国记协新媒体专业委员会于2021年5月至7月向全国各级主流媒体发放。

② 所在单位为湖北省级媒体，男性，从事采编工作。

③ 所在单位为浙江市级媒体，男性，从事采编工作。

④ 喻国明.“破圈”：未来社会发展中至为关键的重大命题[J].新闻与写作，2021（06）：1.

道，但多元渠道最终都是在打造同一个主流媒体品牌，用户在获取内容的同时，也与媒体、记者、主持人建立起带有个人喜好的情感连接。于是，很多媒体选择围绕记者、主持人，试水“船小好调头”的个人IP化品牌，用情绪资本、粉丝社区营销反哺媒体品牌的影响力，守住舆论阵地。这也是符合用户媒介认知、媒介使用的创新尝试。比如中央广播电视总台记者王冰冰的出圈，成为主流内容的注意力密码。无论是新闻采访，还是青年大讲堂，王冰冰的“粉丝效应”都会吸引大批用户观看，而正是名人的“粉丝效应”和用户的情绪资本助力了主流内容的出圈，无形中发挥了主流媒体的价值引领作用。成功的个人IP还可以全方位反哺媒体的内容生产、平台运营、商业变现，比如走红抖音的湖南主持人品牌“张丹丹育儿经”，快手第一位百万粉丝记者主播内蒙古新闻综合频道记者海燕等。但需要注意的是，个人IP的背后一定是专业团队运营，出镜记者、主持人是工作室品牌外化呈现的形象载体。如果团队没有互联网内容的持续创新能力，必然会在激烈的竞争中惨遭淘汰。

（二）全媒体人才建设：主力军与后备军同步考量

人才培养是深度融合发展的重点，许多媒体在人才培养和储备呈现出多层级的探索。

1.主力军：重点打造媒体内部的年轻化队伍

调研和实践证明，在内容生产上，升级内部采编队伍是比引进外部人才更加迅速、有效的全媒体人才建设方案。通过“绩效+”激励机制，打造政治素养高、专业能力强、道德品质好的年轻化队伍——即通过“绩效+招标”机制激发人才活力，通过“绩效+培训”机制提升人才能力，通过“绩效+项目”机制检验人才应用，通过“绩效+负责人”机制形成动态竞争，将经得起考验、扛得住关键的年轻人充实到重要岗位。比如金华广电聚焦80后、90后新媒体人才培养，联合复旦大学新闻学院、腾讯“企鹅学院”等，每年推出“三个一批”融媒菁英培优计划，重点打造十大“青梅”融创工作室，每年举办融媒“金彩奖”，“青蓝结对”开展师徒帮扶，全员、全程、全方位带动新媒体核心素养提升。[①]黑

① 杨亚初.城市广电台推进媒体深度融合的路径探索与升维之道——以金华市广播电视台为例[J].广播电视信息，2021，28（06）：32-35.

龙江广电的融创中心明确招募40岁以下的首席运营官，为年轻人搭建干事创业平台，用扁平化沟通机制搭建个人表达渠道，提升年轻队伍的整体活力和凝聚力。

2.后备军：加强“两高”人才引进与交流

“两高”人才即全媒体高端人才和高校人才，需要通过外部引进而不是内部培养来满足深度融合发展需求。目前，主流媒体中的内容生产岗位已经基本实现年轻化，队伍构成以80后、90后为主，但全媒体建设的专业人才、高端人才仍然短缺，引进技术、设计、运营、管理等人才需要加大力度改革选人用人机制。比如，山东广播电视台针对新媒体高端人才配置尚不能适应媒体融合发展的需要的现状，重点启动新媒体高端人才、急缺人才定向招聘、社会公开招聘，制定以有效形式吸引外部人才加入工作室的具体办法，对特殊人才给予特殊待遇和绿色通道，加快改善新媒体高端专业人才匮乏的现状。

此外，媒体加强与高校联系，通过建立联合奖学金、寒暑假实习机制、短期实践项目、内容生产与创意大赛等，选拔优秀的种子人才，与全媒体人才的生力军、后备军建立紧密联系，也是着眼未来的队伍建设战略。比如荆州日报组建了长江新媒体技术研究院和荆州舆情大数据研究院①，发挥理论研究和人才交流作用，为报社新闻队伍与高校学子搭建好互融互通的交流平台，为报社输入新鲜血液，促进新媒体产品的研发。

四、全面加强：全媒体内容链条深度重构

专业内容生产能力是主流媒体的竞争王牌，而在深度融合发展中，全媒技术的支撑力和融合力凸显，全媒时代的群众路线旧貌变新颜，全媒产品在行业规范中不断提质增效，主流媒体承担起生态级平台责任，全媒内容链条正在深度重构。

（一）全媒体技术：支撑力不断拓展

技术赋能一直是媒体转型升级的支撑和探索重点，从每年全国两会、重大历史节点主题报道，到突发事件报道、日常新闻策划，主流媒体不断翻新技术玩法和报道样态。

---

① 代志武，关咏霞.融合与转型并重 打造新型主流媒体——从荆州日报社“十四五”规划看地市报党媒融合发展路径[J].传媒，2021（10）：21-24.

1.基建类技术支撑全媒体信息产品链

经过一年多的密集部署，智能化媒体新基建在重大报道中展现出了对内容生产链条的支撑力，以5G、人工智能为代表的媒体“新基建”不仅全面赋能智能编辑部，支撑着新闻报道生产链的流畅有序、富媒多频，还为移动直播、全息成像、机器人生产、云连线等可视智能的新闻产品、场景应用提供创新空间。比如在2021年全国两会报道中，5G技术成为各大媒体标配，贯穿两会报道各环节，体现了媒体以先进技术为支撑的深入贯彻与切实转型。[①]人民日报通过5G云连线打造系列节目，新华社、中央广播电视总台采用5G快传技术传输现场信号。地方媒体也紧跟步伐，黑龙江广播电视台搭建5G远程交互式虚拟演播室，首次采用异地同场景虚拟访谈形式；四川日报推出“川观新闻·5G消息两会通”，基于5G技术，以原生短信为入口，支持发送包括文本、图片、音视频、小程序、服务交互等在内的多媒体内容；河南日报开启两会5G云直播进行融媒报道等。

2.场景化融合焕新用户沉浸感

技术创新赋能内容表达，技术融合焕新用户体验。一年来，主流媒体在新媒体内容生产中逐渐尝试将智媒技术“混搭”起来，实现场景化的沉浸体验。比如新华网短视频《创意MR艺术舞台秀舞动“十四五”》，通过运用混合现实（MR）实时渲染虚拟引擎、动态捕捉、motion control运动控制系统、分身克隆等技术，使舞蹈演员和数据在音乐声中翩翩起舞，开创了数字视觉呈现的新表达；在《三星堆新发现》直播特别节目中，中央广播电视总台利用虚拟伸缩摇臂和现实场景结合，在三星堆遗址公园立体还原3000多年前古蜀先民的生活基址、祭祀场景，呈现古蜀城邦的地理位置等，同时还推出《青铜立人的“秘密”》等短视频，视频中融合了实时动作采集捕捉系统、斯坦尼康红外跟踪数据设备、虚拟现实技术、人工智能实时抠像技术，混合呈现大立人与记者的实时互动，实现混合现实虚拟技术应用新的突破。

场景化融合不仅体现在线上新闻产品的生产中，也贯穿于主流媒体的线下活动，实现实景中的沉浸体验。在建党百年主题报道中，人民日报新媒体中心设计

---

① 曾祥敏，董华茜，罗坷欣.媒体深度融合语境下时政报道创新研究——基于2021年全国两会媒体融合产品的分析[J].新闻与写作，2021（04）：40-48.

推出线上线下相结合的“复兴大道100号”互动体验馆。展馆内采用动画长廊、水幕影像、裸眼3D视频等展陈新技术，参观者通过观看、倾听、触摸，可实现仿若时光穿梭的沉浸体验。同时，参观者还可借助“空间站”内的AI技术，生成本人的“航天员照”、互动体验无人驾驶新技术。线下互动体验馆成为吸引年轻人学习党史、沉浸体验主题报道的重要载体，助力人民日报新媒体强化自身品牌气质。

（二）群众路线：从参与信息生产传播到玩转个性化平台

从传统媒体时代的群众办报到互联网时代的用户参与，“开门办媒体”一直在传承中创新，是中国共产党“以人民为中心”执政理念在媒体深度融合中的具体体现。

1.全媒体时代的“开门办报”：开放入口+社群运营

全媒体时代的“开门办报”不仅是联系群众的重要桥梁，更是构建全媒体传播体系这一需要国家、专业媒体、互联网平台、公民共同参与和相互配合的系统性工作①的关键一招。目前，大部分主流媒体客户端都开通了可供用户上传内容的渠道，比如新华社“全民拍”、人民视频“投稿”、北京时间“时间拍客”、闪电新闻“闪电拍客”、甬派和极目新闻的“报料”、新湖南“我要投稿”、小时新闻“发帖报料”等；客户端界面中用户上传内容的标志醒目，或为底部栏目，或为首页浮窗；上传内容页面操作简单方便，在平台渠道上鼓励了用户参与新闻内容生产。

主流媒体对用户内容的实际采用情况如何？媒体深度融合问卷结果显示，经常和总是采用用户上传内容的主流媒体约占33.43%，而在采用内容的形式偏好上，视频、图片位居喜好榜前两名。用户参与内容生产的程度不仅与媒体平台的开放程度有关，也取决于用户内容的真实度与素材质量。因此，建立社群，有组织地对用户生产内容进行运营和培育同样重要。比如封面新闻正在运营的UGC视频生产模式“青蕉拍客”，就是通过封面新闻客户端互动频道的社群运营、线上线下活动等，建立有效的用户内容连接，截至2021年6月，集纳了约10000名拍客，年产视频万余条，进而用专业拍客内容和网络大V效应提升封面

---

① 冉桢，张志安.移动、视觉、智能：媒体深度融合中组织再造的关键[J].新闻与写作，2021(01)：18-24.

新闻的活跃度。

2.个性定制的平台社交：有用有效+好看好玩

互联网的逻辑就是连接与分享，主流媒体不仅要搭建与用户的内容连接、信息连接平台，还要与用户搭建兴趣连接、情感连接平台，为用户个性化定制友好贴近的专属内容。比如央视频在东京奥运会期间，针对运动这一兴趣领域进行了多元报道产品设计，一方面搭建了专业高质的多元内容渠道，提供了3500+小时、7000+场赛事直播，以及奥运新闻、备战记录、中国队金牌时刻等短视频内容以及东京风景慢直播、VR360度全景直播等奥运专栏；另一方面，还展开拥有多种玩法的互动社交侧运营，产生了丰富的衍生内容。比如，创新推出奥运定制电子节目单（EPG），用户可以根据自己的观看习惯与个人喜好，定制“专属节目单”和观赛日程。除了观赛，央视频的“央友圈”还上线“中国队加油专区”、直播评论交互等功能，释放用户情绪，丰富用户的社交玩法。

此外，线上+线下的平台社交日常化运营也是固粉引流的重要方式。除了上文的“央友圈”，澎湃新闻的“澎友圈”、小时新闻的“社区”、禾点点的“朋友圈”、齐鲁壹点的“情报站”等垂直社区频道，都起到了通过圈层社交、本地社交形成线上黏性互动习惯和情感连接的作用。在发挥线下活动的反哺作用上，精准定位用户需求的本地活动，能够有效反哺线上平台活跃度和知名度。比如齐鲁晚报通过举办线下相亲大会，并在齐鲁壹点客户端搭建线上用户交流平台，实现了贴近本地需求的成功营销，客户端下载量新增6万人，活动收获1个全国热搜、5个同城热搜，全网传播量超3亿①，成为媒体和当地的品牌活动，实现了硬数据和软口碑的双赢。

（三）良性竞争：专业内容的专业运营

主流媒体不仅要在内部形成良性竞争意识，更要与商业平台进行从内容质量到平台用户的全面竞争，用专业内容巩固品牌，用专业运营实现突围。

在专业内容上，传统平台有主打文化出圈的河南卫视春晚古典舞《唐宫夜宴》；短视频平台有通过接地气的互动，在近两个月内新增点赞数3.5亿、新增粉

① 齐鲁晚报总编辑廖鲁川：打造用户广泛参与的内容生态[DB/OL].新闻战线.（2021-07-12）[2021-07-26].https：//mp.weixin.qq.com/s/chHc0fO5Og5p7BTcu2dW9g.

丝数650.6万的“四川观察”；客户端有瞄准泛文化领域属性，运营汉服社群的封面新闻；新媒体品牌有人民日报深耕时评的“人民锐评”、上游新闻做强民生服务的“帮帮”。

在平台运营上，试水付费会员的央视频为主流媒体新闻客户端运营打开了新天地。在东京奥运会全量体育赛事直播带动下，央视频付费会员数在开赛一周内突破百万，7月25日央视频App累计下载量突破3亿次，7月27日央视频累计激活用户数成功突破1亿人，单日视频总观看量（VV）突破2亿人次。[①]而这离不开央视频对会员独享优质内容的运营和会员新鲜玩法的开发：在内容上，会员可观看专属赛事，享有去广告、先更新特权；在玩法上，会员可通过H5互动抽奖和直播答题挑战，赢取专属礼品，进一步增强对平台的黏性和好感度。

五、结语

媒体深度融合发展的这一年，主流媒体不断探索机制、创新内容，寻求突围破圈，更坚守责任担当，承担着服务社会与促进人的全面发展的使命任务。2021年是中国共产党成立100周年、全面建成小康社会后的第一年，主流媒体在建党百年、全面小康、全国两会、东京奥运会等重大主题报道中，发挥自身优势，展现了专业的策划能力和创意能力；地方媒体在服务城市建设、打造新时代文明实践中心、助力党建进基层中，发挥了本地联动与资源整合的作用，推进了自身参与社会治理的角色转变。在后疫情时代，主流媒体投身大健康知识传播以服务人民需求；面对河南洪灾，将新闻报道主业与参与社会救援相结合，与各类互联网平台共同搭建灾情信息求助通道，引领舆论方向。2021年也是国家“十四五”规划的开局之年，主流媒体迎来深度融合发展的关键窗口期，也迎来媒体深度融合在管理机制、技术开发、产品创新、平台运维、人才建设、市场能效等方面突破阻碍的关键机遇期，需要强大的改革决心和坚定的执行力。同时，深度融合发展还要下大气力加强自身的国际传播能力建设，做好融合的国际传播，出圈的国际传播。由此，全面布局下的媒体深度融合才能开掘更深的潜力。

---

① 央视频累计下载数超3亿；“寡姐”状告迪士尼|全媒风向精选[DB/OL].全媒派.（2021-08-02）[2021-08-02].https：//mp.weixin.qq.com/s/2NYbZf1n2SMDX7UvjNAxgA.

2021新媒体发展报告

胡　钰　王嘉婧[①]

摘要： 新媒体已经是人们日常生活的重要组成部分，是社会的基础设施。在经历过“野蛮”生长，到达用户红利高点后，本该进入深度调整的新媒体，受疫情影响呈现线上化发展趋势，迎来了第二波流量红利。与此同时，新媒体发展中的问题也开始越来越多地暴露出来。在科技与商业驱动的模式下，新媒体产业获得了充分的发展和商业成功。然而，当其行至高点，需要用人文的视角对其进行再思考，明确新媒体在社会中扮演的角色、承担的责任、未来的方向等。同时，处理新媒体环境中媒介与民意、人文与科技、中国与世界的关系，也成为目前的重要课题。

关键词： 新媒体；科技；人文；平台

新媒体发展至今，已经不能简单地以媒体形式来概括，而是成为现代人的生活方式，是社会的基础设施。在新媒体充分发展的时代，其传播特性、社会影响、行为模式等同其诞生初期大为不同。尤其是当新媒体成为现代生活的重要组成部分后，更应明确其责任与义务。我们需要对新媒体有更新的理解，以使新媒体更好地为社会服务。

新媒体经历了用户积累的“野蛮”生长后，本应进入精益化竞争阶段。但

---

① 胡钰，清华大学新闻与传播学院教授，博士生导师；王嘉婧，清华大学文化创意发展研究院特约研究员。

是突如其来的新冠肺炎疫情，为其带来了二次“野蛮”生长的机遇，为其拓展了生长空间，既带来了一些全新的模式，也制造出了一些社会问题。因此，我们需要冷静地面对新媒体的蓬勃发展，在人文视角下思索新媒体应当何去何从。

一、媒介发展视野下新媒体内涵与外延的再探究

（一）从技术视角出发

新媒体在诞生伊始，是以媒体技术为标准与传统媒体划分界限的。报纸、杂志、广播、电视等被划归为传统媒体，除此以外为新媒体。两种媒体技术的关键区别在于互联网，新媒体几乎都基于互联网技术，例如门户网站、社交媒体等。

传统媒体的技术介质定型了内容属性，例如报纸承载图文，广播传播声音，电视传递影像。互联网则是构建了平台，在平台之上，各类新技术可以快速地为用户所用，技术的更新动力被激发。因为其数字化的形式，有时候也被称为数字媒体。

迄今为止，新媒体已经呈现出诸多样态，并且在不断推陈出新，例如互动新闻、数据新闻、互动剧、短视频等，不同类型创作形式的排列组合，源源不断地诞生出全新的媒体形式。新媒体并不能以某种特定的技术形式概括，不断流动、变化、丰富的形式集合，不断更新的技术，才是新媒体的特征。

新媒体在技术视角的更新分为三类。

第一是与传统媒体相似的媒体形式，在互联网上的再培植，例如播客的媒体形式类似于传统媒体中的广播，公众号文章可被视为报纸的网络化等。

第二是基于传统媒体形式的变体，例如短视频可以被看作极为精悍的电视节目，微博可以被视为简短化的报纸等。虽然只是传统媒体的简单变体，但是形成了差别很大的传播习惯、规律和受众反应。

第三是基于不断更新的技术而形成的全新媒体形式，例如算法推送、AI写作、互动新闻等。技术手段的丰富，使只是在视频、音频、文字、图片等媒体形式中简单变化的媒体，呈现出更多超越传统想象的新面貌。与此同时，技术也使新媒体面临很多前所未有的新问题，其中涉及伦理、心理等各个方面。技术的便利，让新形态的媒体产品得以被广泛生产，但也迅速产生了很多新问题，

增加了管理的难度。传统媒体有着相对明确的传播序列，有着清晰的传播效果链条。新媒体中，技术导致的传播无序性增加，个体接收的传播信息和影响更加不受控。

（二）从传播关系出发

传统媒体时代，传播关系相对简单，即一对多的传播模式。传统媒体具有相对集中、强势的话语权。而新媒体对普通人进行了传播赋权，从一对多的树状散射，变成了多对多的传播关系网络。但是传播网络的改变只是表层形式，更深层的变化是从过去的大众传播，变成了涵盖人际传播、圈层传播等更为复杂的传播关系集合。通常而言，这些传播关系是同时存在的，但在不同平台上，会有某种形式的偏向。例如，微博中既有人际传播，也有大众传播和圈层传播；但是相较于微信朋友圈，大众传播属性更为明显。

同场域中传播关系的复杂性造成传播者倍数化增长，传播模式多样化变化，不能简单地以传统大众传播学解释新的现象，这需要传播学自身的发展，也需要加入心理学、社会学等多重视角。新媒体传播与社会发展、个体发展的关系更加紧密地联系在一起，与其说人人皆是自媒体，或者万物皆媒体，不如说人人都生活在新媒体当中。

除了人和人的关系之外，现在的新媒体传播还需要处理人与机器之间的关系。传统媒体中，机器是帮助人类实现传播的辅助手段。随着新媒体对于技术的依赖越来越强，机器正在发挥越来越多的“主动性”。人们看到的信息可能是机器生产的、机器分发的，甚至是机器重新编辑过的。然而机器仍然处于比较隐蔽的角落里，在很多日常传播行为中，人是几乎无法感受到机器的存在的。有些时候，新媒体传播处于机器的自动生产和受众的混沌之中。

（三）从媒体功能出发

传统媒体中的媒体机构是以发布信息为主，信息以新闻、节目、影视剧等方式呈现。媒体形式相对固定，功能边界相对清晰。

随着新媒体的发展，媒体主体开始模糊，过去的媒体机构既是信息的发布平台，又是内容的生产者。而在新媒体时代，用户不再只通过传统媒体或者媒体机构的新媒体账号获取信息，而是更多地在各类互联网应用上获取新闻。媒体机构可能是平台搭建者，也可能是内容生产者，还有一些兼而有之的形式存在，灵活程度大大增加。媒体主体的概念越发丰富，除了传统的媒体机构外，还包括视频平台、音频平台、自媒体等。相较于传统媒体时代，新媒体的构成格局更加复杂，既包含传统媒体，又包含互联网平台、民营机构，甚至有影响力的个人。

在传统媒体时代，媒体更多地负载着传媒的功能。而进入新媒体时代后，由于人们的日常生活和互联网深度勾连，新媒体负载的功能越来越多元，新媒体已经成为一种重要的生活方式。因为信息交互的便利性和复合性，媒体负载的功能不再泾渭分明地出现在单一渠道中，而是和其他不同社会功能结合，散布在各类平台之上。许多平台和生产者都具有媒体的属性。例如直播带货，是在直播形式中嵌入了购物功能；淘宝等购物网站，也成为一种特别的媒体形式和内容社区。截至2021年6月，微信月度活跃用户数9.97亿，淘宝8.29亿，支付宝7.75亿，抖音6.45亿，高德地图6.34亿，爱奇艺5.71亿，百度5.70亿，微博4.81亿。线上化已成为人们的日常生活方式。在所有移动互联网一级行业当中，移动社交、移动视频、移动购物的活跃渗透率均在90%以上，[①]这三类都与新媒体息息相关。新媒体时代，用户不只是在需要信息时与媒体有交集，而是生活在新媒体中，新媒体成为一种生活空间。

（四）从媒体性质出发

在传统媒体时代，作为党和人民耳目喉舌的媒体是舆论主流。但是，新媒体时代，随着媒体边界的打开，越来越多企业和民营资本开始进入，它们有的虽然不被称之为媒体，却扮演着媒体角色。这些机构大部分自负盈亏，并且越来越商业化，很多媒体平台具有强烈的商业属性。例如很多短视频自媒体以广告为主要生产导向，直播带货的兴起也基于平台和媒体机构谋求商业化发展的助推；爱奇艺、优酷、腾讯等平台，始终希望开发基于会员费用之外的综合营利体系。

新媒体中的媒体一词，已经不能简单地按照传统媒体时代的逻辑来理解。新媒体正在成为与公众生活息息相关的基础设施、日常用品。在深层逻辑的转

① QuestMobile. QuestMobile中国移动互联网2021半年大报告[R/OL].（2021-07-27）[2021-07-27]. https：//www.questmobile.com.cn/research/report-new/164.

变下，需要重新思考其定位。它不只是发声方式，不能简单以传播逻辑和经济逻辑来衡量其发展，还需要思考如何在推动其发展的过程中，维护公共利益和国家利益。

二、进入增长稳定期的新媒体发展路径选择

进入增长稳定期的新媒体，其发展面临着精细化的调整和发展，需要在生产、分发和运营上做深做细。

（一）流量红利见顶，深耕时代来临

QuestMobile数据显示，截至2021年6月，中国移动互联网用户规模达到历史最高值11.64亿，但是增长速度却低于去年同期水平。[①]根据中国互联网协会发布的《中国互联网发展报告（2021）》，2020年中国网络视频市场规模达到2412亿元，同比增长44%，数字音乐产业市场规模达732亿元，同比增长10%，网络视频活跃用户规模达到10.01亿、网络音频娱乐市场活跃用户规模达到8.17亿，同比分别增长2.14%、7.22%。

1.新媒体精细化运营的开始与中断

过去，因为有用户红利，新媒体处于粗放增长模式的“野蛮”生长期，各类媒介形式均充分发展，也形成了各自的用户群体。随着用户红利见顶，新媒体发展进入一个较为稳定的格局，注意力竞争越发激烈，整个行业面临必须通过精细化调整获取生存空间的境况。对新媒体发展而言，这是通向可持续发展的必经过程，深耕时代、精细化竞争时代来临。以短视频行业为例，红利见顶的问题较为严重。首先是海量用户开始转型成为达人和主播，流量被放射状分隔，同时流量主也进入平台争抢资源。很多的新媒体运营者开始向外扩张，拓展其他平台，除了特殊情况外，多平台运营已经成为常态。同时，新媒体运营者向内深拓，开始流量的精细化运营。

2020年至今，受新冠肺炎疫情影响，民众生活显示出向线上转移的趋势，这为新媒体带来了第二次“野蛮”生长空间，行业的精细化调整被红利下狂热

① QuestMobile. QuestMobile中国移动互联网2021半年大报告[R/OL].（2021-07-27）[2021-07-27]. https：//www.questmobile.com.cn/research/report-new/164.

的发展趋势打断。虽然行业暂时突破瓶颈，迅速发展，但暴露出很多累积的问题，尤其是片面追求经济效益而造成的社会隐患。例如，媒体市场的恶性竞争，过度追逐流量和关注度，使一些机构和个人故意生产博人眼球的信息，甚至导致谣言滋生。由于信息爆炸，个人很难在海量信息中迅速辨别消息真伪。解决谣言问题，需要加强监管、搭建谣言对抗体系，同时整体提升新媒体用户的信息辨别素养。

2.政策调节及主流媒体发声规范行业健康发展

虽然行业内部精细化调整步伐减慢，但是国家出台了一系列政策规范行业发展。例如，针对网络直播乱象，国家互联网信息办公室、公安部、商务部等七部门联合发布《网络直播营销管理办法（试行）》，自2021年5月25日起施行。该办法规定了包括直播营销人员和直播间运营者应当年满十六周岁，不得有篡改交易、关注度、浏览量、点赞量等数据流量造假行为等制度。

政策调节和主流媒体的发声，强力推动市场从野蛮生长到精细化发展，调节着失速的市场行为。主流媒体除了信息发布外，还在社会事件评论中成为引导网络舆论的重要风向标，扮演着越来越重要的角色。例如，2021年，爱奇艺平台的《青春有你3》被曝出粉丝为给偶像投票购买大量赞助商奶制品，因喝不完而倒奶，这种浪费行为引起广泛关注，让流量变现问题推至风口浪尖。人民网等主流媒体相继对浪费现象进行批评，最终《青春有你3》暂停录制。

（二）网络视听内容快速演进

新媒体的发展带来了全新的媒介形式，形成了用户全新的信息接受习惯。平台和内容生产者根据用户习惯调整内容传播策略，寻找传播新机遇。广泛的内容供给带给了用户可观的内容选择，但是碎片化信息加速了人们“划走”的动作，促使人们在瞬时做出内容判断。用户的注意力变得越来越短，内容选择的耐心也越来越低。于是，网络视听内容生产者开始调整策略。

第一，帮助用户高效接收。对于媒体和内容生产者而言，为了满足用户的效率追求，提升内容消费时长，会进行内容形态的调整。例如节奏上简短、快速；手段上多使用音乐、强调符号等吸引眼球的形式；包装上更加醒目、艳丽。这些新形式也在悄然改变着一些传统的内容形态，尤其是传统的新闻形态。

第二，视听内容爆发式增长。新媒体时代，虽然各类媒介拥有相同的起跑线，但是仍然经历了由文字主导平台（微博、微信公众号等）吸引注意力，发展到视听主导平台（抖音、快手等）吸引注意力。不同于传统媒体有着由广播向电视发展的线性时间逻辑。新媒体时代音频产业和短视频产业几乎是齐头并进，原因是满足用户的信息接收去文字化的需求，播客数量迎来了指数级的增长。《2021中国网络视听发展研究报告》的数据显示，国内网络音频用户规模达2.82亿，各大在线音频头部平台的流量都普遍上涨。媒体可视化趋势愈加明显，除了短视频平台，即便是文字媒介，也开始出现大量的图片报道。在可视化方面，很多内容机构和媒体开设自己的抖音号、视频号等，并将过去的文字报道向视频报道转化。曾经很多以文字为主的网络大V，开始制作并输出视频专题内容。视频流量红利催生了一大批新网络大V，各媒体记者开设VLOG或者视频报道专题已经成为常态。

第三，长短视频共同竞争注意力。随着视听需求量增加，平台和内容生产者积极探索新形式，试图拓宽新赛道。在总体用户内容消费向碎片化发展的情况下，短视频平台的内容开始多维扩展。原来，用户在长视频上收看剧集，现在，短视频成为用户观剧的主要方式。2020年，在抖音上观看影视剧的用户相比2019年提升了49%。长视频网站的强力竞争对手不是其他长视频网站，而是抖音、快手等短视频网站。同时，广告一直是支持媒体发展的主要商业途径。广告投放对于用户的喜好最敏感。伴随着短视频平台的快速发展，广告主的投放产生明显的倾斜。QuestMobile AD INSIGHT广告洞察数据库2021年6月的数据显示，2021年上半年，短视频媒介的广告收入占比以42.6%远高于其他媒介行业，排在其后的是综合资讯（20.5%）和在线视频（13.3%）；抖音以30.2%的占比优势高居广告收入榜首，之后为今日头条（16.4%）、微信（9.7%）、快手（9.3%）。[①]短视频平台拥有广告招商的明显优势，用户黏性和高社交属性也是广告投放的评判标准。

第四，微短剧成为平台重点关注点。用户需求催生了制作行业的变化，微短剧成为最新的发展赛道。微短剧又是中视频内容的重要组成部分，2020年被称

---

① QuestMobile. QuestMobile中国移动互联网2021半年大报告[R/OL].（2021-07-27）[2021-07-27]. https：//www.questmobile.com.cn/research/report-new/164.

为“中视频元年”。这是长视频网站和短视频网站均看准的新发展契机。国家广电总局将单集时长不足10分钟的网络影视剧作品定义为“微短剧”，并对其备案规则做出具体的规定。微短剧既有短视频的碎片化特征和轻体量的优势，又有专业化制作的品质保障。各大短视频平台积极部署微短剧业务。抖音在《2020抖音娱乐白皮书》中公布，2021年的精品微短剧计划将开发包括《做梦吧，晶晶》等至少30部微短剧。快手在2019年推出“快手小剧场”，目的是聚焦短剧版块。2020年底，腾讯微视宣布投入10亿元扶持微剧板块，开启针对精品微剧的“火星计划”。目前微短剧整体影响力尚未爆发，没有出现“爆款”。主要原因在于微短剧尚处于起步阶段，很多入局者并非行业顶端制作力量，制作水平参差不齐。同时微短剧的商业模式还不成熟，仍然以平台分账、流量分成等形式为主，类似于网络电影。在此商业模式主导下，创作不可避免地会进入娱乐效果高于内容价值的困境。但是，新媒体为了满足用户信息获取便利的需求，拓宽视频媒体形式的趋势已定，未来媒介内容的细分会更加多元、明确。

（三）新媒体竞争度加剧

新媒体内容和平台增多，竞争度也就更为激烈。平台需要重新寻找自身竞争优势，以稳定地获取用户的关注时长。同时，很多平台和媒体在谋求转型，通过多维度的服务满足用户需求。

1.各平台发力提升内容标识度

各个平台经过一番会员争夺，已经开始意识到内容黏性强、平台黏性弱的问题，观众跟随内容走。除了哔哩哔哩（bilibili，简称B站）等少数“社区”外，大部分用户对平台品牌的忠诚度并不高。于是，各类平台开始巩固自身内容优势。首先就是争夺内容，例如长视频网站争夺版权，短视频网站争夺网络大V，都是希望通过丰盈的内容池留住用户。其次是开发自制内容，即特色内容，例如长视频网站的自制剧，短视频网站的独家账号等。最后是提升创作质量。例如芒果TV开启的“季风计划”，爱奇艺的影视工业体系等，都是希望通过优质内容，提升剧作质量。各平台优势不同，措施也不同。例如爱奇艺的影视工业体系，能够帮助影视业避免很多传统制作流程上的疏漏，但是这种技术到底是服务，还是限制，能够发挥多少功效，仍然有待观察。

除了争夺内容外，各个新媒体平台还加强了以内容为中心的商业体系搭建，努力开发内容的商业价值。除了通过内容制作广告的传统形式之外，还建构消费场景，塑造消费潮流，同时开发自身的品牌链条，增加商业化途径。

2.圈层传播成主流

在传统媒体时代没有掀起波澜的分众传播，却成为新媒体时代的常态。长视频领域，女性赛道、潮流赛道、国风赛道等都是近年来的热门选题。短视频领域，财经、汽车、教育、母婴、美妆等销售表现抢眼的领域，发展较为迅猛。

值得注意的是，随着东京奥运会和北京冬奥会的到来，体育类内容成为这一年的重点。QuestMobile发布的《2021体育营销洞察报告》显示，截至2021年5月，内容平台关注运动的用户规模突破6.5亿，其中，35岁以下年轻男性是关注体育赛事的核心人群。①其中，电竞比赛的发展为体育类内容带来了新的增长点，也改变了体育类内容的受众构成。与传统体育赛事相比，电竞比赛的观众人群更加年轻、下沉化趋势明显，且女性观众占比更高。

除了传统电视台之外，腾讯、爱奇艺等视频平台近年来也在不断开拓体育市场。2020东京奥运会及2022北京冬奥会，腾讯成为中央广播电视总台赛事转播视频战略合作伙伴。与此同时，快手等短视频平台也开始入局体育赛事，进行碎片化、即时性的赛事转播。

3.内容思维向产品思维转变

因为商业元素的加入，内容正向产品延伸。例如，在爆款难求的逻辑下，各个平台在不同的圈层当中持续供给产品，并不追求精品影视剧。

新闻记者也开始向产品经理转化，开发出不同的新闻产品，让用户参与互动。河南暴雨期间，针对当时救援信息混乱，真假信息混杂的现象，一些媒体搭建了信息平台，汇总救援信息。例如央视新闻上线了河南暴雨紧急互助平台，用户可以在此查询救援电话、登记救援信息等。央视新闻工作人员对所有救助信息进行逐一电话核实，确保真实性。这一平台并不属于传统新闻报道范畴，而是一款新闻产品。通过新媒体的技术，它完成了新闻报道功能的延伸，不仅通过新闻触发公众关注，而且真实地参与到救援救助当中。同时，在当时消息

① QuestMobile. 2021体育营销洞察报告[R/OL].（2021-07-13）[2021-07-27]. https：//www.questmobile.com.cn/research/report-new/162.

层出、较为混乱的社交媒体环境中，发挥着梳理、甄别、汇集的重要作用。

（四）忠诚度是下一个被争抢的高地

在用户注意力成为稀缺资源、新媒体进入供大于求的很长一段时间内，争夺用户注意力成为新媒体竞争的重点。短暂的爆款虽容易吸引一时的关注，用户的流动性却很大，并不能让下一次的传播继续奏效。如果希望保持长期而稳定的用户注意力，同时降低用户注意力获取成本，最好的方式是建立品牌的忠诚度。以直播电商为例，头部主播李佳琦和薇娅，形成了“以个人为中心”的售卖系统，在其系统中售卖的商品，如果没有形成非常稳定的品牌忠诚度，可能会在一次活动中获得较高的销售额，但难以让用户形成有黏性的购买习惯。

此外，用户渴望寻得可信赖的信息伙伴和平台，于是，大大小小的圈层逐渐形成。对于新媒体而言，培育与用户的亲密度，形成稳定的合作关系，吸引相对持久的用户注意力，成为下一阶段的竞争重点。

当平台和创作者都希望享有用户忠诚度之时，就不免迎来两者之间的博弈。新媒体时代下，高关注度事物的更新频率越来越快，原因有三：一是内容的极大丰富，用户的选择变多。二是单个用户生产者难以持续保持爆款生产能力，用户的口味变化很快。三是平台和自媒体之间进行着影响力的博弈。例如抖音等以算法为主的平台，为了保持用户对于平台的忠诚度，会尽可能打造一个能有更多人参与、更多人被关注的推送机制，而不是将关注度推至相对固定的群体。让用户忠诚于平台，而非特定发布者。

内容发布者为了形成稳定的影响力，会在关注度的高峰期经营私域流量，提升用户的忠诚度。有些会迅速加入各类商业模式，例如直播、带货等，获取关注度的经济效应。还有一些内容发布者，通过经营个人品牌，转移平台等操作，获得更加持久的影响力。例如，美食始终是流量剧集的赛道，很容易诞生爆款，也有许多因此而走红的音视频上传者、自媒体和纪录片等。对于平台而言，持续扶持该赛道上的音视频上传者或者自媒体，以维持平台该类内容的活跃度，为用户提供新选择，同时防止用户过度追随特定自媒体，减轻产生用户迁移至其他平台的风险。作为自媒体而言，由于新人层出不穷，赛道拥挤，同质化的内容越来越多，媒体必须寻找到全新的突破点和可持续的发展方向，才能够实现长期赢利。

（五）新媒体助推形成新品牌经济模式

新媒体正在越来越深入地影响商业市场，并参与到品牌再造的过程当中。一部分品牌因为深谙新媒体传播规律，迅速成为“网红”，获得经济效益和品牌知名度的双提升，这其中既包括初出茅庐的新兴品牌，也不乏许多老品牌实现突围的案例。

1.互联网品牌营销变革

互联网品牌营销的1.0时代，是线下销售模式向线上搬移，例如开设网店等，线上营销只是增加一种便利化的购买途径，品牌影响力依然依靠原有品牌价值和广告投放等传统模式。

到了2.0阶段，品牌开始加重在互联网的广告投放比例，尤其是基于互联网热点内容、网络大V的广告投放，这与整体民众注意力向互联网转移的背景相关。但是实际上，与传统渠道的广告投放仍然类似，依然是品牌方生产内容，再通过高投入获取影响力较高的渠道，覆盖尽可能广泛的人群。

到了3.0阶段，算法机制逐渐成熟，互联网圈层化趋势明显。品牌基于数据的洞察，选择能够接近于目标受众的渠道。但是，由于新媒体数据鱼龙混杂，数据并不能精准判断渠道的有效性，无法达到投放预期和商品转化的高效同步。

目前，新媒体品牌营销已经进入“新媒体内容种草+直播转化”的4.0阶段。从自上而下的内容输出，到自下而上的内容激发。通过话题设置等方式，激活网络大V的主动内容生产，从而影响民众参与其中，强化品牌辨识度，形成良好口碑；同时利用多维度的直播渠道，进行高效的流量转化。

2.多维直播渠道为新品牌带来机遇

2020年至今，受到新冠肺炎疫情的影响，线上化成为生活常态。线上化商业模式，尤其是直播模式急速发展，形成了从头部到腰部、尾部的金字塔形阶梯状直播矩阵。它不仅仅是在网上开设了一个个大小不一的“商铺”，而且基于每一个直播者的影响力，形成带有社交属性、场景化运营、高互动属性的新媒体商业形态。同时，直播者并不受马太效应的影响，呈现出多元并生的格局。

头部直播者数量较少，具有较多的粉丝量和信任度，相对应的，品牌需要通过高额的坑位费获取出场机会。头部直播者在与品牌合作时有较为强势的议价空间，通常与高知名度的品牌合作，并需要尽可能争取到低廉的价格以增加自身的竞争优势。对于品牌而言，单次直播的投资回报有较大的风险。中腰部直播者数量较多，同时每一个直播者都有较为稳定的影响圈层，定价适中，对于新兴品牌和低知名度的品牌更为友好。尾部直播者数量较多，但是规范性不强，同时人际交往属性更加明显。中腰部和尾部直播都面临着转化率的问题，很难获得单次直播的高额收益。

一些品牌开始通过综合利用直播矩阵，完成品牌和商业的进阶。例如元气森林大规模暴露在用户视野前，与许多中腰部直播者合作。每一次直播都是经验的总结，不断明确用户对于品牌和产品的需求后，继而形成自身品牌特性。然后再通过投放高热度的渠道，形成爆点式营销，在短时间内迅速提升品牌知名度。再通过进入头部主播直播间，实现高效的流量转化。

3.新媒体事件中的网络情绪引发品牌再造

时下的网民善于通过消费行为表达态度，并且形成了一种风潮。网民们会为自己喜欢的、支持的内容或态度买单。新媒体的情绪性同商业的勾连度越来越高。“国潮”就是一次集中体现，民众通过购买国货商品，表达一种文化自信的潮流态度。比如，河南省发生了特大暴雨灾情，许多企业捐款捐物驰援河南，鸿星尔克捐赠5000万元物资，但由于该品牌并未大规模宣传捐款行为，加之在网民中形成的“濒临倒闭”的品牌印象，激发了网民们通过购买货品支持民族良心企业的欲望。2021年7月23日，当日销售额同比增长超52倍。

这些与新媒体情绪深度绑定的商业爆发，或无心插柳，或有意而为之。但商业表现的根源并非来源于网民对于企业货品的认可，而是网民表达情绪的途径。这些爆发可以帮助企业在短时间内提升知名度和好感度，而从长久而言，仍然需要回归到常规的商业逻辑，即企业通过高质量的商品收获消费者认可。

三、年度新媒体发展关键词——再思考

新媒体发展格局逐渐趋于稳定，基本结束了“野蛮”生长，也暴露出了许多问题。在技术和商业的助推下，在各方力量的参与下，新媒体的发展速度加快，但是如果缺乏规律性的把握和健康性的引导，会出现新媒体发展脱缰的问题，造成消极的后果。因此，应当树立社会发展与新媒体发展之间的良性关系，避免媒介中心主义，避免精英中心主义，使新媒体能推动社会的进步和发展。

（一）媒介与民意的关系

习近平总书记说："过不了互联网这一关，就过不了长期执政这一关。"①互联网上形成了一种大广场与小客厅的关系，大广场指大的公共空间，小客厅就是各个圈层。如何让小客厅与大广场保持相对一致，而不是大空间里自说自话，小客厅中各有心思，让媒介传递民意、表达民意、纾解民意、引导民意，是新时代媒体管理应该应对的问题。

1.正确面对圈层的阻隔与融通

圈层的形成基于互联网信息发布和联通的便利性，人们通过发布信息、分享信息、搜索信息、信息互动，形成以文化爱好、信息取向、价值判断为标准的群体。

新媒体时代，对于信源可信度的判断也发生了变化。传统媒体时代权威性信源代表着高可信度，例如主流媒体、行业专家等。但是，新媒体有着强烈的社交传播和圈层传播属性，当一个群体内部，形成了与个人观点高度类似的群体观点，且这种观点反复被用户获得，其可信度便增加，甚至会被用户误认为是社会的主流观点。此时便形成网络"巴尔干化"，人们无形当中困在自我信息选择的孤岛内，因为圈层内部的向心力和认同感，会更难以与圈层外的人对话、碰撞，甚至意识不到有圈层外部的存在。

互联网的开放塑造了圈层的聚合，圈层反过来也带来了互联网的封闭。如果圈层使用得当，不在传播机制中为圈层设壁，减少圈层之间的摩擦，多元化的圈层能够形成一种包容度较高的文化氛围。因为圈层的形成，多元化兴趣、审美均能够寻找到共鸣者，每一种兴趣、审美也能够寻找到对应的媒介场域。因为各种兴趣都能够找到认同感的归属，用户便能够更加自由地表达对于兴趣、审美的支持，各个圈层之间趋于平等，也形成了多极化发展的传播网络。每个人能够拥有多元化审美的可能，一个人既可以在快手上观看"土味"视频，也可以欣赏综艺中的高雅民族音乐。

2.新媒体使用人群的复杂性

新媒体与民意之间的关系越来越复杂，原因之一就是新媒体的用户群体进

① 习近平.加快推动媒体融合发展 构建全媒体传播格局[J].求是，2019（6）.

一步扩展，更接近实际的社会组成。不同于线下，人们的交流受到地域等因素的限制，在新媒体中，不同年龄段、背景的用户能够被更加快速、便利地联系起来。这些不同背景的用户具有平等的使用权、表达权，参与传播互动生态的人群更为复杂。

新媒体的核心用户群体正在发生着改变。Z世代（出生于1995年至2009年的人群）不仅是互联网的原住民，也成为新媒体的高频使用群体。QuestMobile2021年6月发布的数据显示，Z世代人群月人均使用移动互联网的时长达到163.9小时，非Z世代人群月人均使用时长为154.5小时。[①]

值得注意的是，未成年人使用新媒体的比例正在提高。共青团中央维护青少年权益部等多部门联合发布的《2020年全国未成年人互联网使用情况研究报告》显示，未成年网民规模持续增长，触网低龄化趋势更为明显。2020年，我国未成年网民达到1.83亿人，互联网普及率为94.9%，比2019年提升1.8个百分点，高于全国互联网普及率（70.4%）。超过三分之一的小学生在学龄前就开始使用互联网，而且呈逐年上升趋势。随着数字时代发展，孩子们首次触网的年龄越来越小。

以年轻群体，尤其是Z世代群体为核心用户的新媒体，会影响整体的舆论氛围。以B站为例，B站是年轻用户为主的内容平台。其2020年第四季度财报显示，B站月活用户达2.02亿，超过86%的月活用户在35岁以下。相对年轻的用户群体造成了B站鲜明的特色：创造力强、活跃度高、凝聚力强，但也具有更情绪化、浅表化等特征。他们带来了新媒体热门内容的变化。音乐、游戏、学习、阅读、时尚等年轻一代更关心的内容越来越丰富。

触网低龄化还带来了未成年人保护的相关管理问题。抖音于2021年5月宣布升级未成年人保护机制，14岁以下的实名认证用户将直接进入青少年模式，14—18岁的实名认证用户在使用抖音时将获得更多保护。但是不管如何保护，我们都与未成年人一起使用着相同的新媒体环境，他们也是这一环境中不可或缺的一部分，拥有相同的表达权。但是由于新媒体的便利性，未成年人保护机制是

① QuestMobile. QuestMobile中国移动互联网2021半年大报告[R/OL].（2021-07-27）[2021-07-27]. https：//www.questmobile.com.cn/research/report-new/164.

否能够真正保护未成年人，仍然需要学校、家长的共同努力，同时针对未成年人的新媒体教育更是不可或缺，让未成年人提升对于新媒体网络的整体认知。

未成年人触网率增高的同时，老年人使用新媒体的比例也在不断增加。趣头条联合澎湃新闻发布的《2020老年人互联网生活报告》显示，60岁以上的老年用户日均使用互联网时长达到64.8分钟，比40岁以上的用户多16.2分钟，也高于平台用户平均水平。相对于年轻人，老年人的互联网用户比例仍有上升空间，在红海时代是难得的用户增量空间。抖音在2021年推出了“老友计划”，将招募10位老年用户代表，参与抖音适老化升级，同时也走入老年大学，为学员带来常用的App教学课程和防诈骗知识。B站也开始吸收老年博主，提升适合老年人的内容储备。以上都是各个视频平台争取老年用户的表现。

新媒体上的用户组成情况越来越接近现实社会构成，但是不同人群在新媒体空间中的表达习惯和行为习惯各不相同，甚至同日常生活差距甚远。例如在日常生活中沉默寡言的孩子，反而会活跃在新媒体当中，甚至可能成为权威观点发布者。新媒体中的表达声量不一定等同于表达人数，更有时间、更愿意在新媒体当中表达的活跃分子，是主要的发声者。相反，很多现实生活当中的权威人士，反而可能在新媒体当中是沉默状态。

3.新媒体环境的情绪性

新媒体表达存在天然的情绪性。在新媒体时代，由于发声权利被打开，信息倒灌的事件时有发生。许多信息是由普通用户发出，继而在社交媒体上被关注，然后有媒体跟进，形成用户的群体传播。主流媒体虽然发挥着重要的引领作用，但是大部分参与信息传播的用户没有接受过专业的传媒训练，在表达时会带有或多或少的情感色彩，也就增加了新媒体新闻事件的情绪性。

过多的情绪性反馈，会削弱事件讨论的理性氛围。但是，由于情绪的易传染性，它更容易在舆论场中形成较大声量。片面性、极端性、流量性的舆论越多，反而越需要强化客观真实声音。由于信息的膨胀、多元的传播，身处其中的用户容易产生信息眩晕，很多用户需要信息解读的引导。这就更需要权威性机构和媒体，以及新媒体平台的情绪引导和理性事实补足，舆论也会呼唤事件尽快有一锤定音的结果。媒体可以在情绪性的舆论氛围中，扮演梳理信息、引导情绪的角色。因为信息传播的无序性，新媒体平台和媒体机构有责任进行新闻信息的线性梳理，确保用户能够收到与事件发展同步的实时信息，并给予适当的背景说明，帮助用户客观、准确地理解信息。

在新媒体环境中，不再有明显的传播者与被传播者的界限，媒体素养不再是媒体人的独享，而是应当成为所有用户在内的必备素养。如何利用新媒体，正确地反映民意、引导民意，保持相对理性、客观的氛围，是未来新媒体治理面临的重点课题。

（二）科技和人文的关系

技术正在全面参与着传播流程，如生产传播内容（机器人撰写）、塑造传播模式（算法）等，科技赋能被提到重要位置。但是，我们要避免把科技当成宗教，把科技变成主义。现在，很多公司提倡科技向善和主流算法。处理好科技和人文的问题，应当强调人文管方向、科技管方法这一基本原则。

1.善良的算法

算法已经成为新媒体传播的驱动机制：一方面，应当监督平台不断优化算法；另一方面，应当培养用户的算法敏感。如今，一部分用户开始意识到算法的存在，并发现其极大影响着自身的信息获取，用户由此采取了一些反算法行为，例如屏蔽某些信息、取消关注、设定不再推送等。但是许多用户的反算法行为的作用并不明显，例如用户屏蔽的广告、同类内容依然出现等。因为挑战算法是需要耗费精力的，很多用户会习惯性忽略内容，而并没有采用反算法的方式。还有部分用户，对算法并不敏感，依然生活在由算法控制的传播环境中，甚至可能没有意识到算法的存在。

目前，大多数的算法推荐机制仍被平台掌握，且对外保密，算法大多是为平台的商业目的服务。但是，在这些算法之下，影响的是用户的信息接收，甚至价值观养成。我们需要良性的算法，找到信息获取和商业利益之间的平衡点，能够让用户获得多元、优质的内容，而非困在某个兴趣牢笼之中不断接收同类内容。

算法“囚笼”不仅困住了用户，也困住了媒体。为了获得高收视数据，很多的媒体开始利用算法，其中就包括许多的主流媒体。曾经的内容生产是以媒体为主，而现在研究平台上的高流量模型成为内容生产的重要影响因素。优秀的媒体能够在流量思维和内容把控之间找到平衡点，但还有一些媒体却在流量思维中随波逐流。生产轻内容、重形式，轻理性、重情感的内容，虽然能够获得关注，但是久而久之会成为满足用户爱好的内容生产者，失去了媒体的品格和舆论引导价值，由此媒体的可替代性反被增强。

2.AI与人类共生的时代已至

近年来，人工智能蓬勃发展。过去，“创造力”被认为是人类与人工智能比拼时的制胜法宝，但这种“创造力”正在被人工智能学习着、提升着。例如，B站上开始流行人工智能续写故事的视频，《红楼梦》《鸿门宴》《聊斋志异》等经典故事均被续写，许多风格与原著大相径庭，更偏向时下流行的爆款爽文等模式。清华大学于2021年迎来了首位人工智能虚拟学生华智冰，她可以根据要求，进行写诗、作曲等具有“创造力”的人类行为。人工智能不仅能负担重复性高、计算量大的工作，而且开始从事“创意化”“个性化”的生产行为。

当然，目前人工智能的“创造力”仍处于初级阶段，例如续写的小说存在逻辑性差等问题。但是，在人工智能大量生产的过程中，相对于低质量内容，更让人担心的是其中价值观把控的问题，人工智能对于道德伦理层面的处理仍然较为薄弱。

3.新媒体反塑用户

新媒体已经成为大部分人日常生活的重要组成部分，人也被分解成不同的部分，成为新媒体的一种信息，媒介和人已经开始深度相融。

曾经，人们的语言习惯来源于面对面的人际交往、阅读、电视等。但是，伴随着人们接触新媒体的时间越来越长，语言习惯也逐渐新媒体化。新媒体语言习惯的主要特点是简单、萌、年轻、轻松。“萌萌哒”“木有丫”等词汇已经不是年轻人的专属，而成为广泛群体的使用习惯，甚至成为官方机构新媒体的必用语。新媒体先天有年轻化的基因，“萌”式语言大多由他们创造，之后形成网络使用潮流，继而影响整个社会的语言体系。有时并不是用户刻意追赶潮流，而是流行语的高出现频率潜移默化地影响着语言习惯，继而扩散开来，成为一种社会性的语言习惯。

除了词语使用外，新媒体还影响着人们的表达习惯，呈现出碎片化、瞬时化、去逻辑化的特点。伴随着互联网硬件设施的普及，网速带宽的提高，媒介资费大大降低，甚至接近于零成本，新媒体内容量极速上升，相对而言就是人们对于媒介使用的珍惜性降低，表达更为随意。过去用户发送一段短信可能会字斟句酌，尽可能在言简意赅的情况下表达最多的信息；现在则是更为伴随性、随意化的表达。用户在体会表达便利性的同时，会更加沉浸在碎片化的环境中。因为表达缺乏严谨的思考和逻辑，整体媒介环境也会变得片面和感性。

新媒体将整个世界更为紧密地联系在一起，无形当中会增加人们相互对比的频率，再加上流量的助推，会形成强势的评价体系。例如，肤白貌美的小姐姐跳舞会获得更多点赞，然后算法会追踪到这一趋势，更加集中地推荐这一类型的内容；用户便接收到越来越多相似的信息，继而形成“大多数人都肤白貌美且肤白貌美更具流行度”的判断。

基于推送形成的流量型审美，再加上附着在新媒体上的各类滤镜会自然而然地进行审美修饰，人们习惯于通过新媒体的镜头阅读自我，继而形成对于真实自我的错位认知，甚至是自我否定。被“磨皮”的自我逐渐成为向往的自我，如果“素颜”自我与“磨皮”自我差异较大，便会引发焦虑，继而影响自我行为。除了外貌外，对于价值观的判断（例如财富水平）也有可能因为新媒体的整体氛围而引发个体对自我的怀疑和再造。

（三）中国和世界的关系

对于当代中国来说，讲好中国故事、让世界读懂中国，已经不是一个战术性问题，而是关乎国家战略的大问题。在全球传播语境下，中国的新媒体也应当积极发挥作用。这不仅仅是商业价值，更重要的是发挥社会价值，能够向世界传播良好的中国形象。新媒体要更好地向世界展示立体全面的真实中国形象，不仅仅要出口新媒体技术，还要出口新媒体内容，这样才能让中国的新媒体发展在世界产生更大的影响。

1.民间力量助力中国走出去

新媒体加强了国际民间力量的交流，能够让我们突破地理界限，看到世界的真实样貌。“网红”不一定局限在本国，也有在世界范围走红的可能。中国就有一批内容制作者，通过精致的内容和背后的中国文化、中国意象，在世界范围内吸引着流量。2021年2月2日，吉尼斯世界纪录官方微博发文，李子柒以1410万的YouTube订阅量刷新了她本人创下的“YouTube中文频道最多订阅量”的吉尼斯世界纪录，又一次把中国的田园生活意象带至世界。

政府有意识地通过推动新媒体中的民间交流，对外传播中国文化、讲好中国故事。外交部发言人华春莹在个人推特账户上发布了河南卫视水下舞蹈《洛神水赋》的片段，通过新媒体手段让外国网友了解中国传统文化的潮流演绎；温州于2020年上线了首个对外传播官方账号“young朋友in温州”，邀请了10位外籍网红参与创作，体验温州生活，对外讲述浙江故事，这是温州打造“国际网红城市”的具体举措之一。

2.由“大象迁徙”带来的积极国际形象

2021年，云南发生象群北迁事件。事件的特殊性、官方的有效处置和大象的萌态，此事迅速获得国际范围内的关注。象群迁徙并不是以传播为主导的事件，而是以观察、保护野生动物为核心。因此，产生了一系列别样的传播方式，例如无人机跟拍、长时间慢直播等。这些用来观测象群的方法，成为用户“在场”见证迁徙的方式。中国媒体在Youtube上传的视频片段被英国、美国、日本的很多媒体转载。真实的画面质感和透明公开的报道形式，让国外许多原本对中国西南边陲一无所知的人们了解到云南的景色。中国此次以科学态度处理象群迁徙的措施，以及老百姓对于调皮象群的善意，让海外观众感受到中国生态友好型社会的搭建，传递出中国的温情。再加上新媒体中对于各种象类素材的二次创作，网友们用拟人化的手法描绘了象群的爱恨情仇，很容易在世界范围内尤其是年轻网民中获得共鸣。这一次偶发事件，中国的妥善处理为强有力的中国国际形象传播起到了重要的推动作用。这次成功再一次说明，在国际传播中，真实、能够感染每一个普通人的题材、正向的价值观，才是能够走出去的硬通货。

3.在被迫隔离的时代疏通交流

受新冠肺炎疫情的影响，全世界都陷入了被迫隔离的状态，国际间的交流也因此减少。人们很难像过去一样走出国门，接触世界。同样，其他国家的人也很难走入中国，了解中国。国际间会因为缺少交流而增加矛盾，从而引发难以估量的后果。人类已经进入互联互通的新时代，各国利益休戚相关，命运紧密相连，彼此之间顺畅的交流是维护人类命运共同体的重要条件，新媒体便是在特殊时代疏通交流的最好途径。

一方面，对于国内而言，需要创造开放、包容的国际交流环境，让国人更加理性地、充分地感受到国际文化，接轨国际信息，打开视野，培养民族自信，避免视野狭隘导致的沟通障碍。

另一方面，对于对外传播而言，需要利用新媒体的途径，对外展示中国的文化生活，培养健康的交流氛围，用新媒体同世界做朋友。

四、结语

知新媒体方能善用新媒体。科技助推媒介不断向前发展，各类新技术、新产品层出不穷，随之而来的是用户的新习惯、新爱好，甚至是新行为。媒介与社会息息相关，全面相融，我们需要对其进行冷静的再思索。科技把握发展速度，人文把握发展方向，才能让新媒体为推动更加健康、和谐的社会建设服务，让人们真正享受新媒体的便利和帮助。

第二章
行业报告

第一节　内容篇

1.1　从严肃内容的破圈传播浅析主流媒体话语体系创新的方向与模式

汪文斌　刘思琦　马战英[①]

摘要： 话语体系创新是主流媒体推进媒体深度融合的重要方向和着力点，深度挖掘主流媒体的内容资源，创新表达方式，才能适应媒体发展的趋势，更加适配受众的需求。近年来，中央广播电视总台不断推进话语体系创新，进行由表及里的转变，逐渐从内容表达、传播方式创新，向更加内核的生产方式创新演进。本文以总台推出的创新创优融媒体节目《主播说联播》《玉渊谭天》《敢教日月换新天》为典型案例，深入探索主流媒体话语体系的创新方向，总结取得的阶段性成果，最后提出主流媒体话语体系创新的基本模式。主流媒体话语体系的升级、创新与迭代，让原本严肃的内容和主题宣传报道真正走进受众心里，激活并聚合更多的生产与创作力量，也迎来内容市场繁荣与健康。

关键词： 话语体系创新；主流媒体；中央广播电视总台；媒体融合

主流媒体话语体系创新是一个长期且不断深入演进的命题。所谓话语体系创新，就是内容得以让受众接收和认知的方式方法，以及实现路径需要不断升

① 汪文斌，中央广播电视总台视听新媒体中心主任，中国记协常务理事；刘思琦，中国传媒大学电视学院博士研究生；马战英，中央广播电视总台视听新媒体中心高级编辑。

级与迭代，适应媒体发展的趋势，更要适配受众的需求和要求。

毫无疑问，广播电视等传统媒体的内容资源是一个富矿，但遗憾的是，它是面向传统的广播电视和观众来设计的，使用的是传统表达方式；收视率表现优异，并不等于在新媒体端就会获得良好的传播效果。事实证明，受众对于传统媒体的内容有需求，但对于新媒体端的内容表达方式更有要求。因此，“富矿”还需要“富加工”和“巧改造”。特别是面向年轻一代受众，这种需求和要求则更为迫切。这就意味着，主流媒体转战新媒体，必须要转变话语体系和语态方式。随着《关于加快推进媒体深度融合发展的意见》出台，媒体融合进入下半场，在国家战略的引导和推动下，主流媒体话语体系创新势必随之进入新的阶段，呈现出新的特点。

近年来，中央广播电视总台积极践行“台网并重、先网后台、移动优先”的发展战略，面向新媒体在话语体系创新进行积极探索。特别是在主题宣传、主题报道方面，将“新闻”“评论”“文献片”等具有严肃刻板印象的题材与内容，通过融媒化改造的方式，在内容呈现和话语表达上很好地“适应分众化、差异化传播趋势”，取得了不俗的传播效果，在不断深入的实践和思考中，主流媒体正在推进话语体系的创新进行由表及里的转变，逐渐从内容表达、传播方式创新向更加内核的生产方式创新演进，涌现出以《主播说联播》《玉渊谭天》《敢教日月换新天》为代表的创新创优融媒体节目，也用事实证明主流媒体话语体系创新取得了阶段性成就。

一、《主播说联播》的内容表达创新

做好党的新闻舆论工作，营造良好舆论环境，是治国理政、定国安邦的大事。主流媒体践行媒体职责使命，必须把做好新闻舆论工作作为重中之重。在长期的实践中，新闻节目也成为主流媒体传播信息、引导舆论、社会动员的重要抓手。

就总台而言，以《新闻联播》为代表的一大批新闻节目是当之无愧的金牌节目。自开播以来，《新闻联播》一直是我国收视率最高、影响力最大的电视新闻栏目，是中国电视新闻第一品牌，在宣传党的主张、唱响主旋律、传播正能量方面做出了积极贡献。为了更好地肩负起弘扬主旋律、传播正能量、铸牢中华民族共同体意识，掌握全媒体时代意识形态话语权，2019年《新闻联播》大踏步进行各项改革，从价值引领、内容深耕，到优化表达、全媒体融合，在社交媒体上频频引发热议，成为媒体融合创新发展的排头兵。

随着新媒体的崛起，信息无处不在、无所不及、无人不用，导致舆论生态、媒体格局、传播方式发生深刻变化，新闻舆论工作面临新的挑战。如何更好地把握媒体发展趋势，促使《新闻联播》焕发新的活力，更好地宣传习近平新时代中国特色社会主义思想，既是作为主流媒体义不容辞的职责使命，也是自身不断发展进步的迫切需要。中央广播电视总台新闻新媒体中心在2019年7月推出的《主播说联播》，是《新闻联播》探索改变内容表达方式的积极尝试，成为总台探索融媒化改造的优秀案例之一。

《主播说联播》是一档结合《新闻联播》当天播出的重大事件，聚焦国际时事和热点新闻而制作的短视频栏目。其播出平台包括央视频客户端开设的账号和微信、微博、抖音、快手、B站等。截至2021年7月2日24时，相关内容在新媒体平台的播放（阅读）总量达79.56亿次。在互动方面，相关内容的转发量、评论量、点赞量合计6.02亿次。①

一般情况下，《主播说联播》保持与《新闻联播》相同的演播室场景等硬件元素，但是选择使用手机竖屏拍摄，时长在一分钟左右。主播不再正襟危坐，而是附加了更多放松的姿态、手势、表情等副语言的表达，增加亲切感，突出个人风格。语言特点上，主播统一以“主播说联播，今天我来说”为开场白，以充满网感的语言解答观众提问，表达时事观点。主播时而亲切可爱，时而辛辣犀利，金句频出，使用了诸如“打脸”“出轨了”“No zuo no die”“真的是很没品”“呵呵”等网络化词汇。主播围绕《新闻联播》台前幕后的花絮，以“拉家常”的方式表达立场观点，与受众互动交流。2020年5月30日的《主播说联播》，针对美国将对世卫组织断供资金、终止关系这一新闻，主播刚强表示：“用一句话来形容就是‘搞事情’，但是世卫组织不是为美国一家开的。”2021年7月4日的《主播说联播》，针对神舟十二号三名航天员协同配合进行中国空间站首次出舱活动，航天员刘伯明成功出舱喊了句东北话感叹太漂亮了，李梓萌也

① 数据来源：央视市场研究股份有限公司，简称CTR。

用东北话进行回应："实现'手可摘星辰'，老骄傲了！"语言鲜活接地气，引发用户强烈共鸣。

《主播说联播》利用《新闻联播》主播的个人IP实现了从传统的理性宣传到感性渲染的过渡，融合新闻短评与网络用语，在平衡趣味性和说理性的基础上打造全新人设，进一步贴近年轻用户，对提升内容传播力与影响力具有积极作用。主流媒体以开放姿态主动联通网络流行文化，大胆使用时下有热度的网络用语或事件，甚至通过"造梗"的方式，把严肃的电视新闻节目改造成多形态的全媒体内容，这种创新无疑有助于加强受众对新闻的理解，并推动新闻传播以一种润物无声的方式深入人心。

二、《玉渊谭天》的传播方式创新

新闻评论是新闻媒体对当前重大的新闻事件或重要的社会问题发议论、讲道理、明是非的一种议论文体，它是新闻媒体发挥舆论导向作用的重要社会公器。因此，评论历来都是媒体的标杆。自成立以来，中央广播电视总台以新媒体为依托，推出多篇时政评论"央视快评"和国际评论"国际锐评"，做到了重要讲话、重大活动、重大事件必发声。这些时政评论稳妥把握时度效，突出"真、短、快、活、强"的特点，做到了台网并重，广泛传播。2019年，总台组建《玉渊谭天》工作室，以融媒体的传播方式成功地擦亮了总台的评论品牌。

《玉渊谭天》从一开始就改变了评论的呈现载体，是一个完全立足移动端传播打造的新型融媒体评论品牌。目前，《玉渊谭天》以评论为核心，其产品形态囊括了音频、中长视频、文字评论、社交短视频、漫画、直播等；在传播渠道上，完全立足于移动端，除了在央视新闻、央视频、云听等总台新媒体端露出外，还在微信、微博、B站、知乎、头条、腾讯、百家号等第三方平台进行广泛传播。经过两年多的发展，《玉渊谭天》作为互联网评论品牌，收获了超过300万的粉丝群体，其中半数以上都是35岁以下的年轻人，主要分布在北上广等一线城市。

作为总台新闻中心经济新闻部下属工作室，《玉渊谭天》从成立之初便立足在中美经贸摩擦中提升总台的传播与影响力。通过坚持不懈地深耕对美舆论斗争，创作出多篇爆款，形成了"中美大事看玉渊谭天"的品牌认知，在众多评论品牌中脱颖而出。其中，“2019年新一轮中美经贸高级别磋商”单条短视频阅读量就破千万；中美经贸谈判单篇文章“两微”延展阅读量超1.19亿；《起底美国》七集短视频“两微”延展阅读量超1.5亿，外交部发言人多次主动转发，在年轻人聚集的B站被推上首页置顶推荐位。许多人把《起底美国》的视频发布称为“追剧”，持续催更，形成了一种受众自觉自发的传播现象；“阿拉斯加中美高层战略对话”两微延展阅读达17.3亿，先后18次登上热搜，更被FOX、NBC、RT、NHK等49个国家和地区的194家媒体跟踪转载，形成全球焦点，从移动端发源，打了一场经典而漂亮的舆论战；“中美天津对话”相关内容处于全网领先地位，更首次实现中美对话的直播态表达，在央视频直播总播放量达2000万，相关话题登上多家媒体榜单，两微延展阅读量达6亿。①

《玉渊谭天》工作室除了依托总台雄厚的专业队伍和制作能力，还通过链接和联合，将权威机构、智库专家、高校学生等力量进行了有机融合，极大地提升了内容传播的深度、广度和效率。例如，与33个国家有关部委和上百家智库合作，第一时间用总台声音精准传达中央精神，让每一次发声都更专业更有力；与关心时事的高校大学生以及学生社群进行联合创作，保证了表达方式的年轻态。

《玉渊谭天》本着“总台声音、民间表达”的宗旨，形成了自身特色，鲜明地区别于总台其他账号，形成了良性互补关系；通过树立“谭主”的剪影式形象，以第一人称视角，把生活的细节和宏观经济、中美关系这种大选题有效地结合起来，较好地弱化了官方媒体宣传的固定模式，改变了宣传口气、文件口气，用民间化表达、通俗化传播，让高大上的国际问题和经济问题走进民众，有效地拉近了与民众的距离，在舆论引导方面发挥了不可或缺的价值和作用。

三、《敢教日月换新天》的生产方式创新

文献片作为用文献资料再现历史的纪录片，大多具有恢宏的历史主题和时代背景，其表现的内容和人物可能与当下的时代和观众有一种天然的距离感。这种距离感也给文献片的传播带来一定的难度和局限性。然而在庆祝建党百年

① 数据来源：玉渊谭天工作室。

华诞之际，由中宣部联合多个部门共同摄制的24集大型文献专题片《敢教日月换新天》却意外走红，实现了裂变式的破圈传播。

该片在总台央视综合频道黄金时段播出，截至7月3日9时，1—24集平均收视率为0.62%，其中7月2日第22—24集平均收视率更高达0.85%。《敢教日月换新天》不仅在大屏端表现优异，更创造了大型文献专题片在全网传播的多项纪录：相关内容全网点击量达到19.8亿，创下大型文献专题片网络触达量新纪录；累计观众触达人数达13.36亿，成为近年来第一部首轮播出触达人数破10亿的文献专题片；节目微博相关话题阅读量超24.14亿，成为近年来网民最关注和热议的大型文献专题片；微博单个话题最高阅读量达2.9亿，高于同期同平台播出电视剧的微博主话题阅读量；在快手、微博等主要社交网络平台点赞量达1490万，得到网友高度认可；在微博、腾讯新闻等平台转发量达63万，激发大量网友情感共振、转发分享；阅读量过亿的微博话题共7个，包括#陈延年陈乔年牺牲后弟弟用假信瞒家人#2.9亿次、#14岁的她是年龄最小的渡江英雄#2.6亿次等，多次冲上微博热搜榜、要闻榜、快手热榜榜首。[①]《敢教日月换新天》这部专题片所产生的裂变式传播效果，不仅体现了以中央广播电视总台为代表的广电媒体通过加快媒体融合改革，在跨媒介叙事、用户链接、机制创新等方面极大提升能力，更显示出在媒体融合背景下主流媒体的话语体系创新已经从单纯的内容表达、传播方式创新向生产模式创新的升级转变。

受题材、时长和受众所限，文献片对普通受众传播特别是对年轻群体进行传播的难度可想而知。因此，不仅迫切需要改变语态表达，更亟须改变传播方式，并从生产模式上入手，从根本上推动文献片的生产、传播完全适配移动端。此次《敢教日月换新天》所取得的成功，与其内容创作与传播方式的创新密不可分，更重要的是，其采取了“中心化+去中心化”的全新生产方式。从根本上，生产方式的转变一举推动《敢教日月换新天》在生产与传播到达一个全新的高度，是广电媒体推进媒体深度融合的创新案例和一次较为成功的实践。

（一）在内容创新方面

作为重大题材文献纪录片，《敢教日月换新天》政治站位高、创意高远、构

① 数据来源：《敢教日月换新天》项目组。

思巧妙、制作精良，有价值的传播内容为融合传播奠定了重要基础。在宏大叙事下，该片还格外关注具象的、有代表性的个体与群体，从“南陈北李”到“脱贫攻坚”，通过微观细描展现宏大叙事，通过一个个历史片段、一个个故事、一个个细节、一组组数据，以点及面，使这样一部文献片既有历史感、时代感，又有现实感，引发观众的共鸣与关注。该片采用了大量一手档案、文件原文、原声录音、影像原件和采访录像等珍贵史料，大量运用历史人物的同期声、历史活动的影像材料，更首次部分使用了8K超高清拍摄手段，引入人工智能（AI）影像修复技术，将三维建模和动画制作与党史叙事、珍贵史料完美地结合在一起，给观众带来有强烈历史代入感的视觉盛宴。与此同时，该项目组在正片之外，还推出了网络宣传片，延展性短视频、年轻态推介节目等相关内容，形成了《敢教日月换新天》的融媒体内容矩阵，成为该项目重要的创新亮点之一。

（二）在传播创新方面

充分利用融媒体手段，引导网民关注节目内容，热议相关话题，变单向传播为互动引导。话题是网络舆论焦点发酵的聚集地，为提高受众对《敢教日月换新天》的关注，项目组选在微博、知乎等互动平台设置话题，微博话题持续多次置顶主话题“敢教日月换新天”，“央视新闻”微博账号则每日置顶话题性强的口述历史短视频。项目组还通过全程监测分析数据、网络热点，针对实时热点投放口述历史短视频，如2021年6月29日“七一勋章”颁授仪式结束后，“央视新闻”及时发起话题#14岁的她是年龄最小的渡江英雄#，位列微博热搜榜第一，5小时话题阅读量达到2亿。与网友形成有效情感共鸣，获得良好效果。截至7月3日24时，《口述历史系列短视频》22次登上微博实时热搜榜。多个相关话题冲上微博热搜榜、要闻榜首位。

为了更有效地触达青少年，项目组调动商业资源“借嘴说话”，在B站、知乎、抖音等年轻人聚集的平台上，用年轻受众喜闻乐见的方式进行传播，主要抓住三类KOL开展运营。第一，抓UP主，共同生产个性化的短视频作品。邀请B站、知乎、抖音等年轻人喜欢的网络创作者围绕《敢教日月换新天》内容进行二次创，用年轻人熟悉和习惯的话语方式传达百年党史精神谱系。如B站百大UP主“木鱼水心”、抖音知名影视类博主“罗罔极的电影计划”、科普类博主“全球档案馆”等，用年轻创作者的个人视角带动对应平台用户对《敢教日月换新天》的关注度。第二，抓偶像，利用其影响力吸引年轻受众观看正片。邀请吴磊参演主宣传片，邀请B站偶像歌手创作《敢教日月换新天》同名歌曲，利用年轻偶像的影响力，深入渗透到年轻群体中；并通过弹幕引导，带动年轻用户的强烈民族自豪感，吸引其观看正片。截至7月3日24时，吴磊参演的主宣传片阅读播放量超7059万；B站原创歌手创作的《敢教日月换新天》同名MV阅读播放量达到8465万。第三，抓大V，在社交平台联动转发，提升热度。在微博和知乎平台，通过热点话题与议题设置，与相关头部"大V"联动，如媒体大V"Vista看天下"（微博）、教育类博主"清南师兄"（微博）等，发布不违和、不过分、不偏颇的图文内容及相关话题，点燃该片在社交平台的热度。同时，利用大量腰部账号参与"央视新闻"账号以及相关头部账号话题互动，引发用户广泛关注和讨论，产生裂变式传播影响。

（三）在生产方式创新方面

该项目由总台融合发展中心与影视剧纪录片中心联合创新一体化融合模式，内容团队和融合传播团队在策划、创作和传播方面进行了一体化探索。总台融合发展中心作为总台最年轻的内设机构，一直努力成为总台融合发展战线的"尖刀班"，努力探索重大主题、重点项目的融合创新，并在全台产生示范效应，带动总台媒体融合纵深发展。此次，融合发展中心创新思路，在建党百年宣传中抓住重点项目，力求将《敢教日月换新天》打造成为融合创新样本，助力实现总台媒体融合新突破。这次试水，正是总台融合发展中心与影视剧纪录片中心通力合作，才能有全流程融合模式的产生。作为业务统筹管理部门，融合发展中心协调统筹台内外网络资源，为融合传播打好基础。从2021年初开始，融合发展中心主动协调中央网信办网络传播局，将《敢教日月换新天》纳入重点宣推项目，得到中央网信办网络传播局大力支持；同时协调B站、抖音、快手等商业平台，为该项目倾斜资源，统筹商业平台力量推动融合传播。在此基础上，融合发展中心派出团队，与作为生产部门的影视剧纪录片中心一起，从项目的源头就开始合作，最终实现了从策划、创作到传播的全程合作模式，将融合创新理念贯穿始终。

《敢教日月换新天》使用去中心化的生产方式，利用各商业平台的优质资源做分平台的专门设计。既传播《敢教日月换新天》项目本身，又传递纪录片所表达的“百年恰是风华正茂”的精神内涵。其中包括直发、转发、定制原创三种形式，以视频、图文等传播形式覆盖B站、微博、抖音、知乎等年轻人聚集的平台。这种去中心化的生产方式，迸发出巨大的内容活力，短短半个月，产出了视频类内容14个，图文类内容24个；在微博、抖音、知乎平台共计产出5个深度原创内容；33篇针对专题片的宣传片、主题曲MV、口述历史短剧、正片内容的分发。截至7月3日24时，本次传播共覆盖粉丝1.3亿人，产生超过2216万次的直接阅读，共计超过5.3万人对内容进行了互动。

四、主流媒体实现话语体系创新的基本模式

主流媒体话语体系的转变，本质上是要进一步拉近符合主流价值观的内容与广大受众之间的距离。这种距离感的减少或消除要通过表达方式的转变，传播方式的转变，根本上更依赖生产模式的转变。从《主播说联播》《玉渊谭天》《敢教日月换新天》等成功案例来看，严肃的内容不能成为不被受众认可和接受的理由；方式的转变与模式的创新，一定会让原本严肃的内容，让原本高高在上的主题报道宣传，真正走到受众的心里去。从实践来看，三点共性的做法成为主流媒体话语体系创新的基本模式，可供借鉴参考。

（一）积极打造内容矩阵，主动适配融合传播

在信息爆炸的时代，注意力是稀缺资源，用户的注意力分散在了不同平台中。若传播主体想获得相对集中的注意力，需要创新内容生产方式，即跨平台同步适应性生产。在融合传播思维的驱动下，媒体不能满足于单一的电视产品，而要从策划阶段就致力于打造围绕内容IP的融合内容矩阵，用电视产品契合大屏端以中老年为主的用户习惯，而用移动端的融媒体节目以短视频、移动直播、微话题等方式，主动契合当下移动化、微型化、轻量化、碎片化的传播特征，紧紧抓住年轻受众群体。主流媒体在媒体深度融合过程中应对95后、00后“Z世代”年轻用户喜好的话语方式创新，把“庙堂之音”转化成民间语言，用“Z世代”的网言网语把深奥的道理说浅显，把晦涩的理论讲通俗，对于骨子里正统惯了的主流媒体而言并非易事，但在“资讯找人”的泛媒介时代、多屏时代，话语方式转变是必经的蜕变。

（二）多元聚合多种传播互动方式，最大化满足受众需求习惯

在媒体融合背景下，传播早已不能满足于一播了之，不仅要以内容之力去引导网络舆论，更要拓展社会化平台的社交化传播与年轻态传播。《敢教日月换新天》的导演闫东曾表示，他作为导演，和B站、爱奇艺与优酷等视频流平台的负责人多次深入沟通，了解不同平台的内容特色和受众结构。在沟通的基础之上，生产的灵活性和内容的丰富度与表现手法会大幅度提高。《敢教日月换新天》24集文献纪录片以“先网后台”的方式在央视网、央视频和央视一套首播；百集口述历史短视频、主播说、宣传片、1分钟先导片、4分钟速览片和MV等融媒体微系列产品在抖音、B站、微博以及央视网、央视频、云听等传播端上线。从现有数据看，该片打造的“多类别＋多形态”的产品覆盖触达不同圈层，取得了良好的传播效果，并在不同产品之间初步形成互相导流和互相迁移的效果，也激发了二次传播效应。不仅要重视在不同平台传播不同内容产品的方式，更要加强互动引导，这样才能真正做好媒体融合传播。通过互联网的思维和方式，引导受众关注、讨论、自发传播，其中的想象和可为空间巨大。

（三）充分调动内外主体，实现中心化与去中心化的协同作战

无论是短平快的新闻节目，还是专题片、文献片、政论片等鸿篇巨制，在创作过程中都要注重中心化生产方式和去中心化生产方式相结合，从而极大地促进内容生产，实现良好的传播效果。中心化生产能够充分发挥主流媒体视频制作的优势，去中心化生产则可将外部优秀创作者置于主流媒体融合发展战略布局中，两种方式相辅相成，是成功融合传播的基础。总台作为媒体国家队，拥有政策性、事业性、产业性、业务性优势。而这些优势不仅推动总台成为融合传播的主引擎，更全面调动了包括平台媒体、“网红”个体等在内几乎所有层次的传播主体，实现了社会性协同。去中心化的生产方式越早介入创作生产，越能产生意想不到的火花和效果。不同平台、不同主体可以根据自身的技术特色对作品进行二次创作。通过主体的协同，将电视长叙事与互联网短平快叙事完美结合，有效地拉近了严肃主题与普通用户之间的距离，取得良好的传播效果，促进主流意识形态的传播。而在总台内部，机制创新打破了僵化条块分割的部门壁垒，提升了部门间的协作效率，以自发性的主动变革实现“化学反应”，释放出媒体融合创新的机制活力。

五、结语

话语体系创新是主流媒体推进媒体深度融合的重要方向和着力点。随着话语体系的创新由表层的内容、表达、方式等逐渐演进到深层的模式、机制创新，主流媒体必将见证话语体系的升级、创新与迭代，激活并聚合起更多生产与创作力量，不仅能为受众提供源源不断的优质内容，更能迎来内容市场的繁荣与健康发展。

1.2　场景传播：从载体迭代到时空嵌入

刘晓鹏　何旭东[①]

摘要： 场景是经由移动互联网构建和联系，存在于线上和线下环境中，通过人们工作生活的时间、空间、行为、事件及关系构成的结构。场景传播特指借助移动互联网在不同场景下进行嵌入式传播的模式，是近年来新媒体传播的新趋势。传统媒体在推进媒体深度融合过程中，应当积极探索场景传播，实现其在时空关系中的有效嵌入；充分运用“场景思维”，采取新的传播策略和机制，实现信息、价值、情感的有效传播、有效覆盖，壮大主流舆论，扩大主流价值的影响力版图。

关键词： 场景；场景传播；媒体融合；主流媒体

新媒体传播基于移动互联网发展，二者的关联性不仅在于移动互联网技术构建了新的传播平台、传播渠道、传播方式，还在于移动互联网给人的行为模式和社会生活带来了新改变，进而生发出新的传播场域、传播形态、传播路径。正因如此，我们对新媒体传播的观察，也有必要在研究媒体或传播载体的基础上，向传播模式变革的维度拓展，特别是新的时空关系中传播的嵌入模式。

一、用户增长平台期传播获取呈现新趋势

从传统观念而言，新媒体传播覆盖的半径是用时间来衡量的，是总用户数与平均使用时间的乘积，这两项是重要的变量。当前移动互联网的一个基本态

---

① 刘晓鹏，人民日报社新媒体中心副主任；何旭东，中国传媒大学电视学院硕士研究生。

势，就是用户保持在高位稳态区间。

综合人口学统计和行业发展的终端统计可知，网民数量已达到相当高的水准，而用户和时长从总体上看仍在增长，但增长幅度呈现下降趋势，在一些阶段性区间还出现过短期下降的现象。从移动终端统计维度看，移动互联网数据机构QuestMobile数据显示，受新冠肺炎疫情影响，上半年呈较大幅度上涨的情况，2020年全网月均活跃用户数11.55亿，月均增速1.7%，明显低于2019年的2.3%。①从人口学维度看，截至2021年6月，我国网民规模为10.11亿，其中手机网民规模为10.07亿，网民中使用手机上网的比例为99.6%。②报告同时显示，截至2021年6月，我国网民的人均每周上网时长为26.9小时，较2020年第一季度末减少3.9个小时，总体呈现下降趋势。

（一）从侧重增量用户获取转变为存量用户促活

移动互联网传播的基本逻辑是“注意力分配”。此前十年，这种注意力分配的基本态势是基于载体的增量拓展，无论是物理形态的移动终端，还是产品形态的资讯平台、社交平台、短视频平台，归结起来是“载体”快速迭代。中国信通院发布的数据显示，2010年四季度开始，智能终端出货量超越PC，随后2011年全年智能终端大幅增长，2012年、2013年智能手机出货量分别增长166.8%和64%。除2014年因前期增幅较大而小幅回调，一直持续到2016年底，同比每年都保持增幅两位数以上。大量用户涌入，大量终端新增，这是移动互联网发展的重要前提，为服务与应用的提供者创造了发展机遇，也为主流媒体布局新媒体、推进媒体融合提供了窗口期。从实践来看，主流媒体通过充分利用窗口期，成功聚拢用户、积累经验、打造产品，获得有效的阵地拓展。同时应看到，基于近年来的统计分析，虽然用户数量在不同区间内还有所波动，但用户总量高企和增量放缓是一个总体趋势。面对这样的趋势，主流媒体一方面仍要继续开掘拓展增量，另一方面又要更加重视存量的盘活，获取新的入口，这成为新媒

---

① QuestMobile2020 中国移动互联网年度大报告[EB/OL].（2021-01-26）[2021-07-01].https：//www.questmobile.com.cn/research/report-new/142.

② CNNIC.第48次《中国互联网络发展状况统计报告》[EB/OL].（2021-08-27）[2021-08-27].http：//www.cnnic.net.cn/hlwfzyj/hlwxzbg/hlwtjbg/202108/P020210827326243065642.pdf.

体传播的一个迫切课题。

（二）存量用户中的传播增量：跨平台和线上线下融通

随着用户进入高位稳态区间，产品获取存量的主要方式已从拓展载体和终端层面转向关注存量用户的行为与体验，借此进一步扩大新媒体传播的范围和时长。这一转变带来了三方面的变化：一是更加关注用户行为在不同平台之间的跨越与整合，依托建立在数据基础上的智能分析，让信息传播的驱动模式发生新变化；二是更加关注线上与线下的结合，特别是在5G开始广泛运用的条件下，泛在的信息互联带来全新的体验；三是更加关注经由技术与传播的演进，以及用户信息接收和信息使用所激发的新需求。

新冠肺炎疫情期间，跨平台传播和线上线下融通等特点充分显现。在社会治理层面上，移动互联网和大数据得到最大规模的运用，新媒体凭借其独特的信息传播方式，在满足疫情防控需求的过程中发挥了突出作用。与以往公共卫生事件中将信息发布、知识科普等形式作为主要传播方式不同，此次疫情期间，围绕人的行为和需求的传播方式更加突出。2020年初，在武汉和湖北疫情防控形势最严峻的阶段，人民日报在新媒体端推出“新冠求助者通道”，帮助用户上传求助信息并通过线下渠道交由当地政府核办。该通道收集4万余条求助者信息，帮助数千人得到及时收治。随后，针对疫情期间的其他需求，人民日报先后推出“慢性病购药求助平台”“暖春行动：全国求职招工云对接平台”“高校毕业生云招聘平台”等一系列产品。这些产品区别于以往单纯针对载体设计的传播内容，围绕人的特定需求、特定行为，整合信息、服务、货物等多种要素，打通不同传播平台之间的壁垒，形成线上线下联动，并在存量用户中注入传播增量，形成了阶段性、功能性、主题性的新入口。

二、场景传播的概念与路径

“场景”一词历经众多学者的阐释，已成为一个意涵丰富、维度宽泛的学术概念。

（一）场景传播的内涵

场景，原泛指生活中特定的情景，后也指由人物活动和背景等构成的电影、戏剧作品中的各种场面。当看似平常的“场景”一词进入学界视野后，这一概念随着社会条件与大众媒介形态发展经历了众多流变。加拿大社会学家欧文·戈夫曼提出了“拟剧理论”，认为公众在社会这个大舞台上扮演着不同的角色，并根据自己所处的“前台”“后台”等不同情境调整自己的行为。在这一理论中，“场景”成为人在社会中决定自身行为的外界条件。美国学者梅罗维茨提出“媒介场景理论”，他突破戈夫曼将“场景”限定为具体的物理空间的定义，认为“场景”不是一种空间性的指向，而是一种感觉区域，即一种由媒介信息所营造的行为与心理的环境氛围。[①]

罗伯特·斯考伯与谢尔·伊斯雷尔将“场景”一词作为重要的概念和因素引入传播学，他们在2013年出版的《即将到来的场景时代》（Age of Context: Mobile, Sensors, Data and the Future of Privacy）一书中使用“context”（上下文）而非梅罗维茨所使用的“situation”（情景）一词，强调场景满足与用户行动上下文的密切关系。[②]作者认为，场景时代的到来依托五大技术的支撑，即移动设备、社交媒体、大数据、传感器和定位系统这“场景五力”。作为对此前场景理论的继承与发展，作者所定义的“场景”概念既包括基于戈夫曼强调的物理空间这一“硬场景”，也包括基于行为与心理的“软要素”，这一复合的场景定义凸显了“人”作为媒介与社会的连接地位。该书预言，未来25年互联网将进入“场景时代”。

在场景的类型区分上，有学者提出了界面形式和功能两种划分标准。[③]其中，按照场景的界面形式可分为三种：第一，现实性场景，基于现实界面形成的建构于现实生活中的场景形态，如电影院、车站、家庭、田野、教室等；第二，虚拟性场景，依托新型科技衍生的新媒介技术，旨在通过互联网的线上服务为受众提供满足其媒介预期的虚拟界面环境；第三，现实增强场景，现实性场景与虚拟性场景相结合的产物，广泛应用于计算机视觉、计算机图形学领域，虚拟场景内容能够有效增强现实场景内容的表达强度与呈现效果，从而提升受众对现实场景的感知与认同。按照场景的功能可分为两种：第一，实用性功能

① 蔡斐.“场景”概念的兴起[N]. 中国社会科学报，2017：003.

② 梁旭艳. 场景：一个传播学概念的界定——兼论与情境的比较[J]. 新闻界，2018（09）：55－62.

③ 喻国明，梁爽. 移动互联时代：场景的凸显及其价值分析[J].当代传播，2017（01）：10-13，56.

场景，满足受众的生理需求、安全需求等基本生存需求，如餐厅、酒店、家庭、线上支付平台、线上点餐系统等；第二，社会性功能场景，满足受众的社交需求、尊重需求、自我实现需求等高层次需求。在场景的内涵和组成上，也有学者认为空间与环境、用户实时状态、生活惯性、社交氛围是场景的四个基本要素。[①]其中，“空间与环境”要素决定了场景不仅仅是一种空间位置指向，也包含与特定空间或行为相关的环境特征，以及在此环境中的人的行为模式及互动模式；“用户实时状态”要素包括用户在此时此地的各种身体、行为、需求等数据，它们既可能基于用户以往的惯性，也可能具有偶然性、特发性，与空间要素共同作用；“用户生活惯性”要素是理解用户行为走向的基本依据，服务提供商可通过场景分析潜在目标个人数据，从而提供个性化、针对性的服务；“社交氛围”要素对于用户活动具有明显影响，且可以为场景分析提供支持。

有互联网从业者认为，场景一词被应用在互联网领域时，常常与游戏、社交、购物等互联网行为相关，通过支付完成闭环。被互联网定义的新场景包含以下要素：以人为中心的最真实的体验细节；一种连接方式；价值交换方式和新生活方式的变现形态；场景构成堪比新闻五要素，时间、地点、人物、事件、连接方式。[②]

综上可知，无论从传播学、社会学的维度，还是从互联网产业发展的角度，“场景”都成为研究焦点。虽然大家讨论的角度不尽相同，但从中还是可以归纳出一些共性的认识，特别是实践领域，在新媒体发展的一些实际探索中，这种共同的认识得以进一步验证。

本文所讨论的“场景”指经由移动互联网构建和连接，存在于线上和线下环境中，通过人工作生活的时间、空间、行为、事件及关系构成的结构。而场景传播特指借助移动互联网，在不同场景下进行嵌入式传播的模式，它是经由移动互联网和智能技术驱动，以人为核心的思维方式、路径选择和传播理念，其中有八个显著特点：第一，改变单纯以传者为出发点的设计路径，以受者行为和需求作为出发点；第二，改变单纯以信息载体为基本场域的模式，更多关

① 彭兰. 场景：移动时代媒体的新要素[J]. 新闻记者，2015（03）：20－27.

② 吴声. 场景革命：重构人与商业的连接[M]. 北京：机械工业出版社，2019

注以经由移动互联网产生，或者被移动互联网催生与改变的行为与需求；第三，场景传播在线上环境看，应当是多平台、跨平台的传播，而不是单纯限定在某一平台范围内的，具有传播穿透力的形态；第四，场景传播由移动互联网驱动，区别于传统线下传播方式和文化形态，但又可以借助移动互联网的连接，打通线上与线下的区隔；第五，场景传播的基础度量是时间，而更深层度量维度依次是信息、情感、价值的递进，以及在此基础上形成的文化上的认同；第六，场景传播跨越平台、跨越线上线下的基础是对行为数据的有效运用；第七，场景传播的外在形式多样，不同形态、不同主题、不同节点的传播之间有极大的差异；第八，对场景传播最具概括力的概念应当是“体验”，无论是目标、路径、效果，体验最终处于场景传播的中心。

（二）场景传播基本路径和思维模式

1. 基于对用户的深度理解，提供“懂我”“独我”的个性化体验

由于渠道与分发手段的单向性与局限性，长期以来传统的大众媒体主要向受众提供大众化的信息服务，很难做到精准、个性定制内容。随着移动互联网的发展，手机、平板电脑、穿戴设备等日渐普及，在定位、大数据、人工智能等技术驱动下，针对单一用户的个性化内容生产与分发成为可能。因此，用户所处的海量场景决定了场景传播不能千篇一律、千人一面。为用户提供多样化、差异化的内容与服务产品是场景传播的逻辑起点之一。

场景传播将用户的体验作为基点，有利于内容和服务提供方以用户24小时中所涉及的时间、空间场景需求和体验预期为目标，开创以往难以触及、难以落地的产品形态。例如，小米、华为等手机，以及天猫精灵、小爱同学等智能音箱均具备“动态闹钟”功能，一改传统闹钟铃声的单调性，为用户在起床时间播报所在城市天气、新闻资讯以及根据用户喜好播放音乐、有声读物等内容，充分发掘了“起床”场景中易被忽视的传播价值。场景传播的最终形态就是在营造更好体验的基础上，让信息、价值、情感得以嵌入。

2. 以时空和多重关系为依托，打造“当时”“当地”的体验

随着媒介技术的飞速演进，传统意义上的“空间媒介”所具备的“及时”特质已被当下用户对于内容产品的“即时”要求所颠覆。而场景所涉及的时间与空间位置所处的状态转瞬即逝，对于场景传播有着实时性的要求。因此，对

于时空位置、状态的实时获取和回应是场景传播的另一基本路径，即服务提供商通过手机、智能手表等移动设备的卫星定位装置实时获取用户的地理位置等信息，从而推送与该时间、地理场景相匹配的内容或服务。

以手机导航服务为例，导航软件在提供路线导航服务的同时，会基于用户实时位置推送周边天气、路况、交通事故提示以及餐饮娱乐等服务设施信息，实现了以时空位置为基础、以交通导航为主题的服务场景，继而围绕这一核心构建了综合立体的信息服务场景。再如，网易云音乐、QQ音乐等软件在音乐分类中均设有“场景”标签，用户可根据自身所处的运动、学习、旅行、睡前等不同状态选择音乐类型，让内容嵌入当下的场景，成为用户场景活动的一部分。

3. 以深度交互为核心，营造“有我”“我在”的体验

互联网的发展使大众传播真正摆脱单向度传播，走向立体多维的多向交互传播。随着互联网技术不断发展，网络上的“场景”也经历了三次转型升级。在Web1.0时期，门户网站是互联网内容的主要提供方和互联网使用者的主要聚集地。此时的门户网站类似于报纸、杂志的网络延伸，仅向用户提供单向的内容阅读服务，未形成一套完整的评论、分享等网络内容生态场景。在Web2.0时期，社交媒体和移动服务迅速崛起，基于社交、购物、游戏等形态的网络应用与服务充分利用互联网广泛连接的本质属性，将线下生活场景复制到线上，形成众多以产品为形态的互联网社区，使“赛博化生存”成为现实。而在刚刚起步的Web3.0时代，区块链、物联网技术在日常生活中深度应用，使用户处于更加扁平化、更加泛在的网络环境中，这让传播的嵌入更加自然，让用户在这个过程中掌握更多选择机会。

互联网演进的逻辑之一就是用户在内容与服务中的主体地位逐步提升，具体表现为其在网络场景传播与生产流程中的选择权。2018年，流媒体巨头Netflix推出有史以来首部交互式电影《黑镜：潘达斯奈基》，允许观众在剧情转折的关键时刻选择走向，从而根据用户喜好提供不同版本的电影结局。互动选项的引入为用户营造了沉浸式、个性化的观影体验；同时，众多版本的电影结局也促使用户通过社交网络分享观看体验，形成以深度交互体验为载体的观影社交场景。2021年，在建党百年报道中人民日报新媒体同合作平台共同推出互动微电影《抉择》，以三个历史时期的真实故事为基础，运用互动视频的模式，用户在观看时需代入人物角色，不断做出抉择，体验不同选择导致的不同情节发展，深度进入视频内容的交互中。该互动视频在人民日报“两微一端”平台互动播放量超过1000万次。

三、推进场景化传播的案例分析

在媒体深度融合发展的语境下，以人民日报为代表的主流媒体在创作实践中运用场景思维，打造了一批以线上线下融合为形式、以沉浸式互动为核心、以情感共鸣与价值连接为依托的场景化传播案例，为场景传播产品研发提供了有益借鉴。

（一）线下主题体验店

“时光博物馆”是由人民日报新媒体中心发起的致敬改革开放40周年的创意体验馆。2018年10月26日，时光博物馆“空降”北京三里屯，成为线上线下同步火爆的产品，随后在上海、深圳和中国国家博物馆陆续推出，其构建线下传播场景的重要抓手就在于突出交互性。与传统意义上参观者只能隔着展柜玻璃参观展品的博物馆不同，“时光博物馆”采用时下流行的创意快闪形式，将改革开放40年来中国人最熟悉的衣食住行等经典记忆场景实体化，并将展区、展品开放，让体验者在交互中置身于鲜活、可触碰的历史当中，唤醒记忆和为之骄傲的情怀，让人犹如乘上时光机器，带来视觉、听觉、味觉、嗅觉、触觉的沉浸式体验。[①]例如，展馆中设置“时光打印机”装置，用户在屏幕上选择出生年份，即可打印出载有当年我国重大事件的人民日报纸质纪念专刊。除内场创意展陈与趣味体验外，“时光博物馆”还于晚间举办“时代秀”，邀请观众与歌手一道演绎改革开放40年来的脍炙人口的流行金曲。

“时光博物馆”构建线下传播场景的情感基础在于唤起集体记忆。与传统的博物馆和展览的宏大叙事体系不同，“时光博物馆”展现了中国普通民众熟悉的家居空间、流行影视，以及饮食、交通方式等生活细节，唤起了人们对过去时代的集体记忆。例如，“年代照相馆”区域真实还原了改革开放时期民众照相场景

---

① 007. 深度拆解“时光博物馆”爆款事件 解码人民日报新媒体爆款“炼成术”[EB/OL]（[2018-10-31]）[2021－07－22]. https：//mp.weixin.qq.com/s/um-2vfs-f6K-8ss5TydI-Q.

并展现国民服装的变迁，在家庭场景中置入国家发展变迁图景，实现了个人经验与“国家在场”的记忆衔接。2019年，时光博物馆全面升级，以高铁、大篷车、邮轮等为载体，以“流动的时光，行进的中国”为主题，开启全国巡展之旅。

2021年，为庆祝中国共产党百年华诞，人民日报新媒体中心在北京朝阳区三里屯推出线上线下相结合的“复兴大道100号”互动体验馆，在10个展区中还原了不同时代的历史画面和生活场景，如在“初心纪念馆”单元再现上海中共一大会址场景，在“岁月回忆室”单元中让参观者“走进”延安窑洞。体验馆通过生活化视角、场景化展陈，采用动画长廊、水幕影像、裸眼3D视频等青少年喜欢的新型展陈手段，实现沉浸式体验、年轻态表达。同时，为了让更多观众尤其是外地观众可以参观“复兴大道100号”，网上VR“云展馆”同步上线，“云展馆”整合3D模型、全景图片和微视频等，网友通过手机就能获得与现场类似的观展体验；围绕“复兴大道100号”的各种图文稿件和创意长图、微视频、互动H5、VR云展馆等产品在全网点击阅读量超过10亿次，网上网下形成强烈情感共鸣，将党史内容与用户自身的记忆交汇点、利益契合点、情感共鸣点浓缩在一个个具体的场景中。

（二）公共设施主题传播：地铁专列、户外屏幕联动

公共设施是最常见的线下场景，具有高使用率、高曝光度、高关注量等独特优势，是场景传播的天然阵地。就空间环境而言，公共设施可分为开放性设施（如广场、车站）和封闭性设施（如电梯、地铁车厢）。以公共设施为载体的场景传播根据空间特质的不同，所适应的传播场景构建方式也各有差异，如以户外大屏为代表的开放性设施传播场景所面向的人群最广大，但受制于观看视角，不适合承载过多信息；虽然以楼宇电梯广告屏幕为代表的封闭性设施面向人群较小，但封闭环境提升了用户黏性和关注程度，适合提供较户外大屏更丰富的信息量。近年来，人民日报充分利用两类公共设施场景传播特点，开展了一系列具有广泛社会影响力的主题传播。

地铁是城市的重要公共交通工具，较高的客运能力和较长人均乘坐时间使其成为主题场景传播的优质渠道之一。2018年全国两会期间，人民日报联合成都轨道集团打造“中国很赞”主题地铁成都专列。活动前期，人民日报微博、微信、客户端共同启动“中国很赞”地铁专列留言征集活动，超过2万名网友参与留言互动。人民日报新媒体中心和成都轨道集团从2万多条留言中精挑细选出300多条留言组成了成都地铁7号线车厢内饰喷绘。走进“中国很赞”地铁车厢，抬眼低头都能看到暖心的网友留言，感受到人民对祖国的热爱和赞美，形成主题地铁列车场景在社交媒体的二次传播与曝光。

（三）线上渠道多场景的传播适配：社交、游戏、工具

构建场景传播并没有一成不变的公式，也没有放之四海皆准的标准，其核心在于将用户需求同与之匹配的场景建立连接，打造用户能用、想用、乐用的产品形态。当前互联网运营的最大特点是社交成为撬动产品传播的重要动力，众多现象级产品都是经用户主动传播进而在社交媒体中产生“刷屏”现象。纵观这些“爆款”产品，其基本上满足了用户使用旨趣或实用功能，具体可划分为“游戏”和“工具”两种传播场景形态。

近年来流行的新闻游戏实质是建立在信息收集、资料研究、传统报道基础上的一种交互形式，是内容与叙事的全新架构与深度融合。①在中国新闻奖首次设立的媒体融合奖项中，人民日报客户端在庆祝建军90周年之际推出的互动H5《快看呐！这是我的军装照》（简称“军装照”H5）荣获一等奖。该产品借助人脸识别、融合成像等技术，让用户上传一张个人照片即可获得多个时期、不同军种的军装照，使用户在建军节的氛围中享有了“在场”的参与感和互动感。

四、场景传播的策略选择

在选择场景传播策略时，既要从渠道与平台层面发挥全媒体、全终端的传播效果，实现线上线下深度融合、同频共振；又要从价值与情感层面凸显传播的生活化、人格化特征，实现用户与产品的价值共通、情感共鸣。

（一）生活化、人格化的传播方式

用户生活环境是场景传播最广阔的应用空间，具有鲜明个性、饱满情感的人是场景传播的核心主体，因此在场景传播中凸显生活化与人格化的因素是吸引用户、打动用户的最佳途径。实现生活化传播，就必须将传播场景与公众最

① 曾祥敏，方雪悦.新闻游戏：概念、意义、功能和交互叙事规律研究[J].现代传播（中国传媒大学学报），2018，40（01）：70-77.

熟悉的生活场景合二为一、融为一体，让用户在探索产品的进程中感知生活情境，实现产品价值与用户情感的共通与共鸣。

（二）全媒体、全终端的传播渠道

新媒体对于众多媒介的整合并不意味着网络能够取代其他媒介在全领域传播场景中唱“独角戏”，而是要发挥各种媒介在不同场景当中的独特优势，形成全媒体、全终端在全场景环境下相互配合、融合发力的“大合唱”。

（三）信息、价值、情感的嵌入

在移动互联网环境中孕育的场景传播作为多种环境因素和个人因素相互交织叠加并聚合作用的概念与范畴，满足了用户在认知层面获得多维度反馈的需求，承担用户信息的传递者、情感的调适者、价值的倡导者等角色，实现信息、情感、价值递进嵌入，进而在长期的互动中达成文化上的认同。

（四）线上与线下的互动与配合

线上传播已成为如今主流媒体集中发力的重要渠道，凭借新兴媒体技术发展红利所产生的一系列创新性产品已趋近同质化和饱和化。与此同时，网络应用的蓬勃发展正倒逼线下场景以差异化路线同线上场景同台竞争、同场互动。各主流媒体也顺应线下传播场景价值复兴的浪潮，将线下体验与线上传播有机结合，以线下场景引发线上传播焦点，通过线上推广拉动线下体验互动，引发相关话题参与感和引爆点，使推广宣传效果呈几何式增长，形成持续传播热点和有效覆盖面。

五、结语

场景传播作为一种连通时空环境，打通线上线下渠道，融通信息、情感与价值的新兴模式，是今后媒体融合向纵深推进的有力抓手。在选择场景传播的策略时，要兼顾线上线下的渠道特性，注重生活化、拟人化的传播方式，将信息、价值、情感嵌入场景中，实现传播效果的最大化和最优化。

1.3 驱动与反哺：网络直播助力社会创新

王晓红 李 智[①]

摘要：网络直播重构了虚拟世界与现实世界的边界，为人类活动场域的创新提供了更多可能。它不仅拓宽了人们的活动场域，更带来一种全面的参与，激活了社会创新与价值共创。在网络直播的助力下，经济社会生态、社会治理格局不断革新，在发展与实践中，基于网络直播的社会创新将在渠道、机制、模式等方面持续赋能，进一步驱动社会共创服务升级。

关键词：网络直播；社会创新；社会治理

社会创新是一项旨在以比现有解决方案更好的方式满足社会需求的新的社会实践。[②]社会创新不仅使技术、工具、手段的全面革新成为可能，更带来了社会关系的全面重塑。在以5G为代表的通信网络基础设施助力下，网络直播拓展了人们的活动空间，并直接嵌入人们日常生活的方方面面，将整个社会更加紧密地连接在一起。从此意义而言，网络直播既是社会创新的一大驱动力，又被社会创新所带来的红利进一步激活，从而助力广泛的价值共创。

一、技术驱动下我国网络直播发展的新特征

从电视到网络视频，进而到如今风头正盛的短视频和网络直播，新技术在

---

① 王晓红，中国传媒大学教务处处长、教授、博士生导师；李智，中国传媒大学媒体融合与传播国家重点实验室博士研究生。本文系国家广播电视总局规划项目“5G 条件下网络视听新业务管理研究”（项目编号：GD2031）的阶段性研究成果。

② Howaldt, J., Schwarz, M.. Social Innovation: Concepts, Research Fields and International Trends[Z]. IMO international monitoring, 2010.

不断塑造人类新的感知经验。5G及超高清技术的逐步应用，进一步提升了网络直播的画质，高带宽、低时延、广连接为网络直播的蓬勃发展提供了可能；诸如VR、AR等技术的不断进步，使原本平面化的视频画面变得立体而丰富，赋予用户全新的在场感和互动方式，为网络直播的应用深化提供了更多的可能性。

（一）市场规模加速扩大，网络直播走向日常

截至2021年6月，我国网络直播用户规模达6.38亿，较2020年6月增长7539万，占网民整体的63.1%，其中，电商直播用户规模达到3.84亿。[①]市场规模方面，我国视频直播行业的市场规模由2015年的64亿元增长到2019年的1082亿元，年复合增长率高达103%。随着网络直播渗透率不断提升，我国网民基本养成了参与网络直播习惯，网络直播呈现出明显的日常化、生活化特点。

（二）应用场景持续丰富，直播带货异军突起

从内容品类来看，目前网络直播主要包括秀场直播、游戏直播、垂直领域直播（含电商直播、体育直播等）、泛娱乐直播、慢直播等。其中，电商直播的迅速兴起为网络直播的发展注入了新的活力，进一步丰富了网络直播行业的内容与变现方式。仅2020年上半年，全国电商直播就超过1000万场，平均每天有5万多场直播。电商直播的发展前景被广泛看好，有机构预测，2025年全年中国电商直播行业市场规模可达6万亿元。[②]

（三）"直播+"突破行业边界，助推产业数字转型

在全民短视频与直播的风潮带动下，网络直播作为一种线上新型经营方式，成为企业拉动增量的新引擎。网络直播开辟了全新的消费场景，以时下最广泛、最贴近的方式将人们的经济活动纳入虚拟空间之中，网络直播与教育、娱乐、消费活动深度绑定，不仅重塑了消费，也成为消费本身[③]，并最终转化成为促进

---

① 中国互联网信息中心（CNNIC）.第48次中国互联网络发展状况统计报告[R/OL].（2021-08-27）[2021-08-27].http：//www.cnnic.net.cn/hlwfzyj/hlwxzbg/hlwtjbg/202108/P020210827326243065642.pdf.

② 中国演出行业协会.2020年视频电商报告 [R/OL].（2021-05-18）[2021-07-26]. https：//www.chinaz.com/2021/0518/1251915.shtml.

③ 王晓红.短视频助力深度融合的关键机制——以融合出版为视角[J].现代出版，2020（01）：54-58.

产业转型、经济发展的强劲动力。在可以预见的未来，网络直播将覆盖更多的经济领域，进而推动产业转型与融合重构。

（四）行业管理日臻规范，多方共治奏响强音

网络直播为每个人打开了随时随地“面对面”即时互动的新天地，然而，随着行业规模不断扩大，大量资本、机构蜂拥而入，失序、乱序一度成为掣肘网络直播发展的大问题。近年来，我国对于网络直播的规范政策持续加码，并通过综合运用政府监管、平台自治、行业自律以及社会监督等多重手段，建立起多方协同的治理机制，为行业的健康有序发展提供了基础保障。

二、连接与激活：网络直播助力社会创新的路线图

社会创新的生命周期包括三个阶段，即形成网络、建立共同体以及产生系统影响。在第一阶段，有志于实现社会创新的力量汇聚在一起形成同盟，并结成多重的关系网络；到第二阶段，在关系网络基础上，建立一个个共同的工作圈，圈内人员分享知识和经验，相互支持，在这个共同的工作圈中，新知识、新经验不断被创造并快速传播；最后在第三阶段，各个工作圈通过不断的互动行为产生系统化的影响。在整个过程中，先驱性的创新实践从徘徊于边缘走向中心，成为人们普遍接受的标准或规范，系统性的变革就此完成。①

网络直播推动社会创新的过程，正是沿着这样的逻辑和路线逐渐展开。首先，经由网络直播，人类活动的场所得到极大拓展，多元化的直播场景让普通人的活动范围延伸到直播镜头所在的每一个角落，这不仅重塑了人类的交往活动经验，也重构了虚拟世界与现实世界的边界，为人们的活动创新提供了更多可能。网络直播发展出基于趣缘而聚拢起来的圈层，形成以主播为核心的社群，其垂直化发展趋势催生出许多不同类型的主播，如美妆主播、美食主播、穿搭主播、教育主播等。人们根据自身兴趣选择不同的直播间，并在长期参与和陪伴的过程中，逐渐圈层化，发展出独特而共通的符号体系，并通过询唤形成群体身份认同。例如，抖音打造的“兴趣电商”就基于推荐技术将商品通过内容

① Wheatley, M., Frieze, D.. Using Emergence to Take Social Innovation to Scale[M]. Provo, UT: The Berkana Institute, 2006.

主动地推荐给更多潜在兴趣人群，并且通过转化和沉淀的优化，将内容推荐给更多潜在消费者，获取新一轮更精准的流量注入，从而让新流量、新转化、新沉淀源源不断，带来消费新人群和生意新增长。其潜在逻辑是通过推荐技术把人设化的商品内容与海量兴趣用户连接起来，用内容激活用户的消费需求。网络直播以点对点的方式直接抵达每个个体，以“可见”的形式实现大众传播和人际传播的共同作用，让人们重新回到“面对面”的参与经验中。[①]

其次，网络直播是一种能够带来陪伴感的仪式，是对现实社交场景的补充。出于人自身对情感陪伴的心理需求，人们往往会在媒体环境中寻求慰藉，而直播作为一种高度还原现实人际交往的媒介，具有参与、连接、互动、陪伴等特性，因此成为满足人们情感需求的替代性工具。当人们走进直播间，交流或消费不是唯一目的，看重参与乃至享受情感互动的过程更重要。2020年初，在新冠肺炎疫情防控的关键时刻，中央广播电视总台等媒体连续多日24小时不间断“慢直播”武汉“火神山”“雷神山”医院的建造现场，全程不设任何解说，却吸引了1.7亿人次在线观看，最高5700多万人同时在线观看，点赞超过220万。慢直播打破了过去封闭的视频生产和传播模式，为人们提供了一个各方共构、开放共享的活动场。在这样的活动场中，每个普通人都可以平等沟通、各抒己见，由此也促进了广泛的心理认同。

最后，网络直播赋予人们的是一种全面的参与，它不仅是属于主播和观众的直播，更是属于全民、全社会的直播。正如米尔佐夫所描述的，现代生活就发生在荧屏上，这绝非日常生活的一部分，而正是日常生活本身。[②]目前，网络直播已经成为当代中国人普遍接受的一种生活方式，成为一项普惠性的商业工具，赋能每个普通人的美好生活，也激活了全社会范围内的创新与价值创造。例如，淘宝“村播”计划自2019年启动以来，已经覆盖了23个省（区、市），带动的农产品上行规模超过150亿，孵化了11万名新农人主播，当直播成为农民的新农活，手机成为农民的新农具，全国数万间蔬菜大棚变成了直播间，就促成了资源与需求之间的精准连接。

---

① 王晓红，包圆圆. 直播促进共享共创的现实图景[N]. 中国社会科学报，2021-04-22（003）.

② 尼古拉斯·米尔佐夫. 视觉文化导论[M]. 倪伟，译.南京：江苏人民出版社，2006.

三、整合与重塑：网络直播催生社会经济新生态

社会创新重塑着原有的社会关系，这一过程既可以是渐进性的改造，也可以是系统性的变革。[①]具体而言，社会创新通过创新中介、现有制度和社会系统之间的不断互动创造出新的联系，充当着社会变革的加速器。受新冠肺炎疫情影响，众多行业的产业链都面临着不小的冲击，而网络直播成为各行各业向数字化转型的催化剂。网络直播是技术的产物，更是时代创新的产物，它在给人们提供新体验的同时，日益凸显其工具化的属性价值，并成为重塑社会经济生态的新引擎。

（一）网络直播推动产业转型升级

2021年3月，十三届人大四次会议上，国务院总理李克强作《政府工作报告》，其中强调："加快数字化发展，打造数字经济新优势，协同推进数字产业化和产业数字化转型，加快数字社会建设步伐，提高数字政府建设水平，营造良好数字生态，建设数字中国。"2020年7月，国家发改委等13部门联合发布《关于支持新业态新模式健康发展激活消费市场带动扩大就业的意见》，其中明确指出，要加快推进产业数字化转型，壮大实体经济新动能，包括着力发挥互联网平台对传统产业的赋能和效益倍增作用，打造数字经济新实体以及助力降低数字化转型难度，发展线上线下融合的业务发展模式，提升企业发展活力等内容。

受新冠肺炎疫情影响，许多根植线下的业态受到巨大冲击，相较于传统的生产经营模式，直播带货具有行业门槛低、使用频次高、转化效率高等突出优势，特别是当旅游、餐饮、线下娱乐等行业受到冲击时，线上购物逆势上扬，成为支撑中国经济持续复苏的重要力量。由此可见，新技术新应用正在对传统产业进行全方位的改造，以网络直播为代表的数字经济对我国经济发展的放大、叠加、倍增作用凸显，源源不断地为我国经济高质量发展注入新动能。

依托直播电商红利发展地方经济，已成为不少地方政府的共识。在直播电商行业不断发展的背景下，北京、上海、广州、杭州、重庆、青岛等地陆续发

---

① Lettice，F.，Parekh，M.. The Social Innovation Process：Themes，Challenges and Implications for Practice. International Journal of Technology Management[J]. 2010（1）：139-158.

布相关政策，抢占直播电商行业的高地。其中，上海出台的《上海市促进在线新经济发展行动方案（2020—2022年）》提出，将集聚“100+”创新型企业，推出“100+”应用场景，打造“100+”品牌产品，突破“100+”关键技术，预计到2022年末，上海将打造成具有国际影响力、国内领先的在线新经济发展高地；广州出台的《广州市直播电商发展行动方案（2020—2022年）》中提出，预计到2022年，广州将打造成为全国著名的直播电商之都；北京发布的《北京市促进新消费引领品质新生活行动方案》指出，要推动实体商业推广直播卖货等新模式；杭州出台的《关于加快杭州市直播电商经济发展的若干意见》提出，给予贡献突出的电商直播企业（人才团队）每年若干自主认定的人才名额，可享受落户、子女入学、购买首套住房、车牌竞价补贴政策，对直播电商企业、直播电商园区、主播等进行扶持及奖励，对头部主播的奖励将超200万元；山东菏泽、济南、青岛三地先后发布实施行动方案，大力发展电商经济，其中济南提出要打造“全国著名的直播经济总部基地”。

除了来自政府的政策扶持，网络直播平台也通过流量扶持、资源扶持、先进奖励等方式助力传统行业向数字化转型。疫情期间，快手商家号战疫行动拿出10亿元人民币补贴助力商家转型，催生了50万新增活跃商家号，疫情期间商家发布的视频产生了170亿播放量。2021年6月至7月，抖音电商针对广州服装产业带连续推出扶持政策，面对广州服饰产业带所有商家推出“广州复工活力计划”，助力商家开播复工，推动广州服饰行业实现全面复苏。

对于文旅、汽车、餐饮、家电等线上获客能力较弱的传统行业而言，以网络直播带动数字化转型，打造“新零售”场景正在成为传统行业企业新的助推力。在直播电商的风口下，众多企业创始人也下场带货，格力电器董事长董明珠凭快手直播三小时3.1亿的成绩，扭转了疫情之下电器行业的颓势，成为新晋“带货女王”；携程旅行与抖音直播合力，通过董事长+垂直领域直播的方式，探索直播与文旅行业相结合的新模式，抖音直播一小时实现销售额1025万元。

（二）网络直播促进县域乡村振兴

近年来，伴随着互联网技术的不断下沉，我国农村电子商务发展迅猛。进入视频化时代，网络直播不仅让曾按下“暂停键”的滞销农产品以“加速键”的形式进行销售，更为脱贫攻坚赋予了新动能，催生了新业态，开启产业助农的新局面。从网红主播带货到县长走进直播间，再到村干部和农户参与直播带货，直播带货主体的队伍不断壮大，尤其是贫困村农户直播带货的成功传递着脱贫攻坚的信心，成为打通“造血”扶贫的重要途径。作为最早开始做农人直播的平台，淘宝直播早在2019年3月30日就宣布落地淘宝“村播”计划，用电商直播的形式助力农产品的推广和销售，为农村建设提供有力保障，实现可持续发展。

网络直播的快速发展，促进了城乡消费与生产力之间的对接，借由网络直播，分散在全国各地的县域中小微企业得以直接面对终端消费者，这不仅使市场供需信息加速流通，更建立起企业与消费者之间的信任纽带，带动了县域经济的产能提升和品牌化升级。2021年4月，曹县在国内社交网络走红，“宁要曹县一张床，不要北京一套房”“宇宙中心曹县”“北上广曹”等评论在各大平台刷屏，短短一个月内，抖音上#曹县#和#山东菏泽曹县#两个话题的总播放量超过5亿，微博上关于曹县的话题阅读量也超过了5亿。作为全国第二大淘宝村集群的山东曹县，在直播电商的助力下完成了当地的产业转型和升级，“直播+电商”呈现爆发式增长。据淘宝监测数据，曹县有电商企业4000余家，网店5.5万余家，“淘宝镇”达到17个，“淘宝村”达到151个，被阿里巴巴评为全国第二个超大型淘宝村集群，带动30余万人就业创业。在电商直播起步时期，曹县电子商务服务中心就围绕木制品、农副产品、表演服饰、汉服四大产业集群，依托抖音、快手、淘直播等新销售模式，在全县规划建设电商直播基地，强化电商销售渠道拓展、直播人才培养等方面的工作，让直播带货模式深入各行各业，为曹县电商事业不断注入新鲜“血液”，进一步推动曹县的数字经济发展。

（三）网络直播拓宽知识传播边界

从文字到视频，从书本到屏幕，网络直播让知识传递重返人们面对面的交流经验。借由网络直播的即时性与普及性，知识可以用更具感染力、视听化的语言进行传播，知识的获取和理解门槛显著降低。更重要的是，网络直播为知识的共享共创提供了新的场域。在这个场域内，不仅鼓励个体参与生产，更欢迎知识创造的草根介入，越来越多拥有知识、热爱分享的知识达人开始网络直播，不仅触达更多用户，也在不知不觉中拓宽知识的边界。

目前，各大短视频和直播平台均在知识直播赛道进行布局。例如快手推出大型直播活动“快手新知播”，联动100名知识大咖、50余家专业机构，以及超过1000名快手知识主播，在3个月的时间里带来上万场知识直播，为网友带来实用、新奇、有趣的泛知识内容，并助力知识创作者在平台实现变现，形成泛知识内容生产消费闭环。抖音电商在2021年4月推出了“富知计划”，依托抖音电商的内容、技术和流量优势，助力花卉绿植、图书等诸多领域的知识和商品触达更多用户。而百度直播则将知识直播提升到战略高度，将平台定位于“信息和知识平台”，满足用户多元化知识消费需求。

（四）网络直播助力文化艺术传播传承

网络直播为高雅艺术、传统文化的传播和创新提供了广阔空间。一方面，通过直播平台，京剧、昆曲、民乐、书法等中华优秀传统文化被更多人看见，另一方面，直播平台的多元化审美与年轻化传播也助推了传统文化和高雅艺术表达方式的转型与创新。传统的“手艺人”们往往专心于技艺而不注重传播，而随着网络直播的兴起与壮大，传统文化的传播主体开始从机构、平台逐渐向个体过渡。近年来，越来越多的年轻“手艺人”在直播平台上发光发亮，成为一股“清流”，不仅点燃了民族文化自信，也在一定程度上破解了过去一段时间传统文化的传承困境。

新冠肺炎疫情加速了文化产业向数字化转型的步伐，线上“云演出”一时间成为最具代表性的文化业态。国家京剧院与湖北省京剧院联合全国其余18家京剧院团参与的“京剧的夏天”——全国京剧院团线上抗疫展演月，共开展直播场次30场，累计观看人数逾7997万，点赞超3036万，平均每场观看量285.7万人；“全民K歌”App携手上海京剧院打造的“全民线上演唱会上海京剧院专场”，在一个半小时之内，直播间同时在线人数超过了15万，成为京剧传播史上的一个里程碑式的事件。在复工复产后，“云演出”不仅成为文艺院团的“新常态”，还吸引潜在观众的关注，为全国线下巡演预热，形成线上线下的传播合力。中国歌剧舞剧院推出的全国首部线上音乐剧《一爱千年》线上首演当天直播关注度破20万，点赞数近45万，网络平台浏览量突破400万，线下开票当天票房破60万元。舞剧《英雄儿女》在剧场演出的同时，由学习强国、人民日报等23家主流媒体同步在线演播，观看总人数近2000万，新华社视频直播线路点击量达430万次。

（五）网络直播促进就业

《关于支持新业态新模式健康发展激活消费市场带动扩大就业的意见》明确指出，积极培育新个体，支持自主就业，支持微商电商、网络直播等多样化的自主就业、分时就业。网络直播与各行各业进行数字化融合也驱动着就业形式和就业结构发生转变。据第三方机构测算，仅淘宝直播一年就带动就业机会173.1万个。其中，生产、物流、交易等相关行业产生新型岗位70.9万个。MCN机构产生主播、助播、选品、剧本策划、场控等交易型就业岗位102.2万个。

除了直接创造就业岗位，依托网络直播，传统的线下人才招聘会也被搬到“云上”，架起求职者与招聘岗位之间的桥梁。2021年3月，在疫情防控常态化的背景下，“国聘行动”第二季正式启动，依托央视频平台，采取线上线下相结合的形式，为就业群体提供线上岗位发布、网络招聘宣讲、在线就业创业培训指导等多元服务。求职者既可以在线上投递简历，减少因出行不便耽误的时间，又可以通过直播镜头看到线下企业内部的具体情况，让信息更加直观立体地呈现在求职者面前。这种“无滤镜”呈现企业样态的方式，大大提高了岗位环境与求职者预期的匹配度。截至2021年3月，“春华秋实 · 国聘行动”已累计吸引17556家企业入驻，提供招聘职位超过155万个。

（六）网络直播助力社会公益

作为社会创新的重要组成部分，社会公益所扮演的角色愈发重要。如今，越来越多的网络直播平台积极承担起企业社会责任，引领全社会聚焦公益活动。研究数据显示，公益直播获65.6%的用户认可，认可度高居首位，其中23.2%的用户非常认可。网络直播更接近口语传播的交流经验，降低了用户对公益活动的认知门槛，让公众能更轻松地了解公益活动详情，减少时间成本。直播保证了公益过程的实时呈现，增强了公益活动的透明度，也更方便用户对公益情况进行监督，并了解受助者的生活状态，从而增强用户对公益直播的信任。以国内直播平台“KK直播”为例，其初创时期就坚持做“正能量大舞台”，利用直播的优势，向全社会传递正能量，关爱救助困难群体。近年来，KK直播关注残疾人、艾滋病患者、自闭症患者等各类弱势群体，组织了一系列直播行动，增强公众对公益的认同感和参与性。此外，平台还重点围绕工业互联网、5G、区块链等内容，上线“智能+学院”特别策划公益直播节目，助力更多中小企业更快实现自动化转型升级。疫情期间，KK直播通过公益活动、公益节目等方式，在帮助复工复产、恢复地方经济、爱心科普等多方面积极抗疫，传递正能量。

四、凝聚与引导：网络直播拓展社会治理新格局

2020年8月，习近平总书记在经济社会领域专家座谈会上强调，以共建共治共享拓展社会发展新局面。要完善共建共治共享的社会治理制度，实现政府治理同社会调节、居民自治良性互动，建设人人有责、人人尽责、人人享有的社会治理共同体。近年来，政务直播逐渐成为政务新媒体的一大主流表现形式，经由网络直播的助力，社会治理变得信息更透明、范围更广阔、体系更完善。

（一）网络直播保障权威信息及时触达

网络直播具有即时传播的特性，在重大新闻事件发生的第一时间满足了大众的信息获取需求，在有效缓解社会恐慌的同时，降低了信息在传播过程中可能发生的信息损耗与信息歪曲，极大地增强了信息的可信度。2021年7月，河南郑州等地突发严重汛情，牵动着亿万国人的心。在灾情发生的第一时间，央视新闻、澎湃新闻、“我们”新闻等主流媒体迅速响应，在网络直播平台实时直播报道河南汛情，向民众传递权威资讯，扩大主流舆论声量。与此同时“国家应急广播”等直播间宣传应急救援知识，在线观看超过40万人次，及时回应社会关切，实现防汛信息的有效触达。同时，借助网络直播平台的即时互动功能，一个个直播间也成为民众抒发情绪、传递求救和救灾信息的渠道之一。

（二）网络直播促进社会治理方式和体系创新

随着移动互联网的发展，政府部门也在与时俱进，不断采用新技术新手段向民众传递政务信息。网络直播拓展了公民参与社会治理的公共空间，创造了公民参与社会治理的新型互动沟通方式，更激发了公民参与社会治理的主动性。在内蒙古多伦县“网红县长”刘建军的直播间，直播内容涵盖了调查酒驾、学生伙食费、夜市卫生和猪肉价格等诸多方面，民众可以在直播间找到县长，第一时间反馈问题，省时省力。与此同时，县政府还要求所有副科级以上干部都要实名注册直播号，并按要求向网信部门报备。在多伦县，网络直播成为畅达民意的新通道。

五、网络直播仍面临挑战

网络直播为社会和人们的生产生活带来种种便利，但必须认识到，随着平台、品牌和个人等多元主体越来越多地介入网络直播，导向不正、泛娱乐化、内容混乱、夸大宣传等诸多乱象也在不断显现，掣肘着行业的健康有序发展，也阻碍了社会创新进程。

（一）警惕畸形的“流量至上”的市场导向

调查显示，中国网民在网络直播中遭遇最多的不规范直播内容是虚假内容，占比63.5%；用户也最反感该类不规范内容，占比45.3%。[①]网民之所以对网络直播平台表现出这样的“不信任感”，从根本上看，源自一些网络直播从业者对流量的焦虑与过分追逐。如今，互联网与各行各业的连接越发紧密，在此过程中，流量成为最具价值的无形资产，并与经济利益直接挂钩。一些平台、主播、网红为了博取眼球、吸引流量，不惜逾越社会道德伦理和法律的底线，满足自己的私利。2020年8月，年仅14岁的跳水小将全红婵在东京奥运会夺冠，受到全国亿万观众的关注与喜爱。然而，就在这位奥运冠军“一夜爆红”之后，一些主播、网红很快便盯上她的流量。据媒体报道，全红婵的家乡一天吸引了2000多名外地人来“打卡”，入夜后进村车辆依然络绎不绝，不少网红在她家门口直播，致使全红婵家人无法正常休息。除了这种“蹭流量”的行为，还有一些网红利用部分民众的猎奇心理，故意将低俗、暴力元素植入网络直播，极大程度地扰乱了网络直播生态，而在直播带货领域，虚构关注度、流量，制造虚假的高人气氛围，刷单炒作等行为更是屡见不鲜。想要从根本上解决这些问题，一方面要依靠法律法规的完善，形成制度保障，另一方面，需要平台和主播加强自查自律，打破畸形的流量至上思维，实现行业的自我提升与净化。

（二）避免成为违法犯罪行为的“温床”

网络直播具有低门槛、高收益的特性，加上相关违法行为的查处难度大，且相对滞后，一些平台和主播不惜铤而走险、以身试法。近几年来，利用网络

---

① 艾媒咨询. 2021年第一季度中国在线直播行业研究报告[R/OL].（2021-05-19）[2021-07-26]. https：//www.iimedia.cn/c460/78734.html.

直播平台进行诈骗、传播色情低俗内容、扰乱和危害社会公共秩序、侵犯知识产权、制假售假等案件时有发生。2021年7月，上海警方破获一起特大网络直播诈骗案，犯罪嫌疑人冒充网红主播，以婚恋、交友等名义诱骗被害人在直播平台上进行充值、消费，涉案金额高达1300万元。而在同月，广州市白云区市场监管局与警方联合行动，对一起直播售假案实施收网。警方调查发现，该网络直播售假团伙通过快手、抖音等平台用高粉网红号引流，再通过直播方式售假。近年来，针对这些突出问题，各级管理部门出台一系列政策法规，部署专项行动，保障风清气正的网络直播环境。未来，唯有实现立法、执法、司法、守法四个方向的协同发力，才能确保网络直播的健康有序发展。

（三）防范群体极化带来的潜在风险

网络直播在大众传播和人际传播的共同作用下，汇聚起广泛的社会互动，塑造起强有力的群体认同，这为社会创新的形成、扩散提供了条件。但我们也应意识到，网络直播平台和主播为了抢夺用户的时间和注意力，在信息推荐的过程中经常出现过分迎合用户的喜好与需求的现象。与此同时，网络直播在即时性、互动性等方面的天然优势，致使拥有相同志趣的用户在短时间内迅速聚集，并实现情绪的传染与扩散，群体极化也更易形成和发展。防范网络直播中的群体极化现象及其潜在风险，既需要各级有关部门和主流媒体进行适时、准确的舆论引导，着力营造风清气正的网络空间，确保以主流价值导向驾驭算法，又需要用户提升媒介素养和信息素养，提高辨别能力，突破算法的桎梏。

六、结语

技术产生共享，交往引发共创。依托多样化的内容和形式，网络直播改变了传统直播仪式化、表演化、程式化的观感，创造出极富趣味的交互体验，为人们带来愉悦而独特的视听享受。可以预见，未来网络直播仍将向日常生产生活加速渗透，并进一步驱动社会共创服务升级。在中介、平台和工具属性不断凸显的趋势下，基于网络直播的社会创新将在渠道、机制、模式等方面持续赋能。

新基建的加快实施和深度应用为未来传播提供技术支撑，也将推动网络直播更好适应和走向新智能、新场景，为网络直播打造新体验、挖掘新模式、探索新业态提供有效的解决方案，通过赋能个体、赋能社会、赋能行业，激发广泛的创新创造活力。也正因如此，网络直播平台更应该肩负起社会责任，在发展过程中守住底线，与社会各方力量一道，不断探索社会创新的新模式、新路径，优化社会创新生态，释放出更大的能量。

第二节　技术篇

2.1　智能化媒体的演变方向研究

彭　兰①

摘要：智能化媒体实践在中国已经走过了“第一个五年”，新的发展、演变也在酝酿之中。智能化媒体的演变既会受到技术发展线索的牵引，也会受到内容产业的发展法则的影响。在智能化内容分发方面，算法的作用及设计思路将从目前的个性化推荐拓展到平台调节，智能分发的依据也将从兴趣匹配向场景匹配拓展。在智能化内容生产方面的演变线索包括：从劳动密集型生产向智能增强型生产深化，从单一型智能生产向整合型智能生产拓展，从大众化生产向定制化生产扩张。在智能技术推动下，内容产业的营利方向与模式也会发生变革，智能广告将对传统广告产生冲击，数据化、知识化产品将成为媒体内容增值的新路径，智能技术也会推动IP转化和著作权交易等内容交易业务的发展。

关键词：智能化媒体；算法；场景；定制化内容生产；智能广告；内容交易

从“智能化媒体”（“智媒”“智媒体”）等概念的提出到2021年已有五年的时间，业界在智能化媒体方面的实践同样也走过了“第一个五年”，在智能分发、智能生产、智能运营等方面也有了不少探索。未来，在内容生产、内容分发和内容市场等方面，智能化媒体的应用模式还会不断演变，其演进的方向与

① 彭兰，中国人民大学新闻与社会发展研究中心研究员，中国人民大学新闻学院教授。

路线，既会受到技术发展逻辑的牵引，也会受到内容产业本身发展法则（包括专业价值观）的影响，技术逻辑与专业法则也会形成一定的博弈。

一、平台调节与场景匹配：智能化内容分发的演变方向

算法分发是当前智能分发的主要方式，也是智能化技术在内容产业最早、最广的应用之一。无论用户是否意识到算法的存在，他们或多或少都在与智能分发打交道，并受到其影响。对于算法分发这样的智能应用，业界和学界也有很多讨论，这些讨论会使我们对算法分发的局限有更充分的认识，也可以从突破现有局限的视角来探索其未来拓展空间。以下两个演变方向尤其值得关注。

（一）从个性化推荐向平台调节的拓展

当前的内容分发算法往往被称为“个性化推荐算法”，即基于用户的个人信息、消费兴趣与偏好进行内容推送，但它带来的问题也受到广泛关注，分发算法是否只能停留在个性化推荐这个思路上，也值得进一步思考。

内容推荐算法之所以在今天成为一种广泛应用的互联网技术，其核心动力在于解决海量信息与用户之间的供需适配问题。对于用户来说，是为他们发现符合自己需要的信息；对于生产者来说，是为内容找到合适的用户。内容推荐算法本身是为用户提供一个过滤器，这种过滤在减少用户的认知负担的同时，可能局限用户的视野。

美国学者帕里泽很早就关注到搜索引擎的个性化推荐带来的信息“过滤泡”问题。他指出，个性化过滤器会用两种方式打破我们在强化现有想法和获取新想法之间的认知平衡：其一，它使我们周围充满了已经熟悉（并且已经认可）的想法，导致我们对自己的思维框架过于自信；其二，它从我们的环境中移除一些激发我们学习欲望的关键提示[①]。他还认为，个性化推荐限制了我们的解答视界，即寻找问题解决方案的空间大小，也会限制人的创新性[②]。

---

① [美]伊莱·帕里泽.过滤泡：互联网对我们的隐秘操纵[M].方师师，杨媛，译.北京：中国人民大学出版社，2020：65.

② [美]伊莱·帕里泽.过滤泡：互联网对我们的隐秘操纵[M].方师师，杨媛，译.北京：中国人民大学出版社，2020：72.

国内研究者则更多地从信息茧房的角度探讨算法是否会给人们带来视野狭窄、态度与立场固化等问题。但研究者的判断却并不一致。虽然有很多研究者担忧算法会造成信息茧房，但也有研究者认为信息茧房还不是一种科学概念，目前也还不能证明算法与信息茧房之间存在确切关系。

无论是用过滤泡还是信息茧房这样的表达，也无论算法与信息茧房之间的关系是否被证实，至少可以看到，从算法本身的原理来说，算法的确会带来过滤，这种过滤不可避免地会在一定程度上影响人们对外部环境的认知。

在信息爆炸的今天，信息过滤是必然的选择，即使传统媒体也会对信息进行过滤，在媒体上构建拟态环境。如果媒体对内容的公共性有合理的评估，如果媒体秉持“客观”“平衡”的立场，那么，媒体的拟态环境仍有助于人们全面了解现实社会。专业的媒体在进行信息过滤时，重点考虑的不是人们想知道什么，而是从社会环境传达与感知角度判断人们应该知道什么。媒体的信息选择，通常也会考虑内容的平衡与多样性。

但在目前的算法设计中，内容推荐算法主要是参照人们的习惯和相似人群的兴趣，也就是关注人们想要获得什么，在某种意义上也就是顺应人们的认知心理中惰性的一面，顺应甚至可能强化人的选择性心理。虽然从信息获取效率的角度看，这样的算法可以帮助人们以更小的成本获得与自己偏好、需求更吻合的信息，但是，推荐算法并非只能顺从人们的惯性与意愿。信息传播的一个重要目标是社会整合，促成不同人群连接，促进公共对话，这就要打破个人的作茧自缚，因此，从传媒业的专业价值观来看，内容推荐算法需要兼顾个性化满足与公共整合双重目标，这也是未来的优化方向。

今天的内容推荐算法不仅影响着个人的信息获取，也影响着整个平台的流量分布，而流量指标反过来也会影响内容生产者的取向。算法和相应的评价数据建立起内容消费者与生产者之间的反馈回路，形成了内容平台的调节逻辑，也带来一种新的产销关系，这使内容生产者可以更直观、直接地了解用户的需求与评价。但从另一方面看，当内容生产者被算法钳制时，他们对于内容的专业判断力也会受到抑制，有时也会屈从于算法计算出来的“民意”。过分追捧流量，也会使平台出现“劣币驱逐良币”的效应。

既然分发算法对内容生产方和内容平台的生态有显著的影响，那么分发算法的设计与评估，就需要有更多基于生产者维度的考量，从激励优质内容生产和内容的多样性等方面入手，营造好的内容生态。

平台分发算法的设计应该有利于激励优质内容的生产。由于用户阅读的选择性、用户社交网络的同质性、社交传播的圈层化等因素的影响，人们未必能主动接触到优质内容。算法应该致力于打破用户个人视野的局限，将内容生产者的内容价值、品牌价值等作为变量纳入算法模型，为那些具有重要公共价值的内容以及声誉好的内容生产者赋予更高的权重，使优质内容到达更广的人群。

内容生产者自身也可以通过算法的应用来优化内容的分发。国外一些媒体正在进行相关尝试，例如，英国《每日电讯报》在主要的社交媒体上引入了人工智能软件Echobox，由人工决定在社交媒体发布什么内容，而由智能软件决定什么时候发布以及其他发布策略。[①]内容生产者自主开发的算法，不仅要为内容寻找更好的分发方案，还要向生产环节延伸，直接分析内容的表现方式，寻找更优表现策略。对于目前受限于平台分发算法的中国媒体来说，如果希望在未来的各种内容平台上获得更大的影响力，促成内容的更广泛传播，也有必要针对媒体自身的需求与特点自主开发相应算法或智能系统。

一个好的内容生态，也应该是一个均衡、全面的拟态环境，是对现实世界的更完整的映射。因此在内容推荐算法的评估标准中，多样性需要被放到更重要的位置。这种多样性，不仅是内容主题的多样性，还包括态度立场的多样性、内容生产者的多样性等。这也是新闻的客观、平衡的专业价值观的具体体现。

从平台方面来看，通过算法形成对生产者的普遍激励，使更多内容生产者获益，有助于平台生态的多样性与均衡。快手平台在内容分发中，为避免内容生产者之间差距过大，一方面会为所有尾部内容分配初始流量，并通过关注、同城等功能保证所有用户都有被看见的机会；另一方面，有意抑制头部视频的流量，形成“流量普惠”。这样的实践，也可以推广到更多的内容平台。

多样性并不意味着对低劣内容的宽容。一些劣质内容，尤其是假新闻、谣言，由于抓住了人性的弱点，反而可能更容易获得流量。分发算法也应该与筛

① 德外5号.外媒观察：AI助力媒体“圈粉”“创收”[R/OL].（2021-07-07）[2021-07-10].https：//mp.weixin.qq.com/s/fetZg8eIY4fOplbYJY2i2w.

选、过滤算法结合，阻止劣质的扩散。很多假新闻是批量生产的，具有特定的表达模式，例如，2020年3月，不同国家版本的“海外华商太难了”文章在微信广泛传播，实际上这是营销号炮制的虚假文章，统一套用《疫情之下的××国，店铺关门歇业，华人有家难回，××国华商太难了！》的模板。类似这样的内容，智能技术是完全可以识别的。通过算法来快速识别假新闻、谣言，过滤不良信息，也是平台调节的一个目标。

要通过算法实现对平台内容的调节，就需要在算法中加入很多专业性的判断，如判断内容的质量与公共价值，评估内容生产者的声誉……但这些判断仅靠算法工程师是不能完成的。这也意味着内容分发算法的设计需要有更多的专业内容生产者的参与，但由于制度等方面的原因，目前在很多平台的分发算法的设计中，专业的内容生产者的参与还非常有限。建立内容分法算法开发的跨界团队，形成兼容内容与技术等多方力量与价值观的开发机制，对未来智能分发应用的发展是重要的。

目前，社交机器人发布的内容对平台内容生态产生不良影响。在很多社交平台，社交机器人在算法的控制下自动生产着各种内容，这些内容混杂于人生产的内容中，很多时候不能被一般用户辨识。受社交机器人的影响，社交平台的信息环境容易被操控，而这种信息环境也会反作用于用户。目前还缺乏对社交机器人进行识别、钳制以及封杀的算法，但对于内容平台生态来说，这样的算法已经变得越来越必要。

总体来说，分发算法的应用走向深层时，就不只是要面向消费端，而是要兼顾消费端与生产端，要解决的问题也不只是个体需求的满足，而是要更多考虑公共内容生态、公共对话与社会整合的需要。

（二）从兴趣匹配向场景匹配的拓展

伴随着智能技术在内容产业的应用，传播终端也在发生变革。在智能手机后，智能音箱、智能家居设备，以及智能汽车，都会成为新的传播终端，而在这些新终端里，内容分发的逻辑与模式也会发生变化。场景会成为一种内容分发的线索，算法的设计也需要更多基于场景的分析。

移动传播、移动服务语境下的场景是由时空环境、个体特征和社交氛围等方面的要素共同构成的一整套服务情境。场景包含个性化场景与共性化场景两个层面。[①]家庭、办公、通勤、休闲娱乐等，都是移动媒体使用的典型场景。

智能技术将重新定义媒体使用的家庭场景。智能音箱在家庭场景中将会得到更多的应用，它的语音交互特点，为不擅长智能手机操作的老年人提供了便利，语音朗读功能也减轻了他们的阅读负担，收听这一行为，也部分沿袭了老年人对广播的使用习惯。借助智能音箱，老年人可以点播新闻、娱乐内容，智能算法、语音助理也可以帮助老年人发现感兴趣的内容，对于在社交平台上与老年用户的连接不够通畅的传统媒体来说，智能音箱为他们重新找回老年群体这样的忠实用户提供了机会。未来的智能音箱也需要帮助老年人完成各种服务功能，如打车、购物、挂号、健康监测，甚至成为老年人的陪伴，这都需要智能算法的支持。

目前，智能音箱的应用还并不成熟，除了智能音箱本身性能不足的原因外，相关内容生态不完善、隐私问题等也是制约其发展的重要因素。但是对老年用户来说，智能音箱有其独特价值，以其为入口和平台进行更充分的内容与服务生态建设，有助于帮助老年人适应智能化生活，减少智能时代的数字鸿沟，媒体也有必要参与这一建设。

智能音箱在家庭场景中的另一类重要用户群体是幼儿。同样，针对这样的群体开发适配的内容与服务，也为媒体开辟了新的发展空间。

未来的智能家居里不只有智能音箱，还会有智能空调、智能冰箱、智能空气净化器、智能监控等各种新型智能设备，理解每一种智能设备的使用场景和可能延伸的功能，理解在特定设备上的内容分发逻辑，可以为媒体找到未来的内容生产新方向与分发新模式。

汽车也是移动传播应用的重要场景。目前，传统广播在汽车场景中还占据着重要位置，但随着智能汽车的发展，人们在车内的信息消费模式也会发生变化。与被动收听广播不同，未来的用户更有可能像今天使用智能手机一样，在开车时使用各种服务。尽管使用的服务种类与方式可能会受到开车这一行为的限制，但汽车这一场景意味着不断变化的位置，意味着与交通相关的各种需求，如导航、加油、停车、求救报警、预警等，同时，对于开车的人来说，听的需

---

① 彭兰.场景：移动时代媒体的新要素[J].新闻记者，2015（03）：20-27.

要会远远高于看的需要，理解这种场景下用户的行为与需求并提供相关服务，是基于汽车的智能分发的核心目标。在未来车联网、无人驾驶的时代，汽车这样的移动场景还会发生深刻变化，这也给内容的智能分发带来新的可能。

媒体的内容要进入各种移动场景的分发渠道，仅靠媒体自身是不够的，因为这些渠道大多掌握在智能终端的生产商手中，基于场景的内容分发会带来内容市场链条与格局的又一次变革，媒体需要充分研究市场变化的走向，寻求在新的市场链条与格局中的有利位置。

二、智能增强、智能整合与定制化生产：智能化内容生产的深化

从机器写作开始，智能化技术参与内容生产的范围一直不断拓展，也对内容生产形成了一定影响，从提升内容生产的专业水准以及扩张内容产品思路的角度看，未来的智能化应用还将有更多的深化路径。

（一）从劳动密集型生产向智能增强型生产的深化

在当前的媒体内容生产中，智能技术的一个主要应用方向，是参与劳动密集型内容生产、减轻编辑记者负担的重要方式，人民日报、新华社、中央广播电视总台等主流媒体在这方面都做出了相应的探索。

2020年12月，人民日报“创作大脑”诞生，它具备直播智能拆条、在线视频快编、图片智能处理、智能字幕制作、可视化大数据、智能写作、新闻转视频、实时新闻监测等18项重点功能。这一系统由人民日报智慧媒体研究院研发，百度公司提供技术支持，其目标是为媒体机构提供全媒体生态智能解决方案，助力智能编辑部建设。

新华社与阿里巴巴公司合作成立的新华智云，也不断推出帮助编辑、记者进行报道的智能系统。2019年开始，新华智云开发的“媒体大脑”（MAGIC）系统陆续推出30多款AI媒体机器人，帮助媒体快速完成某些类型的内容生产，如短视频等。2020年新华智云开发了“云上新闻中心”，针对会议直播这样的任务，可以分秒级生成剪辑视频和精彩片段，还制造了首台拥有7个智能摄像头的实体机器人，全程拍摄画面并同步上传到媒体大脑云端处理。

2019年12月，央视网发布了“人工智能编辑部”，包括“I学习”“智晓”和“融媒智控云矩阵”三个产品。“I学习”将人工智能、大数据等前沿技术应用于

时政报道，已开发出智能归档、多策略搜索、精准统计、图谱联想等功能。“智晓”能够对热点事件的传播强度、趋势、效果进行实时可视化呈现，帮助编辑快速判断选题、紧跟舆论热点。“融媒智控云矩阵”则拥有一套基于10年审核经验的信息知识图谱，可以更高效地进行内容审核。

2019年国庆大阅兵和大游行中，央视新闻在直播素材基础上采用人工智能来完成分列式与群众游行的82个方队方阵的视频剪辑，单个AI剪辑视频在阅兵方阵完成表演后5分钟内生成，这一创新应用也获得了第30届中国新闻奖。

“央视频”的内容审核也采用了AI审核和人工审核相结合的模式，AI调用敏感人物模型、黄色/低俗模型、暴恐模型、语音脏话模型等至少12个算法模型对平台数据进行不间断监测，一旦发现不当内容，便可及时提醒人工审核。

一些媒体开发的基于人工智能技术的虚拟主播，也在一定程度上帮助人类主播从读稿子这样的劳动密集型工作中解放出来。

但将人从高强度的内容生产工作中解放出来，并非人工智能技术唯一的应用方向，未来更需要探索人工智能与人的协作生产模式，利用人工智能在某些方面的特长，来增强、延伸人的能力。

例如，在视频生产中，人工智能不仅可以提升常规视频处理加工的效率，还可以对视频中的特定对象进行智能识别、解读、延伸，如视频中出现的文字信息的自动识别，人物、地点等对象的背景信息的搜索、分析，人物的关系图谱描绘，也就是通过智能技术挖掘视频背后的深层信息，为用户提供视频之外的延伸性内容。对于文字、图片等类型的报道，智能技术也可以有类似的应用。

人机协同的深度报道，也应是智能化媒体的重要发展方向。很多时候，这是大数据、人工智能等技术的综合运用。中央广播电视总台旗下的公众号“玉渊谭天”一直致力于智能大数据新闻报道，其在疫情防控期间发布的《返程高峰：大数据给出战“疫”路线图》一文，对每天55亿条原始数据进行分析，对全国351个城市逐一进行了返程人口流动规模预测，通过真实可信的数据分析，准确预测了疫情防控期春节返程时间拉长、人员流量平稳的实际趋势。[①]近年来，

① 吴克宇.新闻生产智能化的战略驱动和创新场景——中央广播电视总台人工智能战略实践[J].新闻战线，2020（08）：13-15.

包括大数据技术在内的数据分析应用在一些媒体的深度报道中起到了越来越重要的作用。未来，除了数据分析挖掘技术的应用外，还可以进一步探索智能识别、深度学习、专家系统等技术在深度报道中的应用。

物联网等技术的发展，将为信息采集方式带来重要的拓展，在人类力所不及的环境、维度中完成信息采集，为深度报道提供新的思维、新的材料支持。

人工智能在内容生产中的作用，还体现在内容生产的决策与传播策略优化方面。国内媒体的一些“中央厨房”和融媒体平台，会实时显示各平台的内容流量、热点，这给内容生产者提供了一定的参考。当然，仅有这些数据是不够的。加拿大《环球邮报》打造出人工智能驱动的优化和预测平台Sophi，它可以综合评估每篇文章在用户拉新、留存、订阅及广告收入的贡献率，编辑可以将这些信息与自己的直觉、经验结合，更好地识别受众的行为模式，调整内容发布时间和内容主题。[①]可以预期的是，在内容生产的决策方面，人与算法协同工作的方式会日益普及。

在人机的协同生产中，人既需要利用智能技术来延伸自己的能力，又不能过分依赖技术。虽然技术可以提供数据分析、决策参考，但人需要有能力判断这些数据和决策的准确性、可靠性。过度依赖技术，人的能力不仅不会被增强，反而会被削弱，内容生产也会走向套路化、机械化。

（二）从单一型智能生产向整合型智能生产的拓展

智能化技术在新闻生产中的应用越来越常见，但现在主要面向的是单条内容的生产，在新闻整合方面，智能应用的模式与思路还很有限。

信息超载时代，人们更需要新闻的整合，特别是同主题新闻的有效整合，虽然以往新闻网站是通过专题的方式来进行整合，但在移动终端，专题的篇幅大大缩减，且主要存在于新闻客户端中，客户端的专题多数也只是做到新闻聚合，也就是相关内容的简单归类。在社交平台上，这样的聚合都难以实现，人们在各自的信息流上读到的内容多是碎片化的，存在大量的重复、错误信息，时间上也是混杂的，这对人们理解、把握新闻事件的进展，完整了解一个新闻

① 德外5号.外媒观察：AI助力媒体“圈粉”“创收”[R/OL].（2021-07-07）[2021-07-10].https：//mp.weixin.qq.com/s/fetZg8eIY4fOplbYJY2i2w.

话题制造了重大障碍。

用智能技术来解决新闻的有效整合，在今天变得十分重要。虽然用智能技术发现同主题、同事件的新闻并将其聚合在一起并不困难，但只有聚合是不够的，真正的整合需要理清新闻之间的关系，如时间关系、逻辑关系、因果关系等，将其进行结构化的呈现。

在这方面，知识图谱的思维或许可以为新闻的智能整合提供参照。

2012年，Google率先提出知识图谱（Knowledge Graph）的概念。知识图谱由知识以及知识之间的关系组成。[①]为表现知识间的关系，知识图谱很多时候都以可视化方式呈现。

新闻在某个角度看也是知识，这种知识既可以体现在一篇新闻报道的层面，也可以体现为新闻报道中出现的相关要素层面，如人名、地名、事件等。通过知识的关联将新闻进行有效整合，有助于用户更方便地阅读、理解新闻。以往在新媒体的新闻页面中，有时会通过超链接等方式来延伸新闻中一些要素对应的知识，但这大多是通过编辑的人工处理方式来完成的。人工进行的知识关联，受限于人的时间、判断力等因素，很多时候，编辑未必能正确判断对用户来说哪些知识需要关联、延展，也未必能进行有效、准确的关联，甚至有时添加的关联链接反而增加了用户的阅读负担。以往的一些新闻专题，编辑也会有结构化意识，并通过新闻的选择、版面的关系等来体现新闻的内在关系，但同样受限于人力，这样的结构化专题数量有限，质量也参差不齐。

虽然对新媒体编辑来说，进行准确、有效的新闻整合是他们专业能力的体现，未来人工的整合在新闻编辑中仍然不可或缺，但是，利用智能技术辅助人工进行新闻整合，也应该成为智媒的一个应用方式。

在技术领域，已有研究者通过大数据等技术来构建事件图谱，即以事件为中心描述事件信息以及事件之间各种关系的图谱。相关技术包括事件抽取、事件信息补全、事件关系推断以及事件预测等[②]。这样的事件图谱在一定程度也是适用于新闻事件的。在档案领域里开发的基于某个事件或主题的知识图谱系统，

---

① 李涛，王次臣，李华康.知识图谱的发展与构建[J].南京理工大学学报，2017（01）：22-34.

② 胡志磊等.事件图谱的构建、推理与应用[J].大数据，2021（03）：80-96.

也同样有可能移植到新闻领域。

信息的整合也不限于新闻的整合。在突发事件频发的今天，求助、救援等信息的智能化收集与整合，不仅与新闻报道相关，更与人的生命相关。目前这类信息的发布、整合还是基于人工的，也主要由民间发起，如2021年7月郑州特大暴雨中被称为“救命文档”的“待救援人员信息”文档，是由志愿者或当事人发布求助、救援等信息，通过网络协作编辑模式，整合到同一个Excel表格中。其中一些信息是志愿者通过爬取社交平台数据获得的。类似这样的网民自发协作的信息整合模式自然有其不可替代的意义，但在这样的危急时刻，如果能辅以智能技术的信息爬取、整理及匹配，信息整合可能会更全面、高效，如果能在智能手机等终端上设计便捷的求助功能，将这些信息自动整合到求助信息系统中，也会进一步提高信息收集的质量。这样的智能系统的开发，虽然不一定是媒体自身能完全实现的，但媒体可以动员、集结相关部门的力量来进行研发。

这样的信息整合，显然超出了传统媒体的内容生产范围，但对于媒体来说，今天对内容生产的理解，需要突破传统的新闻生产的思维。虽然新闻生产仍然是媒体最核心、最重要的功能，但面对新的环境和用户新的需求，内容产品也会扩展到新的领域，甚至以新的形式体现，智能技术的应用过程，也是不断拓展用户对内容产品的认识的过程。

（三）从大众化生产向定制化生产的扩张

目前，智能技术推动的内容生产，仍然是面向群体的，是大众化的。所谓的个性化，是在分发环节的个性化，而非生产中的个性化，也就是从面向大众生产的内容中挑选更符合特定用户个人兴趣的推送给他们。但智能技术未来的一个目标是推动内容的定制化生产。

面向特定个体或机构进行定制化的内容生产，在传统媒体时代很难想象，这主要是因为媒体有限的生产力量与用户多样化的需求之间的矛盾，但智能化生产的高效率，则可以解决这一问题。

面向个体的定制化内容生产，很多时候与场景匹配相关。就像网约车应用一样，针对个体在特定场景下的需求特征，采集与其需求匹配的信息，在今天已经变得可能。其技术支持包括传感器、可穿戴设备、大数据分析技术等。例如在人们参观旅游景点、博物馆时，通过传感器或可穿戴设备观察其视线焦点，发现其兴趣所在，并采集、推送相关信息，可以为用户提供更高质量的信息服务。虽然目前媒体常规的内容生产并不涉及这些，但在媒体开发新媒体产品时，需要将个性化内容生产作为一个拓展方向。

人们对信息的需要，不仅是出于了解社会环境的需要，也是个人行动与决策的需要，这时个性化内容生产就变得更为重要，因为个性化信息可以给人们更精准地指导，例如高考志愿填报等。知乎等社会性问答类应用之所以能持续发展，也是因为其内容是个性化生产的，是以用户的个性需求为直接导向的，当然它的生产机制是UGC为主。UGC机制下的个性化内容生产有两个局限：一是面对某些个性化需求用户没有生产能力，二是因为供需双方的连接不畅，生产者无法找到需求者，或者需求者无法找到生产者，这两个问题的解决办法也就是智能化技术的应用空间所在。一方面，智能技术本身可以通过相关分析来理解特定用户的需求，为之直接生产个性化的内容产品；另一方面，智能技术也可以解决供需双方的连接问题。

面向机构的定制化生产，主要体现为各种类型的数据产品，特别是舆情分析报告等，但媒体的思路不应局限于舆情报告，还可以延伸到更广泛的资源与服务。

同样，面向机构的定制化生产，不一定意味着媒体要自己完成内容的生产，有时也可以建立一个连接平台来实现个性化内容供需方的匹配。中央广播电视总台“人工智能编辑部”建设的“决胜——脱贫攻坚智惠媒体平台”便是通过智能算法将贫困地区的物产资源、文旅资源有效对接相关用户。[①] 这样的思路与模式也可以被其他领域借鉴。

定制化生产需要更多的投入，而好的定制化产品会更好地满足用户，甚至产生明显的经济效益或个人收益。因此，好的定制化内容产品也应是付费产品，这也会成为内容生产者和内容平台的营利模式。

三、智能广告、内容增值与内容交易：智能技术下营利模式的变革

当智能技术在内容产业的应用走向深层时，与内容相关的经营市场也将随

---

① 吴克宇.新闻生产智能化的战略驱动和创新场景——中央广播电视总台人工智能战略实践[J].新闻战线，2020（08）：13-15.

之变革，广告这一媒体主要的营利模式虽然在未来仍然会存在，但其运营思维与运营模式会发生智能化转向，在这种转向过程中，媒体反而会变得弱势，因此媒体也需要尽早开拓其他营利模式。

（一）智能广告：智能时代广告模式的转向

智能技术正在改变广告的运营模式，智能广告将成为广告发展的一个重要方向。

智能广告是以数据驱动为基础，利用人工智能技术实现广告内容的耦合生产、精准投放与互动反馈，从而个性化满足消费者生活信息需求的品牌传播活动。①

在研究者看来，智能广告的基本运作逻辑是，收集和读取海量数据（包括结构化用户信息数据和非结构化文本数据），建立用户画像标签系统，然后模拟和训练算法模型在内容和用户之间建立关联，最后通过个性化推荐传播实现多维场景的适配。②

对于智能广告带来的影响，有研究者指出，智能时代的广告用户识别将从群体性定向进一步走向个性化识别，从行为追踪进一步走向心理洞察，广告内容生产走向高度个性化且规模化、全形态、创意性内容生产，从用户识别到广告内容生产，从广告内容生产到广告分发与投放，直至广告效果的实时监测，所有广告业务的高度智能一体化。③

在物联网等相关技术的支持下，对用户的识别、洞察与分析的手段也会变得多样，用户画像的描绘并不一定来自用户提供的个人信息或生产的内容，也可以来自各种传感器，如摄像头等。例如，通过摄像头采集的画面可以判断一个广告的收看者的性别、年龄甚至衣着风格等，以此为依据进行个性化的广告推送，也可以通过传感器来判断广告效果。这也意味着智能广告未来会更多地

---

① 姜智彬，马欣.领域、困境与对策：人工智能重构下的广告运作[J].新闻与传播评论，2019（03）：56-63.

② 段淳林，宋成.用户需求、算法推荐与场景匹配：智能广告的理论逻辑与实践思考[J].现代传播，2020（08）：110-128.

③ 曾琼，朱文澜.重构想象：5G时代的智能广告图景[J].现代传播，2021（01）：129-133.

与智能终端结合，特别是智能家居设备、智能广告屏等新终端。当然，这样的个人信息采集带来的隐私风险，也会是一个挑战。

虽然研究者对智能广告有很多认识与期待，但在当下实践中，智能广告还并不盛行，这与缺乏相关的技术、设备与数据有关。但在社交平台的信息流中，人们接收的广告，已经有了算法分析的成分，虽然目前这样的算法推送仍然不够精准，但智能广告与社交媒体的结合也是必然。

可以预见的是，借助算法，智能广告也会成为人与人之间连接的方式，人们更容易通过广告这一纽带形成消费共同体——消费社群。社群的氛围会对人们的消费行为产生更多的作用，如同今天直播带货时直播间的氛围。智能广告也会更直接地连接人与产品（服务），将广告直接转化为销售。

而对媒体来说，在智能广告的发展趋势下，它或许并不占有优势，智能广告所需要的终端、平台、数据、智能技术等，是多数媒体的短板，相反，那些大的互联网平台、拥有智能技术的新媒体公司、拥有新终端的企业，在这方面占有更大优势，它们会成为媒体的有力竞争者。此外，一些广告主也可能因为掌握了相关技术而进行自主的智能广告发布以及产品直销，从而绕开媒体这样的中介者。因此，智能广告时代，媒体的广告业务未必会更繁荣，反而可能被削弱，这也是媒体需要应对的一个新局面。

对于用户来说，智能广告可以实现更精准的匹配、全面的渗透，这也未必总是一件好事。如果人们的每一处空间、每一刻时间都被广告侵入，不仅会加重信息过载，也会使他们被消费主义的氛围笼罩，非理性的消费欲望会被更多激发。因此，智能广告使用中“度”的拿捏尤为重要。

智能广告提供的个性化满足，不仅要基于对用户画像的认识，也需要基于对人性的认识，但真正人性化的智能广告，不仅是对人性的洞察与满足，也应是对人性弱点的抑制甚至纠偏。

（二）“数据化”“知识化”：智能技术下内容产品增值新路径

智能广告的普及反而可能使媒体的广告业务受到冲击，因此媒体需要探索智能时代的其他营利点，特别是内容产品增值的新路径，以谋求更强的生存能力。

对于媒体来说，内容也是数据，内容的“数据化”是实现内容增值的一个重要方式，也就是要从数据挖掘、加工的角度来提升新闻内容的价值，实现新闻内容的二次开发，生产各种衍生内容产品。

媒体内容数据化的一个常规方式是数据库建设及相关服务，即通过建设基于自身内容积累的传媒数据库，根据用户的特定需求进行数据挖掘和分析，售卖以数据库为载体的传媒行业所积累的海量数据和基于大数据的增值服务。[①]

内容数据化也可以进一步演化为“知识化”，其思路是将一些新闻资讯中隐含的内在规律进行提炼、加工，从中发现新的知识，这也是前文说的内容生产定制化的一种方式，这些具有原创性的知识产品，也会成为付费产品。当然，这也需要大数据、人工智能等技术的助力。

（三）IP转化和著作权交易：智能技术推动的内容交易

对于内容的生产者来说，IP化运作，是内容变现的另一种方式，这既包括小说等文学创作内容、各类视频和游戏，也涉及新闻作品。《太平洋大逃杀》这一非虚构新闻作品被电影公司购买著作权、拍成电影，给新闻生产者带来极大鼓舞。一些知名的媒体人、内容创作者个体也有可能IP化。当然，并非所有内容、所有内容生产者都有IP化的可能，什么样的内容与内容生产者具有IP化的潜力，要用什么方式实现IP的转化，将需要越来越多地借助智能化的分析与决策手段。

智能化技术可以分析内容市场、用户需求的阶段性特征，也可以分析已经IP化的产品或个体的特征，为IP化决策提供依据，还可以对IP化产品进行个性化推送、对其效果进行分析。可以预见的是，未来会有越来越多的生产者以IP生产为目标来进行新产品创意，媒体的内容产品类型也将不断丰富。

此外，IP的交易、转化有时也需要中间商，内容平台或许可以利用自己的优势，扮演IP交易场的角色，为IP的供需双方建立连接，在连接需求不断增加时，智能技术在连接匹配中的作用也会增加。

除了具有商业潜力的IP产品外，在著作权保护越来越重要的今天，各类内容作品的著作权交易也将变得频繁。同样，内容平台也可以在各类著作权交易中扮演中介角色，智能技术的应用有助于提高交易的量与质。

---

① 张振宇，喻发胜.物尽其用：基于计算机思维的新闻文本挖掘研究*——以“中国突发事件数据库”的建设实践为例[J].现代传播，2019（09）：42-50.

四、结语

本文分析的智能化媒体的演变方向，有些是从技术发展趋势中可以预见的结果，有些则是基于内容产业，特别是新闻业的专业定位与专业目标所期待的发展方向，未来的实际走向，取决于技术界与内容业的碰撞和博弈。但无论如何，在智媒的演变中，内容产业的发展模式和市场格局会发生进一步变革，这也意味着媒体面临的挑战不断增加。

2.2　5G技术创新推动媒体深度融合发展

赵子忠　米文霞[①]

摘要：媒体融合时代背景下，传媒技术环境、应用形态、传播方式、产业生态都发生深刻变革。5G因其网络、终端、业务三大体系的创新，成为媒体融合先进技术的重要组成，与人工智能、大数据、物联网等行业有着密切联系，是支撑媒体融合深度发展的关键性技术。5G商用以来，各级媒体充分利用5G技术积极探索媒体融合新模式。在各种主要模式的应用与发展中，5G也深刻影响着全媒体传播的应用升级和智能化演进，全方位呈现5G时代全媒体传播的特征与创新。

关键词：5G；媒体融合；全媒体传播

一、5G技术应用的三大创新体系

5G是国家推进新型基础设施建设工程的重要领域，该技术在网络、终端、业务三大体系的创新，为5G技术应用提供了广阔的发展空间。

（一）5G网络能力创新：网络切片提升定制化水平

全新的网络结构、毫秒级的端到端时延和大流量密度能力，让5G具备更高的网络性能、更迅捷的传输效率和更大密度的连接能力。5G可以支持0.1—1Gbps的用户体验速率、每平方公里100万的连接数密度、毫秒级的端到端时延、每平方公里数十Tbps的流量密度、每小时500km以上的移动性和数十Gbps的峰

---

① 赵子忠，中国传媒大学新媒体研究院院长；米文霞，中国传媒大学新媒体研究院硕士研究生。

值速率。相比4G，5G网络频谱效率提升5—15倍，能效和成本效率提升百倍以上。[①]5G发展，5G网络覆盖先行。独立组网是完全独立建设的5G网络，能构建企业专属的广域局域网，充分发挥5G技术特性。2020年3月，工信部印发《关于推动5G加快发展的通知》，提出“加快5G网络建设进度。支持基础电信企业以5G独立组网（SA）为目标，加快推进主要城市的网络建设，并向有条件的重点县镇逐步延伸覆盖。”[②]截至2021年3月底，我国已建成5G基站超过81.9万个，占全球70%以上，建成全球规模最大的5G独立组网网络。[③]中国电信、中国移动、中国联通三大运营商均已实现5G独立组网（SA）规模部署。从2021年5月17日起，新进网5G终端将默认开启5G独立组网功能，推进独立组网模式规模化应用[④]，标志着5G进入一个新的发展阶段。从4G到5G，不仅是通信代际的升级，更是从传统的To C（个人用户）模式到To B（政企用户）、To H（家庭用户）商业模式的巨大改变。凭借5G独立组网的独有优势，通信运营商可以向企业客户提供“网络切片”服务。作为5G关键技术，“网络切片”将为5G网络的应用与发展带来更大的可行性和技术保障。

网络切片是“构成一个端到端的逻辑网络，按切片需求方的需求灵活地提供一种或多种网络服务”的技术。[⑤]因此，网络切片技术能够基于相同的基础设施，结合不同场景的具体业务需求提供独立的逻辑专有网络。当5G与云计算、物联网等技术不断深入融合之后，信息通信的场景将实现前所未有的大规模发展，物与物之间的信息传播将指数式迅猛增长。来自数百种垂直行业的数百亿设备将在这一过程中连接到移动网络，从而真正实现“万物互联”。在这种背

---

① IMT-2020（5G）推进组.5G网络技术架构白皮书[R/OL].（2016-06-01）[2021-07-26].http：//www.360doc.com/content/18/1217/20/27362060_802494206.shtml.

② 信息通信发展司.工业和信息化部关于推动5G加快发展的通知[EB/OL].（2020-3-25）[2021-07-26].http：//www.miit.gov.cn/n1146290/n1146402/n1146440/c7832353/content.html.

③ 新华网.工信部：加快推进5G独立组网规模化应用[Z/OL].（2021-05-18）[2021-06-28].https：//baijiahao.baidu.com/s? id=1700058559573365442&wfr=spider&for=pc.

④ 新华网.工信部：加快推进5G独立组网规模化应用[Z/OL].（2021-05-18）[2021-06-29].https：//baijiahao.baidu.com/s? id=1700058559573365442&wfr=spider&for=pc.

⑤ IMT-2020（5G）推进组.5G网络架构设计白皮书[R/OL].（2016-06-01）[2021-6-29].http：//www.360doc.com/content/18/1217/20/27362060_802494206.shtml.

景下，传统4G核心网络集中式部署、无线网边界部署“一刀切”的模式明显不能满足5G时代各垂直领域对网络的需求。而5G移动网络可以根据不同业务的需求，提供通用或专有的网络服务，支持成百上千用户、众多用户类型在各种不同应用场景中的使用。“切片可以充分发挥云网融合优势，基于网络切片，可以提供安全隔离、多样化、差异化和定制化网络服务。”[①]简单来说，网络切片差异化是5G网络相比于4G网络最大的能力创新，多元垂直行业的多样化需求将极大被满足。不同的网络切片服务不同的应用场景，仅对该场景负责，因此只需定制专属场景的专有网络即可。2021年2月24日，中国电信在2021世界移动通信大会发布全球首个基于5G网络切片在车路协同领域的典型应用，实现了5G定制网业务和公网业务的隔离，赋能智慧交通。2021年5月24日，华为联合广东移动完成5G公网切片首次商用验证。验证表明，基于切片技术低时延、高可靠的业务差异化性能可以很好地做到公网To B和To C业务之间的隔离和差异化保障，从而拉开了5G切片在公网网络的规模商用序幕。[②]

5G网络背景下，网络切片定制化成为网络设计常态。在网络切片的设计中，并不需要每一个切片都包含所有的网络功能，针对特定业务或垂直行业的网络切片只需定制化地包含业务所必需的网络功能，最大程度地满足垂直行业业务的相关需求即可。以5G网络的三大应用场景为例，在eMBB（增强型移动宽带）的应用场景中，切片适用于处理5G增强型移动宽带，不限于一般消费空间移动宽带应用，包括高质量视频流、快速大文件传输等；而uRLLC（大规模机器类型通信）支持包括工业自动化远程控制系统在内的高可靠低时延通信，对连接数密度要求较高；mMTC（超可靠和低延迟通信）则支持大量和高密度的物联网设备，对端到端时延和移动性要求较高。此外，基于5G网络切片的5G定制网则是企业数字化转型的加速器，5G切片是运营商开拓To B市场的“神兵利器”，三大运营商均推出面向专网的定制化切片服务。中国移动为客户按需定制优享、

① 通信世界.中国电信王庆扬：切片是实现5G定制网的基础[Z/OL].（2021-03-03）[2021-06-28]. http：//www.cww.net.cn/article？ from=timeline&id=483503&isAppinstalled=0.

② 人民邮电报.广东移动联合华为完成公网切片首次商用验证[Z/OL].（2021-06-01）[2021-06-29]. http：//www.cnii.com.cn/rmydb/202106/t20210601_282552.html.

专享、尊享三类组网模式，满足客户各类切片需求；中国电信根据典型应用场景分为“致远”“比邻”“如翼”三类服务模式；中国联通5G专网则分为虚拟专网、混合专网、独立专网三种部署方式，构建集约化、智能化的切片平台。在三大运营商的专网服务方面，定制化5G切片服务成为三大运营商提供To B服务的重要使能技术。①

（二）5G终端体系创新：多元多样特征愈发突出

5G终端作为5G应用的关键平台和控制中心，给传统终端设备与人工智能等新兴技术融合落地提供了物理实现基础。类型多样、形态丰富、应用场景多元是5G时代终端设备的重要特征。4G时代，终端设备以个人消费场景中的智能手机为主。5G时代，由于与物联网的融合以及5G本身广阔的应用场景，终端设备的种类和范围远远超越4G时代单一终端概念的内涵、外延和范畴，打破4G时代手机终端一枝独秀的局面。2020年3月，工信部就曾在《关于推动5G加快发展的通知》中指出，“要鼓励基础电信企业通过套餐升级优惠、信用购机等举措，促进5G终端消费，加快用户向5G迁移”，②并提出了要发展“支撑工业生产、可穿戴设备等泛终端规模应用”的5G泛终端发展和应用问题。5G终端除了智能手机，还涌现出室内外CPE、5G模块、5G热点、5G物联网路由器、5G适配器、5G机器人、5G电视机、5G笔记本、5G USB终端等各种5G终端形态。全球移动通信供应商协会（GSA）统计数据显示，2019年3月全球5G终端数量仅为33款，而截至2021年5月，终端形态总数达到756款，其中商用终端468款。③

5G终端设备的多样化首先体现在多产品品类。首先，根据不同用户市场，5G终端呈现不同应用形态。中国移动提出5G时代客户服务的市场将由单纯To C（个人用户）向 CHBN 四个市场转变，面向行业用户（To B）、面向个人消费者（To C）、面向家庭用户（To H）的5G终端类型。其中，To C的终端将主要

---

① 通信世界.5G切片是运营商开拓to B市场的“神兵利器”[Z/OL].（2021-03-16）[2021-07-13]. https：//xw.qq.com/amphtml/20210316A0AJUB00.

② 人民邮电报.5G网络建设彰显中国速度[EB/OL].（2020-06-12）[2021-07-13].http：//paper.cnii.com.cn/article/rmydb_15670_292790.html.

③ GSA.2021年5月GSA全球5G终端报告[R/OL].（2021-05-13）[2021-07-02].https：//xw.qq.com/cmsid/20210513A0ELMY00.

为数据类终端，To B的终端则集中在车联网、电力、工业互联网及直播四大行业。[①]其次，若以应用场景划分，5G终端的形态根据三大应用场景的差异亦呈现多样化趋势。其中，eMBB场景下的5G终端类型包括CPE、手机、AR/VR、笔记本电脑、平板、无人机等；URLLC场景下包括智能监控设备、车载终端、机器人、医疗设备、工业制造及检测设备等；mMTC场景下则包括水电气表终端、物流跟踪器、家居智能电器、智能可穿戴设备、智能检测设备（农、林、城市）等。多元多样的终端拓宽5G的应用场景，满足成百上千垂直行业的业务需求。5G+8K+VR两会直播、5G+远程诊断新冠抗疫、5G+工业互联网智慧矿山、5G+数字教育等典型行业应用落地，围绕5G三大应用场景的业务不断拓展。终端是5G网络真正得到应用的载体，5G终端爆发式增长，信息设备迭代革新，多元多样的终端设备作为内容的呈现界面和接收载体，必将给全社会带来深层的改变和深刻的影响。

（三）5G业务形态创新：5G消息——基于渠道优势的媒体型新业务

2020年4月，中国移动、中国电信、中国联通携手11家合作伙伴共同发布《5G消息白皮书》，宣布共同开启5G消息业务。这标志着5G消息业务及其整个产业链进入蓬勃发展的阶段。根据《5G消息白皮书》的定义，5G消息是基于GSMA RCS UP标准构建，实现消息的多媒体化、轻量化，通过引入MaaP技术实现行业消息的交互化。[②]相比传统短信业务服务，5G消息提供全新的人机交互模式——用户无须下载各种类型App，在终端原生的消息窗口内就能完成服务搜索、发现、交互、支付等一站式的业务体验。因此，5G消息业务是传统短信业务的革命性升级。5G网络支持下，原生终端的消息业务将构建全新的信息渠道入口。利用其优越的渠道优势，5G消息将成为5G时代最富代表性的媒体型新业务。

基于个人移动终端“一站式”即时通信服务的能力，互联网化的5G消息业务具有较强的扩展性，能提供更多的行业在线服务应用场景，赋能行业数字化

---

① 2019年世界移动大会全球终端峰会.中国移动5G终端策略[R/OL].（2019-06-27）[2021-07-03]. http：//www.cww.net.cn/article？id=454296.

② 中国联通 中国电信 中国联通.5G消息白皮书[R/OL].（2020-04-08）[2021-07-02].https：//www.kuleiman.com/news/5600.html.

变革，对用户个人和企业单位都具有巨大的价值。个人使用5G消息在原生应用的短信窗口即可发送视频、图片、语音、定位、文件等多媒体消息，同时还支持咨询、搜索、浏览、下单等动作，无须下载任何App便可享受企业服务和富媒体体验，符合人们对应用轻量化的需求。企业单位则可以借助5G消息的多平台能力，更好地开展自己的业务。无须用户关注、订阅或下载，企业即可对用户进行主动触达，发送多媒体消息，提供在线服务场景，提高业务运转效率。借助5G消息，用户可以在消息窗口内与各行各业的服务商对话，获得高效的个性化服务；企业单位与其用户也可以建立起快捷的智能服务通道，获得更多的用户反馈，提供更优质的产品服务。

二、5G与媒体融合的技术逻辑

5G技术与人工智能、大数据、物联网等行业有着密切联系，是支撑媒体融合深度发展的关键性技术，影响着媒体融合的广度和深度。

（一）5G是媒体融合先进技术的重要组成部分

媒体融合是传媒发展改革创新的必经之路与必然方向。作为一种产业生态，其实现的技术基础在于5G、人工智能、工业互联网、物联网等先进技术的协同发展与综合应用。媒体融合“先进技术”并不是特指某一种技术，而是新一代信息技术群。5G既与大数据、云计算、物联网、区块链、人工智能等先进技术相互促进、无法分割，也为所有信息技术发挥其先进性、实现驱动性提供了重要基础和必要保证，是媒体融合先进技术的重中之重。2020年3月，工信部发布的《关于推动5G加快发展的通知》进一步要求全力推进5G网络建设、应用推广、技术发展和安全保障，充分发挥5G新型基础设施的规模效应和带动作用，支撑经济高质量发展。[①]2020年9月，中共中央办公厅、国务院办公厅印发《关于加快推进媒体深度融合发展的意见》，要求用好5G、大数据、云计算、物联网、区块链、人工智能等信息技术革命成果，以先进技术引领驱动融合深度发展，加强新技术在新闻传播领域的前瞻性研究和应用。5G的发展与应用，关乎着媒

① 工信部.工业和信息化部关于推动5G加快发展的通知[EB/OL].（2020-02-24）[2021-07-02]. https：//www.miit.gov.cn/xwdt/gxdt/sjdt/art/2020/art_6e86c2e853144eaba382dbb0ae242f6a.html.

体融合实现的深度与广度。

信息通信时代，网络连接万物。作为媒体融合发展的重要技术，5G网络是实现万物互联互通的关键基础设施，能够为大数据、云计算、工业互联网等数字平台建设提供强大网络通道支撑。“技术标准的成熟度和应用场景的契合度决定了传媒和传播是5G最先带动的垂直领域”。[①]5G网络高速率、低时延、广连接的特征会给信息传播提供优质的网络支持，同时泛在网和移动性强的特征会进一步解放信息传播的场景限制，实现真正意义上的“万物皆媒体，一切皆平台”。因此，5G+媒体融合，既不仅是传媒行业的“本职”，也不仅是通信行业的“专利”，5G融媒体传播将与社会各领域的发展息息相关，与各行各业的升级转型紧密相连。[②]有了5G支持，人工智能、工业互联网、数据中心才能发挥最大作用。5G是媒体融合先进技术的“领头羊”和“核心输出”，在5G网络承载赋能下，这些技术协同发展，才能共同推动媒体深度融合与升级。

（二）5G技术的融媒体传播“先进性”体现

5G在多个方面影响着媒体融合的广度和深度。融媒体信息传播的内容形态、传播形式以及终端形态等都将发生变革。首先，在内容形态方面，视频成为内容传播的主要形态。5G影响下，移动互联网所有业务都将朝着“视频流”发展演变，视频成为新的信息组织形式。5G能有效保障视频流端到端的传输性能，极大适用于2K/4K/8K超高清、AR/VR等格式视频的传输应用，完美呈现超高清视频的实时传输和虚拟现实视频的沉浸感完美呈现，AR、VR、全息投影与4K、8K超高清等共同打造下一代“大视频”产业。[③]其次，在信息传播形式方面，直播成为主流信息形式。5G网络让传统现场直播脱离束缚，让直播“飞”上云端。视频直播的形式越来越多地被应用于媒体宣传、新闻报道和内容传播，永远在线、各种视角的视频直播将成为媒体传播常态，“5G+直播”将成为未来信

① 卢迪.邱子欣.5G时代全球传播新生态：万物皆媒，人机共生[Z/OL].（2021-02-22）[2021-07-01].https：//www.pishu.cn/zxzx/xwdt/563512.shtml.

② 新华社.中国新兴媒体融合发展报告2019-2020[R/OL].（2020-12-17）[2021-06-28].https：//new.qq.com/omn/20201218/20201218A0261L00.html.

③ 卢迪.米文霞.孙明慧.从4G短视频到5G“大视频”[J].视听界，2020（03）：43-49.

息传播的大平台和新生态。最后，在融媒体终端形态方面，5G让任何一个具有联网能力的智能终端设备都成为信息传播链条的重要一环，智能终端种类的丰富和能力提升也将赋能媒体信息生产的各个环节。①从5G+4K/8K+AR超高清直播，到5G+AI智能编辑平台、5G+异地全息影像、5G+卫星多地协同直播等各种不同智能终端间的协同工作，媒体平台多元联动，新闻报道的形式大幅创新。5G推动媒体融合在内容形态、传播形态、终端设备等全方位的升级，进而孵化出具有全行业、社会化特征的大传播格局和媒体新生态。

三、5G推进四级媒体深度融合

5G商用以来，中央、省、市、县各级媒体充分利用5G技术，推动时空传播立体化、应用场景多样化、地方资源整合化、应用方式特色化，积极探索媒体融合新模式。

（一）中央主流媒体：5G+多维技术综合应用，时空多层立体传播

中央广播电视总台大力实施5G+4K/8K+AI超高清战略。2021年2月1日，中央广播电视总台8K超高清电视频道试验开播，标志着全球首次实现8K超高清电视直播和5G网络下的8K电视播出。现场播放了我国首部全流程8K纪录片《美丽中国说》，该片在8K技术应用上取得的跨越性突破，奠定了总台在超高清视频制作领域的引领地位。②新华社在5G+全息跨屏访谈上重点发力。在2020年的全国两会上，新华社就推出了“5G全息异地同屏访谈”，使用5G网络传输和全息成像技术，让采访对象与记者跨越时空“相见”，实时交流互动。2021年全国两会前夕，新华社又推出全球首个5G沉浸式多地跨屏访谈。通过5G、CAVE（基于投影的虚拟现实）技术、MR（混合现实）技术、LED屏幕多角度三维缝合技术等，将现场场景在演播室作等比例还原，在有限的真实空间中打造出无限宽

---

① 卢迪.邱子欣.5G时代全球传播新生态：万物皆媒，人机共生[Z/OL].（2021-02-22）[2021-06-07].https：//www.pishu.cn/zxzx/xwdt/563512.shtml.

② 中国日报网.全球首次实现8K电视直播和5G传输播出 中央广播电视总台8K超高清频道试验开播[R/OL].（2021-02-01）[2021-06-01].https：//baijiahao.baidu.com/s? id=1690483220575038629&wfr=spider&for=pc.

广丰富的沉浸式环境，实现了两个真实空间的虚拟交错。①此外，新华社还和北京移动联手，凭借“5G + 8K”技术推出“沉浸式”听会报道，让部分受邀观众“身临其境”参与全国两会。人民日报强力发展5G+AI智能采编发新媒体产品。2021年全国两会期间，人民日报推出集5G智能采访+AI辅助创作+新闻追踪多重本领于一身的人民日报“智能创作机器人”。该机器人没有实体形象，却能为新闻的策采编发提供全程智能支持。5G+AI的共同加持，让前方记者成为单枪匹马却“多栖作战”的全能型媒体人，第一现场的新闻报道实现全流程升级。

中央媒体对于5G网络的应用，充分体现出5G技术对媒体信息采编播全流程的优化，以及5G技术对各行业、各领域的赋能。中央媒体在5G应用方面的实践，是推动智能视听领域与全程媒体、全息媒体、全员媒体、全效媒体发展的全新探索。5G与人工智能等技术的结合，大幅度提升了新闻生产、分发效率；重构协同化、一体化、集约化的生产流程；实现由“平面媒体”到“立体媒体”“沉浸式媒体”的升级。

（二）省级主流媒体：打造5G技术平台，拓展丰富应用场景

2021年，省级主流媒体积极促进和发展5G等先进技术在文娱领域的引领、驱动作用。湖南卫视2020—2021跨年晚会通过5G互动直播间、5G云包厢、5G云观众、多屏同看、多路视角、专宠机位等技术应用，给观众带来了更具观赏性、沉浸式的全场景互动体验。2021年重庆春晚也首次采用5G“环绕+”自由视角。舞台现场部署了120度扇区、54台高清摄像机，采用3D环绕特效的拍摄手法，全方位无死角定格晚会的精彩瞬间，为广大观众带来身临其境的观感体验。河南卫视2021年春晚中的舞蹈《唐宫夜宴》则运用了5G+AR技术，让虚拟场景和现实舞台结合，将歌舞置于博物馆场景，制造出博物馆奇妙夜的感觉，让观众更加真实地感受到大唐盛世的繁华，在社会各界和广大观众中引起了积极、强烈的反响。

2021年，省级主流媒体积极拓展5G应用场景。2021年3月，甘肃日报上线运营媒体融合的创新成果“新甘肃5G智慧电台”。该智慧电台利用AI智能技术，通

① 中国新闻网.全球首个5G沉浸式多地跨屏访谈实现“空间穿越”[Z/OL].（2021-03-06）[2021-07-01].https：//www.chinanews.com/gn/2021/03-06/9425759.shtml.

过智能抓取、智能编排、智能播报、云端分发，实现全天候新闻、资讯、天气、路况等内容播报，用领先的互联网技术为传统广播助力赋能，以“技术+系统+内容”的模式，突破了传统广播节目编排、主播播报的固有形式。此外，2021年4月，为庆祝建党100周年，福建IPTV分平台打造福建IPTV“智慧党建”云平台——“堡垒先锋”。该平台将党建资源与5G双千兆、VR技术以及“互联网+”技术相结合，实现基层党建工作线上线下融合，通过创新组织工作手段，整合信息化资源，打造集党建宣传、党员教育、党务管理等于一体的综合服务平台。[①]2021年5月，四川党建期刊集团《看四川》杂志社打造高质量5G+8K“云采茶”活动，通过四川电信5G+8K超高清直播，带领广大网友走进川茶主产区，对雅安名山茶叶的采摘、炒制等工艺进行直播展示，多角度地解读雅安茶业发展和演进历程，实现了超高清视频传播模式下，数字文创与消费场景的深度融合，促进“文化IP+应用场景+消费体验”一体化发展。

省级主流媒体积极推进5G技术落地、促进5G等先进技术的融合应用，拓展5G技术条件下媒体融合发展新领域。一方面，充分发挥5G在广播电视节目中的技术优势，赋能文娱产业，利用5G技术为多元化的内容生产提供支持，使内容制作走向智能化，创新文娱内容表现形态。另一方面，积极搭建各类5G技术平台，为5G应用提供高效率、高质量的平台支撑，盘活各类应用场景，让5G应用融入各行各业，赋能地区经济发展。

（三）市级主流媒体：5G发展整合地方资源，5G融媒体融入社会生活

2021年，市级主流媒体重点打造5G多平台生态圈，联动各级机构和企业，让5G融媒体融入社会生活，造福广大市民。2021年5月，长春广播电视台与中国移动长春分公司签约“5G+智慧广电战略合作”框架协议。未来，双方将在“5G+智慧广电”框架下深度合作，打造AR虚拟直播间、AI大数据应用、5G高速网络传输等应用，构建长春广电传媒的“生态优势圈”。[②]2021年济南市两会

---

① 福建省广播电视局.福建IPTV打造“智慧党建”云平台<堡垒先锋>[Z/OL].（2021-04-20）[2021-07-02].http：//gdj.fujian.gov.cn/xw/sjgz/202104/t20210420_5578779.htm.

② 长春广播电视台.长春广播电视台与中国移动通信集团吉林有限公司长春分公司将签署“5G+智慧广电战略合作”框架协议[Z/OL].（2021-05-19）[2021-07-01].https：//www.163.com/dy/article/GACTQJHK05346RD6.html.

期间，济南日报报业集团联动中央媒体、省际联播平台、区县融媒，首次引入“5G+MGC+大直播+四级融媒”大型全媒体进行两会报道。①通过5G+4K高清直播、MGC全景式短视频、VR全景视角5G+4K、MGC让受众如临其境，创新市级两会报道形式。2021年1月16日，长沙晚报联合长沙移动在全国省会城市媒体行业中率先推出5G消息。用户在微信上操作的大部分功能都可以在5G消息中实现，既能像看短信一样点开浏览新闻，还可以在消息窗口实现搜索、交互、分享和支付等一站式业务体验。5G消息业务逐渐深入市级融媒体应用场景，获得了进一步发展。

市级媒体上承省级媒体下继县级媒体，担负着平台枢纽的信息汇聚和分发任务，因此在5G发展方面，市级媒体充分整合地方资源，联动省媒和区县融媒，形成全媒体生态圈，把5G技术“联通万物”“上启下沉”的作用属性更好地落实到社会基层。

（四）县级主流媒体：加快5G应用步伐，发展特色模式

县级主流媒体根据自身情况发展5G应用的特色模式。2021年3月，河北省饶阳县融媒体中心“5G智慧电台”开播。该“5G智慧电台”系统由人工智能技术与中央厨房两大版块组成，采取“人工智能+内容+系统”的运营模式，解决了县级融媒体广播类节目中设备更新缓慢、节目内容匮乏、人才短缺等问题，实现“一个人管理一个电台”。浙江省永嘉县两会期间则首次启动了5G+4K全媒体直播模式。在5G+4K技术直播外，还通过中央厨房实现了两会现场实况和相关资讯的一次采集、全方位呈现、多平台传播。2021年5月11日，河南省温县融媒体中心举行5G+4K直播车交接仪式。该县融媒体中心推动县级融媒向“新闻事业+融媒产业”主流党媒的转变。5G+4K直播车能更好地承担新闻直播、综艺晚会、专题访谈、行车广播等活动的现场录制和直播任务，为传播内容的生产发布提供更高效、便捷、丰富的支持，②标志着县级融媒在高清节目制作和媒体深

---

① 济南日报“爱济南”客户端.5G+4K+MGC+大直播+四级融媒！济南报业创新市两会报道模式[Z/OL].（2021-01-22）[2021-06-24].https：//baijiahao.baidu.com/s? id=1688483481047888255&wfr=spider&for=pc.

② 人民资讯.温县融媒体中心 迎来首辆“5G+4K”直播车[Z/OL].（2021-05-13）[2021-07-03].https：//baijiahao.baidu.com/s? id=1699589240811808459&wfr=spider&for=pc.

度融合道路上进入崭新的发展阶段。

构建符合当地特色的5G新闻采编流程和内容生产体系是县级融媒体的未来发力点。当前，“县级融媒体+5G”已呈现出了因地制宜、多元发展的融合发展新态势。县级主流媒体充分利用5G技术激发当地媒体宣传新方式、新活力，促进5G技术落地、利用5G融合4K/8K、AI、VR等先进技术，拓展县级媒体融合特色发展新领域。

四、5G时代全媒体传播的特征与创新

在全媒体传播领域，5G重塑了传播主体、传播流程、传播场景和用户体验的结构样态，深刻影响着全媒体传播的应用升级和智能化演进。

（一）涵盖传媒机构全主体

每一次信息技术的迭代升级都是对传媒生态的再生与再造。5G作为传播的底层通信技术和信息基础设施，比以往任何一个通信代际对传媒产生的影响都更全面和深远。当5G技术赋予越来越多的物体以媒介属性之后，万物互联语境下的所有节点便成为媒体，传媒机构主体也因此成为社会大传播格局下的“命运共同体”，在各自发展的同时，整体呈现大融合趋势。

4G时代，不同类型和不同层级的传媒机构各自独立发展、各司其职。报社办报纸，广播做音频，电视台做视频，互联网公司经营在线服务，用户按需选择相对应的机构和平台主体。而5G则让物与物的联系更加紧密，万物互联互通，媒体机构之间的界限也开始变得模糊，纸媒、音频、视频、在线服务等传统泾渭分明的主营业务都融合在一起，产生新的全媒体业务和全媒体平台。如中央广播电视总台推出的首个基于5G+4K/8K+AI等新技术的5G新媒体平台“央视频”App，主打“泛文体、泛资讯、泛知识”的三大内容品类。除短视频外，也提供长剧集、直播、电视、4K、VR等多样的内容形态，给予用户多样的选择。相比传统电视节目和频道的单一逻辑结构，全媒体平台更符合新时代内容的多元聚合趋势，不仅突出了主流媒体权威性和电视新闻的时效性，更体现了全媒体的多样性和个性化特征。

（二）渗透传播流程全环节

5G重塑了信息传播链条的每一个环节，全媒体传播就是5G等先进技术渗透

传播全流程各环节的结果。在先进技术的渗透、驱动下，信息的生产方式、传播形式、内容形态以及终端展现等都将发生颠覆性变化。

在信息生产方面，5G云制播、云导播开启“云上”5G超高清视频内容生产。“云生产”成为新的信息内容生产方式。在线直播、云编辑、媒资管理、存储、分发成为传媒信息生产常态。如2021年央视牛年春晚舞台上154块超高清屏幕，可以直接展现内容，参与春晚内容生成。在传播形式层面，继短视频之后，直播迅猛发展，并逐渐主流化、常态化。5G 与云计算、边缘计算、大数据、物联网、人工智能等技术的融合，进一步赋予了直播更丰富的功能、更强大的能力和更高的效率，尤其在重大事件场景下，5G新闻直播更是逐渐成为一种全民化、社会化、行业化的网络传播信息服务。在内容形态方面，5G广覆盖、低时延、高安全性、强移动性的特性让视频突破了带宽和网速限制，推动媒体内容形态从4G“短视频”向5G“大视频”变迁，时间长短不再是决定内容形态的唯一要素，“视频”在时长、互动层次、应用场景等多元因素的共同影响下呈现出完全不同于以往的存在状态和样貌。

在终端展现层面，5G终端设备形成以手机为主，辅以各种家用电器、超高清摄像头、智能网联无人机、AR 眼镜、VR 头显、MR设备以及全息投影等多样终端形态。多元的终端形态让内容与终端进一步脱离，内容的呈现与终端形态不再具有强依附关系。“屏显化”将成为终端最主要的特征，屏幕和显示器将无处不在。显示屏的功能性不断被强化，具备了通信和计算能力，不断朝着“终端”和“设备”的方向发展。①如2021年5月19日华为推出的华为智慧屏SE系列，支持高清视频通话和畅连手机、平板、儿童手表等多设备功能。

（三）融入社会生活全场景

5G并不仅仅限制在eMBB、uRLLC、mMTC三大应用场景的变革，而是意味着全社会各行各业全场景的赋能。5G也不是单一的信息技术升级，而是一次全社会大规模的产业变革，很多行业都会在5G的赋能下实现转型升级，促使整个社会和产业经济结构向全面数字化、网络化、智能化的新模式发展。

当前5G已经与媒体传播、文化旅游、交通运输、教育培训等行业深度结合，

---

① 卢迪.米文霞.孙明慧.从4G短视频到5G“大视频”[J].视听界，2020（03）：43-49.

并向工业制造、医疗健康、城市管理等领域渗透。[①]三大通信运营商也开足马力推动5G向各行各业深度融合。中国电信发挥“5G+云网融合”优势，开创To C、To B、To G联动发展新模式。中国移动全面实施“5G+”战略，强化5G+4G协同发展、5G+AI CDE融合创新、5G+Ecology生态共建、5G+X应用延展，推动5G融入百业、服务大众。[②]从疫情防控期间医疗、教育、办公等行业线上信息传播与共享的需求激增，到国庆、春晚、全国两会等重大事件应用场景的信息传播，5G已经融入各行各业和社会全场景，传播成为社会共享的公共资源，传媒成为全社会、全行业沟通的“桥梁”。

（四）打造用户体验全新感

5G重新定义“媒体”，用户将深刻感受到5G带来的感官新世界。

一方面，5G让个人移动终端（即手机）成为超级媒体，一个人和一部手机便可以成为一个全媒体生产主体，人们由4G时代的信息受众和用户向5G背景下信息源头和信息生产者的角色转变，用户参与信息传播的深度和程度，频次和时长都获得了极大提升。典型的应用场景就在于短视频和直播领域，截至2021年6月，我国手机网民规模达10.07亿，其中短视频用户规模为8.88亿，占网民整体的87.8%。[③]庞大的用户规模，让UGC内容持续增长，用户作为信息生产主体，参与信息传播的体验感得以全新升级。

另一方面，5G高速率、低时延以及大带宽的网络特性，完美实现超高清视频的实时传输和虚拟现实的超强沉浸感。4K/8K超高清、AR/VR/MR、全息投影等技术的应用更加深入和广泛，用户的感官体验更加多元、沉浸、极致和真实。例如2021年2月，央视牛年春晚首次采用AI+VR裸眼3D演播室技术，突破传统舞台空间呈现形态，配合全景自由视角拍摄、交互式摄影控制、特种拍摄

① 苏涛，彭兰.热点与趋势：技术逻辑导向下的媒介生态变革——2019年新媒体研究述评[J].国际新闻界，2020，42（01）：43-64.

② 通信世界.5G发牌两周年：结出累累硕果[Z/OL].（2021-06-07）[2021-06-20].https：//mp.weixin.qq.com/s/rCVlu1kkfI1ansAcyrR3Gw.

③ 中共中央网络安全和信息化委员会办公室.CNNIC发布第48次中国互联网络发展状况统计报告[R/OL].（2021-08-27）[2021-08-27].http：//www.cnnic.net.cn/hlwfzyj/hlwxzbg/hlwtjbg/202108/P020210827326243065642.pdf.

和实时虚拟渲染制作，让电视机前的用户隔着屏幕体会“身临其境”的参与感；2021年全国两会期间，新华社推出的5G沉浸式多地跨屏访谈，可以让身处异地的主持人和被访者在同一时间同屏呈现和实时互动。此外，5G技术还被广泛应用于文博旅游业的线上参观和展览，让用户足不出户就可以实现“云旅游”。5G技术条件下，AR、VR、全息投影与4K、8K超高清将让沉浸式视频升级，用户将比以往任何时代都更深入、全面地体会到科技改变生活的全新感。

2.3 新传播技术发展与网络空间生态变革分析（2020—2021）

斗维红　任吴炯　王競一　张尔坤　张洪忠[①]

摘要：在新传播技术的驱动下，网络传播生态正在发生变革。本文重点探讨了2020年以来各类新传播技术的发展与应用状况。技术基础方面，卫星互联网不仅能够建立服务于地球空间的立体网络，而且能与5G互补，共同搭建更多服务场景；渠道终端方面，VR、AR为新闻报道、图书出版、影视行业、游戏娱乐等领域注入活力，迎来现实与虚拟的多重交互；内容生产方面，社交机器人嵌入新闻与议题扩散、计算式宣传、娱乐等领域，成为影响网络舆论的重要因素；传播主体方面，虚拟人一方面作为主播、记者等参与新闻传播活动，另一方面还在金融、教育、娱乐等领域扮演智能主体角色。同时，媒体要重视技术发展中存在的问题，引导传播生态良性变革。

关键词：卫星互联网；VR；AR；社交机器人；虚拟人

互联网空间是建立在技术发展基础之上的，每一次新传播技术的迭代都会带来网络空间生态的变化。当前，人工智能技术、卫星互联网技术、5G技术同时应用在网络空间，这将对现有网络空间的传播方式与秩序产生变革性影响。

本文从技术角度出发，梳理2020至2021年卫星互联网等具有突出应用进展的新技术发展状况。2020至2021年，网络生态空间的一个典型特点是新传播技术成规模进入传播全链条的每一个环节：人工智能技术在内容生产和传播环节

---

① 张洪忠，北京师范大学新闻传播学院教授，博士生导师；斗维红，北京师范大学新闻传播学院博士研究生；任吴炯，北京师范大学新闻传播学院硕士研究生；王競一，北京师范大学新闻传播学院博士研究生；张尔坤，英国格拉斯哥大学硕士研究生。

大量出现，在传播者环节的典型应用是网络虚拟人，在内容生产和扩散环节涌现了社交机器人，这两者都不再以单一的介质形态出现，而是以“人”的身份扮演对话者参与信息传播；以星链为代表的卫星互联网成为新的信息渠道，也成为信息传播的基础网络；5G技术的商用为VR、AR应用提供了技术基础，未来将克服VR影像传输中因为传输速度和带宽限制产生的卡顿等问题，VR、AR作为新一代终端应用将值得观察。

一、传输网络：卫星互联网

卫星互联网，一般指利用地球低轨道卫星实现的低轨宽带卫星互联网，[①]即通过一定数量的卫星组网实现全球覆盖，构建空间网络信息交换基础设施，直接为地面、海洋和空中用户提供宽带互联网接入等通信服务的新型网络。[②]卫星互联网受地理条件和地面设施的限制较少，能够有效实现全球范围内立体化、全天候、全地域的万物互联，是消除“信息孤岛”的有效手段。[③]

作为信息传播的技术基础，卫星互联网的技术特征主要表现为四点：第一，覆盖范围更广。卫星互联网相当于建立在近地高空的通信基站，相较于5G基站300米以内的覆盖范围，其单颗卫星的通信覆盖范围可达2400公里，并且更能克服地域条件限制，突破地理空间阻隔。[④]第二，组网成本较低。借助火箭回收技术和一箭多星技术，卫星互联网的组网成本显著下降，组网效率不断提高。第三，传输质量可靠。卫星互联网采用低轨卫星，且数量众多，能够摆脱恶劣地理因素的影响，避免单体卫星故障导致的系统瘫痪，具备更强的适应性和稳定性。第四，全球无缝连接。以星链为代表的卫星互联网，利用密集分布的低轨卫星搭建起卫星星座，通过“星地互联”和“星星互联”的动态连接方式，实

---

① 澎湃新闻.卫星互联网首入新基建：相当于通信领域3G时代，全球焦点[Z/OL].（2020-04-21）[2021-06-29].https：//baijiahao.baidu.com/s？id=1664568657177995309&wfr=spider&for=pc.

② 李强，顾芳，韩志军.卫星互联网产业现状综述[J].通信技术，2020，53（08）：2059-2063.

③ 李力，戴阳利.“新基建”背景下卫星互联网发展的机遇和风险[J].卫星应用，2020（08）：38-42.

④ 财经网.马斯克开启太空宽带计划 互联网格局或就此改写[Z/OL].（2018-02-24）[2021-06-29].https：//www.163.com/money/article/DBEFASPO002580S6.html.

现全球的无缝连接。此外，数量众多的低轨卫星星座分担了单个卫星的容量与传输压力，为全域高速连接提供了可能。

2020年以来，卫星互联网应用取得明显进展，主要体现在两个方面。

（一）正在建立服务于地球空间的立体连接网络

SpaceX CEO埃隆·马斯克（Elon Musk）在2015年1月宣布了“星链”卫星互联网服务项目，该项目旨在为世界各地的用户提供高速互联网接入，特别是在农村和偏远地区的用户。2021年5月26日，SpaceX公司成功发射了新一批60颗星链互联网卫星，此次发射使入轨卫星总数达到1737颗。

2020年7月7日，我国首架高速卫星互联网飞机——青岛航空QW9771顺利完成首航，该航班搭载卫星互联网终端，突破了“地—空”网络鸿沟，在万米高空上为乘客提供百兆以上高速率互联网服务。①在海洋里，“智慧海洋”也正在逐步成为现实，借助与物联网技术的融合，海洋立体化观测预测能力提升，海洋数据的监测和系统化管理增强，最终实现“地—海”网络互联。②在陆地上，卫星互联网不仅可以为沙漠、山地等难以建设地面网络基站的区域提供导航服务和应急通信，也可以在城市中作为5G网络的补充，提供稳定的备选网络接入方案。2021年6月，中国天河空间站核心舱上，三名宇航员借助卫星互联网实现了与北京控制中心高分辨率、低延时的视频通话。③卫星互联网与地面5G网络的融合，将构筑一条高效、稳定、连接“地—空”的信息传播通道。

（二）与5G融合搭建信息“快车道”，服务应用场景的全新构建

近些年，基于国内高通量宽带卫星而研发的自动便携站，成为新闻采集、应急管理、远程医疗、地面路由补充的理想选择。在新冠肺炎疫情期间，利用卫星通信，中国卫通为远程医疗、应急救灾和云上复工等工作提供了畅通的通

---

① 央广网.中国首架高速卫星互联网飞机成功首航.[Z/OL].（2020-07-07）[2021-07-16].https：//baijiahao.baidu.com/s？id=1671708836876186665&wfr=spider&for=pc.

② 郭溪.卫星互联网在智慧海洋领域的应用展望[J].电脑知识与技术，2021，17（13）：211-212+223.

③ 腾讯网.“太空网络”支持宇航员在太空视频聊天[Z/OL].（2021-06-27）[2021-07-17].https：//new.qq.com/omn/20210627/20210627A05L8C00.html.

信环境。[①]在新闻传媒方面，四川日报推出的卫星栏目“卫星看四川”是代表成果之一，该栏目用卫星的视角聚焦地理变迁和时光变化。[②]同时，全球首个卫星全直播互联网平台——直播地球App于2020年正式发布，[③]构建全时直播、全维聚焦、全员参与的全新卫星直播媒介。在智慧互联方面，车联网等物联网络技术发展迅速。航天科工在2020年12月成功进行了我国首次低轨卫星互联网+5G+物联网海上融合组网通信试验，[④]对后续卫星互联网应用推广具有积极意义。在数字金融领域，依托卫星互联网技术和卫星遥感技术的农村金融风控系统“大山雀”于2020年9月亮相外滩大会，这也使中国成为第一个将卫星技术运用于数字贷款领域的国家。[⑤]在“新基建”背景下，卫星互联网的建设能够加强我国基础数据采集和监测能力，有效赋能乡村振兴、精准农业、智慧海洋等重点战略计划，为国家发展和技术变革奠定坚实的基础。[⑥]

（三）未来发展趋势

卫星互联网的发展趋势将主要体现在网络通信、物联网通信、网络生态建设以及舆论环境等方面。

第一，卫星互联网将为网络通信带来更广的接入。随着卫星互联网组网成功，以星链为代表的低轨道卫星互联网与地面通信系统将充分融合，构建覆盖空天地一体化的网络体系，打造向地面和空中终端提供宽带互联网接入服务的新型基础设施。这将不仅消除空间上的屏障，助力各种智能传播媒介无界、无

---

① 中国航天科技集团.远程医疗、云上复工、应急救灾……卫星通信保畅通[Z/OL].（2020-05-20）[2021-07-25].https：//baijiahao.baidu.com/s？id=1667139499508004305&wfr=spider&for=pc.

② 川观新闻.卫星互联网直播生态论坛在成都举行[Z/OL].（2020-06-27）[2021-07-25].https：//sichuan.scol.com.cn/ggxw/202106/58175857.html.

③ 川观新闻.直播地球！全球首个卫星全直播互联网平台正式上线[Z/OL].（2020-05-29）[2021-07-25].https：//baijiahao.baidu.com/s？id=1668030364753408114&wfr=spider&for=pc.

④ 新浪财经.低轨卫星互联网+5G+物联网海上通信试验成功[Z/OL].（2020-12-04）[2021-07-25].https：//baijiahao.baidu.com/s？id=1685103064831330379&wfr=spider&for=pc.

⑤ 界面新闻.阿里动物园飞来“大山雀”，卫星遥感信贷技术亮相外滩大会[Z/OL].（2020-09-25）[2021-07-15].https：//www.jiemian.com/article/5037576.html.

⑥ 新华社.新基建，是什么？[Z/OL].（2020-04-26）[2021-07-20].https：//baijiahao.baidu.com/s？id=1665000493931898514&wfr=spider&for=pc.

线、无束的匹配，而且能够实现物与物之间的连接与交互，形成万物连接的信息体系。

第二，卫星互联网将带来网络生态建设新挑战。以星链为代表的卫星互联网无疑放大了网络时代数据的深度与广度，介入传播链的不同阶段。卫星网络、物联网、智能穿戴设备等先进技术手段在利用大数据和万物互联扩宽媒介场景、增强社会信息流动性的同时，又产生网络安全和技术伦理等新问题，如何维护良好的舆论环境将成为重要课题。现有互联网管理体系是建立在"防火墙"技术支撑上的，但卫星互联网直接突破了"防火墙"技术的限制，直接面对全球互联网空间。这是一个新的管理方向，也对未来网络生态建设提出了新要求。

二、渠道终端：VR与AR

VR技术是利用计算机生成一种虚拟空间，实现多源信息融合的交互式三维动态实景和实体行为的系统仿真，使用户沉浸在这种虚拟空间环境。[①]AR技术的全称是增强现实技术，是透过摄影机影像的位置及角度精算并加上图像分析技术，让计算机生成的虚拟对象与现实世界场景进行结合与交互的技术。[②]整体来看，VR/AR技术具有"3I"的技术特征：沉浸感（Immersion）、交互性（Interaction）和想象性（Imagination）。

5G网络具有强大的传输能力、连接能力和低功耗续航能力，解决了带宽不够和时延较长等问题，为VR、AR技术的大规模应用创造了新的机遇。[③]在2020年以来的新闻传播实践中，VR/AR技术应用主要集中在渠道终端方面，于新闻报道、出版、影视、游戏社交等领域崭露头角。

首先，应用于新闻报道。5G网络加持下的VR/AR技术改变了传统新闻报道的渠道和终端，主要表现在VR新闻的发展和AR技术在新闻报道中的应用。VR

① 邹湘军，孙健，何汉武，郑德涛，陈新.虚拟现实技术的演变发展与展望[J].系统仿真学报，2004（09）：1905-1909.

② 杨青，钟书华.国外"虚拟现实技术发展及演化趋势"研究综述[J].自然辩证法通讯，2021，43（03）：97-106.

③ 陈娜，胡倩倩，曹三省.面向智能融媒体的VR超高清应用创新发展[J].传媒，2020（06）：11-15.

新闻通过360度场景呈现新闻信息，使受众在虚拟的新闻场景中以第一视角进入新闻现场，成为目击者，产生身临其境感。[①]VR新闻重构了传统新闻呈现事实的方式，场景化呈现和沉浸式传播给用户带来深度的人机共融。2020年，《今日美国报》发布了一系列VR新闻报道作品，如病毒传播的增强现实互动指南、妇女赢得选举权100周年纪念的增强现实漫画小说。此外，该报借助AR技术开发了《扁平化曲线：社交距离的AR指南》等互动体验报道。[②]在国内，VR/AR在新闻制作、新闻直播中也得到了诸多实践。在2020年的全国两会中，人民日报采用虚拟现实全景摄像机和5G商用终端，将大会现场的超高清视频信息全景式、即时地传给用户，让正在观看的用户产生“亲临现场”的感觉；[③]在“天问一号”发射直播节目中，央视新闻首次基于AI+VR智能虚拟现实制作技术搭建了虚拟演播室，实现了主持人和嘉宾站在火星表面的逼真效果。[④]运用“5G+AR”智能眼镜的传播手段也不断出现在全国两会等重大活动的新闻报道中，该设备在新闻报道过程中所体现出来的便携性、时效性、精准性及新闻观感体验性的优势，帮助新闻工作者呈现更多优质内容。[⑤]

其次，应用于童书、教育图书出版行业。VR/AR技术的介入，让阅读场景变为可以进行再造的虚拟现实效果，冲破现实阻碍重新建构阅读场景。[⑥]在童书、教育图书出版领域，“VR/AR+出版”的模式已经取得不少实践成果。图书利用AR技术，将三维主体图像通过手机、平板电脑等移动终端与传统图书相结合，把文本的图书以立体化的形态展现出来，互动体验增强读者阅读的趣味性、

---

① 尤红.VR新闻的重构特征与伦理风险[J].现代传播（中国传媒大学学报），2020，42（04）：51-55.

② 张建中，艾思特·凯西娅·索普.今日美国报的沉浸式新闻报道创新[J].青年记者，2021（03）：103-104.

③ 何芳，沈伶.VR新闻在我国的发展现状及特点分析[J].青年记者，2020（32）：6-7.

④ 龙新蔚.全媒体时代直播报道的融合创新——以中央广播电视总台直播报道为例[J].电视研究，2020（12）：67-69.

⑤ 闫春宇，董佳彤.人工智能在新闻传播中的应用——以“5G+AR”智能眼镜为例[J].传播与版权，2021（04）：59-61.

⑥ 万安伦，王剑飞.虚拟出版：从技术革命到阅读场景的二重变奏[J].河北大学学报（哲学社会科学版），2019，44（01）：146-153.

易读性。比如，中国科学技术大学新媒体研究院创作的AR图书《消失的世界》，其中活灵活现的古生物形象，吸引了青少年读者的兴趣；[①]电子工业出版社出版的VR图书《梵高地图》等，则需要借助VR眼镜或其他VR设备进行阅读。[②]2020年以来，梦想人科技与湖南少年儿童出版社合作开发国防教育AR动漫书，[③]辽宁少年儿童出版社推出《AR全景看·国之重器》丛书，[④]百花洲文艺出版社出版VR图书《莲韵石城》等，[⑤]越来越多的出版物借助AR/VR技术“出道”并获得较好市场反响，每年一定的增量对行业形成带动和引领作用，激发出版行业新活力。[⑥]

再次，应用于影视行业。随着VR视频摄影、剪辑、存储等技术的成熟，VR已经被广泛运用在视频和电影制作与传播中，带来更佳的沉浸式观影感受。VR影片同时具有戏剧的舞台空间、电影的观看性和游戏的交互性等特征，并且也有VR电影的内容改编自真实新闻事件，这种新兴的影视形式正在成长。[⑦]近年来，国际大型电影节也开始接纳优质VR影视作品，并相继设立VR影视相关奖项。2020年威尼斯国际电影节上，爱奇艺VR原创互动内容《杀死大明星》在VR竞赛单元里收获了“最佳VR故事片”奖，成为中国大陆首部在国际A级电影节获奖的VR作品。[⑧]AR影视也逐渐从大众的幻想中走向现实。在2020年第33届

---

① 中国新闻出版广电报.《消失的世界》如何插上AR翅膀[Z/OL].（2016-05-23）[2021-06-09]. https：//www.sohu.com/a/76884574_162748.

② 搜狐网.AR/VR遇上出版业 让图书“活”起来[Z/OL].（2018-11-26）[2021-05-06].https：//www.sohu.com/a/278120758_115926.

③ 梦想人科技.梦想人科技与湖南少年儿童出版社再次合作，AR让国防教育生动起来.[Z/OL].（2020-01-07）[2021-06-09].https：//baijiahao.baidu.com/s？id=1655055383320749656&wfr=spider&for=pc.

④ 新华网.辽宁少年儿童出版社推荐：《AR全景看·国之重器》[Z/OL].（2021-03-26）[2021-06-08]. http：//www.xinhuanet.com/book/2021-03/26/c_1211057021.htm.

⑤ 教育图书中心.动态|我社图书开始融合VR技术《莲韵石城》即将亮相世界VR产业大会[Z/OL].（2020-07-22）[2021-06-08].https：//www.sohu.com/a/409117601_559364.

⑥ 李俊.AR图书出版的困境与突破[J].出版发行研究，2020（10）：49-54+35.

⑦ 刘好，金世圆，汤清扬，刘茜.VR影视国际发展趋势观察（2016—2021年）[J].人工智能，2021（01）：16-28.

⑧ 毒眸.爱奇艺新作威尼斯电影节摘奖，VR影视正在破圈？[Z/OL].（2020-09-20）[2021-07-06]. https：//www.thepaper.cn/newsDetail_forward_9263934.

中国电影金鸡奖新闻发布会上，金鸡奖执委会与中国移动咪咕公司宣称，双方将依托中国移动咪咕5G+AR技术，打造第33届中国电影金鸡奖全场景沉浸式互动体验。[①]此外，大多数AR媒体都能以第一视角在YouTube、Vimeo、Facebook和Web VR中分享内容，为用户提供一种仅需点击鼠标就可以享受的360度全景视频体验。[②]

最后，应用于游戏社交等娱乐领域。凭借沉浸感、交互性的优势，VR/AR技术在游戏、社交等娱乐应用中占据一席之地。与传统游戏相比，VR/AR游戏带来强烈的临场感，玩家突破二维平面的局限，可以身临其境与游戏角色感官同步。自2020年以来，任天堂推出《马里奥赛车Live：家庭巡回赛》，[③]波兰游戏公司Projekt公布AR手游《The Witcher：Monster Slayer》，[④]上海龙华烈士陵园推出AR游戏《龙潭英雄》，[⑤]以及2021年618活动期间京东与泡泡玛特联名推出“为热爱奔跑”AR小游戏。[⑥]此外，在2020年的游戏大奖TGA中，以VR游戏《半衰期：艾利克斯》《半条命：Alyx》为代表的多款VR/AR游戏获得提名。[⑦]从产业角度来看，新冠肺炎疫情造成的社交隔离激发了VR/AR游戏的产品需求。[⑧]相关数

① 互联快报网.中国移动咪咕携手中国电影金鸡奖，5G+AR打造全场景沉浸式互动体验[Z/OL].（2020-11-07）[2021-05-06].https：//tech.ifeng.com/c/81D1Y6trBYx.

② 孙旭镐.基于VR/AR技术的新媒体发展前景展望[J].传媒，2020（06）：19-21+23.

③ 腾讯网.任天堂黑科技？“土豪游戏”AR版马里奥赛车上手评测[Z/OL].（2020-10-26）[2021-06-23].https：//new.qq.com/rain/a/20201026A08Y2Q00.

④ GameRes游资网.CD Projekt 公布巫师AR新游戏，猎魔人、训练家、捉妖师谁更厉害？[Z/OL].（2020-08-28）[2021-06-23].https：//baijiahao.baidu.com/s? id=1676231144811001545&wfr=spider&for=pc.

⑤ 中新网上海.全国首个纪念馆推出的实景AR游戏发布[Z/OL].（2020-08-05）[2021-06-23].http：//www.sh.chinanews.com/dangjian/2020-07-31/79308.shtml.

⑥ 砍柴网.京东618“热爱狂欢趴”为年轻人献礼，与泡泡玛特合作上线联名AR游戏[Z/OL].（2020-05-26）[2021-06-22]. https：//baijiahao.baidu.com/s? id=1700812563692441597&wfr=spider&for=pc.

⑦ 2020TGA.《半条命：艾利克斯》《无人深空》等VR游戏入选多个奖项提名[Z/OL].（2020-11-20）[2021-06-22].https：//www.vrtuoluo.cn/521549.html.

⑧ VR陀螺.2020年VR/AR产业发展报告｜VR陀螺[Z/OL].（2021-02-06）[2021-06-25].https：//baijiahao.baidu.com/s? id=1690915164029836764&wfr=spider&for=pc.

据显示，2020年Steam游戏平台VR活跃用户翻倍；全球VR头显出货量达670万台，较2019年增长72%，AR眼镜出货量40万台，增长33%；2020年数字游戏市场支出达12.66亿美元，而VR游戏支出为5.89亿美元。①在社交平台方面，以Facebook的“Horizon”和微软的“AltSpace”等社交应用为代表，玩家可以个性化设置自己的角色，并在场景中与不同玩家交流击掌、进行娱乐等互动。②继北京三里屯、上海东方明珠等城市AR地标建筑后，快手短视频推出洛阳天堂、龙门石窟、老君山3个景点地标AR魔法表情。③这些景点地标以虚拟形象的形式进入用户的视频，用户以参与者身份在城市、景点公共空间中“数字留痕”，并依托相应话题标签与其他用户互动。这些社交短视频平台凭借VR/AR技术互动、沉浸的特点，带给用户新的社交体验。④

5G网络技术的进一步普及提升了应用VR/AR技术的可行性。下一步，AR/VR技术可能在以下三个方面取得进展：第一，便捷将是VR/AR应用推广的关键理念。未来，更加移动便捷、设计轻薄的头戴类产品将进一步改善用户使用感受、拓展用户使用场景、获得用户消费认可，并将推动VR/AR技术在新闻报道、影视作品、游戏社交等领域中的实践应用和大众普及。第二，数据将是VR/AR持续发展的核心动力。随着网络的发展和终端的进一步普及，数据将成为VR/AR应用厂商竞争的关键，也是未来社会传播过程的重要元素。第三，结合了AR和VR元素的混合现实（Mixed Reality，MR）将是一个长远发展方向。AR和VR虽然在完全不同的技术路径中前进，但能同时实现VR和AR技术优势的媒介产品将为用户带来更丰富的视觉与认知体验，为传播过程带来更显著的效果，也将获得各行业的广泛关注。

---

① 93913虚拟现实.Unity CEO预测到2030年VR/AR头显将像游戏机一样普及[Z/OL].（2021-06-25）[2021-07-22].https：//baijiahao.baidu.com/s？ id=1703533362613585525&wfr=spider&for=pc.

② 张为.VR社交驱动新型城市交往实践研究[J].青年记者，2020，（17）：92-93.

③ 央广网.快手上线天堂、龙门石窟、老君山三大地标AR魔表[Z/OL].（2020-07-22）[2021-07-22].https：//baijiahao.baidu.com/s？ id=1672910719903958726&wfr=spider&for=pc.

④ 毛万熙.公共空间的共同生产：数字媒介如何形塑城市意象——以抖音地标AR特效为例[J].北京电影学院学报，2020，（09）：31-39.

三、内容生产与传播：社交机器人

社交机器人指在社交网络中扮演人的身份、拥有不同程度人格属性、且与人进行互动的虚拟AI形象。[①]社交机器人是人工智能技术嵌入信息传播领域的重要产物，模拟人类行为并能够与人类进行交互，拟人化是其最大特点。2020年以来的传播实践中，社交机器人并未被广泛应用至全新领域，其主要的应用范围仍然在信息传递、新闻或议题扩散以及娱乐领域等。

首先，用于信息传递及新闻、议题扩散。社交机器人在社交空间中扩散相关新闻或议题。在《纽约时报》对香港“修例”风波的系列报道、中美经贸摩擦、新冠肺炎疫情等议题中均存在社交机器人参与信息扩散的情况，其中，《纽约时报》对香港“修例”风波的系列报道中存在两级传播，第一级传播（将专业媒体报道引入社交媒体的传播过程）中主要是新闻机器人的角色；第二级传播（Twitter等社交媒体上的转发）中社交机器人重点关注对中国的负面报道；[②]Twitter等社交媒体空间中的中美经贸摩擦议题中，社交机器人占比13%，发布内容占比20%，但并未形成意见领袖，这些社交机器人发布的内容中反对中美经贸摩擦的内容占比为55%，其内容多与美国农民有关；[③]新冠肺炎疫情议题中，社交机器人对新型冠状病毒的描述语料中最相似的词语是“武汉冠状病毒”，而人类用户是“病毒”，这意味着社交机器人对病毒起源问题有倾向性影射。[④]不过，作为学术研究的局限性，这些社交机器人背后的势力并未被发掘出来。

其次，用于计算式宣传。计算式宣传既是一种社会现象，也是一种技术现象，具体方式包括蹭热点、创建话题等，社交机器人是计算式宣传的核心要素

---

① 张洪忠，段泽宁，韩秀.异类还是共生：社交媒体中的社交机器人研究路径探讨[J].新闻界，2019（02）：10-17.

② 师文，陈昌凤.社交机器人在新闻扩散中的角色和行为模式研究——基于《纽约时报》“修例”风波报道在Twitter上扩散的分析[J].新闻与传播研究，2020，27（05）：5-20+126.

③ 张洪忠，赵蓓，石韦颖.社交机器人在Twitter参与中美贸易谈判议题的行为分析[J].新闻界，2020（02）：46-59.

④ 师文，陈昌凤.议题凸显与关联构建：Twitter社交机器人对新冠疫情讨论的建构[J].现代传播（中国传媒大学学报），2020，42（10）：50-57.

之一，最多应用于计算式宣传的社交机器人是政治机器人，其往往被用于积极支持特定的政治活动家和政治立场，同时致力于淹没诸多反对声音。[①]在英国脱欧公投、美国大选、俄罗斯议会选举等活动中，均存在大量社交机器人在互联网空间中进行具有针对性目标的宣传。值得注意的是，中国并未发现计算宣传现象，牛津大学研究团队在新浪微博、Twitter等国内外社交媒体平台上，几乎没有发现中国利用社交机器人等工具进行计算式宣传。[②]

最后，用于娱乐领域。社交机器人在娱乐领域的主要功能体现在帮助明星和偶像养号、打榜、做数据、超话签到等，国内的“花椒”“映客”等视频社交平台就存在帮助主播涨粉、自动点赞、评论、回复的社交机器人。[③]相关报道也发现，在微博超话签到榜中，一些流量明星单日少了十几万粉丝，这或是水军号减少的缘故，或是新浪微博管控社交机器人的结果。[④]另外，在一些论坛中也发现，单个账号一天内发表几百篇帖子对流量明星进行踩捧，从而扩大相关明星的热度和流量，是职业水军公司惯常操纵机器人账号的行为。[⑤]由此可见，社交机器人在娱乐传播领域的应用相对比较消极。

在人工智能如火如荼发展的今天，社交机器人作为人工智能在新闻传播领域的典型发展代表，未来还有广阔的技术前景和应用市场。社交机器人正在进入各个细分场景，以专业化的服务提供个性化的需求。如在Siri提供各类信息需求、微软小冰陪伴聊天等基础上，根据多个细分场景开发专业化的社交机器人，在公共卫生、医疗健康、体育健身等场景，使技术充分为社会赋能，最大限度发挥技术“善意”。但社交机器人也面临一些技术问题。第一，在技术上，社交

---

① 于家琦.计算式宣传——全球社交媒体研究的新议题[J].经济社会体制比较，2020（03）：107-116.

② 罗昕.计算宣传：人工智能时代的公共舆论新形态[J].人民论坛·学术前沿，2020（15）：25-37.

③ 何苑，赵蓓.社交机器人对娱乐传播生态的操纵机制研究[J].西南民族大学学报（人文社会科学版），2021，42（05）：167-173.

④ 搜狐网.明星买水军实锤？肖战、蔡徐坤数据暴跌十几万，孟美岐更尴尬[Z/OL].（2020-09-12）[2021-07-17].https：//www.sohu.com/a/417879128_128476.

⑤ 虎扑网.某论坛 Bug 后职黑水军掉皮！杨超越、肖战、蔡徐坤 究竟挡了谁的路？[Z/OL].（2020-02-13）[2021-07-17].https：//bbs.hupu.com/32347647.html.

机器人不能进行多轮对话，没有记忆能力和执行连贯动作的能力，这些局限性为社交机器人参与深度的人机交互带来了障碍。在社交机器人的进一步开发中，如何基于大数据为社交机器人提供可供记忆的内容以及情感层面的交互主动性是重要趋势和工作之一。第二，隐私问题是社交机器人走向公众时亟须解决的问题，社交机器人将不同用户的对话都集纳进语料库中，可能用到其他的用户对话中，这类隐私问题必须高度重视。

四、参与主体：虚拟人技术

虚拟人技术早期在医学、培训、游戏等领域应用较多。近年来，人工智能、大数据算法、人机交互技术、语音合成、影像合成、语义图像理解、多模态识别等技术快速发展，受疫情影响人们活动的习惯向网络转移，虚拟人技术因此不断发展，其应用在2020年至2021年间也层出不穷。在传播领域中，最常使用的AI数字虚拟人技术是一种利用“语音或文字内容实时驱动虚拟形象口唇动作及面部表情的技术”，[①]通过内容动态的制作和呈现，应用于新闻播报、淘宝卖货、记者采访、模拟面试、城市形象、娱乐互动等多个领域。

目前，虚拟人技术在不同领域具备多样的应用场景，例如传媒领域的虚拟主播、金融领域的智能客服、电商领域的直播带货、电信领域的视频问答、教育领域的虚拟教师等。[②]虚拟人技术的应用具体有以下四类。

第一，作为各类主播、采访记者的虚拟人。人工智能主播以大数据处理与学习、虚拟合成与分身、人机交互等人工智能技术为驱动，在广播、电视、互联网等媒介中担负着主持与播报的任务，当前在国内的发展最迅速、应用场景最丰富。[③]2020年3月，淘宝引入了第一个虚拟主播“狼哥”，并在首场正式直播中收获了近15万的观看量；[④]2020年5月，新华社在全国两会报道期间启用了全球

---

① 陈芳.AI虚拟数字人技术在融合媒体生产中的运用[J].数字通信世界，2021（01）：21-23.

② 中国经营报.从洛天依到华智冰“虚拟数字人”还需探索商业模式[Z/OL].（2021-06-25）[2021-07-17].https：//baijiahao.baidu.com/s? id=1703533990919846751&wfr=spider&for=pc.

③ 吴锋，刘昭希.人工智能主播历史沿革、应用现状及行业影响[J].西南民族大学学报（人文社会科学版），2021，42（05）：174-183.

④ 李记平.智媒时代下虚拟主播应用于淘宝直播的现状探究[J].新闻传播，2021（11）：44-45.

首个“3D+AI”合成主播“新小微”，只需输入文本内容就能根据语义实时播报新闻；[①]2020世界VR产业大会云峰会的开幕式呈现了利用全息投影技术打造的虚拟主持人“钟小石”，他是中国国际电视台主持人钟石的虚拟分身；[②]2021年3月，科大讯飞与人民网联合推出两会AI主播“小晴”，用于信息输出和新闻播报；2021年5月和6月，搜狗推出了“小聪”和柳岩同款“数字人”，分别用于手语播报和信息播报。在城市形象建设领域，虚拟主播也大放异彩，浙报融媒体科技和特别事物研究所联合开发城市IP形象“Kunboo”，该虚拟人拥有直播互动、表演演唱、主播播报等能力，既能播报资讯，也能开直播与网友实时互动，通过该形象与网友生动交互，更加快速直接地输出传达城市形象。[③]全国两会期间，央视网的数字虚拟小编“小C”在两会节目中作为记者，与梁倩娟、马慧娟等全国人大代表进行独家对话，“小C”不仅在外观语调等方面极其逼真，还能与人进行实时互动，使采访更具趣味性和新鲜感。[④]

第二，作为偶像的虚拟人。将虚拟人用于偶像塑造的历史颇久，从初音未来到“复活”的邓丽君，虚拟偶像这种娱乐形式常常出现在大众视野。2020年，虚拟偶像市场估值达到2000亿元，在2020年上半年，B站每个月就有4000多位虚拟主播开播。[⑤]2020年10月在抖音上诞生的阿喜发布了8个视频后暴涨18万粉丝；[⑥]2021年春晚，虚拟偶像洛天依登上央视舞台；2021年6月8日，网易云推出AI虚拟偶像“乐灵”，其具备表演演唱、舞蹈联动、语音互动等功能，旨在满足用户在音

① 刘霞，陈昌凤.3D+AI主播：伦理演进与价值引领[J].青年记者，2021（05）：60-61.

② 江西日报.阿里巴巴利用全息投影技术打造模仿真人的虚拟主持人[Z/OL].（2020-10-21）[2021-07-17].http：//www.elecfans.com/d/1339990.html.

③ 数说浙江.AI虚拟人技术赋能浙江窗口 城市虚拟主播“Kunboo”正式出道[Z/OL].（2021-06-25）[2021-07-15].https：//new.qq.com/rain/a/20210625A03Y5P00.

④ 智东西.揭秘央视网新晋“虚拟小编”的诞生！集成大量AI技术，高精度3D人像建模[Z/OL].（2021-03-16）[2021-07-15].https：//xw.qq.com/cmsid/20210315A0FC1Q00.

⑤ 澎湃在线.虚拟人来了：你准备好了吗？[Z/OL].（2021-03-22）[2021-07-05].https：//m.thepaper.cn/baijiahao_11819071.

⑥ 4亿人愿意买单，虚拟偶像时代来了！[Z/OL].（2021-03-22）[2021-07-15].https：//new.qq.com/omn/20210330/20210330A0DO4C00.html.

乐直播中的互动和情感需求。①在国外，2021年3月，韩国推出了一个由全AI打造的流行音乐女团“Eternity”，其中的11位成员均为虚拟人，其发布的单曲MV在某视频网站上的播放量达到67万次；②美国虚拟时尚博主Lil Miquela的2020年收入超过1000万美元，也曾入选《时代》周刊“年度网络最具影响力人士”榜单。

第三，落地应用到各类现实场景中的虚拟人。虚拟人能运用至教育培训、客服、视频面试、推销、导游等具体的现实场景，以及金融、互联网、教育、餐饮、商务等多个个性化领域。③国内的奇幻科技与北体大、鲸丽体育合作开发了VR虚拟人网球教练系统及VR网球电竞平台，针对银行推出虚拟人客户经理解决方案等；④百度智能云与浦发银行联合开发了金融行业首个数字人员工“小浦”；⑤英国Virti公司在医生培训模拟场景中设计了虚拟人，系统根据用户在模拟场景中遇到困难任务的表现对其评分，而在这个过程中，用户对虚拟人的语言、语气和其他因素都是影响AI评价和最终得分的因素。⑥

第四，其他复合功能虚拟人。在虚拟人技术发展中，一些虚拟人并无特定功能，而是具备多种用途和能力，这类虚拟人占比也很大。例如，“百度世界2020”上，央视主持人康辉、百度CEO李彦宏与“小康”“小李”两位设定来自20年前的虚拟人对话；⑦2021年5月，腾讯推出“爱灵”，其具备作诗、书法、演唱等多种功能，并与歌手、孩子合作演出；由清华大学、北京智源人工智能

---

① 捷文社.网易伏羲AI虚拟人技术赋能网易云音乐虚拟偶像“乐灵”正式出道[Z/OL].（2021-06-07）[2021-07-13].https：//www.donews.com/ews/detail/4/3155046.html.

② 搜狐网.王俊凯与虚拟人同台献唱，网友：现在的AI技术已经这样发达了吗？[Z/OL].（2021-06-25）[2021-07-06].https：//www.sohu.com/a/474075846_120895121.

③ 凤凰网.科大讯飞乐享A.I.技术沙龙成都站成功举办，探秘AI虚拟人多模态交互落地[Z/OL].（2021-06-24）[2021-07-06].https：//finance.ifeng.com/c/87JQtwsMstJ.

④ 创业邦.「奇幻科技」：虚拟人来袭，不止于直播带货[Z/OL].（2020-11-17）[2021-07-06].https：//www.sohu.com/a/432341651_403354.

⑤ 腾讯网.浦发首个数字员工小浦有了正式员工工牌，背后是百度智能云技术[Z/OL].（2019-12-17）[2021-07-06].https：//xw.qq.com/cmsid/20191217A0MFV700.

⑥ 工程机械模拟器.Virti筹集了1000万美元，只是为了用虚拟人训练真人[Z/OL].（2021-07-03）[2021-07-06].https：//www.163.com/dy/article/GDVIILLF0552BFS9.html.

⑦ 中国青年网.虚拟人“小康”“小李”亮相百度世界2020 CTO王海峰揭秘背后的技术支撑[Z/OL].（2020-09-16）[2021-06-06].https：//www.163.com/news/article/FML2O8OG00019OH3.html.

研究院、小冰公司共同研发的“华智冰”在2021年6月亮相，她既能“作诗作曲”，又有一定的“推理和情感交互能力”，是目前掌握交互数据最多的AI虚拟人；①腾讯打造了数字航天员“小净”，为人们科普空间站的构造与功能；②Blue Wildebeest Technology于2020年推出18岁的虚拟人琪拉，她在各大社交平台都已设立账号，并收获大批粉丝。③

随着互联网等技术的快速进步与人类内容需求的上升，虚拟人技术的发展前景向好，具备多种可能性。如今，虚拟数字人正朝着智能化、便捷化、精细化、多样化成长。无论是学界还是业界，都认为虚拟人是未来发展的大趋势。从技术上来看，随着5G和AI技术的广泛应用，虚拟人的开发门槛不断降低，未来可以应用到更多的行业和场景中。随着百度、科大讯飞等公司的技术研发与进步，虚拟人的生产难度将会降低，同时形象也会更加多样、逼真和流畅。关键难点技术的攻克将推动虚拟人从试点研发向大范围生产推广。虚拟人技术通过人机协作能更好地解放社会生产力，改变信息传播的参与主体构成，为人们提供更丰富的内容，促使传统媒体向新媒体阵营迁移，使媒介内容生产更加快捷便利④。

综上，无论是卫星互联网、VR、AR，还是社交机器人、虚拟人等技术的发展与应用，都将智能传播推向了一个新的发展高度。在这些新技术的驱动下，人机交互、万物互联呈现出更多可能性，复杂场景、多模态、多重应用焕发全新活力，信息生产、传播、消费也持续突破原有模式，共同推动网络空间生态的颠覆性变革。不过，把握机遇的同时，媒体也必须清醒地认识到“技术是把双刃剑”，在利用技术、充分发挥技术善意的过程中，最大限度地规避技术风险和技术恶意，保障智能传播和网络空间生态的良性发展。

---

① 腾讯网.AI虚拟人“惊艳”亮相，多模态融合技术再起波澜[Z/OL].（2021-06-16）[2021-07-06]. https：//new.qq.com/omn/20210616/20210616A0BMG100.html.

② 一般猎奇菌.数字航天员？到底什么是数字虚拟人？是游戏人物进入现实了？[Z/OL].（2021-06-21）[2021-07-06].https：//baijiahao.baidu.com/s？id=1703138789695346159&wfr=spider&for=pc.

③ 今日时尚.蓝角马科技发布第一代超写实虚拟人女孩琪拉Qeelia[Z/OL].（2020-10-27）[2021-07-06].https：//www.163.com/news/article/FPURETU000019OH3.html.

④ 光明网.科大讯飞虚拟技术再突破：让A.I.虚拟人帮你更有爱拜年.[Z/OL].（2021-02-18）[2021-07-06].https：//m.gmw.cn/baijia/2021-02/08/34609104.html.

2.4　智能新闻生产：特征、新闻真实及伦理风险

李　彪[1]

摘要： 科学技术的高歌猛进，加剧了现代社会的不确定性和流动性，也令个体的生活方式不断变化，人工智能技术在新闻传媒业的嵌入，带来了新闻行业生态和传播样态的剧烈变革，智能新闻的真实实现方式也随之发生变化，既有作为新闻样态的一般性真实特征，又兼具数据性真实、程序化真实和技术理性真实等个性化特征。智能新闻解放新闻记者的同时，又作为一种基础性的存在风险引发伦理争议。对技术的依赖引发了“普洛斯修斯的恐惧”，一方面我们依靠技术和机械迈向更高层次的生存状态，另一方面，现代性的自反性又为人类的发展埋下了潜藏风险，值得进一步探讨反思。

关键词： 人工智能；智能传播；智能新闻；新闻伦理

现代社会的发展将我们带入一个危险而不确定的世界，在现代社会到来之前，几乎所有人都相信：现代性将会导向一种更加幸福而安全的社会秩序。然而，现代社会图景充满了美好与希望，却也潜藏着工具理性侵蚀、人类主体性丧失等诸多风险。数字化、互联网、大数据、云计算、人工智能技术的诞生推动了现代文明的进程，也加剧了人类社会失控风险。这一点亦体现在人工智能技术上。

人工智能的技术特征和生产方式带来了新闻传媒业的生态变革，该项技术在迸发生产潜力的同时，也产生了不可忽视的法律和伦理问题。相比传统社会，智能媒介在新闻内容生产、分发和呈现环节表现出怎样的差异？由人工智能主

① 李彪，中国人民大学新闻学院副院长，教授、博士生导师。

导的新闻样态对新闻真实建构带来了何种冲击，并可能导致什么样的新闻真实风险？这些问题值得持续深入探讨。

一、智能传播与智能新闻的概念之辨

智能新闻产品成为事实，意味着人类新闻活动进入一个新的时代。智能技术及其技术对象化产物在社会生产中的实践运用，开启了智能传播的社会图景。智能传播是指将具有自我学习能力的人工智能技术应用在信息生产与流通中的一种新型传播方式。①

（一）智能传播

按照媒介形态划分，人类新闻传播历程大致可划分为自然媒介、机械媒介和智能媒介三个阶段。在自然媒介和机械媒介时期，人造物只是“器官的投影”，②人造工具不过是人类的“器官补偿”或者“器官强化”，马克思将具有物质属性的生产机械以及精神属性的技术视为人类身体的延长物，即“将自然物变为身体活动的器官，并把这种器官加到他身体的器官上，延长自然的肢体”。③

不同于自然媒介和机械媒介时期的技术要素独立分化存在，由智能媒介主导的信息生产传播强调技术间联动协作，即数字化技术、移动通信连接技术、传感技术、大数据运算等多重技术耦合形成的复杂技术集。智能传播技术系统的复杂程度带来了媒介系统边界的开放，信息内容和个体间关系也转向了信息化、数字化存在。

庞大的信息数据库不仅作为客观存在物的投射，数据之间的关系也能产生超越数据信息自身的价值与意义。数据的转换与处理令新闻生产思维方式由逻辑推理转向系统相关性分析，作为内容的新闻文本在数据化、关系化的传播环境中形成了智能传播，这种传播方式由同质化转向精准化以及人机协调变化。

---

① 张洪忠，兰朵，武沛颍.2019年智能传播的八个研究领域分析[J].全球传媒学刊，2020，7（1）：37-52.

② Hans-Martins Sass.“Man and His Environment：Ernst KApp’s Pioneering Experiebce and His Philosophy of Technology and Environment”[J].in German Culture in Texas：A Free Earth：Essays from the Southwest Symposium 1978，1980：82-99.

③ [德]马克思.资本论：第一卷[M].北京：人民出版社，2004：209.

（二）智能新闻

对“智能新闻”概念的界定，可以从新闻采编、分发环节上进行分析。从广义层面分析，智能新闻是将人工智能技术应用在新闻采编播各个环节中的系列活动。在狭义层面分析，智能新闻是“通过编程技术使计算机能对数据信息进行组合并按照新闻模式生成新闻内容”。

以社会变革与技术演进为主的多元力量，催生传媒业态发生一系列剧变，人工智能、大数据、虚拟现实等技术飞速发展，基于这些技术的传媒产品也逐渐嵌入用户日常生活，并参与绘制人类社会的生活场景。智能媒体技术正逐步改变用户的生存环境和生活习惯，无人机、VR、写作机器人等传媒技术的崛起，推动信息在采集、加工、分发等环节实现智能化。

随着技术的成熟，发稿机器人已经实现在短时间内选出新闻热点、抓取相关数据，根据预设新闻模板合成新闻稿件，在财经、体育类新闻领域大放光彩。人工智能技术在文本合成环节的介入，提升了元信息的搜集速度，[①]使内容生产变为交互多向，以高效、准确、多向度的自动机器分析代替有限、经验化的单向度人工内容生产。[②]

二、智能新闻生产的三大特征

相比非智能新闻，智能新闻的显著特征在于人工智能技术的高度介入，尤其是在新闻文本生产和个性分发环节。要探讨智能新闻真实性的个性特征，首先需要了解它作为新闻报道新形式的特征。

（一）智慧抓取：事实要素中介化

智能新闻的崛起，在一定程度上令新闻传媒业转向了数据主义。传统媒体时代，编辑的地位曾塑造了新闻生产和传媒企业的经营理念：编辑必须锤炼出强大的信息整合能力，从面前的稿件中决定今天发布的新闻。这种特殊地位和主观能动性曾维持了新闻业数百年的繁荣。

---

① 李彪，刘泽溪.聚合与重塑：2018年我国智能媒体发展观察[J].出版广角，2019（03）：29-32.

② 许向东，郭萌萌.智媒时代的新闻生产：自动化新闻的实践与思考[J].国际新闻界，2017，39（05）：29-41.

人工智能的强势嵌入颠覆了新闻文本分发环节，算法新闻的介入强化了新闻行业对新闻即时性的要求。算法新闻通过压缩新闻读者与新闻内容之间的时空，令新闻分发成为“程序主导的机械式运动”。智能新闻的事实基础要素是由大数据技术获取的、二次主观化的结果。特别在新闻生产环节，作为“生产拟主体”的智能算法直接作用的客体并非原生态新闻事实，而是经过大数据技术中介化后的数据代码。

作为一种新型资源，数据不仅是关系表征的符号，更具备了本体性地位。随着客观世界与现实的数据化，通过数据（通常为大数据）表征、呈现新闻事实正成为常态，数据事实形态也成为新闻报道的重要形态。①

作为物质的一种根本属性，数据是客观物质存在与主观意识共同作用的产物，是我们人类利用自己的主观能动意识对客观物质及其关系的一种数量描述。相比柏拉图时代个体对洞穴光影的愚昧无知，现代社会中的数字原住民以积极主动的姿态参与到数字化生存中，数字化与数据化正成为社会生活常态。按照大数据“关系即数据，数据即资源”的基本逻辑，智能算法逐渐成为新的赋能者，能够对数据的结构化分析释放更多隐藏价值。

（二）程式化运作：文本生成自动化

传统新闻生产中，新闻文本生产要求新闻传播主体付出一定的创造性劳动和时间成本。在人机协作的生产方式中，程式代码承担起新闻线索采集、数据分析处理和文本写作等职能，人工智能对新闻业的介入，实现了文本生产和事实要素收集效率的空前提升，取代了部分由人力承担机械性、简单程序化的操作。

以新华社快笔小新、腾讯体育Dreamwriter为代表的新闻写作机器人，通过程式化、模块化、自动化的写作，实现了新闻信息的即时性生产，重复性、程式化业务的减少，令新闻从业者解放出更多时间与精力投身于更高层次的新闻活动中。得益于人工智能技术的协同生产，智能新闻文本的创制过程由集中式逐渐趋于分布式，人不再是新闻活动的唯一主体，新闻生产过程的参与主体扩

① 杨保军.再论“新闻事实”——技术中介化的新闻事实及其影响[J].新闻记者，2017（03）：22-30.

展至传感器和智能编程。

智能新闻生产包括数据采集输入、信息结构化处理和模块化合成三个阶段。数据采集输入是生产环节的技术，旨在对互联网空间中海量信息进行采集，建立一定规模的数据库。智能新闻的数据采集范围几乎覆盖全网，建立于算法和数据挖掘技术基础的智能程式会从既有数据资料库中提取、分析和结构化处理数据信息素材。

（三）拟主体：主体划分复杂化

新闻传播活动是人的活动，也是人与人之间信息分享的活动，研究新闻活动，就是研究人在社会场域中开展新闻活动的角色与相互关系。无论对什么样时代背景下的新闻现象展开研究，新闻活动者或者新闻主体及其相互关系，都是新闻研究的出发点和归宿处。①

纵观人类新闻活动的历史演进过程，新闻收受者的身份变化是一个从被动状态不断向主动状态演进的变化过程，亦是新闻收受自由不断扩大的过程，也是一个由相对单一收受角色向传收一体化角色逐步转换的过程。人工智能技术与人的主体性关系中，具体的个人的主体性受到了冲击甚至消解，但作为人类整体的人类主体性却得到了增强。

由人类主体设计编写的智能程序，突破了传统意义上主客体划分，人工智能的行为基于人类主体的指令，但是行为能力的发生对信息的处理能力，以及深度学习所展现出的“自我意志能力”，都呈现出不同于机械设备的主体性特征。

作为一段由人类自动生成的程式代码，人工智能依然是人类思维的延伸，如果按照麦克卢汉“媒介是人类感官延伸”的论断，那么人工智能便是人类大脑的延伸。曾有法律学者提出：人类应当顺势而为，重新解读法律主体范围并赋予人工智能以法律主体地位，以解决科技带来的法律问题。2016年欧洲议会提出的《“机器人法”立法建议报告》第50F项建议指出：要赋予智能机器人以法律主体地位，令人工智能在信息传播活动中获得独立人格，拥有承担责任的能力以弥补自身造成的损害。2018年俄罗斯《格里申法案》主张借鉴法人拟制

① 杨保军.新闻主体论[M].北京：中国人民大学出版社，2016：1.

原理，确立人工智能为法律层面的“准主体/拟主体”。[①]

人工智能的本质依然是工具的客体属性，其表现出的智能化运转，依然按照一定的程序算法得出执行指令，并根据此行为指令作出机械性的自动化行为。目前，人工智能尚处于“弱智能”阶段，该阶段的应用主要体现在语音识别、图像识别、自然语言处理、数据抓取、数据分析、文本合成和智能分发等领域，实现生成自我意识、进行深度学习、自主决策的“强智能”阶段尚需时日。

三、智能新闻生产的三个真实特性

新兴技术的嵌入、媒介形态的不断演化，催生出多种具体媒介形态的呈现方式，也加速了多媒介形态统一融合的呈现。各类媒介形态与媒介符号系统交织派生出多样化新闻样态。从诉诸单一感官的单一符号系统的报纸新闻和广播新闻，到诉诸多重感官的场景新闻，再到今天智能媒体时代的多元媒介形态，新闻收受方式日趋丰富、复杂。针对不同新闻收受方式的传播情境，其新闻真实的实现也各有侧重。

（一）数据真实

人工智能对新闻活动的渗入，以及人机协作与人机交互催生出更加多元的信息传播场景。尤其是在人工智能技术建构的虚拟场景中，信息的真实性不再是真与假的二元对立，而是对基本事实的重新组合和解读。

每一种媒介都以一种隐蔽但是有力的暗示来定义现实世界。[②]智能新闻追求的真实，并不是社会生活在本质上的真实，而是中高度微观的、数据性的真实，这种真实体现在内容生产环节对新闻事实要素的搜集、分析与处理上。数字化时代，0和1成为表达和构成事物关系的方式，这种代码关系形成了一个与现实不同但是又有现实特点的数字空间。[③]相比数据新闻，智能新闻生产对象从结构

① 张建文.格里申法案的贡献与局限——俄罗斯首部机器人法草案述评[J].华东政法大学学报，2018，21（02）：32-41.

② [美]尼尔·波兹曼.娱乐至死[M].章艳，译.南宁：广西师范大学出版社，2004：12.

③ Albert Borgmann，Holding On to Reality：The Nature of Information at the Turn of the Millennium[J].Archival Science，2003.

化数据拓展到以准结构和非结构化数据，[①]体现出人工智能技术观以及“量化一切”的数据观。[②]

从生产源头分析，由新闻记者主导的内容生产建立在生产者对新闻事件的直观认知上，面对突发性新闻事件，新闻记者甚至需要来到新闻现场、采访事件相关主体。但是自动化新闻运用的新闻事实素材，是被数据化、符号化之后存储于互联网空间的二次转码素材，且文本生产是按照既定程序进行数字化合成的，其目的在于“遵循程式要求完成数据处理”，形成“中介化事实”，原型事实则隐身于新闻活动中。这种数字化虚拟的文本生产追求去介质形态，通过打破符号代码与内容本体的联系，构建一种新的存在方式。

对中介化事实素材的分析与处理，不仅是原生事实在计算机程序的技术框架内的投射，更是拟主体与数据生产主体间的对话。这种处理方式强化了符号文本与客体对象之间的事实符合性，不仅需要新闻文本与中介化的事实保持一致，还要求新闻中介化事实与原生事实相契合。

（二）程序真实

人工智能在本质上是一段程式代码，由其生产的智能新闻，在一定程度上体现了机器对人力的替代，数据输入和程序设计的“严谨”取代了新闻文本撰写者的“情怀”。人工智能介入新闻生产和传播环节时，会按照自身机器属性与技术逻辑根据预设程序进行标准化操作。按照人类主体预先设定的算法，通过对数据的抓取、整合，与历史数据和其他背景信息相结合，再对指定新闻模板进行填充，最终形成描述性新闻。

从内容生产流程上看，人工智能主体以计算的方式将分散于网络空间的数据进行整合、加工。智能新闻通过计算机程序处理，从而再现数据背后原生态事实的新闻认识活动。这种生产逻辑，意味着由人主观判断构建的新闻价值标准部分让位于机器与算法的推演，标准化操作规避了人类生产主体的主观判断、情感认知，“拟主体”以机械式的流水线作业。在价值判断层面，人工智能将人

① 张超.大数据新闻发展现状及社会价值[J].电视研究，2018（08）：77-79.

② 朱建平，章贵军，刘晓葳.大数据时代下数据分析理念的辨析[J].统计研究，2014，31（2）：10-19.

的主观经验转变为程序执行的理性运算，从流程上压制了人工生产的不稳定性。

（三）技术理性真实

由以上真实特征可以看出，智能新闻真实是一种高度依赖媒介技术的真实，是一种技术理性真实。从新闻业发展的整体过程来看，技术的革新为新闻业前行提供了直接动力，[①]不仅影响着新闻实践观念，更成为衡量新闻真实的界碑。[②]但是一般来说，理性比感性更真实，但不能说完全等同于真实。相较于传统的人工新闻生产，智能新闻生产属于一种相对高级的新闻生产方式——通过技术和工具理性完全取代人类个体的感性差异。这种真实具有更强的可靠性和真实性，但递弱代偿原理揭示，越低级的东西越具有奠基性、决定性和稳定性，越高级的东西越飘摇、不稳定。同样的道理，技术理性真实是建立在智能新闻生产逻辑算法抑或编程人员手中的，这种真实表面上看是一种技术理性真实，其本质上依然是一种建构性真实。人们对客观世界的认知不仅依靠自身的感知，更借助媒介技术形成的客观世界投影将客观世界抽象化。如果将媒介形态演化视为现代科学手段的进步，那么媒介也必然包含某种工具理性，[③]数字化、互联网络、人工智能等技术集群共同建构了智能新闻生产的报道边界与收受边界，当大数据进入人工智能技术座架规范的呈现框架中，新闻文本的生成会受到技术理性的制约，在技术的逻辑、体系、标准下成为象征社会的手段。

数据化、自动化和智能化的生产逻辑解构了传统意义上的“新闻真实”，这种解构具体表现为技术层面转向。智能传播拥有完整独立的技术生成模式，电磁与数字构成了物质与能量之外的存在方式。这种传播系统呈现出曾经的传播体系所不能呈现的世界，也达到了曾经不能的传播程度，创造出新的传播特质。[④]传播者面对的是为技术符号化的中介事实，是技术按一定规律变换成为电信号或其他形式的数字化信息，它不仅可以呈现一定事物的整体面貌或图景，

---

① 杨保军，刘泽溪.试析场景新闻真实的特征[J].当代传播，2020（04）：4-8+25.

② 刘海明，付莎莎.技术的界碑：人工智能对新闻真实的伦理挑战[J].现代传播（中国传媒大学学报），2019，41（09）：76-81.

③ 杨保军.论新媒介环境中新闻报道真实的实现[J].编辑之友，2017（04）：5-12.

④ 陈翔.论媒介系统与身体之关系——基于A·哈特的“媒介系统论”[J].西南民族大学学报（人文社会科学版），2012，33（09）：159-162.

也可以用来解释特定事物发生和演变的可能趋势。[①]

四、智能新闻生产的伦理风险

在讨论智能传播背景下新闻业伦理特点时，需要明确新闻伦理的实现者。本文所讨论的伦理主体，专指新闻传播活动中的遵循新闻伦理和规范操守的相关主体。随着人机协同趋势愈发明显，专业媒体、自媒体、平台媒体等新闻行动者共生于信息生态之中，这些多元化的主体共同互动于新闻场域。[②]

智能传播语境下，传统人机协同的和谐共存状态受到考验。伴随人工智能技术与新闻活动各个环节间耦合加深，新闻业需要重新思考人工智能在新闻活动中的地位与作用，尤其是人工智能技术对新闻活动的深度介入。新闻伦理主体日趋复杂化，已经演化为包括职业新闻传播主体、非职业新闻传播主体和平台传播主体等多元化主体形式在内的主体集合，在与新闻活动行动主体的互动中对新闻伦理产生影响。

（一）新闻内涵变迁

以数字化和互联网为底层技术座架的信息传播方式，不仅引发了新闻生产、编辑流程、信息分发、呈现方式的变革，更延展了“新闻”概念边界，尤其是互联网技术几乎重构“新闻”内涵本身、新闻形态、新闻的生产和消费等领域。

传统意义上的新闻，其新闻之“新”体现在时间维度的“新鲜”，强调时间的接近性，距离现在、眼下越近，也就越新，即对新近发生的事实进行的报道。从时间轴上界定新闻之“新”，是大众传播时代媒介生产制度和结构化产物，在大众传播时期，新近发生赋予了信息成为新闻的合法依据。

但是在现代社会语境中，光速传输的电磁信号令新闻的获取跨越时空间隔，新闻收受主体已经不再满足于新闻内容的“时间之新”，依托移动互联网和移动智能终端传播的新闻已超越了单一的线性标准，偏向于非线性的、社会心理层

① 杨保军.再论“新闻事实”——技术中介化的新闻事实及其影响[J].新闻记者，2017（03）：22-30.

② 张志安，李霭莹.变迁与挑战：媒体平台化与平台媒体化——2018中国新闻业年度观察报告[J].新闻界，2019（01）：4-13.

面的“新”。[①]超越线性时间的“新”，体现为整合事实与连接相关联的事实，新闻不再局限于呈现最新的事实，更在于发掘过去发生事实与当前事实的内在关联，以实现信息增量。在客观描述事实表象之外，新闻更需要将事实按照一定叙事逻辑呈现，揭露事实要素的内在联系。

互联网的兴起，使“新知”成为“新闻”，新闻的传播变为多面互动，几乎全部的新闻产品都要接受网络化社会的检视、补充或修正。在互联网的新闻模式下，新闻从产品变成一个流程，尤其在新闻活动中运用摄像技术，导致新闻事实素材和新闻成品之间的界限变得模糊。

（二）新闻主体地位变迁

人工智能的技术特性，使人工智能在物质生产实践和精神生产实践中呈现出接近人类的主观能动性，这种“能动性”在新闻生产环节削弱了人的反抗意识，加剧工具理性对人的统治。基于大数据抓取、分析的人工智能，在生产实践中体现出的拟主体性可能导致人类主体性的沦丧。

现阶段，人工智能技术还处于弱智能阶段，智能基于语义层面的信息沟通并进行组织后得到结构化的结果，从而进行简单的对话、问答和文本生成，而对于理解语义，即从形式和意义的多对映射中选取合适语义尚有不足。

人工智能在社交领域还远远不及人类智慧，即使天猫语音精灵、苹果Siri、小爱同学等程序的智能程度，依然基于预设模块任务完成对应操作，还远远未实现自我推理的能力。不过，人工智能的运行能够将新闻人从文本生产过程中剔除，只需要保持程序维护者。

人类的本质特征之一是自由自觉活动，当程式代码代替人类进行劳作的时候，物质与精神生产领域人的主体性也受到威胁。从目前层次看，人工智能对主体性的侵犯更多表现在技术精英对普通个体的侵犯，与其说人工智能取代了人在新闻生产领域的主体性地位，倒不如说是少数人剥夺了传统生产群体的工具。

（三）内涵转向：从人文情怀到技术逻辑

技术从没像今天这样在社会中发挥着重要作用，尽管追求独立思考、不盲从、不迷信和批判性精神等价值成为现代文明所追求的自觉意识，但是显然，

① 陈力丹，胡杨，刘晓阳.互联网条件下“新闻”的延展[J].新闻与写作，2016（05）：49-53.

人类对于技术的信任和盲目崇拜却与日俱增。

技术逻辑因技术缔造而存在，发生显现于技术物或技术运转过程中。技术逻辑是根据人类生存需求、价值选择和社会进程而被人类主体赋予的。智能新闻的生产遵循技术逻辑，而技术逻辑与社会意识形态和人类主体性逻辑并不完全一致，在部分情境中甚至存在冲突。在中国社会语境下，新闻不仅承担信息告知的本位职能，还承担着引导社会舆论、凝聚社会共识等多元职能。在弱人工智能语境下，写作机器人还无法理解主流意识形态领域的价值选择标准和复杂情境中的多元要求。

编程语言已经侵蚀了普通语言的垄断地位而建立起一种新的等级制度。虽然算法可以分析用户数据资源自动分发新闻资讯，但是算法本身依然由人设计创造，并显示着不同社会主体的权力。算法新闻充当了一种“远距离的操纵”，它以多元、隐蔽的技术理性取代了人的个性和主观随机性，并且不再努力“制造多元”，而是不断迎合强化认知的差异，逐渐扭曲主体间性，甚至丧失作为个体的主体性。

技术本身无涉价值立场，但技术的运用却与价值观密切相连：选择运用何种技术达成何种目标，这本身就是一种价值观的体现。以大数据和算法为核心的新闻生产及内容推荐机制已深刻影响了媒介的内容生产和用户的消费行为，多元化倾向可能使媒介的社会动员的有效性大打折扣，危及社会共识的形成和建构。

（四）流水生产：从“人文作品”到“技术产品”

人工智能技术的嵌入改变了新闻生产、编辑、分发环节的参与主体，令新闻的生产和消费过程逐渐自动化。[①]一方面，新闻从业者得以摆脱单一性劳动，能够将有限精力集中于深度内容创作；另一方面，当技术逻辑成为新闻媒介普遍性趋势时，智能程序预设标准化、模块化操作将令文本内容向同一性和同质化方向发展，致使新闻从匠心独具的“作品”沦为工业流水线式的“产品”。

智能新闻采用机器人编写，虽然能够实现对海量数据的高速处理，并且将

---

① 王晓培，常江.新闻生产自动化伦理挑战——算法伦理分析的框架地图[J].中国出版，2019（04）：20-25.

海量数据纳入分析框架中，但在事实呈现上还停留在信息罗列层面，[①]对新闻稿件中非数据性事实要素间关系的识别能力尚有欠缺。而新闻记者会根据直觉、经验以及一定的理性分析，进一步追踪调查假象事实或者存疑事实，以寻求事实表象背后的真相。

从叙事学视角分析，新闻是针对特定事件的叙事文本，以文字符号为信息载体的新闻文本，需要一系列的语句来建构。新闻稿件的撰写并非简单的数据叠加，运用数据也是为了提升事实呈现的具象程度，帮助受众认知、理解并把握新闻内容。

但是，当文本创作的权力交由程式代码，作为主体的人将受到外来力量的制约，人的本性也受到压制，人不再是自然人，而变成了一架“没有感情、没有思想的机器”，即弗罗姆口中的“异化综合征”。[②]

五、结语

媒介技术革命会同步或延迟引发新闻传媒业界生态的剧变。同时，新技术的发明创造，也会引起对技术异化的担忧。[③]技术通常都服务特定的需要和目标，但是技术的存在并不能保证它必然会被应用。技术本身有着其内在的逻辑关系，作为客观存在物的技术会表现出特定的技术理性，但并不意味着这种理性能带来完全正向的应用效果，技术实践活动本身就充满了不确定性。

作为一种颠覆性技术以及新闻业的“闯入者”，人工智能为新闻业带来巨大挑战。[④]智能新闻的数据基础与自动化特征，激发了人关于技术理性取代人类主观性的想象，但是，当人工智能介入新闻生产和传播实际操作，其自身的技术属性也显现出了局限性，衍生出新闻真实转向、新闻失范和新闻价值体系解构等问题，令新闻陷入新的伦理困境。这一切，都需要我们在实践与理论中探索与反思。

---

① 陈小晰.从机器人写稿看人工智能时代的记者转型[J].南方电视学刊，2016（04）.

② Erich Fromn.The Revolution of Hope：Towards a Humanised Technology[M].New York Press，1968.

③ 杨保军.新闻理论教程[M].北京：中国人民大学出版社，2019：282.

④ 苏涛，彭兰.热点与趋势：技术逻辑导向下的媒介生态变革：2019年新媒体研究述评[J]国际新闻界，2020（1）：43-63.

第三节　平台篇

3.1 “新闻+政务服务商务”模式下主流媒体的体制机制微创新

支庭荣　林施绮[①]

摘要： 2020年以来，我国媒体融合发展步入“深水区”，“新闻+政务服务商务”运营模式获得广泛应用，反映并促进了主流媒体的体制机制创新。在新模式的引领下，主流媒体实现内部融合与外部跨界并举，不断拓展融合的深度与广度，在国家和基层治理体系和治理能力现代化方面发挥重要作用。本文从新闻、政务、民生、企业、个人服务以及社会公益等六个层面，对当前主流媒体在“新闻+”模式下体制机制的创新实践进行案例梳理和理论分析，为把握主流媒体的体制机制创新特征与趋势提供参考。

关键词： 主流媒体；新闻+政务服务商务；体制机制创新

近年来，技术的革新、市场格局的变化以及国家政策的有力推进，令主流媒体获得了推进融合发展的强大动力。因时而谋、应势而动，媒体融合发展经过不断积淀和调整，正在向纵深处迅猛发展。

从2014年8月算起，在七年多凤凰涅槃式的融合征程中，我国主流媒体遵循内容、技术、渠道终端的融合转型路径，取得了长足进步。“十三五”期间，各

① 支庭荣，暨南大学新闻与传播学院教授，博士生导师；林施绮，暨南大学新闻与传播学院硕士研究生。

级媒体大胆尝试，探索出集“策采编发评”于一体的“中央厨房”模式，实现了从“相加”到“相融”的变化。在肯定成绩的同时，也必须承认，与用户体量庞大、发展一日千里的新兴商业互联网平台相比，主流媒体在体制机制融合、商业运营、用户沉淀等层面，仍有较大的提升空间。①

2020年9月，中共中央办公厅、国务院办公厅印发了《关于加快推进媒体深度融合发展的意见》（以下简称《意见》），特别强调要“推动传统媒体和新兴媒体在体制机制、政策措施、流程管理、人才技术等方面加快融合步伐”，包括要建立适应全媒体生产传播的一体化组织架构，探索建立“新闻+政务服务商务”的运营模式，增强主流媒体的造血能力。②

《意见》为下一阶段的媒体融合工作提出了要求、指明了方向。我国媒体融合在“策采编发评”流程再造的初级融合阶段的基础上，正在步入体制机制、人才培养、技术创新等多层面革新的新阶段。一方面，要建立承上启下的全媒体传播体系，为国家治理体系和治理能力现代化提供支撑。另一方面，通过强化“新闻+政务服务商务”运营模式，既发挥新闻宣传、媒体功能，又参与政务、民生服务等社会服务以及社会治理实践，打造一个集新闻、政务、民生、商务于一体的新型媒体信息服务综合体。在这一过程中，创新是发展的必经之路。

一、融合新闻领域的探索与体制机制创新

随着移动互联网和智能传播技术的兴起，信息传播环境不断嬗变。主流媒体的新闻生产必须紧跟时代和技术潮流，以新思维引领新传播变革，才能实现可持续发展。融合新闻正是信息时代的产物。在媒体、信息、互联网技术不断交融的过程中，新闻传播领域出现了许多具有融合色彩的新变化。可以说，融合新闻方面的新探索是媒体融合过程中最亮眼的成绩之一。

（一）融合新闻生产环节

一方面，新闻生产逐步加快了全链条的智能化，融入机器人写作、自动化

① 包圆圆.构建主流媒体新型运营模式的路径探索[J].中国编辑，2021（05）：13-17.

② 中共中央办公厅、国务院办公厅.关于加快推进媒体深度融合发展的意见[R/OL].（2020-09-26）[2021-07-21].http：//www.gov.cn/xinwen/2020-09/26/content_5547310.htm.

信息采集等生产方式；另一方面，采编人员不断更新自己的互联网思维和理念，实现了从选题策划，到信息采集、新闻编辑，再到最后分发环节的全程智能化。选题策划方面，采编人员不像从前那样仅凭经验来决定新闻选题，而是将自己的经验与大数据的智能筛选相结合，利用大数据找出读者的兴趣和关注焦点。信息采集方面，无人机拍摄、传感器新闻（可穿戴设备）被用于采集重要信息。新闻编辑方面，除了使用机器人进行文字生产外，智媒技术不囿于文字，可通过在现场获取的资料、图片、视频，生产出可视化的数据新闻视频，同时呈现出多种新的形式和体裁，如VR/AR呈现的临场化新闻、合成的AI主播新闻等。新闻分发方面，结合算法技术进行智能化的信息分发。

（二）产品样式创新环节

融合新闻的形式创新不断涌现：采用5G、AI主播、VR、AR、H5等新技术，融入Vlog短视频等时下大热的媒体形式。在2021年全国两会报道中，井喷式地涌现了众多“黑科技”产品，媒体纷纷将5G沉浸式多地跨屏访谈、虚拟小编、5G+4K/8K直播、AI交互产品融入新闻报道中。[①]新华社推出的全球首个5G沉浸式多地跨屏访谈，让北京演播室的记者和身处各地的代表委员“面对面交流”。中央广播电视总台联合科大讯飞上线的AI轻交互产品《AI助手带你走进部长通道》，把部长通道的答记者问转化为网友与部长的“一对一”互动。总台AI小助手“爱加”以真人形象为模本，运用AI技术对其声音、动作、表情进行复制，最终呈现出自然、灵动的虚拟形象和良好的“听力”，它可以对用户意图作出准确判断，同时可以智能抓取部长答记者问现场视频，完成语音交互。这种传播样式打破了空间和时间的壁垒，实现了单向传播向人机互动传播的转变。[②]

（三）体制机制探索突破

技术和内容呈现方式的革新必然带来媒体机构内部人员和部门功能的改变，传统采编制度应因媒体融合转型架构进行磨合、调整。

---

① 王晓东.2021年全国两会融媒体报道创新观察[Z/OL].（2021-05-21）[2021-07-19].https：//www.thepaper.cn/newsDetail_forward_12783827.

② 王晓东.2021年全国两会融媒体报道创新观察[Z/OL].（2021-05-21）[2021-07-19].https：//www.thepaper.cn/newsDetail_forward_12783827.

以无锡广电集团为例，其新闻中心近年来大力探索媒体融合的体制机制改革。为了摆脱原机制改革下“两张皮”的桎梏，主动撤除了旧的播出平台框架，实行统一的流程机制，按照“策划先导、编辑主导、采访融合、移动优先”的理念进行生产要素调整改革。集团重新整合新闻中心的十个部门及人员，打破原有“平台即机构”的纵向壁垒型设置，按融媒体新闻生产流程要求，设立了新的融合流程型五大部门：策划统筹部、融媒编辑部、融媒采访部、融媒活动部、综合管理部。业务管理和资源统筹由五大部门负责，平台运作和业务实施制片（作）人负责制。五大部门主任由中心党委委员兼任。策划统筹部是全流程的策划指挥调度中心；融媒编辑部是统一全媒体的编辑部门；融媒采访部融合了新媒体、广播、电视等各媒体的采访部门；融媒活动部负责中心各类专题节目和活动的采制与组织落实；综合管理部负责中心党建、行政、人事、考核等各项内部管理事务。除了人员组织架构的重新调整以外，无锡广电也重新制定了考核机制。新的考核强调“移动优先”，主要采编部门每月要完成一定数量的新媒体发稿任务。在此基础上，中心再拿出效益奖总额度的5%—8%，由融媒体编辑部（博报编辑部）根据各部门员工对博报实际发稿情况直接进行考核。①这一系列体制机制改革举措大大提高了新闻生产效率，取得了良好的效益和成果。

总体来看，融合新闻领域的发展与创新呈现出内外并行的态势，内在的体制机制改革和对外呈现的新闻内容创新并驾齐驱。融合新闻实践与体制机制创新孰先孰后的问题并不重要，重要的是没有完备的体制机制、组织架构的调整，媒体融合发展难以向纵深处顺利推进。

二、政务服务领域的探索与体制机制创新

在全社会迈向信息化的过程中，充足的信息和充分的沟通是社会治理的重要基础。媒体作为连接社会的信息交换平台，发挥着社会参与、社会疏导作用，是促进社会治理方式创新、提升国家治理能力、增强政府公信力的重要推动力

---

① 宗辉.深化融合机制改革，提升新闻传播能力——关于无锡广电新闻中心深化融合改革的探索与思考[J].中国广播影视，2020（21）：86-89.

量。[①]这种推动很大程度上是通过媒体参与政务服务实现的。

（一）政务功能内涵

在《关于加快推进媒体深度融合发展的意见》提出的新模式中，“新闻+政务”点明了媒体参与社会治理和基层治理的职责。“政务”包含党务、政务两层含义，相关业务都可以融入媒体平台。比如，各地兴起的媒体广泛参与其中的问政平台、参政议政平台、网上办事大厅、政务热线、日常咨询对话渠道、其他党务政务服务渠道等，就是很好的实践。媒体秉持着以人民为中心的理念展开工作，提供连接党委、政府和群众的信息、服务以及双向交流通道，协助政府与民众进行及时且充分的信息传递与沟通，既服务群众，也方便党委、政府充分了解民意，及时高效地获取反馈，为相关部门有效化解舆情、提升治理能力提供了平台和支撑。

（二）“爱安吉”平台政务功能分析

在国家广播电视总局举办的2020年全国智慧广电示范案例评选中，安吉广播电视台“打造县域数字化媒体综合服务平台”项目入选示范案例，也是全国唯一一个县级单位成功入选的项目。其主力平台“爱安吉”App，也曾被评为2018年中国网络理政十大创新案例。[②]以县域数字化媒体综合服务平台为基点，安吉广播电视台探索融媒体发展模式和可持续发展道路，扩展了服务类型，提升了服务水平。

“爱安吉”App作为一个多媒体全方位新闻发布平台，立足本地，集安吉县资源与规划局、交通局、气象局等20多个政务部门资讯于一体，容纳了新闻舆论、政务服务、社会治理、便民服务等多种功能。20多个部门都在“爱安吉”App进行部门职责、办事指南等信息的发布。比如，群众点击县资源与规划局后，可以阅读政务公开、机构设置、政策法规、公众服务、土地市场等多个版块，既可以查询不动产登记，又可以看到土地利用的规划红线，实现了政

① 张光辉、李咏梅、宋丽云等.以5G等新技术和数字经济为重点打造全媒体传播体系助力国家治理体系和治理能力现代化[Z/OL].（2020-01-03）[2021-05-25].http：//media.people.com.cn/n1/2020/0103/c120837-31533440.html.

② 安吉县人民政府.安吉县域数字化媒体综合服务平台入选国家示范案例[Z/OL].（2020-11-19）[2021-05-25].http：//www.anji.gov.cn/art/2020/11/19/art_1229211479_58899142.html.

务信息与群众的零距离。“爱安吉”充分利用大数据手段参与社会综合治理和智慧县城建设，App内部设有消费维权、平安安吉、看安吉等版块。平安安吉版块的警务广场、阳光司法、网格管理等栏目，构建起移动端的社会治安综合治理体系。

2021年，安吉县依托“爱安吉”App，开发村级“三务”公开的“村务清”信息公开子平台。在政务公开环节，增设微信扫码功能，所有村（社区）实现“三务”“码上”公开全覆盖；针对不同公开事项，综合运用图文、表格、视频等形式进行公开，确保信息易于民众理解；创新专题公开模式，将主题党日、工程项目、扶贫民生等内容单设模块，实行专项公开；App实现了公开时限规范化，无论是信息的长期公开、定期公开、逐步公开还是随时公开，都可以进行时效性规范管理，打通了政务公开“最后一公里”。在民情处理环节，App实现了民情分诊。[①]“村务清”信息平台上设有民情反映、政策咨询、点题公开等模块，对村民提出的意见建议和民生诉求等事项实行分类管理，由村级组织人员限期办理并向村民回复，确保小事不出村、矛盾不上交。村民提问事项由专人负责，并规定事项的办理跟进以及答复时间，开通满意度评价功能，对不满意回复由乡镇（街道）纪（工）委、监察办跟进监督。在政务监督环节，“爱安吉”App研发的后台监测系统可以实时监控各乡镇（街道）、村（社区）的信息发布量、群众关注度、问题回复及时率等情况，定期发布村级“三务”公开分析报告；在线实现对所有村（社区）“三务”公开的“长臂”监管。安吉县建立了乡镇（街道）纪（工）委监督制度，通过平台，随时查看各村（社区）“三务”公开和问题反映情况，全面及时掌握网上整体情况和苗头性、倾向性问题，延伸监督触角，拓展问题线索来源。

主流媒体通过打造数字化综合服务平台，实现了与政务服务的融合，一方面强化了主流媒体的服务力和影响力，另一方面促进了政府部门借助媒体及时了解民众对社会治理和政务服务的意见建议，提升了各地党政机关的政务信息

① 安吉县人民政府.安吉县依托“四全”模式推动基层政务公开标准化规范化向农村和社区延伸[R/OL].（2021-5-21）[2021-06-29].http://www.anji.gov.cn/art/2021/5/21/art_1229518652_3814955.html.

发布水平和政务服务水平，同时让群众在与党政机关打交道时有更多的获得感和愉悦感。两者相辅相成，进一步发挥了主流媒体引领社会共识、推动社会依法治理的作用。

三、民生服务领域的探索与体制机制创新

媒体融合发展要为人民服务，坚持从群众中来，到群众中去，这在互联网时代仍旧是一条不变的要求，只是在实现形式上必须有一定的创新。从原则上讲，人民群众在哪里，我们就要把舆论引导和服务的阵地转向哪里。用时下互联网的术语表达就是：树立用户思维，重视培养用户，提升服务意识。

（一）民生服务功能内涵

在碎片化的新媒体时代，用户拥有更多的新闻资讯选择空间，大部分信息对于用户而言不一定是刚需，因此为用户提供民生服务，反而会受到更多民众的关注。新媒体时代，仅仅凭借一个新闻客户端不足以吸引更多用户，需要更多智能生活化的服务、特色功能来拓展自身功能，尝试与用户实现“点线面”的生活与情感“连接”，才能创造更大的价值，而民生服务则能够提供极佳的连接点。在为群众提供民生服务的同时，主流媒体可以更加了解群众、贴近群众，真正实现为群众排忧解难。毕竟读懂社情民意，才能更好地传播主流价值观。

（二）“上游新闻”的服务功能分析

重庆日报报业集团旗下的上游新闻推出了“开放式互动新闻频道”——帮帮频道，下设问政、问答、社群、服务四大体系，努力促进平台与用户的精准链接。该频道的定位是依托上游新闻，扎根本地，通过融媒手段，重建党媒与用户的连接。在具体版块的设置上，有“帮你问”“找答人”“玩社群”“城市通”和“曝光台”五个区域。其中“找答人”“城市通”“曝光台”这三个版块是民生领域板块，主要为群众提供民生服务。“找答人”版块包含由律师、教师、医务工作者等近400名各行各业专家组成“答人帮帮团”，为用户答疑释惑。“城市通”主要关注城市生活热点，为市民提供衣食出行等生活信息资讯。该版块目前接入了公租房摇号查询、社保查询等50多个民生服务项目。“曝光台”以“民生、互动、连接、开放”为理念，让媒体与用户、政府职能部门高效地联动起来，对群众关注、反映强烈的操心事、烦心事、揪心事以及其他社会热点问题，

实施网民端上反映、媒体梳理跟进、部门解答督办，力促化解矛盾、解决问题。

上游新闻帮帮频道围绕市民民生热点和党委政府对基层治理的重点，架起了民政互动的连心桥，在有效化解矛盾的同时，为党委政府民生服务工作搭建了通道，深入推进了地方媒体扎根当地、服务基层目标的实现。新冠肺炎疫情期间，该项目起到了非常重要的作用，关于防疫知识和复工复产政策等的咨询大幅增长，政府机构日均回复率达到98%。真正做到对于群众反映的问题网上有人看、网下有人办。2020年全年，帮帮累计发布信息4万余次，及时吸纳建设性意见5000余条，帮助解决各类困难3900余起，宣介、澄清各类事实信息900余次，廓清疑问6000余条，化解各类矛盾600余起。①帮帮频道已经成为政府、专家的新平台、好帮手，是媒体走好网上群众路线的成功案例，也是新时代做好群众工作的有益尝试。

主流媒体通过提供民生服务，挖掘了用户的潜在需求，创造了与用户的连接，集聚了更庞大的用户体量，使媒体融合转型真正实现社会效益与经济效益相结合。其中的关键，是要了解群众的关切和疾苦，解决群众的困惑，为民便民利民。为此，要在搭建平台的同时，打造民生平台背后的各种支撑体系，以提供民生服务为切入口，继续深化改革提升服务，把网上的群众路线走深走实。

四、企业服务领域的探索与体制机制创新

媒体融合发展离不开自我造血机能的增强。在确保正确舆论导向的前提下，市场化的体制机制对增强自我造血机能十分重要。《关于加快推进媒体深度融合发展的意见》明确将“商务”提出来与“政务”和“服务”并列，②这也反映了主流媒体进行市场化探索，开拓多元化经营业务的必要性。多元化发展有利于主流媒体在市场化机制的激励下，实现内容、技术、资金、人才诸要素之间的良性循环。

（一）企业服务内涵

商务可以视为媒体提供的服务类型之一，故本文将商务纳入“服务”范畴

① 刘长发等.帮帮[Z/OL].（2021-05-31）[2021-6.29].http：//www.zgjx.cn/2021-05/31/c_139980287.htm.

② 孙健.平台视阈下“新闻+政务服务商务”运营模式思考[J].中国记者，2021（03）：80-83.

加以阐述，采用“企业服务”指称这一类型。媒体向企业提供服务，既包括媒体向商务领域提供的各种间接服务，又包括媒体参与和运营的各类商业项目的直接服务。依托主流媒体现有的资源和条件，吸纳新媒体的特性，通过媒体融合创新，打通线上与线下，连通内容、服务与市场，开发用户、客户价值，探索更丰富的企业服务和企业化经营的业务形态，能够为主流媒体带来一定的经济效益。

国内部分主流媒体很早就开始了这种高效益的企业服务供应形态的探索，积累了一定的经验。封面新闻、芒果超媒等媒体在企业服务的经营实践和机制创新上，已经探索出了具有标杆意义的新路。

（二）“封面新闻”企业服务功能分析

由四川日报报业集团打造的封面传媒，在诞生之初就以技术为引领，并具备了技术输出能力。封面传媒的业务不限于打造一个新闻客户端，单纯地传播新闻内容，而是志在成为人工智能时代的泛内容生态平台，并累积起为其他企事业文化单位提供技术服务支撑的能力。在大多媒体都在向企业购买技术，进行业务外包的时候，封面传媒坚持组建自己的技术团队，研发核心技术，随后为其他媒体和企业提供技术服务，开辟了新的商业服务天地。封面新闻总编辑方埜在2021年“深融·问道”媒体深度融合发展研讨会上表示：“起初我们采用技术，主要想提高自己的能力，打造App是为了提高信息系统的水平。但不知不觉地，变成了很多媒体同行前来购买我们的技术。辽宁日报、新海南客户端以及西北地区的一些媒体也前来采购我们的技术。”

封面传媒一方面以技术为驱动，依托大数据、人工智能和VR等前沿技术驱动内容创造；同时以技术服务为核心，以内容延展合作为导向，推进企业技术的服务与合作。[①]2020年，封面传媒承办第八届中国（绵阳）科技城国际科技博览会移动端线上平台建设，面向各级各类参与者，提供云上展馆、直播活动、展览动态、企业宣发、大会服务等全方位服务。此次云上科博会，封面传媒积极破圈，充分利用技术优势和媒体优势，搭建业务全覆盖的服务平台，实现全链路安全服务，吸引了众多用户尤其是Z世代用户的深度参与。

① 孟梅.树立“开放合作”思维打造封面新闻“联合舰队”[J].传媒，2018（19）：20-22.

从传媒出发，但不是只做传媒；重视内容，但不是只做内容。从传统媒体转向以技术驱动为核心，封面传媒利用技术在数字时代找到了新的商业化路径。

不同于封面传媒的技术导向，湖南广电以产业为突破口，进一步推动媒体融合创新。2020年12月，湖南马栏山广播电视网络视听节目交易中心正式挂牌。①该平台以芒果业态IP如《爸爸去哪儿》《声临其境》等为主要资源进行全方位开发。平台一期的建设思路是以大数据为核心，以区块链为抓手，与全国区块链百强企业共同开发，进行版权登记确权、作品分布式存储等，着力构建“线上+线下”完整视听版权服务生态，打造媒体融合新高地，构建起“立足马栏山、辐射湖南、服务全国、面向全球”的知识产权一站式保护开发体系，成为面向视听行业的国际化“服务平台商”。

商务服务的拓展是媒体实现多元化经营、拓展业务服务，实现新媒体环境中突围的重要路径。为此，如何快速构建多渠道的服务分成和营利渠道，实现多元化的运营和资本运作（投融资）模式，解决其中的商业营利等问题仍是媒体需要思考和解决的。封面、芒果等先行者的做法，都离不开从现有的资源和能力入手，进行相关多元化拓展，如在技术、影视、IP、电商等领域构建新的业态，促进主流媒体实现更高的商业价值和品牌价值，从而为其他企业或机构提供有价值的技术、数据、文化产品输出，增强自我造血机能，进一步提高可持续的媒体融合发展能力。

五、个人服务领域的探索与体制机制创新

赢得用户是媒体竞争的根本。用户的青睐以及投入的时间是新环境中媒体发展能力的重要衡量指标。在新的媒体运营模式下，主流媒体可以通过用户沉淀池的大数据进行用户画像的描绘建构，结合新的营销策略，为用户提供更多个性化、互动化的个人服务，形成更多独具特色和优势的多元化服务业态。

（一）个人服务的内涵

这里所说的个人服务与前述的民生、政务、企业服务等有一定的交集，如

① 李金龙、石凌炜.马栏山（中国）广播电视电影网络视听节目国际交易中心即将上线运营[Z/OL].（2020-12-18）[2021-06-29].https：//moment.rednet.cn/pc/content/2019/12/18/6384789.html.

政务、民生服务中也包含个人服务项目。本文接下来主要从媒体为用户提供的个性化、兴趣化、社区化等方面的个人服务角度进行阐述。

在个人服务领域，众多商业平台和社交媒体已抢占了先机，且拥有较大的用户数量优势。在这一背景下，新型主流媒体应当在保持战略定力的同时，迅速树立互联网思维，并在市场拓展中逐步形成与之相适应的体制机制。[①]

提供个人服务既是一个消费“决定”生产的过程，也是生产“引导”消费的过程。前者即以用户需求为导向，根据用户的消费习惯进行产品的开发和调整；后者则是在充分掌握用户数据、建立完整的用户画像的基础上，发掘用户潜在的需求和兴趣，再进行产品的设计与开发。两者应有机地融合起来，这是一个理性与感性相结合的过程。

用户数据是开发服务产品和打造营销策略的取材之地，个人服务的提供和深化需要数据的支撑。不了解用户的需求，很难打造出成功的个人服务产品。主流媒体在拥有先前新闻报道实践中的感性用户心理感知的基础上，结合网络新媒体时代理性层面海量的用户数据分析，才能够更好地把握用户的需求点和兴趣方向。因此，用户意识、对用户的认知思维要贯穿全平台业务的整合和运营模式的改革。

（二）个人服务典型案例分析

纽约时报在个人服务产品栏目开发上的经验值得广大主流媒体借鉴。纽约时报结合新媒体时代的用户需求进行大胆尝试，不仅为用户提供诸如新闻简报（Newsletter）、时报现场（NYT Now）、时报内幕（Times Insider）等数字化、多元化的新闻产品，还开发出了烹饪（Cooking）、纵横字谜（Crossword）等生活兴趣类文化产品。

国内部分主流媒体在个人服务领域的探索已初见成效。2021年高考期间，“南方+”针对考生成绩查询、招生线上咨询、志愿填报等，利用H5等手段，提供滚动式服务，同时跟踪报道在隔离病房参加高考的特殊考生的情况，大大增加了用户黏性。在2020年疫情期间，为了满足疫情防控常态化的需求，“南方+”拓展了在“+”上课、在“+”看展、在“+”咨询、在“+”招聘、在“+”健

---

① 王鸿涛.新型主流媒体用户战略探析[J].青年记者，2021（09）：68-70.

身等在“+”系列服务功能，大大延展了“南方+”的服务能力边界，与时俱进地根据群众的需求开拓个人服务功能。“南方+”根据年轻用户爱运动的特征，在全民健身日推出了互动丰富、画风清奇的H5小游戏产品《奇妙的健身房》，呼吁用户动起来。通关后生成的与姓氏押韵的个性化分享标题如“老李老李，单手挺举”，增加了“与我有关”的陪伴感以及分享的动力，能够较好地满足年轻化的口味。①

上游新闻也在“新闻+服务”模式下，积极打造个人志趣服务功能，在帮帮频道上开辟“玩社群”版块，为当地用户提供兴趣互动的连接机会，让用户在社群上找到志同道合的朋友。目前运营得比较成功的社群有：高考群、志愿群、读书群、旅游群等。用户基于共同的兴趣爱好、共同的信息需求，可以在社群内进行高效的互动和沟通。

融移动资讯、移动政务与移动生活为一体的新湖南客户端，在移动生活服务侧推出了天气、火车、航班、交通违章信息等自助查询功能，用户可以在客户端的“生活”“出行”等版块，发布租房信息、搬家服务、人员招聘、酒店预订、家电维修、快递物流、出行服务、旅游攻略等信息，并开通了支付平台服务，让用户享受便捷网络生活。②

个人化的服务需求是无时不在、无处不在的。以新闻资讯作为立家之本的媒体想要更好地打造个人服务产品，还需要打开行业之间、流量之间、各方资源之间的壁垒，持续强化用户思维，同时要拥有对人性需求的敏感度，将科技与人联通，以拓展出更受群众欢迎的个人服务功能。

六、社会公益领域的探索与体制机制创新

近年来，我国的社会公益事业也在不断发展，并在多个社会领域发挥着独特的作用，公益传播的重要性日益凸显。如何获得支持者、潜在捐助者和志愿

---

① 胡键，曹斯，尤立川.党报客户端如何赢得受众——南方+客户端用户画像与内容运营策略分析[J].中国记者，2020（09）：44-48.

② 杜一娜、齐雅文.新闻客户端以优势促服务“新闻+服务”怎样更好地服务于民[Z/OL].（2020-12-15）[2021-06-28].http：//data.chinaxwcb.com/epaper2020/epaper/d7380/d5b/202012/112354.html.

者来发展公益事业，公益活动最终能否取得成效，并被大众所关注，这些是社会公益事业绕不开的话题。社交媒体的兴起，为公益信息的传播提供了极大的便利。人们可以通过社交网站、个人通信软件，如微信、微博、知乎等渠道传播公益信息，实现公益信息的公开、参与、共享、交流与对话等功能。

（一）公益服务内涵

在当下的社会公益传播中，媒体是重要的连接点。主流媒体可以基于新媒体的互动性，激发公众参与社会公益活动的热情，通过裂变式传播促进公益信息的扩散，加速公益意识的形成，推动公益的社会性普及。媒体还可以帮助社会公益组织进行社会公关、推广传播，为社会公益项目在拓展支持者、捐款捐赠、分享成功故事、鼓励人们报名参加活动、招募志愿者或展示工作成效方面进行高效的宣传合作。

（二）公益服务案例分析

人民日报曾与中国宋庆龄基金会、B站等合作，共同发起媒体公益专项基金，创新合作方式，探索“党媒+群团+企业”的融合协作新模式，打造“公益共同体”，扩大公益的影响力，提高公益的阳光度，并为媒体融合、行业融合、跨界融合打造技术和对话基础，为主流媒体融合发展开拓了更广阔的空间。①

2020年新冠肺炎疫情期间，全国各地出现蔬果滞销的情况。为打破农民销售无路的困局，全国各大主流媒体和商业媒体纷纷加入村播公益助农行动，利用媒体的影响力，为农户的农产品做直播，采用“村播助农”的方式推动农产品走线上销售之路，为农户带来了以往线下零售难以企及的经济效益。央视新闻和淘宝直播合作“我为湖北胖三斤”直播活动中，由主持界的“段子一哥”朱广权和淘宝主播界的“带货一哥”李佳琦组成的“小朱配琦”组合，联袂为湖北农产品带货，吸引1亿粉丝冲入淘宝剁手下单。人民日报新媒体联合知名主播薇娅团队、淘宝电商平台以及明星艺人共同发起“为鄂下单”系列公益带货直播。首场直播就创下了5款“鸭货”秒售51万单，单品价值近1000万元的佳绩，解决了疫情期间武汉大量农商产品滞销的问题。产自祖国大陆最南端的热

① 刘烨烨.“2019媒体融合发展论坛·媒体公益沙龙”在深圳举办[Z/OL].（2019-10-31）[2021-06-25].http：//www.xinhuanet.com/gongyi/2019-10/31/c_1210334803.htm.

带水果——广东徐闻县的菠萝在疫情期间也借助“南方+”的公益直播，被更多的北方网友认识。“南方+”的公益直播实现了供需两端的平衡。大规模社会公益活动不仅为后续的农产品销售提供了新的方向和路径，也为主流媒体的融合传播带来新的启示。

公益属性是媒体的重要属性，践行社会责任亦是媒体的必然选择。主流媒体可以发挥自身的渠道和传播力的优势，通过建设有效的公益传播机制，实现强大的社会动员力与凝聚力，推动社会公益事业的发展。

七、结语：从微创新出发不断汇聚新优势

2021年是“十四五”开局之年，对于媒体行业而言，这也是媒体破局突围、实现深度融合的关键之年。主流媒体在这一重要的时间节点向新型主流媒体加速推进，这一过程离不开体制机制的不断创新。

“新闻+政务服务商务”的运营模式是当前主流媒体开拓业务领域，寻找突破新路径，实现可持续发展的重要途径。

首先，大力拓展服务领域，追求范围经济。媒体融合发展以新闻为本位，但也不能仅靠新闻。主流媒体的业务发展和全媒体建设离不开以内容建设为根本，以服务民众为己任，同时要锻造自我造血机能，充分发挥市场要素的作用，注重培养用户，使用户资源充分沉淀，激活社会资源，实现多元化的媒体经营。

其次，与社会治理更紧密地融合。新闻媒体不仅要承担好主流媒体的本职——引导舆论、占据舆论场的主阵地，同时要将决策环节所需的自下而上的民意与舆情获取分析、政府与群众双向的决策互动、自上而下的政策宣传说明与落地执行等资源也聚合到媒体融合平台上。[①]这样一来，主流媒体超越了传统意义的媒体定义，转变为资源集约化的综合社会治理与服务平台。这是媒体融合的进阶版本，是当前阶段主流媒体的改革方向之一。

最后，把社会效益放在首位，实现社会效益和经济效益相统一。媒体在开展政务服务、民生服务、企业服务、个人服务、社会公益服务的过程中，也要

① 胡正荣.新闻+政务服务商务，机会来了，挑战来了[Z/OL].（2021-01-04）[2021-07-06].https://www.thepaper.cn/newsDetail_forward_10822810.

形成持续的服务能力，挖掘服务的衍生价值，汇聚成体系化的运营优势。追求一定的经济回报是融合发展的应有之义。

特别值得指出的是，媒体融合进程的服务创新与体制机制创新是分不开的。体制机制创新更多是“微创新”，是小步快走，而不是大刀阔斧、大开大合。这就意味着新型主流媒体的打造，是一个持续改进、不断积累、由量变到质变的过程。主流媒体既要勇于先行先试，在创新中凝聚优势，探索出独具特色的“新闻+”服务路径，以“+政务”助力政府治理，以“+服务”提升用户体验，以“+商务”创造商业价值，从而实现主流媒体的持续健康发展。

3.2 聚合、传播与再生产：原创新闻平台内容运营策略研究

王佳航[①]

摘要：媒体深度融合背景下，内容生产供给侧结构性改革进一步推进，主流媒体在平台化发展模式初建之后，需扩大优质内容产能，提升内容传播效果。本文提出主流媒体应与市场化的内容分发平台差异化定位，发挥品牌优势，作为原创新闻平台，立足平台资源与连接关系，从聚合、传播与再生产等三个方面整体设计平台运营策略，做好平台内容生态建设。

关键词：新闻；平台；运营

一、研究缘起：原创新闻平台的生成

2020年9月公布的《关于加快推进媒体深度融合发展的意见》（以下简称“意见”）对主流媒体内容生产提出更高要求：“要推进内容生产供给侧结构性改革，更加注重网络内容建设，始终保持内容定力，专注内容质量，扩大优质内容产能，创新内容表现形式，提升内容传播效果。”这一背景下，媒体内容生产创新也需要从以“爆款”为突破口的局部创新转向整体创新。媒体深度融合进入关键窗口期。

社交媒体的兴起及新闻业态的转变给职业新闻机构的新闻生产理念、机制和实践带来挑战。近年来，诸多主流媒体采取“新闻+政务+服务”或“新闻+政务”等平台化发展模式。平台型主流媒体如何进一步做好内容生产创新？从2014年8月中央全面深化改革领导小组第四次会议审议通过《关于推动传统媒体

① 王佳航，中国政法大学新闻传播学院教授。

和新兴媒体融合发展的指导意见》，到2020年9月中共中央办公厅、国务院办公厅印发《关于加快推进媒体深度融合发展的意见》，主流媒体蜕变重生。媒体融合实践已经超越了媒介形态的简单“相加”，是在整合资源基础上进行的一场全方位变革——平台化的主流媒体已经成为新型的新闻生产机构。新的传媒业生态，新型的生产组织，要求主流媒体必须以新的视角去审视自身发展路径。一定意义上说，我们面对的是一个新问题：平台型主流媒体能否沿用以往媒体以产制新闻为核心的生产传播模式？平台型主流媒体如何突破传统模式进行内容生产创新？

尽管平台化的新型主流媒体经常被与市场化的内容分发平台相比较，但是二者定位、运作机理并不相同。平台化的主流媒体可以称为“原创新闻平台”。原创新闻平台是指具有一级互联网新闻信息采编资质和互联网视听服务许可证，主要由编辑产出原创新闻内容的新闻网站和新闻客户端。原创新闻平台在自有网站客户端上分发原创新闻内容之余，也会通过版权合作、账号入驻等方式，为其他新闻平台输送新闻内容。①

媒体融合发展从零起步、从无到有，从最初的转观念、做产品、建平台，到由表及里、由点到面逐步铺开，现在要进入全面发力、构建体系的新阶段。②随着媒体融合逐步深化，主流媒体在平台化实践中形成了多样化的形式。

第一，权威央媒新闻发布平台。人民日报客户端、新华社客户端等中央媒体把新闻的权威性和资讯的丰富性有机结合起来，成为中国移动互联网领域最权威的新闻发布平台。人民日报客户端人民号聚合了机构媒体、自媒体、名人、政务、学校等诸多账号，发布权威新闻信息，并研发了主流媒体算法。新华社客户端每天发布内容上万条，定位为门户客户端，“不仅是中央媒体平台，而且成为全国各地党政机关在移动互联网上发布政务、服务信息的统一平台”。③

① 艾瑞咨询.中国原创新闻平台用户洞察白皮书[R/OL].（2017-07-25）[2021-03-15].http：//report.iresearch.cn/report_pdf.aspx？id=3029.

② 金台资讯.建设新型主流媒体 书写媒体融合发展的“中国答卷”[Z/OL].（2020-11-21）[2021-03-26].https：//baijiahao.baidu.com/s？id=1683934039614163732&wfr=spider&for=pc.

③ 新华网.蔡名照：把新华社客户端打造成为移动互联网新闻信息传播领域的航空母舰[Z/OL].（2015-06-08）[2021-03-15].http：//www.xinhuanet.com//politics/2015-06/08/c_1115545033.htm.

第二，原创新闻资讯平台，即以特定类型或风格的原创新闻资讯为主要内容的新闻平台。例如上海报业集团的澎湃新闻，自定义为“一个以原创新闻为主的全媒体新闻资讯平台”，澎湃政务号强调以各地区各系统的政务信息公开、改革发展成果和故事、文化品牌等为重点，凸显时政专业精神；“湃客”集纳并展示外部优秀纪实作品，核心版块为非虚构写作、纪实影像、数据新闻等。上海报业集团另一个产品界面则被视为原创财经新闻资讯平台。

第三，原创地方新闻资讯+生活服务平台。例如南京城市广播“在南京”App，积极探索“平台+产业”的融合模式，通过资源整合等方式，参与体育、会展、旅游、艺术品、餐饮等多种行业的发展，资讯与生活服务相结合。浙江省萧山区的县域融媒体中心积极探索地方生活服务平台模式，“智慧萧山”客户端接入了萧山区政府信息中心、萧山区办事服务中心、卫生健康局、城市管理局，以及萧山机场、长途汽车站等几十个部门和单位的应用端口，集合了城市公共信息、视听娱乐和生活服务应用。目前“智慧萧山”客户端通过智慧医疗模块，实现了与医院的无缝对接，市民可以通过该板块实现挂号预约、排队叫号、获取线上检验单等。

第四，原创新闻+政务资讯平台。“新闻+政务”的平台化发展模式是主流媒体采取的主要融合转型模式。南方日报报业集团的“南方+”客户端开设“南方号”，形成了整体协同、响应迅速的政务新媒体矩阵，同时成为广东省原创新闻和政务信息最权威的发布阵地。

毋庸置疑，原创新闻平台是一个不同于传统职业新闻机构的新物种。就其网络平台特征而言，原创新闻平台是一个以开放逻辑构建起来的基础设施。一方面，面向用户开放。平台型媒体打破了传统新闻业单向式的传播局面，用户接近新闻的程度较以往大幅度提升，同时可以参与、评价新闻。另一方面，面向创作者开放。作为原创新闻平台的新型主流媒体虽然仍然以各类原创新闻资讯为主，但是新闻资讯的生产者并不限于媒体机构在职员工，还吸纳了专业内容生产者、政务新媒体等多元化的创作者。平台型主流媒体如何做好内容生产传播？对其新方式的探究必须回到单一新闻机构和平台型媒体的根本差异进行顶层设计。

二、从重采编到重运营：原创新闻平台内容生产策略的重新设计

原创新闻平台有其现实性，也是传媒业生态变革的必然结果。普遍打造传统的发展和运作模式已经难以为继，新的发展现实和传播生态要求我们用创新性的范式来把握未来的媒介操作。[①]如何创新平台型主流媒体的内容生产？根据课题组对人民日报客户端、新华社客户端、澎湃、界面、海淀融媒体中心、今日头条等不同类型新闻资讯平台的实地调研和内容观察，本文认为应从重采编到重运营，并尝试提出原创新闻平台内容运营重新定位的维度。

（一）回归平台功能，重新设计原创新闻平台内容生产策略

媒体强化内容生产的逻辑是制定生产和传播内容的策略，以取得更好的传播效果。在单一传统媒体的视域下，抓好内容的产制是第一要义，更好的内容会获得更多的关注。但是在平台型媒体的视域下，仅仅抓好自制内容并不能带来平台整体的传播效果。原创新闻平台要做好内容生产，需根据不同平台类型重新设计平台内容生产策略，从以采编为主到采编运营并重。平台运营是指为了提升平台服务，发展用户所从事的所有与平台经营运作相关的工作。传统新闻机构以采编工作为主，没有单独设立运营岗位。

第一，从平台的连接功能出发重新对平台的内容生态、运作模式做整体设计。不同类型的原创新闻平台有不同的连接关系，一些原创新闻平台连接人和内容，一些原创新闻平台连接媒体和产业，一些原创新闻平台连接媒体与社会。目前很多主流媒体做新媒体，基本是按照“两微一端一抖”的标准配置做媒体融合矩阵，局部看没有问题，但是就其连接功能来看，未作符合媒体需求的整体设计。这造成的问题是平台内容与平台定位不匹配，例如有些县域融媒体中心的目标是连接社区用户，但是内容是以报道该县领导活动为主，很难提升平台的用户活跃度。如何连接用户？如何使平台不仅可以获取内容也具备内容服务功能？如何使平台成为媒体资源连接平台？这些问题需整体考虑。事实上，对原创新闻平台的重新设计就是重新思考传统主流媒体在未来发展中的角色定位。

第二，原创新闻平台的开放式生产机制的重新设计。“除了做好那千分之

---

① 喻国明.新型主流媒体未来发展的三个关键性操作[J].传媒，2021（04）：21-22.

一、万分之一的‘压舱石’‘定盘星’的内容之外，主流媒体如何从内容生产的一线退后一步，为社会的内容生产起到保障服务的专业作用。”[①]传统主流媒体的内容生产机制是以原创自制内容为主体的。平台型主流媒体聚合不同内容生产者的内容，原创自制内容所占比例减少。而聚合内容的质量、品类、风格是否符合定位，如何保证聚合来的多元内容创作者能持续出产优质内容，需要有整体规划。今日头条等市场化内容分发平台，因其没有采编权，所以以内容运营为核心。平台在组织架构上即进行了吸引优质内容的设计，教育、政务、金融、法律等不同产业有不同的内容运营部门，内容运营部门致力于吸引优质内容创造者，为优质内容做好推荐。平台统一设置数据部门、数字实验室等，为创作者提供数据服务、工具服务。原创新闻平台传播特性不同，但同样应强化内容运营以实现开放式生产。

第三，主流媒体用户关系的重新设计。平台型媒体一端连接内容，一端连接用户。从受众到网民再到可计算的数据化用户，用户已经演变为一种新的、对媒体组织和新闻生产都有冲击的生产资源。主流媒体如何借由平台与用户重建连接关系？媒体如何以网络用户为中心创新新闻生产？重新设计媒体新闻生产与传播策略亦是实践之需。目前业界已经在做多种积极尝试，例如上海报业集团的界面App，通过爆料、界面召集令、自媒体联盟和致用户等方式，致力于让用户深入参与新闻生产的各个环节，以此改变新闻生产的流程和效率。界面新闻不仅为其用户提供新闻服务，而且提供了社交、投资及职场等服务。

（二）立足优势，建设有公信力的原创新闻生产与传播平台

主流媒体转型的原创新闻平台与市场化的内容分发平台的功能不同。今日头条、快手等市场化的内容分发平台自身不生产内容，而是凭借其算法推荐技术、强大的用户群体进行内容分发；原创新闻平台的主要功能仍以新闻生产为主，兼具新闻资讯分发功能。当然，原创新闻平台亦与传统的新闻机构功能不同。传统的新闻机构以新闻资讯产制为主，分发以单向传播为主；而原创新闻平台则已具备互联网平台的分发理念。

对原创新闻平台生产运营的顶层设计应立足其优势。主流媒体集团拥有

---

① 喻国明.新型主流媒体未来发展的三个关键性操作[J].传媒，2021（04）：21-22.

较强的社会资源整合能力、较高的内容原创能力和较大的媒体品牌影响力，特别是在媒体融合转型实践中，主流媒体的融合型平台具有天然的品牌优势和公信力。

值得关注的是，在信息越来越碎片化的时代，专业度也赋予了原创新闻平台极大的优势。调查显示，“原创新闻平台用户主要通过原创新闻客户端、网站阅读深度洞察类新闻，其中，90.0%的原创新闻客户端用户会在原创新闻客户端上阅读深度洞察类新闻文章”。[①]信息整合、信息深度解读是专业内容生产者的优势。原创新闻客户端则通过提供高质专业的新闻服务，提高了人们筛选新闻的效率。各种谣言升级也给人们带来新的反思，市场化的带有强社交属性的内容分发平台是否是公共新闻的最佳传播渠道？原创新闻平台专业化定位应是重新设计的重要部分。

（三）数据化生产和运营的系统嵌入

随着各种资产及界面的数据化，数字经济将迎来以新要素为核心的全新的经济体系。2021年3月《中共中央 国务院关于构建更加完善的要素市场化配置体制机制的意见》发布，数据作为一种新型生产要素写入文件中，与土地、劳动力、资本、技术等传统要素并列为要素之一。媒介化社会的发展趋势下，作为媒体与社会资源的连接体，内容分发平台也加速数据化。今日头条、快手等市场化的内容分发平台已经步入数据化、智能化时代，内容分发、内容审核、内容资产管理、用户数据分析等功能被全程数据化运营。数据化运营可以从数据中发现增长机会。目前，主流媒体已经建立起数据化运营的初始架构，新闻生产与传播基本可以置于数据化框架之下。但是，从原创新闻平台的运营实践来看，硬件有一定推进，而软实力建设还将是一个长期过程。例如，用户运营数据化还存在很大问题，理论上原创新闻平台建设了用户画像系统，可以用于用户数据管理。但实际上，由于数据人才匮乏，尚不能很好地挖掘处理用户数据。特别是原创新闻平台的很多内容采取跨平台方式分发，对于散落在市场化内容分发平台上的用户数据，主流媒体并不能完全掌握。原创新闻平台的内容建设

① 艾瑞咨询.中国原创新闻平台用户洞察白皮书[R/OL].（2017-07-25）[2021-03-15]. http：//report.iresearch.cn/report_pdf.aspx？id=3029.

应该是建设好平台内容生态。内容生态打造好的关键是内容生产者原创的内容有人消费，内容消费者能找到自己感兴趣的内容。这其中既包括内容规模、内容品类的统筹安排，也包括对内容与用户的连接。建设数据部门、强化数据运营对于原创新闻平台的发展至为重要。

（四）打造作为渠道的原创新闻平台，做好多平台输出内容规划

原创新闻平台兼具新闻生产与分发双重职能。实践中，原创新闻平台与市场化的内容分发平台是竞合关系。原创新闻平台作为主流媒体自主可控的自有平台，注重平台用户增长，以及平台内容传播的深度和广度。但是对于其他内容分发平台而言，原创新闻平台生产的新闻内容是其内容池的重要组成部分，例如主流媒体在快手上设置账号进行内容分发。对于兼具新闻内容方和渠道方身份的原创新闻平台而言，多平台传播也能助力自身品牌提升，二者共同打通了媒体新闻内容从生产到分发的链路。

三、聚合、有效传播与再生产：原创新闻平台内容运营策略分析

就上述目标而言，原创新闻平台内容运营策略可从内容聚合、内容传播、内容再生产等三个层面检视与提升。

（一）原创新闻平台内容聚合策略分析

平台型主流媒体目前的内容聚合可归纳为三个特点。首先，以资源整合为内容聚合维度。例如北京日报客户端全面对接全市各区、各委办局以及教育、卫生、文化等系统，打造具有北京特色的自主可控新媒体聚合平台。其次，重视内容导向。各级平台型媒体的内容聚合都以党政机关、职业新闻媒体的内容为主。广东省人民政府办公厅2019年印发《广东省推进政务新媒体健康有序发展的实施意见》，明确提出，“鼓励各地、各部门进驻‘南方+’客户端开设‘南方号’及进驻各地党报、党台的新媒体平台”，概因这些平台代表了广东主流舆论阵地，具有政治可靠、公信权威、深度覆盖的优势，有助于构建整体协同、响应迅速的政务新媒体矩阵，不断扩大政务新媒体的传播力与影响力。[①]最后，

① 南方日报评论员.南方日报：努力建设“指尖上的网上政府”[Z/OL].（2019-04-30）[2021-05-06].http：//media.people.com.cn/n1/2019/0430/c40606-31058480.html.

政策主导。构建全媒体传播体系，建设四级融媒体中心，整体增强面向互联网生产与传播的能力是媒体融合7年来不断推进的重点工作。截至2020年4月，全国挂牌县级融媒体中心已突破1800家。不同层级的融媒体中心内容协作，互联互通，是原创新闻平台内容聚合的重要推动力。截至2020年，湖南省已有69家县级融媒体中心入驻湖南日报社的“新湖南云”。近百家县域融媒体中心和政府网站入驻广西日报社的“广西云”。

综上所述，原创新闻平台的内容聚合过程具有鲜明的政策导向，这使原创新闻平台的内容生态也呈现出一定程度的不平衡性，其中一些问题尚需进一步解决。

第一，破除原创新闻平台的同质化倾向。原创新闻平台是以主流媒体内容和政务发布内容为主的权威信息发布平台，风格和运作模式较为相似，内容也出现一定程度的同质化。例如，县域融媒体中心和政府部门往往入驻很多媒体平台，但是发布内容相同相似，这导致很多原创新闻平台内容重复。甘肃“崇信融媒”入驻人民日报客户端，同时入驻央视频、今日头条、新甘肃、抖音等新媒体App。此外，很多主流媒体平台的媒体融合转型模式较为接近——转型“新闻+政务”移动资讯平台，聚合同一省内不同层级媒体和政府机关的内容，这也使同一省内几个原创新闻客户端出现同质化问题。

第二，增强原创内容的独家性、专业性。在碎片化时代，很多用户选择原创新闻平台，希望可以节省时间从而获取充分专业的新闻信息。这是原创新闻平台在各种内容分发平台竞争中的优势所在。但是，由于平台聚合的内容质量参差不齐，一些内容带有浓厚宣传腔，影响了平台的整体风格。例如新华社客户端发布的两篇县域融媒体中心的稿件《甘肃山丹：奋力推动县域经济绿色转型高质量发展》《甘肃崇信：加快推进灵华高速项目建设助力县域经济高质量发展》，标题雷同，信息量少，并不能吸引用户。原创新闻平台应增加平台内容的独家性和专业性，可考虑针对聚合内容增加专题策划，提供平台工具、平台业务培训，以提升内容质量。

第三，加强原创新闻平台内容生态整体建设。一些原创新闻平台的内容聚合基本是来稿上传模式，平台未做内容生态的整体规划。这导致平台上的内容不均衡。有的媒体聚合县域融媒体中心多，就变成了“新闻+县域融媒体中心”

模式，有的媒体聚合政府部门多，就变成了“新闻+政务发布”模式，并且多数平台中部内容、底部内容多，头部精品内容不足。原创新闻平台不同于单一传统媒体机构，提升内容质量，更重要的不仅是提升单篇稿件的水准或本机构记者的采编能力，而且要做好内容生态建设。

（二）原创新闻平台内容分发策略分析

原创新闻平台作为渠道，其传播力一直与市场化的内容分发平台相对比，阅读数、播放量、用户数等被作为重要衡量标准。事实上，原创新闻平台兼具生产和传播功能，应重新理解和评估其传播力：重点看其有效传播力，跳出依据流量评判的标准。

1.提升原创新闻平台的有效传播力

传播力，实质是实现有效传播的能力。有效传播的能力可以拆解为两个方面：一是“传播的抵达”，传播渠道和传播手段能否使新闻有效抵达；二是“传播的效力”，不仅指传播的广度，也包含传播的精度，效果是衡量媒体传播力的重要标准。在移动互联网时代，新技术使传播可以精准到个人和个人使用的场景。

增强原创新闻平台的有效传播，应从以下三个方面入手。

首先，提升新闻传播的广度，使新闻覆盖更宽广。一方面，提升原创新闻客户端的用户数量和活跃度；另一方面，扩大原创新闻平台内容跨渠道传播的深度和广度。

其次，提升精准传播的能力，使新闻分发更具备适配性。一方面，提升精准传播的技术。目前诸多原创新闻平台已引入用户画像等用户数据分析技术，使用算法推荐技术将内容和用户进行精准匹配。不过，算法推荐技术智能程度和精准程度都还需进一步完善。另一方面，提升精准传播的服务理念。新闻传播的精准度除了体现技术能力外，还是一项高人力成本的任务。精准的服务乃至于一对一的服务不能仅凭借人工智能技术，也需要绵密的人力工作。

最后，提高有效传播能力，也需要在组织架构、人员配置方面优化，如设置用户增长部门、用户运营部门，吸纳用户数据分析人才等，真正做到以用户为中心。

2.兼顾平台用户需求与创作者需求的传播

内容创作者往往希望扩大传播广度，以及获得与用户的紧密连接关系，原创新闻平台可分类考虑用户需求和创作者需求。例如中央广播电视总台的央视移动网在App设置专区对各地电视台上传的内容进行推荐，一些地市级电视台的短视频因此被更多用户收看。从用户需求来看，原创新闻平台应该多考虑信息获取的便利程度、新闻获取的精准程度，以及新闻信息的质量。这意味着主流媒体要进一步提高技术能力，进一步提升内容制作的专业水准。

3.完善原创新闻平台传播效果的衡量标准

用户往往在抖音等市场化的内容分发平台收看高流量娱乐化的内容。而原创新闻平台则以专业深度吸引用户，其内容的传播效果不应以流量来衡量，而应完善原创新闻平台传播效果的衡量标准。例如重视内容的二次传播率，对于优质内容，二次传播比一次传播更重要。再如重视平台的用户活跃度，做足用户的卷入式传播。学者王敏曾对澳大利亚地方性的互联网报纸“Brisbane Times”做了编辑室民族志研究。“Brisbane Times”主编 Danielle以“卷入度”（involvement）这一概念来理解地方新闻的价值，除了让用户知晓新闻，还要让用户深度参与新闻话题的评论、分享、转发等过程，“以即时、参与、互动、分享这些吸引用户‘卷入’的方式，塑造虚拟与现实相结合的‘社区感’，让用户认为报道与自己相关，并感觉到自己在讨论中有存在感”。[①]一定意义上说，高度卷入的新闻是原创新闻平台最有价值的新闻。

（三）主流媒体平台内容再生产路径

目前，对于入驻账号内容，原创新闻平台的处理方法基本是来稿推荐，一般不做整合加工。原创新闻平台上聚合而来的内容仍然只是物理性质的聚合。事实上，平台型媒体是汇聚多元新闻、多样化意见的生态系统，如何有效向用户展示这些内容，乃至如何根据用户需求组织策展应是未来的探索方向。数据化运营思路下，原创新闻平台应对平台内容做好二次加工。

第一，平台推荐方式多样化。一定意义上说，内容分发平台的崛起限制了公共新闻信息的抵达。一方面信息茧房效应消解了人们对公共新闻信息获取的意愿；另一方面内容生产者的多元、信息的海量使公共新闻信息被稀释，用户

① 王敏.数字化驱动下新闻生产惯习的改造、嵌入与重构——基于澳大利亚互联网报纸“Brisbane Times”的考察[J].新闻记者，2016（12）：19-25.

对于新闻重要性的认知也被解构。原创新闻平台作为公共信息的权威发布媒体，以及新闻+政务的聚合平台，应探索如何采取更多技术或方法推荐重要新闻。

第二，协作式生产。中央、省、市、县域四级融媒体中心建设初步收官，聚合各级媒体内容的原创新闻平台实现了内容生产与传播的互联互通，协作式生产随之开启。例如2021年全国两会期间，新甘肃客户端充分发挥“新甘肃云”全省“一盘棋”的联动功能，与省内80多个县级融媒体中心联合推出《新生活里话“心声”》系列短视频，让群众讲述生产生活新变化。协作式生产的优势是在议题设置、舆论引导方面易于形成合力，增强主流媒体报道的传播速度和广度。虽然目前原创新闻平台的协作式生产方式还很单一，但这无疑是原创新闻平台基于创作者资源创新生产方式的开端。原创新闻平台的创作者以政务发布单位、媒体机构为主，有形成新闻报道协同产制的独家优势。

第三，整合式生产。陆晔、周睿鸣①两位学者对澳大利亚学者布伦斯（Bruns）的观点进行了引介和阐释，布伦斯认为新闻实践从“把关”（gatekeeping）转向了“看门”（gatewatching）。传统新闻生产重在“把关”，新闻从业者对新闻信息展开核实与筛选，并按新闻价值观呈现新闻的顺序和分布。新技术打破这一新闻常规，新闻机构不再用“把关”来“剔除次重要内容”，而是用“看门”来从海量信息中“强调更重要内容”。这一理论对媒体实践有很多启示：在发布空间可以容纳海量内容的情况下，“看门”模式所带来的问题是信息过载。如何把用户从过量信息中解救出来？原创新闻平台可以探索在浩如烟海的碎片式信息里做好整合。

四、结语

技术所带来的传媒业变革远比我们想象的更久远，更富有颠覆性。媒体融合显然还将是漫长的革命，新型主流媒体的建设也刚刚起步。从未来传播图景来看，主流媒体新闻生产创新的研究需要放置于宏大的传媒业变革背景之中。

新闻生产活动逐渐从职业性的活动转变为社会性的活动，网络社会个体价值被激活。网络用户不仅成为传播网络节点，也因算法、数据成为可计算的人。

① 陆晔，周睿鸣.新闻生产转向“策展”模式[N].中国社会科学报，2016-07-07（003）.

行业激变，新型主流媒体也将在新的逻辑下运行和发展。兼具新闻生产与传播功能的原创新闻平台，不同于单一的传统新闻机构，也不同于市场化的超级容量的内容分发平台，逐步形成自己的特色、优势。但是未来如何发展，新的行业趋势下如何做好新闻的生产与传播，如何连接资源形成新商业模式……都是值得长期关注研究的课题。

3.3 贯通、平衡及借力：主流媒体多平台运营的困境与改善路径

张　悦　张宏伟[①]

摘要： 多平台运营是主流媒体当前和未来需要重点关注的业务领域，也是全球媒体共同面临的难点。用户的圈层特征与使用喜好的差异，自有平台的“引流”与“破圈”难题，多平台分发的不同策略需求都是造成困境的原因。在现有的实践中，四川日报和四川广播电视台各自探索出不同的多渠道运营路径，贯通后台管理与生产流程，平衡媒体目标与平台规则是他们的共同经验。但媒体与商业平台的核心价值取向不同，且商业平台在运营管理中拥有完全的规则制定权，这些都是媒体参与第三方平台运营的阻滞。要做好多平台运营，媒体应以智能化提升内容供给与分发的特色，加强自有平台建设，监管部门也应加强对商业平台的规范指导。

关键词： 多平台运营；主流媒体；第三方平台；经验与困境

近年来，主流媒体的融合建设取得显著进展，其社会影响力、舆论引导力和公众美誉度不断提升，主流媒体也备受鼓舞，不断尝试新理念，学习新方法，探索新领域。随着我国互联网信息事业的高速发展，以微博、微信公众号、聚合新闻平台、短视频平台为代表的信息服务和社交平台，与媒体一道共同构成了公众日常获取信息的主要渠道。媒体入驻互联网平台是内容与渠道的贯通，平台获得了高质量的内容，媒体触及更广的用户群体、熟悉互联网场域，以及培养网络思维。当前，主流媒体正进一步推进深度融合，加强平台建设是内容

---

① 张悦，四川大学新闻学院副教授，博士生导师，传播学与新媒体教研室主任；张宏伟，四川大学新闻学院硕士研究生。

建设的必要环节。多平台运营需要解决新闻生产流程“一次采集，多种生成，多元发布”中后两项流程融通问题，特别要做好第三方商业平台上的运营。这些是深度融合时代主流媒体生存所需要具备的硬实力，其中涌现的经验与困境值得探讨。

一、社交媒体时代主流媒体多平台运营的困境

商业平台以技术、资本、运营等优势，通过提供社会各要素的连接与再连接，扮演了社会服务基础设施的角色，进而实现用户的规模化聚集。[①]随着第三方商业平台逐步占据传播高地，主流媒体的平台运营在用户资源与渠道优势上面临着巨大挑战。一方面，借力商业平台弥补传播劣势是今天主流媒体发展的趋势，另一方面，来自商业平台的诸多限制和主流媒体自有平台建设的缺位也是不容忽视的现实问题。

（一）多平台运营的难点

新的媒介环境与传播逻辑迫使主流媒体在与互联网平台同场竞技中转变思路，创新转型。主流媒体借力商业平台拓新传播渠道，并提升传播效力，符合媒介发展趋势。但在合作与适应过程中却面临互联网用户圈层化、平台的“引流”与“破圈”和多平台分发差异化等难点，这也是全球媒体面临的共同问题。

1.用户的圈层特征造成“破圈”难题

在互联网技术赋能下，人与人、人与社会、人与场景甚至人与物的关系被重新建构。在以大数据、个性化算法为显著特征的网络数据时代，用户被平台打上标签，通过算法分发构成人与内容的新型连接，形成新社群。[②]这种“内容+关系+算法”的连接使互联网平台上的用户趋于圈层化。圈层化效果源于用户间趣缘、业缘、地缘等连接关系，进而构筑了用户、内容和平台之间的关系。其中算法的应用使不同用户的内容接触差异越发显著。一方面用户群体被算法以

---

① 喻国明.新型主流媒体：不做平台型媒体做什么？——关于媒体融合实践中一个顶级问题的探讨[J].编辑之友，2021（05）：5-11.

② 喻国明，曾佩佩，张雅丽，周杨.趣缘：互联网连接的新兴范式——试论算法逻辑下的隐性连接与隐性社群[J].新闻爱好者，2020（01）：9-13.

各类标签分割为不同群体，隔离成一座座“信息孤岛”，形成一种新型的、复杂的数字鸿沟。[①]另一方面，算法对用户的信息获取路径产生固化效果[②]，用户受困于自身长期以来形成的认知、观点与立场，放大“选择性心理”[③]，对特定平台产生依赖。由此构成群体间隔阂，信息难以破圈，“孤岛”间分歧随之增多，公共对话与社会整合困难，产生用户圈层化区隔。由此，主流媒体要实现精准传播、全面覆盖、高效引导将面临着巨大挑战。

此外，不同平台用户个人特征的差异也会导致其信息接触喜好及行为的不同。用户信息消费习惯也呈现个体的差异化特征，相关数据显示，抖音平台使用率最高的地区是华南地区，达60.7%；快手平台使用率最高的地区是东北地区，达36.8%。部分头部新闻客户端中，腾讯新闻客户端中24岁及以下的用户占比达39%，更受年轻用户喜爱；今日头条客户端用户中，41岁以上用户占比26.4%，更受中年以上人群青睐。[④]这些平台的用户画像差异为主流媒体多平台运营提升了难度，促使媒体工作者转变观念、更新技能。因此，在制定传播策略、生产传播内容时应充分考量用户心理及行为，根据用户圈层特征和用户行为喜好有的放矢地进行内容分发。

“引流”与“破圈”源自圈层差异，是当前整个网络社会中各传播主体最关切的问题，也是主流媒体重铸舆论阵地、实现舆论引导、组织社会协同的关键。一方面，头部互联网平台拥有巨大的流量。截至2020年8月，抖音短视频平台日活跃用户数超6亿，至同年12月，其日均视频搜索次数超过4亿次。[⑤]B站客户端2021年一季度月均活跃用户达2.2亿，日均视频播放量达66亿。[⑥]一旦进入这

---

① 杨洸，佘佳玲.算法新闻用户的数字鸿沟：表现及影响[J].现代传播（中国传媒大学学报），2020，42（04）：145-154.

② 彭兰.导致信息茧房的多重因素及“破茧”路径[J].新闻界，2020（01）：30-38+73.

③ 彭兰.连接与反连接：互联网法则的摇摆[J].国际新闻界，2019，41（02）：20-37.

④ 艾媒大文娱产业研究中心.2020-2021年中国短视频头部市场竞争状况专题研究报告[R/OL].（2021-01-23）[2021-07-26].https：//www.iimedia.cn/c400/76654.html.

⑤ 2020抖音数据报告[R/OL].（2021-01-22）[2021-07-02].https：//www.douyin.com.

⑥ 哔哩哔哩.哔哩哔哩2021年Q1财报[R/OL].（2021-05-13）[2021-07-26].https：//mp.weixin.qq.com/s/qMFNuu3ALk8noFhUwaJKoQ.

些平台或者被平台力推就有可能一夜爆红。另一方面，各级主流媒体在建设自有平台上投入较多的人力与物力，但普遍面临“叫好不叫座”的尴尬处境。苹果应用市场客户端近30日日均下载量数据显示，人民日报手机客户端为8051次，央视新闻客户端为2575次；同一时期今日头条手机客户端达到了30379次，抖音手机客户端甚至高达199597次。[①]由此可见，即便是人民日报、央视新闻等央媒客户端，与头部商业平台相比仍有一定差距，主流媒体的优质内容常需要借助第三方商业平台的渠道才能达到“刷屏”全网的效果，主流媒体“出圈”仍是难题。有学者指出，主流媒体可通过“组局”等方式建立广泛连接，形成复合式产品矩阵，以实现传播能效的最大化。[②]从这一观点出发，既要用好商业平台，又要重视自有平台的建设。如何平衡二者关系，其尺度较难把握。

2.多平台分发的不同策略需求

多平台分发是一项劳心劳力的工作：“劳心”在于需要根据不同平台特征调整内容，“劳力”在于分发的平台越多，工作量越大。因新闻生产与分发的分离，传统媒体的渠道话语权不断下降，同时互联网平台话语权上升，媒体需要主动寻求与商业平台合作，使内容在各平台取得最优的分发效果。[③]在传统的新闻生产流程中，经过最高层编辑审定的内容即为编发的定稿，不能改动，而新媒体的呈现形式需要不断优化，更需要“因地制宜”地编发。但在实践中，多平台分发并未做到有的放矢，甚至流于形式，一键分发模式虽然简便却没有充分利用好商业平台的流量优势。媒体须明白“每个平台的粉丝构成、玩法是不同的，如果仍套用一个内容‘模子’，就会导致账号在所有平台呈现出同一张‘面孔’，收效甚微”。[④]

不同平台的用户喜好、功能设计、规则限制、审核标准、算法权重等各不

---

① 七麦数据平台[R/OL].[2021-06-28]（2021-07-28）.https：//www.qimai.cn/.

② 翁旭东，曾祥敏.在场、组局、破圈——突发重大公共事件中主流媒体移动社会化传播的破与立[J].电视研究，2020（09）：56-60.

③ 郑雷，江苏佳，郑立波.新媒体环境下新闻内容分发平台的衍变、特征及影响[J].传媒，2019（24）：91-93.

④ 岳学渊.“四川观察”：探索广电泛资讯新模式 发力短视频多渠道传播[J].电视研究，2021（04）：26-29.

相同，因此不同平台所适用的内容产品也有差异。抖音与B站同为流媒体平台，但在内容推送方面，抖音相比B站更侧重运用算法推荐；在内容形式方面，竖屏短视频更匹配抖音平台的渠道特点，而横屏中长视频则更符合B站。内容及其呈现形式是否与平台相匹配，影响着最终传播效果。主流媒体在制定匹配的内容分发策略时，需用心深研平台的特性，务必区别对待。

（二）国际主流媒体的社交平台运营实践

当前其他国家主流媒体同样面临着多平台运营的困境。来自社交平台的竞争改变了信息传播格局，用户原有的信息接触习惯被颠覆。社交账号、私人博主替代“质报”（quality paper）和电视网络（cable network），成为公众获取信息的主要渠道。哥伦比亚大学新闻学院的研究者认为社交媒体和互联网公司带给传媒业的冲击超过了数字化带来的改变。面对新兴渠道的竞争，西方媒体虽有过抗拒，但也积极投身第三方平台上的账号运营。[①]他们的遭遇也是我国媒体的困扰，他们的经验和教训或许也有一定参考价值。

为保证自家平台的流量，欧美大型传统媒体曾一度抗拒在社交媒体上开设账号，但用户向社交媒体聚集，大型传统媒体也只能跟进，不然就会失去更多用户。参与社交平台分发带给媒体最直接可见的好处：商业平台用户众多，与自家平台不在一个量级；借助社交平台，媒体可以在全球范围内接触到海量的用户。当入驻图片社交平台Snapchat时，赫芬顿邮报的全球社交媒体编辑曾表示：“多亏了Snapchat，我们终于有机会吸引到千禧年后出生的年轻读者了。”[②]重视多平台运营的欧美大型传统媒体，如华尔街日报、华盛顿邮报、CNN、纽约时报等，在包括Facebook、Twitter、Instagram、YouTube、Apple News、Google AMP、Snapchat、LinkedIn、Tumblr等在内的全球20多家主要平台上运营账号。但是，多平台分发也带来了新的问题。首先是媒体品牌的显示度被降低，用户只记得登录社交网站，在意打开的是哪个平台的客户端，却并不留意看到的信

① Meese J，Hurcombe E. Facebook，news media and platform dependency：The institutional impacts of news distribution on social platforms[J]. New Media & Society，2020：146144482092647.

② Lichterman，J. Snapchat stories：Here’s how 6 news orgs are thinking about the chat App[EB/OL].（2015-02-23）[2021-07-09]. https：//www.niemanlab.org/2015/02/snapchat-stories-heres-how-6-news-orgs-are-thinking-about-the-chat-App/.

息推送来自哪个消息源，他们只会记得自己是在某个社交媒体平台上得知的消息。媒体依然是人们重要的信息来源，但其品牌却不再存在于人们的记忆中。[①]其次，网络时代用户数据至关重要，数据能支撑智能系统的运转实施，为传播战略的制定提供依据，还能被深度开发成为创新服务的起点，是互联网公司的核心资产。在商业社交平台上运营的媒体只能得到评论、点赞、转发等表面信息，无法获得用户使用行为的核心数据。最后，用户流量的变现收益主要为平台所有，虽然入驻媒体也能得到一些分成或者奖励，但与实际创造流量应获的收益相比，就显得微不足道了。

由此可见，多平台运营既是机遇也是难题，然而不同的媒体也有各自的应对方式。实力雄厚的大型传统媒体有专门的部门负责第三方平台账号的运营，甚至为一个平台的账号配备一个团队专门运作。在西方，这些负责运营的编辑有一个专门的称呼叫curator（运营编辑），以区别于传统媒体负责编辑业务的人员（editor），这也说明在国外的新闻行业中，新媒体运营的编辑工作与传统的编辑业务有很大不同。一些地方媒体只是随潮流跟进，哪个社交平台火爆就在哪里开账号，却基本采用一键分发的模式，很难有针对性地运营。网络平台越来越多，媒体的人手又非常紧缺，多平台运营带给他们的收益甚至无法支付雇佣编辑人员的成本。在数年时间的尝试之后，一些地方小媒体开始收缩在商业平台上的铺设，将在社交媒体上运营新闻账号的经验转用在做好自家平台上。在运营技巧方面，原有的媒体内容也会根据平台特征进行调整，将自有平台上以文字形式呈现的内容，根据各社交平台的特征重新编辑，譬如放在Snapchat Discover上就要将报道做成新闻海报。由于在网络反垄断方面的严格要求，全球几大互联网平台都没有禁止外部链接，因此各大媒体在利用第三方平台时可以兼顾对自有平台的引流。于是媒体分作两派，一部分以赫芬顿邮报为代表的媒体更用心地经营第三方平台账号，另一部分以纽约时报为代表的老牌媒体则只将第三方平台作为接触渠道，在外平台展示部分文字或图片，引导用户点击链

---

① Kapidzic S，Neuberger C，Stieglitz S，et al. Interaction and Influence on Twitter：Comparing the discourse relationships between user types on five topics[J]. Digital Journalism，2018：1-22.

接进入媒体官方端口阅读更多内容。①

二、我国主流媒体的多平台运营实践

多平台运营虽无成法可循，但我国各家主流媒体在当前的媒介发展中积极探索，积累了一些经验，涌现出一批有突出成绩的媒体，逐渐形成了可借鉴的路径。其中，四川日报以做强主平台为主线，其客户端“川观新闻”的用户量已接近4000万，日均端内评论数达3万条，自有平台建设成效显著；四川日报在第三方平台的经营也同样亮眼，至2021年7月30日，四川日报微博粉丝数超1000万，在全国省级党报微博粉丝总量排行中高居榜眼。②四川广播电视台则在第三方渠道运营中大放异彩，其新媒体品牌“四川观察”在抖音平台爆红出圈，成为排在全国前列的新闻资讯类头部账号，粉丝数超4800万。不同的定位源于媒体的内容特色和本身的运行机制，由此又形成了不同的多平台运营策略，两家媒体的多平台运营各有亮点，发展经验较为典型。本文以四川日报和四川广播电视台的新媒体多平台运营为例，探讨他们在融合业务探索中的经验得失，为媒体融合业务创新提供借鉴。

（一）贯通后台管理及生产流程

多平台运营是生产流程再造的产物，其核心是整合生产内容与管理机制，将互联网思维贯通整个传播流程。

1.打通团队管理和资源调配

作为媒体工作中出现的新业务，“运营”对从业人员提出了新要求。为满足新业务的需要，媒体需应时设立相应岗位并擢选具备技能的人员，改变过往的管理模式，以便资源的合理调配。媒体融合推进的初期，“中央厨房”“工作室”等内容生产方式就是一种打通资源、再造流程的有益实践。多平台运营则对全盘统筹、内容生产、全流程把关传播效果提出了更高要求，主流媒体在融合转

---

① Emily Bell，Taylor Owen. The Platform Press：How Silicon Valley reengineered Journalism[R/OL].（2017-05-26）[2021-07-09]. https：//academiccommons.columbia.edu/doi/10.7916/D8R216ZZ

② 观媒智库.全国省级党报微博粉丝进入千万时代（附排行榜）[R/OL].（2021-07-13）[2021-07-30].http：//www.guanmedia.com/news/detail_14724.html.

型的过程中应根据自身特点寻求对流程和资源的最佳变革整合之道。

四川日报现全面执行“移动优先”战略，其多平台运营以自有客户端“川观新闻”为主，兼顾微博和短视频平台。日常新闻生产从策划到采编始终将新媒体置于最优先位置，新鲜稿源在系统中会被即时性强的移动平台优先采用。据访谈得知，川报全媒体设有八中心四部门，围绕“川观新闻”客户端展开工作。通过柔性团队的建立机制，针对热点事件、关键时间节点活动和突发事件，随时调配各部门人员组成新团队，贯穿采编、审核与分发流程，实现资源的最优分配；设立“头部内容工作室”“整合运营工作室”与“第三方平台内容工作室”，负责热点落地，方便内容运营。川报全媒体构筑了一体化的运行组织体系，以产品为核心协调人力资源、完善组织架构。典型的移动优先生产流程保障了新媒体运营的自由度，其考核方式则更加持了对移动运营的倾斜力度。川报目前仅考核以“川观新闻”客户端为主的新媒体端上所取得的工作成效，报纸端的业绩已不作考虑，在导向上促使新闻业务转向新媒体。考核采用“机器+人工”的综合考查方式，以端内智能抓取的数据为主要依据，对第三方平台上传播效果好的优秀作品则辅以人工方式加权赋分。彻底打破编制、岗位决定薪资高低的老办法，按劳分配，能者多劳，充分调动人员的工作积极性。此般考核模式既体现了川报坚定做强自主平台的移动优先战略，又印证了其积极凭借第三方渠道做“爆款”求“出圈”的互联网运营思维。经过一番打通与整合，成效显著，2020年6月川报全媒体经过一番重组，转变运营思路；一年后，其微博账号就进入第一梯队，迈入千万时代。

四川广播电视台的多平台运营以抖音、快手等短视频平台上的“四川观察”账号为核心。当然，在“四川观察”火热出圈之前，“四川观察”客户端已经有四年的运营经验。与大多数主流媒体一样，四川广播电视台同样全面展开员工“双向选择、竞争上岗”的用人机制，鼓励员工向融媒体部门转岗。“四川观察”的抖音快手团队（后文简称“团队”）于2019年成立，起初仅5人，且只有1人是视频编导。团队被台里赋予极大的自主权，从实验性的尝试到现在的火爆出圈，团队一直对定位、策划和经营有自主的规划运作，该团队实际上就是“四川观察”在各第三方平台上的运营主体。川台的融合变革还没有走到全台围绕移动端的阶段，团队对台内资源的调配有更大的难度，但也因此走出了另一条可行之路。现在团队将自身定位于泛资讯提供者，日常工作之一是将台里的内容按短视频平台的特点重新编辑，但更主要的工作是发现网络热点，处理用户投稿并进行核实和编辑。到2021年4月，团队中专门负责抖音账号运营的员工已有10人，负责微博的5人，负责B站的有3至4人，加上自有客户端，服务“四川观察”品牌的总人数已超60人。团队承继了2020年初疫情期间的弹性居家办公模式，对于在大城市工作的人而言，这节约了大量通勤的时间，或许可以成为解释“四川观察”更新速度快的一个缘由。

2.多平台上的差异化运营

以内容为核心，做权威且优质的内容提供者是主流媒体的立身之本，也是主流媒体最大的优势。区别于传统新闻实践中内容到受众的单一渠道特征，在多平台多渠道的运营过程中，内容生产需要适应平台差异。主流媒体要带着互联网思维学习与适应不同平台的传播环境与运营规则，在内容的生产及分发上做到精准化、定制化和多元化，才能取得良好的传播效果。

第一，培养“网感”，深研不同平台用户的喜好与习惯，有的放矢地进行生产与运营。在调研中，两家媒体的负责人都不约而同地强调了“网感”在互联网思维中的重要性。“网感”不是对网络热点和流行语言的浅表利用，而是要踏准用户心理，把握网络文化语境趋势，抓住时机，有意识地策划运作。“四川观察”的爆火出圈就得益于对于短视频用户心理的回应和关照。“网感”没有特定的内涵，它随着网络热点不断变化，好的“网感”能帮助运营者及时发现隐藏的热点或可能的爆点，取得意想不到的传播效果。藏族小伙丁真火遍全网期间，网络讨论的热点集中在他的容貌和气质。2020年11月，丁真在一次采访中透露自己想去拉萨，被网友留言“原来丁真不是西藏人啊”，川报立刻看到了其中隐藏的热点，顺应广大用户的爱乡情结，带动了一股同西藏自治区“抢丁真”的话题，一面给自己树立“抢人狂魔”的人设，一面就势推介四川。四川日报微博账号先是通过“四川终究是错付了……”“丁真辟谣了，说我的家在四川”等一系列接地气、含热点的表达方式调侃回应网友，维系互动，带动议题热议，随后又再次在微博上发布自制的四川推介MV《四川版生僻字》。该作品曾于2019年在自有客户端发布，改编自当时红遍网络的歌曲《生僻字》，这次重新发布，将抢人事件的热度再度推向新高，也让网友看到“原来川报推广文旅这么拼”，又掀起一股讨论。这一系列极具网感的运营方式既拉近了主流媒体与用户间的距离，又积极宣传了四川的文化旅游。此外，为了避免可能出现的网络负面效果，川藏两地媒体，主动设置议题#川藏CP出道#，将舆论从两地的比拼抢夺向友好讨论和理性宣传引导，收获了较高的社会效益。所有这一切都源于丁真接受采访时很不起眼的一句话，成功运营的关键在于事件发生之前对网民心理有着长期透彻的了解，事件发生之时带着“网感”去解读网民心理，契合微博网友喜欢看官方账号“打架”的喜好，如此才能及时准确地把握契机，一步步地推动话题热议，并将自身的宣传目标与热点议题相连接。

第二，技术层面，媒体要深度熟悉商业平台的技术特点，适应平台规则，根据各平台特色有针对性地进行运营。从策划、创作到分发，全流程关照平台特点及目标用户特征。以视频类平台为例，仅从时长而言，抖音、快手的视频长度从十几秒到两三分钟不等，再长就很难留住用户；而在B站，两三分钟的短视频又被认为过于浅显，无法满足用户较为深度的内容消费需要。同为短视频平台的抖音和快手，其核心用户群体也有差异，视频的风格也不同。如果为了便捷，采用一键分发的形式让同样的内容毫无变动地出现在各个平台，产生的传播效果必然有限。“四川观察”在对丁真的相关报道中，针对抖音与B站的平台差异，有意识地做到了多平台差异化分发；在抖音发布的内容，时间短、节奏快，用大量近景、特写聚焦丁真纯真帅气的面容，配以律动的音乐和紧凑的剪辑，契合了用户在短视频平台上满足视觉感官的需求；在B站投放的丁真相关视频，时间更长，内容更丰富，节奏更舒缓，画面镜头不局限于丁真的面部特写，更兼顾中远景别，注重叙事与内容深度。视频《幕后花絮来了！看丁真如何从理塘走到花开天下的舞台》更像是纪录片风格，本着宣传文旅的目的介绍丁真及他的家乡，《丁真：甜野男孩的网红之路走向何方?》则是B站网友最喜欢的技术性分析，梳理丁真事件，引导用户在评论区与弹幕区良性互动，理性讨论。同主题下的编辑分发差异体现了“四川观察”对平台风格内核与传播逻辑的适应，对不同用户心理的理解与把握。

（二）平衡媒体目标与平台规则

商业平台区别于主流媒体，有其自身的商业运营逻辑和经营目标。商业平台以追逐商业利益为主要目的，主流媒体则以实现社会效益为先，二者价值逻辑不同。各家商业平台有其独立的规则要求，主流媒体要借助商业平台渠道就必须兼顾平台意向，这制约着主流媒体的选题、制作、编辑等生产活动。

1.商业平台对主流媒体内容生产的促进

商业平台对市场更加敏感，对好的内容更加渴求，在合作中对主流媒体的融合变革有明显的促进作用。媒体融合转型发展不能闭门造车，需要走出去。“川观新闻”与“四川观察”相关负责人均认可商业平台对其创新组织机制、优化策采编发等新闻生产流程起到的正面影响。

一方面，商业平台客观上促进主流媒体转变运营思维，积极主动地融入互联网生态，围绕内容与用户建立深度连接，理解用户需求，注重用户体验，经营用户关系。如“四川观察”降低自身姿态，巧妙利用网友所调侃的“四处观察”与“生产队的驴”等话题，塑造“观观”这一人设，在抖音的评论区积极与用户互动，让用户感觉亲近，既拉进了媒体与用户间距离，提高了用户黏性，又利用热评与用户“玩梗”形成新的网络爆点，实现为事件热度再加一把火的效果。2021年短视频平台主推直播，定位在第三方平台发力的媒体就有了更多的锻炼机会。平台发起热点运营，合作媒体负责实施落地，几个回合下来，媒体对热点的把控、直播的技巧以及用户观看直播的行为喜好有了具体实践和深入了解，对媒体的网络可见度和人气聚集也有直接的帮助，一场直播涨粉数万人并不鲜见。

另一方面，在第三方平台的运营经历促进媒体工作者适应时代需要，不断提升职业技能。长期的多平台运营实践能帮媒体工作者找准“网感”，这也是对媒体内部资源调配能力的考验与优化。四川日报全媒体十分注重员工的自我提升，鼓励员工持续加强学习，扎扎实实练内功，要求员工掌握更多互联网新知识、新技能，补齐知识短板，以完成媒体融合转型的重任。因转型自报纸媒体，四川日报的员工多以文字基本功见长，但几年的高强度融合实践“逼”他们练出了全媒体技能。每逢重要节点，结合新闻性、时效性的内容推出Rap歌曲、MV等各类创意融媒爆款产品，已成为四川日报全媒体推动媒体深度融合发展的“标配”。川报全媒体融媒作品《三星堆文物版我怎么这么好看》获得上百家媒体账号转载，取得了全网浏览量超5亿次的成绩，作品中的动画均由年轻记者手绘完成。2020年记者节，川观新闻推出短视频产品《全球首发！时尚首支记者专属金曲，距万人合唱只差9999人》，配合图文推出由川报员工改编的流行歌曲《记者阵线联盟》，以第一人称视角“吐槽”日常工作，歌词风趣幽默，视频融合记者工作场景和“土味”特效，运用动画、剪贴画、实拍等多种素材制作MV，生动地呈现了新闻工作者日常工作的辛苦，一经推出就广受好评，成为记者节融媒作品爆款。这些对于互联网热点的敏锐捕捉也是长期研究网民、研究“网感”的结果。不断地练习出品，记者的融合报道技术也越来越熟练。

2.媒体与商业平台的核心价值取向不同

主流媒体借力商业平台能获得一定经济效益，但较为有限。尽管短时间内依靠商业平台所提供的渠道便利与用户资源，有助于拓展媒体业务，提升媒体经济收益，缓解运营压力，但是平台上的用户与流量并不为媒体所掌握，来自平台的诸多限制甚至可能阻碍媒体的正常经营。

商业平台追求的核心价值与主流媒体有所差异，体现在长期策略和平台规范无法满足主流媒体的核心需求。媒体力推的内容不一定具备平台最看重的价值，而平台最需要的内容也有可能并不为媒体所关注。媒体擅长内容，平台坐拥渠道，二者立足点不同，短期内可以优势互补，通力合作，相伴同行，但第三方平台开放给入驻媒体的权限有限，无法成为媒体触达用户的长期倚仗。出于竞争保护，平台可能禁用外部链接，入驻媒体无法将商业平台上聚集的用户引流至自有平台之上，用户数据始终留在平台运营方，且用户及流量难以在平台间流动，主流媒体仅充当内容提供者的角色，无法利用数据进行深度开发或社会服务，这限制了主流媒体在社会效益方面的可作可为。在经济效益方面，商业平台带给媒体的赢利机会也很有限。以合作直播为例，平台提供选题、策划和推送，媒体负责落地实施，这其中平台获得了流量，媒体获得了粉丝，如果效果好则双方均获得口碑，此外就再无可见的收益。当然，在第三方平台上出圈后，媒体也会更容易收到合作资源，一些适应互联网思维并且有余力的媒体就此开始尝试MCN业务，开拓经营新渠道。但这些新收益渠道的尝试于整个媒介集团而言还非常薄弱。

此外，调研中的媒体负责人都表达了对优质内容的重视，认为只要有优质的内容又懂得用户心理，就可以在任何一个平台上获得关注。于媒体而言，最重要的是做强内容、学会运营，如此无论自有平台还是第三方平台都是扩大其传播的渠道。第三方平台也清楚地知道主流媒体目前的渠道建设与他们相比尚不具备优势，但始终在发力，一旦拥有内容优势的主流媒体打通了渠道，商业平台的生存空间就会被挤压。因此，在与主流媒体的合作中，平台也注意维护自己的核心资源，平衡各家媒体，避免培养强大的竞争对手。

（三）借力商业平台非长久之计

在社交媒体时代，借力商业平台的渠道和市场提升媒体的传播能力，更符合主流媒体融合发展的趋势，但商业平台所暴露的问题和缺陷却不容忽视。现今，主流媒体无论在技术、资金还是人才队伍等方面均已取得长足发展，借力商业平台终非长久之计。

1.商业平台对入驻媒体的阻滞

商业平台手握渠道资源又掌握着规则制定权，与主流媒体在价值逻辑上有差异，这导致主流媒体与商业平台间存在诸多矛盾，阻碍主流媒体的社会效益实现。

作为内容承载方和渠道出口，入驻媒体要遵循商业平台的规则，而适应和合规的过程会消耗入驻媒体的运营精力。这其中有来自客观技术引发的阻碍，也有平台经营策略导致的主观限制。算法在各商业平台中被广泛采用，虽能应对既定的变量，却无法将突发要素纳入考量，并非百分百可靠。每个平台的算法都是核心机密，不会示人，媒体只能在猜测算法标准的情况下自我规训，这需要不断地尝试甚至试错。如果发生技术性错误，媒体可通过平台的申诉机制进行处理。实际上，平台也清楚地知道存在问题与争议，因此设定了较为完善的申诉机制并组织大量的审核员协助进行人工处理。也正是为了公平公正地处理被申诉问题，平台设定了以系统为中介的沟通协调机制，申诉方和审核员只能通过系统上的沟通渠道进行交流，非常费时。经访谈得知，受商业平台算法不稳定的影响，关于三星堆考古挖掘的一则新闻，原本由川报全媒体首发，但却被系统判定为内容侵权，受到流量限制，反而外省一家市级媒体账号转发的内容被加热推送。即便查证属实，热点转瞬即逝，新闻点及影响力已然错过，何况查证与纠错流程还会占用媒体的大量精力。

商业平台根据定位与经营策略，对内容及短期内的合作规划也有主观的选择偏好。出于为平台长期稳定发展的考虑，商业平台会平衡与各家媒体的关系，通过主推、限流等方式平衡各家入驻媒体的流量和影响力。不贴合平台价值的内容、超过一定浏览量的内容都可能被限流，媒体会得到平台的限流通知，但也只是泛泛的限流原因提示。对于贴合平台价值或战略的内容，则容易得到加热处理。2021年，短视频平台主推直播，一些主流媒体的民生报道直播就常被平台加热推送，很容易获得关注。另外，长期与平台友好共进，尤其是在平台成长期就开始有愉快合作的媒体也更容易揣摩到平台的喜好。作为四川日报旗下较早入驻抖音平台的媒体账号，“封面新闻”与抖音平台经历了短视频风口期的共同成长。凭借着长期的合作关系，相比“川观新闻”等其他媒体，“封面新闻”在内容推荐、算法分发等方面获得平台更大的权重。

2.商业平台加码管理规制

商业平台具有强大的聚合力和影响力，颠覆了传统的媒介格局，随之衍生出平台垄断、非正当竞争、数据安全等诸多问题。加强网络社会治理的题中之义是要做好对聚合新闻平台及社交媒体平台的监督管理。在法律法规之外，商业平台还受市场规律束缚，为避免触碰红线，他们会更有意识地严格遵循相关规章制度，甚至自主加码管理，而这些压力最后也会传递给入驻媒体。

在借力商业平台运营的过程中，媒体会受到来自平台更为严苛的管控和诸多不合理限制。对商业平台而言，其承载的传播主体复杂，因此，内容把关的压力巨大；平台的管理者缺乏深厚的媒体经验，对监管部门政策的解读不一定准确到位。从经济利益考虑，平台对实际内容的要求也高于监管部门的尺度。作为互联网公司，平台更多地遵从商业逻辑，上市的平台要对股东和股价负责，未上市的公司须争取良好的市场表现以避免负面记录。严苛的审核机制虽有力避免了垃圾信息及违法内容带给社会的不良影响，规避了法律风险，但算法标准的固化以及审核人员新闻素养的缺失时常导致矫枉过正，阻碍合理合规内容的正常传播。出于对主流媒体发展空间和传播自由度等方面的考虑，“借船出海”不如“造船出海”，积极开发自有平台，做强主平台，将渠道和用户掌握在媒体手中十分必要。

三、主流媒体多平台运营的脱困路径

主流媒体和商业平台有各自的传播理念、价值取向，但也有共通的目标用户及具体业务。在新媒体传播发展的进程中，不同主体应相互协同。在新媒体运营领域，主流媒体可以借鉴商业平台成熟的策略技巧，借力其优厚的渠道资源，适应市场化的平台逻辑和互联网思维，同时要毫不松懈地坚持壮大自有平台，最终实现做大做强主流媒体的目的。

（一）深研平台，以智能化增强内容供给与分发的特色

把握传播的关键要素是做好传播活动的必要条件，是否掌握传播渠道、了解传播对象决定着传播效果的好坏。信息传播技术持续更迭，传播渠道应时而变，用户习惯也随之变化。任何一个商业平台的现有特征都是主观设计和客观状况共同作用的结果。开发初期，平台的功能和特色依经营目标而开发成型。推向市场后，用户的喜好和使用习惯、市场竞争的变化和商业目标的需求会逐渐形成平台的独特运营方式和管理规范，并且这个过程在不断地变化迭代。主流媒体也应该有专人专职研究掌握第三方平台的特点及规则，在此基础上形成与之相适应的内容编辑风格与运营策略，最大化地借用第三方平台的渠道优势，提升传播效果。

人工智能技术的发展开始全链路、全环节地赋能媒体产业，从信息采集、生产编辑、内容分发、舆情监测、效果监测等环节全面参与媒体的生产与运营，提升效率、增强效果。第三方平台的优势也在于对新技术的敏锐反应，能够快速采纳新技术，甚至部分头部平台一直引领着技术研发的方向。智能热点监测、智能识别、大数据画像、算法推送、自动错误甄别……商业平台始终凭借技术优势赢得用户。虽然技术的全面嵌入会产生伦理问题，但在人工干预和制度规范下，如果善用技术，激发其正向效应，媒体也能凭借智能化增强内容供给与分发特色。目前，一些走在前列的主流媒体已经在自有平台上加强了智能化技术的应用，提升了用户体验，也为“智能+智慧+智库”的智媒体建设目标提供了实践。下一步，媒体可尝试利用智能技术挖掘整合外部数据，以智能化带动在第三方平台上的运营成效。

（二）以商业平台为短期借力，加强自有平台建设

以商业平台为借力的成功案例帮助主流媒体找到了一条快速破圈、迅速提高关注度的路径，但在实践中也有诸多限制及阻滞。毕竟渠道为他人所有，媒体要遵循平台的规则，而后台数据和粉丝黏性却不被媒体所掌握，无法开展进一步的媒体资源开发。对于资金还需精打细算、内容生产能力亟待加强、融合

还要继续推进的媒体，“借船出海”不失为一条与自有平台建设并行的可取之径，但更重要的是借此熟悉网络环境，更新运营思维，提升传播能力，为加强自有平台建设筑牢基本功。互联网公司具备雄厚的技术支撑，深谙市场规律，积累了丰富的运营经验，在合作互通中，主流媒体应借鉴、学习第三方平台在社交媒体时代的经营思维与运作模式，并进一步创新。

在“借船出海”与“自力造船”两条发展路线中，部分主流媒体实现“引流”与“破圈”的经验值得研究探讨。“四川观察”借力抖音平台在内容破圈、人设出圈方面效果显著。尽管拥有千万粉丝，但“四川观察”却也受制于平台约束，难以引流至自有平台。四川日报深耕自有平台，虽成效显著却“破圈”难度大，仍需借力商业平台扩大传播影响力。尽管错失短视频风口机遇，但四川日报以内容优势后发追赶，打造了诸多流量爆款产品。我们的案例为当前主流媒体进行多平台运营提供了两种可行的参考路径：对于自身内容资源丰富的媒体，可以做好自有平台为主，再用第三方渠道打通圈层；对于内容制作较为紧张的媒体，可多利用第三方平台的渠道，到达用户，建立口碑。无论何种路径，最终都是扩大主流媒体的可见度和影响力。

（三）加强对商业平台的规范指导

作为连接用户的关键渠道，商业平台制定规则，入驻的媒体对此缺乏议价能力；通过媒体内容积累的用户数据掌握在平台手中，不受媒体支配；用户也因为聚集效应缺少选择，被裹挟于头部平台，受困于算法制造的信息茧房中。商业平台，尤其头部平台影响力巨大，积累的是公域流量，规则的制定和对用户注意力的分配全由平台方决定。平台在整个传播生态中占据核心资源，同时充当规则制定者和管理者的角色，将本应为所有网络参与者共享的外部性效益据为已有。主流媒体在多平台运营中的问题，其实指向的是第三方商业平台的传播生态建设问题。加强对商业平台的规范指导势在必行，要指导商业平台建立合理的管理规范，保障入驻媒体、用户的权益，并对规范的执行实施监督。在互联网平台反垄断的框架下，进一步引导信息聚合平台连接互通，打破竞争限制，避免重复建设，建立平台间共享共治机制，禁止将平台规则、智能技术和流量分配等当作垄断保护的工具。在保障内容提供方的应有权益的基础上，平台与媒体可深度合作，共同开发数据资源，挖掘数据价值，提升数据在社会服务、社会治理方面的应用场景。另外，网络安全问题日益突出，保障数据安全，规范第三方平台对用户数据的合法使用，维护用户利益，也是规范平台管理的重要内容。

四、结语

主流媒体的多平台运营的关键主要在处理好与第三方商业平台的关系，这是统筹协调传播格局、建设面向新时代的传播体系对媒体的融合业务方向提出的要求。在网络传播发展的上一个十年里，“内容渠道孰为王”曾是难有定论的争议，但在技术推动的变革之下，用户向平台迁移，传播者开始笃信技术迷思，竞相争夺渠道出口，引发了一系列乱象，也让匆忙应对的媒体措手不及。当前，国内国外的媒体都在探索互联网平台竞争下的渠道突围之路，无论最终找寻到的是何种道路，多平台运营的本质都是为内容匹配最优渠道、找到最适宜的用户。内容决定了传播能力，渠道影响着传播权力，二者在现代传播体系中相辅相成，须协同解决。贯通、平衡与借力能直接解决主流媒体当前多平台运营的困境，而更进一步的意义在于以智能化技术带动内容生产和运营，平衡内容和渠道双驱动，凭借技术支撑引领平台规则导向，积极参与平台化的生态建设，从传播能力和传播权力双管齐下，实现强本固基、壮大自身的目的。

第四节　治理篇

4.1　视听作品著作权纠纷的争议与司法实践[①]

刘学义[②]

摘要：著作权是网络视听产业的核心资产之一，自视听行业起步以来即被各种侵权及不正当竞争行为所困扰。在网络视听行业多样化发展的今天，著作权法律保护的重要性愈加凸显。本文重点关注了截至2021年6月的视听作品网络传播侵权纠纷案件，通过对网络视听行业相关案件全方位、多角度的研读，总结法院审判逻辑及认定思路，梳理相关规范性法律文件，并以同业先例为参照，探讨解决互联网视听作品著作权纠纷的思路。

关键词：视听作品；著作权；争议；司法实践；合作

引言

随着互联网视听行业的不断发展，涉及著作权的新矛盾和新纠纷不断出现。例如，以短视频为代表的新型传播业态发展日渐活跃，侵权盗版行为常有发生。传统著作权规则如何界定体育赛事、网络游戏直播、AI生成物的著作权地位，

---

① 本文系教育部人文社会科学研究规划基金项目“新闻作品的数字版权保护与运营研究”（项目号：19YJA860015）阶段性成果。

② 刘学义，吉林大学新闻与传播学院教授，主要从事网络媒体研究。

以及算法推荐对“避风港”原则的挑战等，都需要立法和司法进行适应性调整。另外，平台日益做大，极大改变了传统著作权产业各方利益关系，也需要网络著作权法律体系重新平衡权利人、网络服务提供者与公众之间的利益关系。

本文结合已有案例和新情况新问题，对于视听作品著作权纠纷相关的司法实践进行重点解读和剖析，梳理相关司法裁判中经常遇见的关键问题。

一、视听作品著作权纠纷的新问题

2020年，中国短视频侵权纠纷案件新增数量创下新高，同比增长258.1%，达到222件。相关统计数据显示，我国“短视频”相关裁判文书共有3539份，其中案由为“侵害作品信息网络传播权纠纷”共有536份，占比15.1%，在各类案由中排名第一。[①]

视听作品著作权侵权主要有两种形式：一是“硬盗版”，即把他人持有著作权的内容未经授权直接拿来传播；二是“软盗版”，侵权行为较为隐蔽，比如平台将他人音乐作品片段改编成背景音乐提供给用户使用，以及用户所谓的“二次创作”等。

新的作品形态不断出现是著作权保护的一大难题。例如，体育赛事视频、网络游戏画面的作品属性历经数年的争议才基本形成“类似电影的方法表现的作品”（即类电作品）共识，AI作品的著作权属性迄今仍有争议。

著作权保护更大的难度来自用户侵权。一是维权难题。对著作权权利人来说，与为数众多的侵权用户打官司耗时费力。起诉平台，则会面临“行为人与责任人相分离”的难题[②]，无过错的平台在“避风港”原则保护下并不需要承担侵权责任。二是海量授权难题。目前市场授权渠道比较少，甚至没有清晰的授权渠道。

用户上传视听作品侵权主要有如下原因：一是素材来源非法，例如，2020年5月28日越南科技公司VNG起诉TikTok Inc.，称其未经许可使用其子公司Zing

---

① 叶雨晨.短视频平台的内容侵权，到底谁能管？[EB/OL]. 第一财经YiMagazine.（2021-06-18）[2021-07-01].https：//mp.weixin.qq.com/s/q-I1_rwFI0--01ZCe2d1TA.

② 张凌寒.网络平台监管的算法问责制构建[J].东方法学，2021（03）：22-40.

的音乐，并要求赔偿950万美元，据称，有超过1100万个TikTok视频包含来自Zing的音频；[①]二是不属于合理使用，包括转载时未给原作者署名，未遵循“适度引用原始素材原则”等。另外，歪曲、篡改他人作品，例如鬼畜类短视频通过剪辑等手段，形成了与原素材内容无关甚至丑化原素材内容，也属于侵权行为。

一些著作权方的矛盾态度和矛盾行为，也是著作权乱象的推手之一。例如，作品需要预热营销时，有意无意纵容“二次创作”作品传播。但在完成宣传发行目的之后，短视频和“二次创作”作品的“分流器”效果，又让某些长视频权利方难以接受。另外，短视频平台的崛起，也对爱奇艺、腾讯视频等长视频平台形成较大的竞争压力。《2020抖音数据报告》显示，截至2020年8月，抖音日活跃用户数突破6亿，截至2020年12月，抖音日均视频搜索次数突破4亿。[②]

二、侵权诉讼争议频率较高的几种典型情形

本文针对视听作品著作权侵权诉讼争议频率较高的几种典型情形，进行了梳理和分析。

（一）涉视频类的信息存储空间服务

《信息网络传播权保护条例》（2013年）第二十二条规定，网络服务提供者为服务对象提供信息存储空间，供服务对象通过信息网络向公众提供作品、表演、录音录像制品，并具备下列条件的，不承担赔偿责任：（一）明确标示该信息存储空间是为服务对象所提供，并公开网络服务提供者的名称、联系人、网络地址；（二）未改变服务对象所提供的作品、表演、录音录像制品；（三）不知道也没有合理的理由应当知道服务对象提供的作品、表演、录音录像制品侵权；（四）未从服务对象提供作品、表演、录音录像制品中直接获得经济利益；（五）在接到权利人的通知书后，根据本条例规定删除权利人认为侵权的作品、

① Quynh NX. Vietnam Tech Company Accuses TikTok of Copyright Violation.[R/OL].（2020-08）[2021-05-06]. http：//search.ebscohost.com/login.aspx? direct=true&db=bth&AN=145316328&lang=zh-cn&site=ehost-live.

② 字节跳动.2020抖音数据报告[R/OL].（2021-01-05）[2021-07-01].https：//lf3-static.bytednsdoc.com/obj/eden-cn/uj_shpjpmmv_ljuhklafi/ljhwZthlaukjlkulzlp/data_reports/2020_douyin_data_report.pdf.

表演、录音录像制品。例如，2018年12月26日抖音诉百度等侵害作品信息网络传播权纠纷案中[①]，二被告在提供伙拍小视频手机软件服务时，对外公示了用户协议，显示伙拍小视频手机软件具有供用户发布信息的功能，并对用户上传内容不得侵害他人知识产权进行了告知，公布了联系方式，且其提交的后台记录载明被控侵权短视频上传者的用户名、注册IP地址、上传IP地址、上传时间以及联系方式等信息，法院因而认定被控侵权短视频系用户上传，二被告为信息存储空间服务提供者，构成直接侵权的主张不能成立。

法律一般不要求提供信息存储空间的网络服务提供者事先对内容的版权状态加以审查，但应承担必要的注意义务。2019年9月30日优酷与B站侵害作品信息网络传播权纠纷案中[②]，法院认为，虽然被告B站具有平台性质，适用通知删除规则，但对用户上传作品应进行审查，尽到相应注意义务。涉案节目为热播知名访谈节目，观看人数较多，而且近30分钟的视频已经不是普通意义上的短视频。法院认为被告未尽到相应的注意义务，其行为侵犯了原告针对涉案节目享有的信息网络传播权。

由于不能提供上传用户的有效信息而被判承担侵权责任的情况也不鲜见。例如，2020年12月21日腾讯与苗富华侵害作品信息网络传播权纠纷案中[③]，法院认为，腾讯未按照《网络安全法》第二十四条和《腾讯视频上传服务规则》第六条的规定要求该网络用户进行实名认证，致使原告无法确定该网络用户的身份信息并向该网络用户主张侵权责任，腾讯公司对此存在过错，应认定其构成侵权。因此，即使腾讯公司提供的仅是信息存储空间服务，依法仍应承担侵权责任。

（二）涉视频类的链接服务

通常来说，不将他人权利作品存储在己方服务器上，为用户提供的仅是对外部网站的搜索链接技术服务，而且并不知道第三方网站是否存在侵权行为，从而引发著作权诉讼的情形并不多见。但是，在提供搜索链接的同时变相提供权利内容引发争议的情况比较普遍。

---

① 北京互联网法院民事判决书（2018）京0491民初1号。

② 北京市海淀区人民法院民事判决书（2017）京0108民初52145号。

③ 河南省商丘市中级人民法院民事判决书（2020）豫14知民终46号。

例如，2009年7月31日上海激动网络有限公司与PPLive网站侵犯著作财产权纠纷案中[①]，法院认为，涉案电视剧在PPLive网站播放时显示的IP地址仍然是被告网站的地址，而不是被链网站的网址，这种链接方式绕过了被链网站的网页，直接指向具体内容，使第三方网站上的影视作品直接为被告所用，以提高被告网站的点击率。作为网站运营者和网络服务提供者，在与第三方网站设链提供服务时应当意识到其行为构成侵权的可能性。但被告未尽审查注意义务，既未得到权利人的许可，也未得到第三方网站的同意，直接通过网络链接使用涉案作品，侵犯了原告对涉案电视剧享有的信息网络传播权。

（三）长视频剪辑成短视频

12426版权监测中心《2021年中国短视频版权保护白皮书》数据显示[②]，2019年1月至2021年5月，该中心对1300万件原创短视频及影视综艺等作品的二次创作短视频进行监测，累计监测到300万个侵权账号，成功“通知—删除”1478.60万条二次创作侵权及416.31万条原创侵权短视频；综合视频、新闻资讯及短视频平台占比分别为34.4%、31.8%和29.3%。

《著作权法实施条例》（2013年）第四条第十一项规定：“电影作品和以类似摄制电影的方法创作的作品，是指摄制在一定介质上，由一系列有伴音或者无伴音的画面组成，并且借助适当装置放映或者以其他方式传播的作品。”因此，组成“一系列画面”的单幅画面或短视频是电影作品和类电作品的组成部分。《著作权法》（2020年）将“电影和以类似摄制电影的方法创作的作品”修改为“视听作品”，其第十七条另规定，视听作品中的剧本、音乐等可以单独使用的作品的作者有权单独行使其著作权。2020年10月30日上海蜜淘影业有限公司与上海索韩贸易有限公司侵害作品信息网络传播权纠纷案二审中[③]，法院认为，涉案剧本身系由一系列画面组成的集合，每一帧画面又都是该剧的基本构成。同时，因每一帧画面与电视剧系部分和整体的关系，故这些画面的著作权权利也应整体归属于涉案剧的著作权持有方享有。该案中被告将涉案影视作品的单幅

① 上海市第一中级人民法院民事判决书（2009）沪一中民五（知）终字第35号。

② 2021年中国短视频版权保护白皮书[N].中国新闻出版广电报，2021-05-20（008）.

③ 上海知识产权法院民事判决书（2020）沪73民终2号。

画面、短视频、海报等上传至网络服务器存储，使公众可以在其个人选定的时间和地点获得作品的行为，同时侵害了复制权和信息网络传播权。

（四）体育赛事视频内容侵权盗播

这方面案例中，央视国际诉暴风公司著作权纠纷案较为典型。[①]该案于2015年1月12日法院受理，历经一审（2015年）、二审（2018年）、再审（2020年），对“2014巴西世界杯”赛事电视节目的属性认定也经历“录像制品”到“以类似电影的方法表现的作品”的变化。再审法院认为，对于体育赛事节目构成电影类作品还是录像制品，不能一概而论，应当从是否具有独创性的角度予以分析认定。一般而言，对于由多个机位拍摄的体育赛事节目，如制作者在机位的设置、镜头切换、画面选择、剪辑等方面能够反映制作者独特的构思，体现制作者的个性选择和安排，具有智力创造性，可认定其符合著作权法规定的独创性要求，在同时符合其他构成要件的情况下，即可认定为电影类作品。具体到本案中，央视国际公司请求保护的涉案赛事节目的内容表现为有伴音的连续画面，属于以类似电影的方法表现的作品，并且，涉案赛事节目的比赛画面系摄制者在比赛现场拍摄，相关赛事节目在网络上传播的事实足以表明，其已经通过数字信息技术在相关介质上予以固定并进行复制和传播，既满足作品一般定义中“可复制性”的要求，亦满足电影类作品定义中“摄制在一定介质上”的要求。

北京高院在2020年11月11日美商NBA产物股份有限公司、爱奇艺等因侵害著作权及不正当竞争纠纷一案二审诉讼中再次确认，涉案NBA赛事节目具有独创性，满足类电作品定义中“摄制在一定介质上”的要求，构成中国著作权法保护的类电作品，而不属于录像制品。[②]另外，法院还对原告的不正当竞争主张进行了回应，认为在我国现行的知识产权法律体系中，反不正当竞争法对于著作权法起到兜底和补充的作用。如果一项被诉侵权行为已经被认定为构成侵害著作权的行为，则不宜再适用反不正当竞争法第二条等条款予以救济。

（五）网络游戏画面侵权

关于游戏运行过程中形成的连续画面的性质及权属问题，广州知识产权法

---

① 北京市高级人民法院民事判决书（2020）京民再127号。

② 北京市高级人民法院民事判决书（2018）京民终562号。

院在2021年3月23日腾讯等与西瓜视频侵害作品信息网络传播权纠纷一案中进行了详尽的阐释。[①]法院认为，涉案游戏《王者荣耀》的创作，综合了策划、美术、程序、音频等多种岗位的分工合作，与电影创作过程中需综合编剧、导演、摄影、美工、音乐、造型设计等的工作非常类似，是受著作权法保护的多种作品的复合体。涉案游戏的运行过程中，用户登录后按照游戏规则进行操作，在终端设备上呈现出“一系列有伴音或者无伴音的画面”组成的连续画面。该连续画面中呈现的游戏背景、战斗主题、场景画面、角色形象、特效、道具、武器、音乐等均由游戏创作者预设，前述内容的取舍、选择、安排、设计均体现了创作者独特的思想个性，具有独创性，且能以某种有形形式复制。因此，涉案游戏运行过程中形成的连续画面可以认定为类电作品，其著作权应由游戏开发者腾讯成都公司享有。

三、视听作品网络传播侵权纠纷案件的争议焦点

视听作品著作权纠纷案件的争议焦点集中在：涉诉音视频是否为著作权意义上的“作品”，涉案作品的著作权权属，实质性相似判断，是否侵犯原告的信息网络传播权，被告行为是否构成合理使用，被告应承担的侵权责任等。

（一）涉诉音视频是否为著作权意义上的“作品”

只有构成著作权法意义上的作品，才是著作权法保护的客体。从近两年著作权纠纷案来看，短视频的著作权“作品”属性已没有疑问。一般认为短视频经过了制作者的构思和编排，体现出一定的独创性，并不是机械制作的产物，故属于我国著作权法规定的以类似摄制电影的方法创作的作品，应受法律保护。

对于人工智能生成物的法律属性依然没有一致看法。北京互联网法院2019年4月审理了一起涉及人工智能生成物的著作权侵权案，为相关探讨提供了参照。法院认为，根据现行法律规定，自然人创作完成仍应是著作权法领域文字作品的必要条件。[②]虽然计算机软件智能生成内容不构成作品，但不意味着公众

---

① 广州知识产权法院民事判决书（2020）粤73民终574-589号。

② 腾讯网.北京互联网法院：首次回应涉计算机软件智能生成内容著作权问题[EB/OL].（2010-04-29）[2021-07-01].https：//new.qq.com/omn/20190429/20190429A0JX7Z.html.

可以自由使用。法院指出，涉计算机软件智能生成内容凝结了软件研发者和软件使用者的投入，具备传播价值，应当赋予投入者一定的权益保护。至于“人工智能写作软件使用者利用写作软件的大数据作品信息库和智能写作功能，擅自使用享有著作权的在先源作品，引发著作权侵权纠纷”的情况，[①]如何厘定侵权性质和划分责任，尚无定论。

2020年版《著作权法》第五条规定：“本法不适用于：……（二）单纯事实消息。”“单纯事实消息”，即用最简单的语言或画面对某一新闻事实的基本构成要素进行记录，其仅反映客观事实的存在，表达方式有限，独创性较低或者不具有独创性，故著作权法将其排除于作品范畴之外。从查阅相关诉讼的法律文书可见，引发著作权纠纷诉讼的涉案作品被认定为单纯事实消息的“时事新闻”的情形极少，以此理由进行抗辩的胜诉率极低。法院通常认为，只要相关内容采用一定形式，通过对众多素材的选择、编排，或者体现了新闻工作者的独立思考及独创性的评论分析，含有制作者个性的表达，就不会被视为只是单纯描述客观事实本身，而被认定构成著作权法意义上的作品。

（二）权属问题与实质性相似判断

我国《著作权法》（2020年）规定，创作作品的自然人是作者。由法人或者非法人组织主持，代表法人或者非法人组织意志创作，并由法人或者非法人组织承担责任的作品，法人或者非法人组织视为作者。新闻报道属于上述第二类职务作品，著作权通常归媒体所有，作者则享有署名权。根据《最高人民法院关于审理著作权民事纠纷案件适用法律若干问题的解释》（2002年）规定，当事人提供的涉及著作权的底稿、原件、合法出版物、著作权登记证书、认证机构出具的证明、取得权利的合同等，可以作为证据。

一般情况下，作品权属的认定并不复杂，但某些类型作品的归属可能会有疑义，比如改编作品。从《著作权法》规定来看，未经原作品作者同意改编作品可以形成新的作品，改编者可以享有著作权，但著作权的行使受到原作品作者的制约，其使用时应经原作者许可，未经许可进行使用则构成侵权。

---

① 王晓巍.智能编辑：人工智能写作软件使用者的著作权侵权规制[J].中国出版，2018（11）：49-52.

“接触+实质性相似”是判断被告是否侵犯原告著作权的重要规则。美国是“实质性相似”原则的始创者，我国司法实践也普遍将其作为通用标准，但是这一原则并未直接出现在我国《著作权法》的表述中。美国司法往往从两方面考量是否实质性相似：被告是否挪用了原告作品中的受保护部分；观察者是否认为被告作品与原告受著作权法保护的部分相似。[①]我国法院的裁判思路可概括为“二作品实质性相似+接触−合理抗辩=侵权成立”[②]。判断被告制作的视听作品是否侵犯了原告权利作品的著作权，最重要的是要明确二者的独创性表达是否构成实质性相似。一般认为，对前后两部作品的“实质性相似”判断方法包括“整体观念和感觉”检测法（整体比对法）、“解析法”（部分比对法）和“三步检验法”（“抽象—过滤—比较”方法）三种。[③]

（三）是否侵犯信息网络传播权

“网络的发展催生了著作权的信息网络传播权。”[④]我国《著作权法》第十条规定，著作权人对其作品享有署名权、信息网络传播权等权利。署名权，即表明作者身份，在作品上署名的权利。信息网络传播权，即以有线或者无线方式向公众提供，使公众可以在其选定的时间和地点获得作品的权利。信息网络传播权调整的是通过网络进行的交互式传播行为。《著作权法》规定，未经著作权人许可，复制、发行、通过信息网络向公众传播其作品的，应当根据情况，承担民事责任。《最高人民法院关于审理侵害信息网络传播权民事纠纷案件适用法律若干问题的规定》（2012年）第三条规定，网络用户、网络服务提供者未经许可，通过信息网络提供权利人享有信息网络传播权的作品、表演、录音录像制品，除法律、行政法规另有规定外，人民法院应当认定其构成侵害信息网络传播权行为。通过上传到网络服务器、设置共享文件或者利用文件分享软件等方式，将作品、表演、录音录像制品置于信息网络中，使公众能够在个人选定的时间和地点以下

① 鲁甜.视频游戏抄袭版权规制研究[J].电子知识产权，2016（02）：32-39.

② 冯颢宁.论版权法中实质性相似认定标准的选择[J].中国版权，2016（06）：77-80.

③ 李杨.改编权的保护范围与侵权认定问题：一种二元解释方法的适用性阐释[J].比较法研究，2018（01）：63-75.

④ 宁立志.论知识产权法学研究范式的转换[J].上海交通大学学报（哲学社会科学版），2021，29（03）：30-39.

载、浏览或者其他方式获得的，人民法院应当认定其实施了前款规定的提供行为。

（四）是否构成合理使用

一旦涉及二次创作，制作者通常都会以“合理使用”进行抗辩。合理使用是指法律允许为某些目的自由使用著作权内容，而不必征得权利人的许可，也不向其支付报酬的合法行为。合理使用制度，是著作权人利益与公共利益之间平衡的工具。根据著作权法，如果一项使用是用于批评、评论、新闻报道、教学、学术或研究等目的，则属于合理使用，不构成侵权。美国著作权法确立的著作权合理使用“四要素测试法”被各国普遍采纳，即（1）使用的目的和性质，包括使用是商业性质还是非营利性；（2）版权作品性质，例如，想象性作品（如小说、歌曲、电影等）的使用比事实性作品（如新闻广播、事实报告等）的使用更不可能支持合理使用的主张；（3）相对于整个著作权作品而言，所使用的部分的实质性程度，例如所使用的著作权材料的数量和质量；（4）对著作权作品的潜在市场或价值的影响。①

我国现行《著作权法》规定了合理使用的十三种情形，可以不经著作权人许可，不向其支付报酬，但应当指明作者姓名、作品名称，包括：为介绍、评论某一作品或者说明某一问题，在作品中适当引用他人已经发表的作品；为报道时事新闻，在报纸、期刊、广播电台、电视台等媒体中不可避免地再现或者引用已经发表的作品等。《信息网络传播权保护条例》（2006年）第六条也有相似规定，通过信息网络提供他人作品，属于条例所列八种情形的，可以不经著作权人许可，不向其支付报酬。

短视频平台中对于视听作品的大部分使用行为，多为“寄生”式的利用行为，难言属于合理使用。不过，因为短视频搬运行为形态复杂，也不能说一定不构成合理使用。例如有学者认为，对影视作品纯粹戏仿（剪辑整理成短视频）的行为构成合理使用的可能性非常大。②

① Russ，C. Tweet Takers & Instagram Fakers：Social Media & Copyright Infringement[J]. Tulane Journal of Technology & Intellectual Property，2020，22：205－224.

② 新京报传媒研究.打击切条、搬运……短视频时代是否将终结？[EB/OL]（2021-05-02）[2021-07-01].https：//mp.weixin.qq.com/s/VzovkG12G3Fk2FOGLucGRQ.

（五）损害赔偿数额的认定与影响因素

关于损害赔偿，《著作权法》（2020年）第五十四条规定，侵权人应当按照权利人受到的实际损失或者侵权人的违法所得给予赔偿；权利人的实际损失或者侵权人的违法所得难以计算的，可以参照该权利使用费给予赔偿。权利人的实际损失、侵权人的违法所得、权利使用费难以计算的，由法院根据侵权行为的情节，判决给予五百元以上五百万元以下赔偿。赔偿数额还应当包括权利人为制止侵权行为所支付的合理开支。

在原、被告均未提供证据证明原告因侵权受到的损失，或被告因侵权获得的利益的情况下，法院一般会综合考虑作品类型、价值、独创性程度，被告侵权过错、侵权行为持续时间、侵权后果，被告网站性质和规模，适用法定赔偿等予以酌定。例如2021年2月22日新浪与重庆云水涧公司侵害作品信息网络传播权纠纷案中，涉案文章为“17年！这位老师家访近500人次学生们这样评价他……”，并配有时长2分12秒视频，同日，被告新浪网发布了时长2分12秒的涉案视频。因原告并未举示证据证明因新浪公司的侵权行为所遭受的实际损失和新浪因此侵权行为而获得的利益，法院综合考虑作品类型、作品经济价值、新浪的使用方式及原告维权必然支出相应的合理费用等因素，酌情确定新浪赔偿云水涧公司经济损失及合理费用共计2500元。而上文提及的央视国际与暴风公司侵害著作权纠纷一案中，法院考虑到涉案赛事节目的许可费、被告盗播的视频数量及性质、赛事商业价值、被告主观过错等，对央视国际提出的包括诉讼合理支出在内的400万元赔偿给予全额支持。[①]

四、因用户上传权利内容，平台应承担的著作权责任

平台著作权侵权责任分为两类：一是因直接向公众提供未经授权的作品而承担直接侵权责任，二是因用户上传未经授权的作品而承担间接侵权责任。[②]平台是否要为用户侵权行为承担责任，需要综合考虑平台的具体行为、平台和用

---

① 北京知识产权法院民事判决书（2015）京知民终字第1055号。

② 李安.智能时代版权“避风港”规则的危机与变革[J].华中科技大学学报（社会科学版），2021，35（03）：107-118.

户关系以及平台的主观过错等。

司法实践中，平台一般会获得“避风港”保护。如前所述，发生侵权行为的平台如能证明自身系网络存储空间服务提供者，涉案作品系用户发布，已尽到合理注意义务，且在接到著作权持有人通知后及时删除内容，一般无须为用户行为承担侵权责任。

《中华人民共和国民法典》(2020年)第一千一百九十七条规定：“网络服务提供者知道或者应当知道网络用户利用其网络服务侵害他人民事权益，未采取必要的断链或删除措施的，与该网络用户承担连带责任。”

判断被告是否构成应知，《最高人民法院关于审理侵害信息网络传播权民事纠纷案件适用法律若干问题的规定》(2012年)第十二条指出：“有下列情形之一的，人民法院可以根据案件具体情况，认定提供信息存储空间服务的网络服务提供者应知网络用户侵害信息网络传播权：(一)将热播影视作品等置于首页或者其他主要页面等能够为网络服务提供者明显感知的位置的；(二)对热播影视作品等的主题、内容主动进行选择、编辑、整理、推荐，或者为其设立专门的排行榜的；(三)其他可以明显感知相关作品、表演、录音录像制品为未经许可提供，仍未采取合理措施的情形。”关于“明知”，一般认为，若原告向被告发送过涉案作品的侵权通知，即能证明被告明知网络用户上传的涉案作品侵权。

另外，判断网络服务提供商是否存在过错，还应考虑平台是否履行了合理的注意义务、侵权事实是否明显以及其他因素。首先，互联网平台经营者对知名影视作品、节目应施以较高的注意义务。其次，基于对涉案作品的传播获利，是网络服务提供者被判承担侵权责任的原因之一。最后，平台应采取预防侵权的合理技术措施。随着平台规模和社会影响日增，要求平台承担更多注意义务或者著作权责任，成为多数国家的共识。

五、“避风港”原则正面临挑战

“避风港”原则，其思想基础是“技术中立”。美国是“避风港”原则的先行建构者，1998年《数字千年版权法》(DMCA)第512条规定：网络服务提供商对内容的版权性质不承担事前审查义务；只要尽到“通知—删除”义务就可以免除责任。我国《信息网络传播权保护条例》(2006年)、《侵权责任法》(2009

年）第三十六条、《民法典》（2020年）“侵权责任编”第一千一百九十四条至一千一百九十七条，先后对“避风港”原则作了相近的规定。

需要注意的是，无论是《数字千年版权法》还是我国著作权相关法律，其中规定的“避风港”原则均只是网络服务商面对著作权侵权纠纷的一种抗辩理由，至于能否对抗权利人的侵权赔偿请求，还需法院进一步审查网络服务商是否具备进入“避风港”的法定条件，“避风港”原则对于网络服务商来说并非当然免责。

随着互联网内容分发日益算法化，“侵权内容的算法通知、个性化算法推荐、版权算法过滤对‘避风港’原则的运行程序和理论基础带来了系统性冲击”。[①]互联网平台运行日益智能化、算法化，无疑让“避风港”原则的“技术中立”“技术不能”假设置于质疑之下。例如，算法推荐是否属于平台对侵权内容进行了推荐？同时，平台版权内容过滤技术已非常先进，“技术不能”作为“避风港”原则的前提是否成立？另外，著作权权利人和著作权代理组织采用爬虫探测网络侵权情况，并使用计算机程序自动发送版权内容移除通知，以人工处理为预设的“通知—删除”程序如何继续发挥作用？如何形成“平台在主观过错方面的认定机制与以此为基础的归责机制、责任体系”[②]是平台时代版权责任基础理论面临的重大议题。

在《数字千年版权法》通过二十多年后，美国版权局发布过一份报告，评估“通知—删除程序”以及第512条“避风港”原则在保护著作权人和允许互联网技术发展之间取得了怎样的平衡。报告发现，“第512条的某些方面在颁布后的20年里已经变得不平衡”。[③]在一些领域中该制度有利于在线服务提供商，而损害了著作权人的利益。美国版权局认识到著作权人的挫折感，建议国会对第512条的现行操作进行微调，以便更好地平衡创意产业中网络服务商和权利人的权

① 李安.智能时代版权“避风港”规则的危机与变革[J].华中科技大学学报（社会科学版），2021，35（03）：107-118.

② 张凌寒.网络平台监管的算法问责制构建[J].东方法学，2021（03）：22-40.

③ BEEBE B. An Empirical Study of U.S. Copyright Fair Use Opinions Updated，1978-2019[R/OL].（2020）[2021-05-05].http：//search.ebscohost.com/login.aspx? direct=true&db=a9h&AN=149460218&lang=zh-cn&site=ehost-live.

利和责任。“从本质上讲，互联网公司如果遵守安全港的规定，遵守最低限度的与著作权所有者和法律的合作，就可以免于承担著作权侵权的责任。”[①]这实际上“造成了避风港原则的异化”，近年来学术界有一个观点是：平台应负有一定注意义务，或称为过滤义务，而不是单纯地强调“避风港”原则。[②]

五、结语

解决人工智能时代的视听作品著作权纠纷，仅靠行政监管、司法诉讼是不够的。在权利方和平台都有意愿解决著作权问题的前提下，双方技术和著作权合作是一个解决思路。

YouTube就成功找到一个模式实现了平台、用户、著作权所有者三方共赢，这就是内容身份（Content ID）识别系统。这一系统通过数字指纹技术，可以判断用户上传内容是否侵权，并给版权方提供了一个免费的内容管理方式，提供移除、追踪和分账三种方式。由于该系统提供了移除以外的获利和应用选项，版权方很少会直接将YouTube上的侵权内容完全移除，更多采用Content ID 的获利功能。

为了更加正规化运作，短视频平台已经开始为“二次创作”内容购买音乐、体育等内容版权，或者与内容版权方进行合作分成。短视频平台既然可以采买音乐、体育版权，理应也可以照例采买其他版权。至于谁来买单，目前未有定论。影视短视频风波的解决方法，比较可行的还是平台与版权方合作，版权购买或者以流量换版权，然后供用户们免费使用进行二次创作。

---

① Russ，C. Tweet Takers & Instagram Fakers：Social Media & Copyright Infringement[J]. Tulane Journal of Technology & Intellectual Property，2020，22：205 – 224.

② 曹颖.三问“短视频侵权”[EB/OL].南方周末（2021-05-01）[2021-07-01]. http：//www.infzm.com/contents/205622.

4.2　网络视听新业务治理体系建设：逻辑进路与实践目标[①]

顾　洁　高　越[②]

摘要： 快速发展的网络视听新业务，已成为当前互联网内容生产与消费的主流，同时对互联网治理带来了新的挑战。加强网络视听新业务治理体系建设，首先要厘清其逻辑进路，服务于国家治理体系和治理能力现代化建设，按照社会综合治理逻辑，践行网络综合治理理念；其次要找准其实践目标。网络视听新业务治理的公共属性、多主体参与、制度构建、动态开放等特点都体现着协同治理的基本特征。构建起以协同治理理念为指导的网络视听新业务综合治理体系，需要立足“政府、平台、用户”多元主体协同共治的生态格局，夯实党的领导地位，创新政府的管理方式，落实平台的主体责任，发挥用户的自律监督作用，强化技术赋能背景下的内容生态治理。

关键词： 网络视听；综合治理；协同治理

当前，互联网快速发展，社交媒体平台用户数量急剧增长，用户参与内容生产的程度不断加深。网络平台加速发展的同时，网络垃圾信息、网络不良文化、网络谣言、网络舆情、网络犯罪等问题凸显，传统网络治理模式无法适应互联网技术飞速发展的需要。如何构建良好的网络生态环境，是新时代我国网络治理面临的现实问题。

---

① 本文系国家广播电视总局“协同治理视角下网络视听新业务综合治理体系建设研究”（项目编号：GD2038）、国家社科基金一般项目“协同治理视角下互联网企业信息管理社会责任缺失与重塑研究”（项目编号：20BXW081）的阶段性研究成果。

② 顾洁，中国传媒大学电视学院教授、博士生导师；高越，中国传媒大学电视学院2020级硕士研究生。

党的十九大报告指出，加强互联网内容建设，建立网络综合治理体系。这为新时代推进网络治理体系和治理能力现代化确立了目标，网络综合治理成为我国网络治理的基本方式。党的十九届四中全会进一步指出，建立健全网络综合治理体系，加强和创新互联网内容建设，落实互联网企业信息管理主体责任，全面提高网络治理能力，营造清朗的网络空间。建立健全网络治理体系不仅是全面提高网络治理能力的制度保障，更成为国家治理体系的重要组成部分，以及国家治理体系和治理能力现代化建设的必然要求。

近年来，以网络视听新业务为代表的互联网内容发展迅猛。数据显示，截至2020年12月，我国网络视听用户规模达9.44亿，较2020年6月增长4321万，网民使用率为95.4%。[①]网络视听内容已经成为当前互联网内容的主流形态，也对建立健全网络综合治理体系提出了新的命题和挑战。技术层面，人工智能、5G等新技术赋能网络视听内容生产、营销、监管全过程，同时带来了内容同质、信息茧房、上瘾沉迷等一系列问题。内容层面，网络视听内容开始向教育、直播、电商等领域不断渗透，全民参与内容生产使视听内容生产出现碎片化、情绪化趋势，侵权等问题也层出不穷。

因此，作为网络综合治理体系的重要组成部分，网络视听新业务治理亟待加强。在整个互联网生态体系中，网络视听新业务在内容生产、渠道分发、用户触达、影响力规模等方面都具有一定的独特性和显著性。在网络综合治理体系建构的历史进程和框架体系中，网络视听新业务治理体系有必要厘清自身的逻辑进路，找准自身的实践目标。

一、逻辑进路：国家、社会和网络治理背景下的视听新业务治理体系

建设视听新业务治理体系是整体观念、系统思维和历史视角的产物。视听新业务治理体系需要具有一定的独特性、自足性和自主性，但是作为国家、社会和网络结构的重要组成部分，其建设理念必须置于国家、社会和网络治理的历史背景和现实条件中进行考察，需要依托于国家治理现代化背景，遵循社会

① 中国网络视听节目服务协会.2021中国网络视听发展研究报告[R/OL].（2021-06-05）[2021-06-07]. https：//www.sohu.com/a/470607018_121123762.

综合治理逻辑，践行网络综合治理理念，持续构建具有中国特色的网络视听新业务综合治理体系。

（一）国家治理现代化：治理体系建设的总目标

治理，是国家治理现代化的核心。治理概念是现代国家建构的重要内容，经历了从统治到管理再到治理的演进进程。[①]

新中国成立之初，我国借鉴苏联方案，探索建立了政府包揽一切、运用行政命令和管控等手段的全能型的一元主体管理模式。改革开放后，社会主义市场经济逐步建立，中国特色社会主义理论体系不断完善，政府职能逐渐转型，充分发挥市场在资源配置中的作用，更好发挥政府作用。

"治理"概念由詹姆斯·罗西瑙于20世纪90年代提出，其主要特点是：治理主体多元，强调政府、社会组织、公民都是治理的主体；治理结构网络化，权力之间横向拓展，纵向互动；区别于统治、管理和支配，治理遵循的原则是平等、协商和自愿。联合国全球治理委员会关于治理的定义也符合以上特征，即"治理是私人和公共的个人或公共机构管理其公共事务的诸多方式的总和"。[②]

我国政治学界从20世纪90年代中期开始关注治理理论，学者们基于我国改革发展的实际需要，结合中国语境和实践对治理理论进行多样化阐释，逐步形成立足本土、借鉴国外的中国治理理论。

党的十八大以来，以习近平同志为核心的党中央继承和发展了新中国成立以来治国理政的经验和成果，明确提出全面深化改革的总目标是完善和发展中国特色社会主义制度，推进国家治理体系和治理能力现代化[③]，极大地丰富了社会主义现代化的内涵和实质。党的十九届四中全会进一步指出，国家治理现代化符合中国国情，要求加快转变政府职能，扩大和加强社会的作用，实现国家和社会协作治理。同时强调，党和政府作为国家治理的顶层设计者，在治理格局中始终总揽全局、协调各方。

---

① 庞金友.国家治理现代化深刻变革中的理论创新[J].人民论坛，2019，(27)：41-43.

② 全球治理委员会.我们的全球伙伴关系[R]//俞可平.治理与善治引论.马克思主义与现实[J]，1999（5）：37-41.

③ 中共中央关于全面深化改革若干重大问题的决定[N].人民日报，2013-11-16（01）.

国家治理现代化无疑是政府在推动社会发展模式上的一次重大转变。治理主体的去中心化和扁平化，使社会组织和社会团体在现代治理体系中的作用日益凸显。因此，有关“社会治理”的理念和策略开始受到重视。构建现代化的社会治理体系，调动多元社会主体的积极性，释放其参与社会治理的活力，成为国家治理现代化体系建设的应有之义。

（二）社会综合治理——基于国情实践的治理逻辑

社会治理体系是国家治理体系的重要组成部分，推进国家治理体系现代化，必须要推进社会治理体系现代化。“社会治理”从狭义上来说，是在政府、市场和社会三分框架下，处理社会与政府、市场关系的问题。广义的“社会治理”概念中的“社会”，在政府、市场和社会的基础上又引入了“国家”这一主体。因此，在广义的“社会治理”概念中，政府和社会都成为治理的参与者与被治理的对象。①

我国社会综合治理话语体系中，采用的是广义的社会治理概念。“综合治理”的提出源于1981年中央政法委关于社会基层治理的方案，强调在化解和预防社会治理问题时要坚持党的领导，发挥各个部门与群众的作用，运用政治、经济、文化等综合手段，确保社会稳定。20 世纪 90 年代，“社会治安综合治理”话语初步形成，强调要发动群众力量，让群众参与社会问题的治理过程。党的十八大报告指出，加快形成党委领导、政府负责、社会协同、公众参与、法治保障的社会管理体制。这体现了综合治理的多元性和协商性。党的十八届三中全会提出全面深化改革的总目标，完善和发展中国特色社会主义制度，推进国家治理体系和治理能力现代化。这实际上承继了综合治理的理念，旨在“创新社会治理，增强社会发展活力，提高社会治理水平”，维护社会的稳定。

在新的历史时期，综合治理的范围进一步延展，改变了以往通过组织群众发挥其作用的公众参与的方式。新时代的互联网技术，重塑了社会治理的基本场景，深刻地改变了人类的生产和生活，也改变了社会治理的基本形态。整个社会的运行通过几乎全覆盖的互联网和各种数据信息平台发生联系，形成了社会各主体新的连接机制，有关社会治理的话语体系进一步衍生出“网络综合治

① 江必新.推进国家治理体系和治理能力现代化[N]. 光明日报，2013-11-15（01）.

理”这一新的治理路径。

（三）网络综合治理——国家社会治理的基本保障

“互联网不仅是一项技术工具，还是关键的社会政治因素”。[①]随着网络社会的逐渐形成，社会矛盾和利益冲突在互联网这一新的公共领域不断显现，传统的管制思维难以从根本上解决互联网领域面临的复杂问题。网络社会要实现国家与社会问题均衡治理，应实现从网络管制到网络综合治理的转变。

2013年公布的《中共中央关于全面深化改革若干重大问题的决定》首次提出加快完善互联网管理领导体制。2014年成立中央网络安全和信息化领导小组，网络治理上升到了国家治理的战略层面。2016年，习近平总书记在中共中央政治局第三十六次集体学习时强调，加快用网络信息技术推进社会治理，加快提升我国对网络空间的国际话语权和规则制定权，对网络治理体系做出战略性部署。

互联网治理倡导“网络综合治理”的理念与路径。网络综合治理是指国家拥有独自处理国内网络空间事务的最高管理权力，而国际互联网治理中关于网络主权的话语往往西方发达国家构建。可以说，网络综合治理显示了对网络主权的坚守，集中反映了建构网络空间命运共同体的价值取向，契合国家治理能力现代化的必然趋势。[②]

2017年，党的十九大报告中首次明确提出建立网络综合治理体系。2019年，党的十九届四中全会进一步提出要“建立健全网络综合治理体系，加强和创新互联网内容建设，落实互联网企业信息管理主体责任，全面提高网络治理能力，营造清朗的网络空间”。由此可见，网络治理是社会治理的重要组成部分，建立健全网络综合治理体系，既是对互联网发展的科学认知，也是社会综合治理体系建设的内在要求，更是国家治理能力现代化的基本保障。

习近平总书记指出，治理和管理一字之差，体现的是系统治理、依法治理、

---

① 王国华.互联网背景下中国国家治理的新挑战[J].华中科技大学学报（社会科学版），2014（4）：85-88.

② 程秀霞，叶松庆.习近平网络社会治理观的现实逻辑、基本原则及贯彻路径[J].电子政务，2018（10）：21-31.

源头治理、综合施策。[①]也就是说，建立健全网络综合治理体系，一方面要提升党委领导、政府管理、企业履责、社会监督、网民自律等多主体系统参与网络治理的能力，另一方面要健全内容管理和行业管理，多举措并用，防范和打击网络违法犯罪，加强正面引导，形成制度化法律化规范化的网络治理格局。

其中，网络内容治理一直都是网络综合治理的核心任务。党的十九届四中全会明确指出要加强和创新互联网内容建设。这实际上是通过对网络内容建设管理“破”与“立”关系的精准把握，为建立健全网络综合治理体系指明了根本方向和核心路径。

在互联网内容建设的版图中，以网络视频和音频为载体的内容已经成为整个网络内容生产和消费的主流。因此，视听新业务治理也成为当前网络综合治理建设的重要课题。作为互联网文化生态的重要组成部分，内嵌、顺应并服务于网络综合治理也成为视听新业务治理的必由路径。当然，作为目前互联网平台上的显性内容，视听新业务治理在遵循网络综合治理一般规律的同时，也显示出自身独特的性质和逻辑，对完善针对视听新业务治理的相关机制提出了全新要求。

（四）视听新业务治理——网络综合治理的主战场

《2011中国视听新媒体发展报告》尝试对视听新业务的概念进行界定。其中一种定义依据互联网技术的革新，强调技术的变革影响视听新媒体的生产；另一种则以时间为界限进行划分，将一切最新出现的视听媒体形式都纳入视听新媒体的范围。本文从第二种定义出发，认为视听新业务是相对于以广播和电视为载体的传统视听业务而言的，涵盖了进入互联网时代以来出现的网络视频、短视频、网络音频和网络直播等新型视听内容形态及其生产、传播和管理等业务。

在所有的新型视听内容形态中，短视频无疑是最受用户欢迎的。截至2020年，其用户规模达到了8.18亿，成为仅次于即时通信的第二大网络应用，逐渐成为互联网的底层应用。相对于短视频，网络长视频近年来则专注于形式的多元化发展，在技术驱动下，竖屏视频、互动剧、沉浸式视频等层出不穷。在电商

① 推进上海自贸区建设 加强和创新特大城市社会管理[N]. 人民日报，2014-03-06（01）.

消费热潮的带动下，网络直播也在视听新业务版图中确立了属于自己的一席之地，截至2020年12月，网络视听用户规模达6.17亿，为媒体融合发展带来更多新动力。[①]网络音频是视听新业务的后起之秀，但凭借垂直化的内容定位、更便捷的消费方式和更多元的使用场景也逐渐打开了市场，赢得了声誉。

网络视听新业务的发展，一方面推动了网络产业的快速下沉和发展，另一方面也带来了一系列新的治理问题。党的十八大以来，行业主管部门进一步强化系统治理、依法治理、综合治理和源头治理，全面提高依法治理能力，针对细分内容和业态出台相应管理制度和规范，加快完善网络视听治理体系。2020年，多部门联合制定的《网络音视频信息服务管理规定》《网络安全审查办法》相继生效。《网络音视频信息服务管理规定》规范了深度学习、虚拟现实等新技术的应用场景，初步形成网络音视频信息服务监管体系和行业规范。如何确保规范落实到位，以应对日新月异的视听媒体新业务，建立健全网络视听新业务治理体系的重要性由此凸显。视听新业务不断推陈出新，媒体融合不断加深加快，为实现视听新业务治理能力与时俱进、保证视听新业务治理体系的科学性和有效性，就要依托国家治理现代化背景，按照社会综合治理逻辑，践行网络综合治理理念，持续构建网络视听新业务综合治理体系。

二、实践目标：构建协同治理视角下的视听新业务治理体系

在全世界范围内，以“命令—控制”（command-and-control）为特征的管理模式大多已经被强调去中心化、扁平化和协作化的治理理念所取代。视听新业务在内容、形式、主体关系等多个层面亟须应用多主体、多手段进行协同治理。以视听内容治理为例，协调、引导和规范治理主体间的权利义务关系成为视听新业务治理体系建设的重点，这一关系的建设和运维必须充分发挥政府、平台和用户的能动作用，同时注意防范新技术带来的负面干扰。

（一）治理理论的新发展——协同治理

“协同治理”（Collaborative Governance）作为一种治理理论和策略最早诞生

① 中国网络视听节目服务协会.2021中国网络视听发展研究报告[R/OL].（2021-06-05）[2021-06-07].https：//www.sohu.com/a/470607018_121123762.

并流行于西方公共管理研究领域，随后逐渐向其他学科领域拓展。顺应社会治理现代化的发展大势，协同治理旨在通过纳入政府、市场、社会等多元治理主体构建扁平化治理体系，应用协作化治理策略。从目标、内涵与路径等方面来看，协同治理无疑是综合治理话语最好的理论注脚。

协同是指在一个开放系统中，各组成部分相互探索新位置、新活动的过程。治理是在治理目标统摄下为各主体制定的结构体系。协同治理的概念就在于协同与治理理论的相互融合，大致来说，其特征包含如下五个方面。

一是公共目标性。协同学认为不同主体之间联系的纽带是共同目标，而治理的直接目标是形成稳定的秩序。协同治理就是以解决社会公共问题为目标，以促进公共利益最大化。

二是多主体责任。一个存在着多元行为主体的复杂社会系统才需要治理，这些主体之间容易存在责任划分模糊的问题，而协同则强调参与主体共同承担责任。

三是规则确定性。各协同主体为优化分配公共资源而共享信息，治理则注重建立分配规则的过程，使各参与者之间的关系通过规则确定下来。

四是互利互惠性。协同的前提是参与主体在互信基础上实现资源的共享。治理理论中，社会系统的各行为主体之间的关系同样是建立在信任与互利基础上的竞争与协作。

五是动态开放性。信息的更新、共享，议题的产生、扩大，方案的执行、创新等各方面的诸多不确定性决定了其过程的动态性，需要各参与主体不断进行谈判与协商。

综上，协同治理即寻求有效治理结构的过程。在这一过程中，政府与企业、社会组织以及公民等利益相关者，为解决共同的社会问题既竞争又协作，规范地进行互动和决策，并对结果承担共同责任，以实现整体大于部分之和的效果。

因此，"协同治理"不仅反映了治理理论的核心特质，而且在实践中成为社会治理领域普遍认同的模式，是国家治理现代化的新发展方向。

（二）视听新业务的协同治理：何以可为？

2020年，网络视听业务继续稳健发展，市场规模同比增长32.3%。其中，短视频领域市场规模占比最大，同比增长57.5%，网络直播领域增长迅速，同比增长34.5%，视听泛在化、功能多样化日趋明显。[①]当前，视听已经成为网络内容的主要载体，在连接虚拟与现实、促进线上与线下信息双向流动、重构社会组织和结构形态等方面不断发挥作用。因此，网络视听不再是单一的信息和娱乐工具，其社会公共结构属性日渐凸显，也必将成为社会治理的基础单元。因此，在协同治理视角下构建完善的视听新业务综合治理体系，发挥网络视听业务在稳定社会秩序、提升公共利益等方面作用的需求更加强烈，目标更加清晰。

然而，相较于针对非视听形态的网络治理，网络视听新业务有其自身的特殊性，针对其的治理也必然产生了新的挑战。在内容层面，快餐化现象已是新媒体内容建设的顽疾，可视可听的信息呈现方式又进一步放大和满足了用户的猎奇心理，而善于情绪化表达的视听内容更容易造成社会舆论的极端化和非理性化，直接影响社会情绪的和谐稳定。例如，传统的“标题党”在视听新业务领域往往采用夸张的字幕、夸大的表演和无关的视频封面吸引用户的关注。部分下沉用户难以甄别低俗、庸俗、媚俗内容；未成年人模仿视频中不安全行为和违反社会公德行为、不良嗜好等的事件频发；对网络视频中存在的谣言，关键词屏蔽、语义识别等技术审查功能失效，等等。

另外，网络视听内容中的很多违法信息隐蔽性高，网络视听平台中的侵权问题和虚假宣传也日益严重。例如，著作权侵犯要素在视听内容方面难以鉴定，隐私权侵犯方式复杂多样，存在未经他人同意擅自将他人个人信息、照片等发布到平台的违规行为。此外，随着网络直播门槛的不断降低，网络谣言传播、侵犯用户隐私等违法违规行为也有愈演愈烈之势。2020年，全国12315平台共受理“直播”投诉举报2.55万件，其中“直播带货”诉求占比近8成，同比增长357.74%。使用“极限词”、虚假宣传、流量造假等问题不断发生。

在技术层面，5G、算法推荐、大数据、人工智能等新技术在升级视听体验、增强传播效果的同时，也引起了新型的内容造假、网络侵权等问题，不利于清朗网络空间的营造和社会治理水平的提高。

---

①　中国网络视听节目服务协会.2021中国网络视听发展研究报告[R/OL].（2021-06-05）[2021-06-07].https：//www.sohu.com/a/470607018_121123762.

（三）视听新业务的协同治理：何以可能？

不论是社会综合治理，还是视听新业务综合治理，其理论与实践层面都体现着协同治理的基本特征，具备了协同治理的实践基础。技术创新为视听新业务协同治理提供了强大的物质保障，社会结构的扁平化和网络化为协同治理提供了必要的组织基础，网络视听社交平台的发展为用户广泛参与治理提供了必要的主体支撑。视听新业务作为网络综合治理的重点，在遵循国家治理和社会综合治理现代化路径的基础上，更需要结合自身特点，发挥自身优势，构建起以协同治理理念为指导的网络视听新业务综合治理体系。

首先，在治理主体层面，视听新业务的治理主体相对复杂和多元，亟须协同协作。工信部、网信办、国家广电总局等部门在保障网络安全、意识形态安全、规则制定、视听内容监管等方面各自行使职能、发挥作用。网络视听平台兼具双重身份，既有商业目的和营利需求，也有信息发布和舆论动员功能。此外，随着视听内容生产和传播的门槛不断走低，拥有不同需求和专业化程度的内容生产者，如传统媒体、商业公司、个体均参与其中，以抖音、快手为代表的视听社交媒体用户快速增长，用户生产内容大幅增加，网络视听业务内容鱼龙混杂。因此，网络视听新业务治理也必须重视视听用户的力量和作用，发挥多主体的协同合力。

其次，在主体关系层面，如何协调各主体关系是视听新业务综合治理体系建设的关键。哈肯将使自然界子系统之间因关联而形成的协同运动的序参数比作“使一切事物有条不紊地组织起来的无形之手”。[①]在视听新业务治理中，政府、平台、用户三者间因共同利益而形成的联系便是协同治理体系得以建立的“无形之手”。规则的建立是使主体间关联变得有序的“阈值”。视听新业务治理的规范化和有序化需要协同规则的保障，进一步明确各治理主体间的职责，为网络视听健康有序发展提供制度保障。

最后，从视听业务现实的发展来看，视听业务形态日新月异，视听业务议题范围不断扩大，应对视听领域的新问题更要有开放动态的治理思维，保证各

---

① 赫尔曼·哈肯.协同学——大自然构成的奥秘［M］.凌复华，译.上海：上海译文出版社，2001：7-8.

主体之间资源持续共享，不断进行协商与协作。因此，构建网络视听新业务协同治理体系的治理目标，不是一劳永逸的一次性任务，而是不断发现治理问题、各主体持续协商解决的动态过程。

总之，在技术不断进步的背景下，网络视听内容生产、传播与互动模式的改变，重新塑造了多元主体之间的关系结构，冲击了传统视听治理模式的体制机制。而视听新业务治理作为新时代网络治理的重要课题，其内在基础、外在要求与协同治理的内涵高度一致，因此构建协同视角下的网络视听新业务综合治理体系，既是当前我国国家社会发展的必然选择，又是网络视听新业务发展的内在要求。

（四）视听新业务的协同治理：何以可用？

如上文所述，网络内容治理一直都是我国网络综合治理的重点。目前，我国的互联网内容治理已经从产品层面上升到生态层面。2020 年3月1日，由国家互联网信息办公室制定的，国内首次以“内容生态治理”为目标的互联网规章《网络信息内容生态治理规定》正式实施，提出“全主体参与、全流程监管、全环节覆盖”的制度设计。对网络信息内容生产者、网络信息内容服务平台、网络信息内容服务使用者以及网络行业组织在网络生态治理中的权利与义务进行规范，确立了政府、企业、社会、网民等主体多元参与协同共治的互联网内容生态治理模式，为网络视听业务内容治理绘制了蓝图，擘画了未来。

网络信息内容生态的协同治理体系确立后，协调、引导和规范治理主体间的权利与义务成为视听新业务治理体系建设的重点。根据协同治理的逻辑，政府不再是唯一的责任主体，但政府的作用并未因此降低。政府一方面是公共职权的授予者，另一方面是资金、技术的提供者，多方利益的统筹者，最终决策的制定者。平台作为技术渠道的拥有者、内容的分发者、自治的执行者，在整个协同治理体系中居于重要地位。用户作为内容的接收者、传播者以及生产者，在体系中也发挥着越来越大的作用。因此，网络视听新业务协同治理体系应立足“政府、平台、用户”多元主体协同共治的生态格局，夯实政府的统筹地位，落实平台的主体责任，发挥用户的监督作用，携手构建目标一致、责任共担、资源共享、互惠互利、深度交互的视听新业务治理体系。

在这样一个协同治理体系中，企业平台的作用十分关键。针对企业平台的

“商业利益本质”，要善于利用好以抖音、快手等为代表的短视频内容分享平台和社交服务平台的内容审核、分发推荐机制等控制信息可见性的技术，发挥其社会公益的促进作用，激发其社会责任的践行机制。例如，抖音最新推出青少年模式，在这一模式下，算法会精选教育类、知识类内容推荐在首页，帮助青少年树立正确的价值观。

视听新业务治理还需要重视政府主管部门参与内容治理的作用，创新优化领导管理机制，将以往被动的“事后追责”，改为“事前引导、事中监测、事后溯源”相结合，从源头上把控内容质量，对生产内容制作、发布全过程的治理机制进行指导，并从监管流程、治理技术、管理措施等方面予以规范。以抖音短视频为例，创作者在发布视频后有一定时间的审核期，如果标记违规，系统会提示创作者具体原因，这样就从内容发布前对创作者进行了引导和监管；如果内容中播放有版权限制的音乐也会被禁止分享。

视听内容服务使用者的每一次转发、点赞、视频下方留言、实时“弹幕”等主动参与行为都被视为信息内容新的生产过程。协同治理视角下，对用户输出的内容治理主要还是诉诸用户自律机制，强调文明和谐，理性参与。同时，视听内容用户也是最广大的监督群体，与平台企业共同承担内容治理责任。目前，较为通用的监督方式是用户举报。例如，快手用户在视频分享界面可以看到举报按键，长按评论区中的某条留言会出现举报选项，但重要的是提高用户甄别违规内容的意识和能力。对于平台不予受理的举报，应该有相应机制交由政府依法做出行政处理，对于情节严重的，平台有责任保留相关证据向法院提起诉讼。另外，有必要将视听业务治理纳入全国统一的公民诚信管理系统，形成及时矫正和惩罚网络视听领域失范行为的机制，提高视听平台用户违法违规行为的社会成本，建立有效举报违规违法内容的用户奖励机制。

需要注意的是，技术不成熟和海量视听内容的审核成本高等因素使平台在内容治理过程中过度依赖人工智能，对“疑似违规”的内容采取过于简化的过滤、限流、删除等方式，挫伤了网民用户的创造性，也极易助长平台掺杂私人利益的网络侵权行为。发生在平台基础设施的代码层和物理层的过滤，对于大部分用户而言是几乎不可感知的，但算法过滤却拥有决定网络视听内容是否呈现的权力，不仅会造成用户信息茧房的问题，也会对公民的表达自由和知情权构成威胁。

三、结论

“十四五”将是我国网络综合治理体系加速建设和完善的时期，网络视听新业务协同治理的践行是以“以人民为中心”的发展思想作为引领，在国家治理现代化的背景下，结合国内网络视听行业发展具体实践的基础上，构建起来的网络综合治理体系的重要组成部分。该体系旨在整合新发展阶段各治理主体的资源优势，实现视听新业务领域的长效善治，为社会综合治理探索新的治理路径，推进国家治理体系和治理能力现代化。网络视听新业务治理体系顺应网络社会的发展趋势，坚持党的领导地位，创新政府的管理方式，激发企业的履责担当，捋顺社会的监督机制，强化网民的自律意识，以治理促进建设，以建设引领治理，将社会效益放在首位，实现社会效益与经济效益相统一。在人类社会向网络化、数字化、智能化方向发展的历史进程中，实现发展依靠人民，发展成果由人民共享，既是社会治理的目标，也是视听新业务协同治理体系的应有之义。

4.3 短视频平台虚假信息研究：分类、特征与治理逻辑[①]

涂凌波　李晓娟　张　正[②]

摘要：2021年，我国短视频平台继续蓬勃发展，但其中虚假信息的生成、传播及其治理问题成为关注焦点。本研究基于假新闻、错误信息、误导信息和谣言四种类型的划分，通过对2018—2020三年间的342条短视频虚假信息案例进行内容分析，初步发现：误导信息占比较大，以UGC生产者为主；社会新闻主题占比高，"灾变母题"和"撒旦母题"占比高；大多呈现"伪新闻"样态，音视频特征显著；辟谣时间较短。本研究进一步分析了短视频虚假信息的五个传播特征，并认为在个人化、非新闻性的信息转换为公共化、新闻性的信息过程中，虚假信息的产生值得重视。本研究还从本源态、传播态、接收态三种传播形态展开分析，结合国家网信办出台的政策文件和规范性文件，对治理逻辑展开了讨论，希望为短视频平台的信息治理提供新的思路。

关键词：短视频平台；虚假信息；传播特征；信息治理

近年来，短视频作为一种媒介形式和生活方式，已经深深嵌入中国人的生活，成为人们获取信息、分享信息、社交互动乃至消磨时间的重要方式之一。当前，我国网民规模达10.11亿，其中短视频用户规模为8.88亿，占网民整体的

---

① 本文是研究阐释党的十四届四中全会精神国家社科基金重大项目"建立健全我国网络综合治理体系研究"的阶段性成果，项目编号：20ZDA061。

② 涂凌波，中国传媒大学电视学院教授，媒体融合与传播国家重点实验室研究员，广播电视学系主任；李晓娟，中国传媒大学电视学院广播电视学博士研究生，山东师范大学新闻系讲师；张正，中国传媒大学电视学院互联网与国家治理方向硕士研究生。

87.8%；根据历年报告可见，短视频媒介使用保持了稳定的增速。[①] 然而，因传播主体多元、时间短、速度快、门槛低、情绪感染力强等特点，短视频传播生态呈现“鱼龙混杂”的状况：一方面，多样化的信息给人们带来了愉悦的感官体验；另一方面，存在内容质量低劣、格调不高、同质化严重等传播问题。其中最令人担忧的是，短视频传播中虚假信息的蔓延以及造成的社会认知问题。因此，如何对短视频传播展开有效治理，是管理部门、行业和学界共同关心的问题。

本研究基于2018—2020三年间的短视频案例，通过对342条比较典型的虚假短视频信息展开深入分析，用实证数据揭示短视频传播中虚假信息的分类与传播特征，回应近年来关于虚假信息研究的理论问题，进而为有效治理短视频传播中的虚假信息提供新的思路。

一、短视频平台的虚假信息研究：分歧与共识

互联网传播中的虚假信息研究是学界业界关注的热点话题。2018年，一项量化研究发现，社交媒体上的假新闻的扩散显著性高于真新闻，虚假故事会激发人们的恐惧、厌恶和惊讶，而真实故事会激发期待、悲伤、喜悦和信任。[②]2020年，有学者通过对新冠肺炎疫情突发时期（2月6日、7日）的1000条推文进行研究发现，与基于科学的证据或事实核查推文相比，虚假信息的推文更多，但是基于科学的证据或事实核查推文比虚假信息的转发更多，受众参与度更高。[③]这些研究的启示在于，互联网平台的虚假信息及其传播会影响传播环境，但也取决于受众的接受心理和参与度等因素。

当前，短视频传播已经越来越平台化（platform），是平台经济的一部分，构成了一种新的平台生活方式，具有平台生产的属性，而非仅仅作为一种信息

① 中国互联网络信息中心.第48次中国互联网络发展状况统计报告[R/OL].（2021-02-03）[2021-07-01].http：//www.cac.gov.cn/2021-02/03/c_1613923423079314.htm.

② Vosoughi S，Roy D，Aral S. The Spread of True and False News Online[J]. Science，2018，359（6380）：1146-1151.

③ Pulido et al.，COVID-19 infodemic：More Retweets for Science-based Information on Coronavirus than for False Information[J]. International Sociology，2020，35（1）.

的中介。短视频传播中强烈的视听体验、戏剧性文本价值算法推荐的作用，将公共与私人的界限模糊化。个体生产的短视频内容，可以在短视频平台走向公共传播，与文字相比，视觉力量在唤起情感方面更直接、快速。[①]作为一种独立文本形态，短视频成了人们即时交流的“口语”。[②]

一些学者则对抖音等短视频的发展持悲观态度，因其存在虚假信息泛滥、个体理性衰落、信息茧房、民粹主义等问题。在新冠肺炎疫情期间的谣言传播中，打着专家旗号的文字、图片、短视频为主要传播形式，以增强其可信度。[③]还有研究发现，短视频虚假信息呈现出两种信息偏向：专业团队制作的PGC技术性造假视频和用户生产的UGC的阐释性（语境置换）偏向的造假视频，将“真实的视频”转变成“不实的信息”。[④]随着音视频摄制和编辑技术的普及，短视频生产已经大众化、海量化，客观上给专业把关带来了困难。虚假信息治理也面临技术与内容的双重挑战，智能算法不易核查“原子化”的短视频。[⑤]此外，网络平台在把关过程中“缺位”也是一大原因。

从虚假新闻/信息的概念上看，目前使用较多的几个中英文概念大致有如下区分：Fake news，一般翻译为“假新闻”，指具备特定传播意图、被验证为不实信息，且极易对公众造成误导的“新闻”；Misinformation，通常指错误消息的传播，传播者并非有意通过欺骗、操控或其他方式得到某种结果；Disinformation，一般指故意传播的并且常常是秘密传播的信息（deliberately and often covertly spread），以影响舆论或掩盖真相；False information，常与fake news互用，多用于新闻报道中，学术性较弱。当前，学者们对“假新闻”和“虚假信息”的研究重点集中在其形成机制、危害、治理等方面，大体上“（虚）假新闻”从属于“虚假信息”基本成为共识。因此，在考察互联网传播尤其是社交媒体传播平台

① 彭兰.短视频：视频生产力的“转基因”与再培育[J].新闻界，2019（01）：34-43.

② 王晓红，任垚媞.我国短视频生产的新特征与新问题[J].新闻战线，2016（17）：72-75.

③ 匡文波，武晓立.突发公共卫生事件中网络谣言传播模型及特征研究[J].新闻与写作，2020（04）：83-87.

④ 陈昌凤，陈凯宁.网络视频中的虚假信息偏向及其治理[J].新闻与写作，2018（12）：59-63.

⑤ 陈昌凤，师文.智能化新闻核查技术：算法、逻辑与局限[J].新闻大学，2018（06）：42-49+148.

时，使用外延更大的“虚假信息”较为合适。

本研究不专门讨论上述关于虚假信息/假新闻之间的概念差异，[①]而是基于相关文献，主要分析短视频传播中的公共化信息（个体化的、私人化的短视频信息不在本文研究范围内），将其分为假新闻（fake news）、错误信息（misinformation）、误导信息（disinformation）、谣言（rumor）四种基本类型，并展开相关的研究（图2-4-1）。

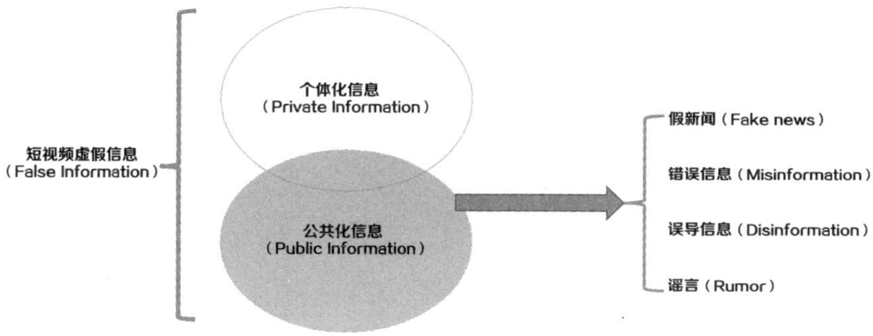

图2-4-1 本研究使用的基本概念示意图

二、短视频虚假信息的主要分类、生成及其传播特征

（一）研究方法与研究假设

本文主要采用内容分析方法，通过分析短视频数据，探究虚假信息产生的相关因素及其特征等。

1.样本来源与编码过程

本研究的样本来源于新浪微博平台，选取#微博辟谣#话题“视频”版块中2018年1月至2020年12月三年间的所有案例，由两位编码员逐条核对，寻找符合条件的虚假短视频，以及原始短视频信息和辟谣信息。新浪微博内容丰富、样本量较大，适合作为样本库来源。交叉查验“中国互联网联合辟谣平台”“抖音

---

① 相关研究可参照：汝绪华.国外假新闻研究：缘起、进展与评价.新闻与传播评论[J].2019（9）：61.此外，《新闻记者》杂志的年度虚假新闻报告也指出，“假新闻”包含了“错误信息”（无意）和“虚假信息”（故意）两个层面，虚假新闻中既有生产者因未经查证、道听途说而出现的错误信息（misinformation），也不乏生产者主观上就有意欺骗他人的“虚假信息”（disinformation）。

辟谣”等辟谣平台，其中的辟谣短视频基本都包含在“微博辟谣”样本库中，这也侧面证实了样本库选取的合理价值。

样本的筛选和编码过程分为三步。首先，两位编码员对所有案例进行逐条筛选和核对，去掉重复性的内容，最终获得342条有效样本数据。其次，试编码和编码条目确定。研究者通过共同编码最终确定本研究所选用的编码表，编码维度包含四方面：生产过程、内容分析、原因分析、类型等。最后，两位编码员对2018年1月至2020年12月的案例进行编码，并在编码结束后，交换案例表和编码表进行核对和修改。

需要说明的是，虽然编码过程中尽量保证科学性和准确度，但是编码中也遇到了一定困难。比如“问题出现阶段（首发、转发、不明）”编码维度，一些短视频虚假信息的源头无法查明，个别判断可能不够精确；“发布动机（无意、有意、故意、不明）”的判断带有一定的主观色彩；此外，一些原始视频素材来源已无法准确查证。研究者经过反复研讨，对一些模糊的编码进行了多次核对。

2.研究假设

根据前文文献及编码，提出以下研究假设并验证。

H1：短视频生产中UGC比PGC更易出现虚假信息。

H2：短视频虚假信息中，错误信息和误导信息的比重较大。

H3：短视频虚假信息的主题比较集中，符合人们对于主题的期待与想象。

H4：内容剪辑、环境缺失、音乐、音效等音视频特征是虚假信息生成的原因。

H5：在短视频虚假信息传播中，情绪因素的影响较大。

H6：新闻性更强、公共属性更强的短视频更可能产生虚假信息。

（二）短视频虚假信息的基本分析

经过数据分析，本研究发现短视频虚假信息的产生和传播具有一些最基本的特征。

1.虚假信息类别分析：误导信息占较大比重

分析显示，误导信息（disinformation）在短视频虚假信息中占比超过一半，而谣言的比重则近两成。进一步分析虚假信息发现，因创作者对视频画面、声音、文字等元素的故意（deliberately）加工，各种原始素材被重新整合在一起，形成了具有主观意图、误导性强的虚假短视频，传播者的主观意图直接或者间接地体现出来。

表2-4-1 四种类型的短视频虚假信息统计表

类别	假新闻	错误信息	误导信息	谣言	合计
数量（条）	43	32	200	67	342
比例（%）	12.6	9.3	58.5	19.6	100

进一步诉诸情绪维度发现，情绪反应强烈的是恐惧（35.1%）和愤怒（34.5%），相比其他情绪，如果虚假信息唤起人们的恐惧感和愤怒感，更可能使用户难以辨别信息的真伪。

表2-4-2 短视频虚假信息中四种情绪的分布统计表

类别	喜	怒	哀	惧	合计
数量（条）	42	118	62	120	342
比例（%）	12.3	34.5	18.1	35.1	100

2.虚假信息生产者与首发平台分析

如表2-4-3所示，视频拍摄者以UGC为主（占比高达85.9%），其次为PGC/OGC、自然类（如监控影像等）。由此可见，在短视频传播中，PGC/OGC的信息把关功能得到体现，而UGC拍摄的视频则更易出现虚假信息。

表2-4-3 短视频虚假信息的视频生产来源统计表

类别	UGC	PGC/OGC	自然类合计	其他（不明）	合计
数量（条）	294	28	16	4	342
比例（%）	85.9	8.2	4.7	1.2	100

如表2-4-4所示，从能够判别的样本来看，短视频虚假信息的首发平台排序：首先是朋友圈等个人社交平台，其次是微博等平台，而抖音等短视频平台占比并不高。当然，有37.7%的虚假信息已经无法准确识别其首发平台。以个人

用户为代表的UGC内容较依赖于朋友圈等社交平台的首发传播，PGC则多依靠自有或官方平台定向发布相关内容，而自然类视频主要指监控视频、行车记录仪等非人为主观拍摄内容。

表2-4-4　短视频虚假信息的首发平台统计表

类别	官方平台	朋友圈	微博	抖音等短视频平台	其他（不明）	合计
数量（条）	27	120	48	18	129	342
比例（%）	7.9	35.1	14	5.3	37.7	100

如表2-4-5所示，短视频虚假信息的生成阶段主要是首发阶段，占比达76.6%，后续不加核实地转发则进一步导致虚假信息蔓延开来。

表2-4-5　短视频虚假信息的问题阶段统计表

类别	首发	转发	其他（不明）	合计
数量（条）	262	61	19	342
比例（%）	76.6	17.8	5.6	100

3.虚假信息主题分析：大多呈现“伪新闻”样态

在主题分布上，将短视频虚假信息分成10类：政治、经济、军事、法律、科技、文教、健康卫生、体育、娱乐、社会新闻，其中社会新闻的比例最高，为98.25%。不难发现，短视频是一种嵌入日常生活的传播方式，与社会生活相关的内容出现虚假信息的可能性较高。在短视频虚假信息的生产路径中，即便原初并非新闻样态，在传播过程中会人为制造所谓的“新闻价值”和“新闻要素”，以“伪新闻”的形式进行传播。叙事性分析发现，参与主观判断的比例高达78.7%，客观记录仅有21.3%，参与性和共情性使虚假信息容易被接受，也导致虚假信息在社交媒体中快速、广泛传播。

陈力丹教授认为，文学的叙事内容表面看多种多样，但实际上都可以归纳为有限的“母题”，如寻宝母题、灾变母题、死亡母题、情欲母题、英雄母题、撒旦母题等。[①] 内容母题以灾变母题和撒旦母题为主，信息的模糊性和不确定性是造假的重要条件。根据这一分类，本研究发现短视频虚假信息呈现的叙事如表2-4-6所示。灾变母题往往具有超自然性、不可控性，同时具有一定的周期性。比如2019年初的利奇马台风、2020年的新冠肺炎疫情等，在这两个事件周期中，出现了较多关于台风和疫情的短视频虚假信息。可见，信息的不确定性和模糊性，使灾变母题可能出现虚假信息。撒旦母题源于人们的一种集体无意识心理，体现了人们对撒旦的愤恨和恐惧心理，同时具有一定的偶发性和频发性，反映出人们厌恶邪恶、渴望正义的朴素正义观。

表2-4-6　短视频虚假信息的六大母题统计表

母题类型	寻宝母题	灾变母题	死亡母题	情欲母题	英雄母题	撒旦母题	其他	合计
数量（条）	34	114	46	11	17	119	1	342
比例（%）	9.9	33.3	13.5	3.2	5.0	34.8	0.3	100

表2-4-7　短视频虚假信息母题与发布动机交叉表

类别			内容母题						
			寻宝母题	灾变母题	死亡母题	情欲母题	英雄母题	撒旦母题	总计
发布动机	有意	计数	14	26	16	4	12	43	115
		占发布动机的百分比	12.2%	22.6%	13.9%	3.5%	10.4%	37.4%	100.0%
	无意	计数	12	20	4	2	2	23	63
		占发布动机的百分比	19.0%	31.7%	6.3%	3.2%	3.2%	36.5%	99.9%
	恶意	计数	5	47	9	2	3	30	96
		占发布动机的百分比	5.2%	49.0%	9.4%	2.1%	3.1%	31.3%	100.1%
总计		计数	31	93	29	8	17	96	274
		占发布动机的百分比	11.3%	33.9%	10.6%	2.9%	6.2%	35.0%	99.9%

① 陈力丹.文学的叙事和“母题”[J].东南传播，2016（09）：30-34.

4.音视频信息分析

景别单一且以远景全景为主，是短视频虚假信息的主要画面特征。PGC拍摄的远景全景占比75.7%，而UGC拍摄的远景全景比例则更大，占比为91.8%。可见，因画面内容缺乏细节，虚假信息有了可乘之机，一些猜测性的文字也随之出现。

画面的环境缺失是虚假信息的重要表现（比例高于37.5%）。环境或语境的缺失使内容可能引起误解，而UGC群体受拍摄环境、设备、技术的限制，相比之下内容生产的专业性不高，容易缺失对环境的完整呈现（占比为62.6%）。

值得注意的是，后期技术处理并不是主要问题。对样本视频是否采用了剪辑、声音处理等因素进行分析后发现，UGC、PGC、自然类三种分类中产生问题的比例均较低（低于7.5%）。

不过，背景音乐和音效加剧了情绪化传播。数据显示，38.8%的虚假信息短视频添加了背景音乐和音效，以强化主观情绪的引导作用。

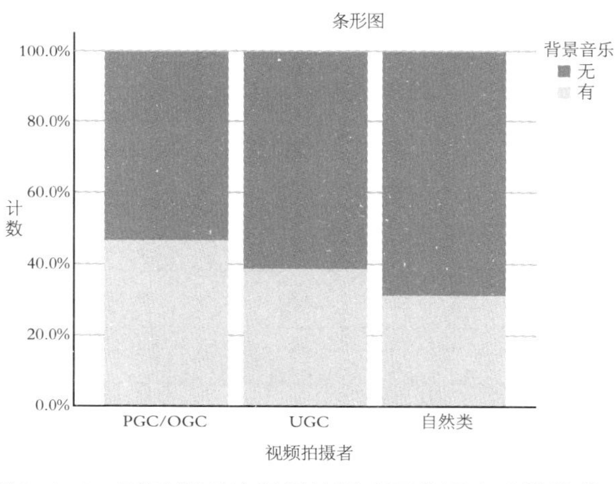

图2-4-2　不同类型的视频拍摄采用背景音乐的柱状图

5.虚假信息的辟谣情况分析

数据分析发现，近三分之二的虚假信息短视频较快得到了辟谣和澄清。在辟谣时间上，辟谣时间在1—3天的比例最高，为37.4%；其次为1天之内，比例为27.2%。有64.6%的虚假信息在3天以内得到了澄清，辟谣时间相对较短。

表2-4-8 短视频虚假信息的辟谣时间分布

类别	1天内	1—3天	3天以上	其他（不明）	合计
数量（条）	93	128	46	75	342
比例（%）	27.2	37.4	13.5	23.9	102

辟谣者构成中，权威机构、主流媒体是主要的辟谣者。除官方澄清和媒体辟谣外，个人辟谣也发挥了一定的作用。权威机构辟谣比例最高（69.3%），尤其以警察（包括网警）为主。由此可见，通过融媒体建设，各政府机关、企事业单位的媒体政务平台起到了重要的作用。其次为主流媒体（23.4%），发挥了媒体“澄清谬误”的作用。而个人辟谣者往往需要一定的时间延展，并且需要其他辟谣者合力才能发挥更好的作用。

表2-4-9 虚假信息的辟谣者统计图

类别	个人	媒体	机构	其他（不明）	合计
数量（条）	22	80	237	2	342
比例（%）	6.4	23.4	69.3	0.6	99.7

（三）从个体到公共：短视频虚假信息的生成表现

虚假信息的成因一直是研究的热点，媒体或平台未加核实、“伪传信息”（主观蓄意传播的虚假信息）的出现、混合型媒介系统加大把关难度等因素，都导致虚假信息的生成。[①]短视频虚假信息的成因和其他类型虚假信息有相似因素，但也有其个性特征，需要从其生成表现中加以分析。短视频虚假信息可以按照个体与公共、新闻与非新闻进行区别，如图2-4-3所示。

① 年度虚假新闻研究课题组.2020年虚假新闻研究报告.新闻记者[J]，2021（01）：23-37.

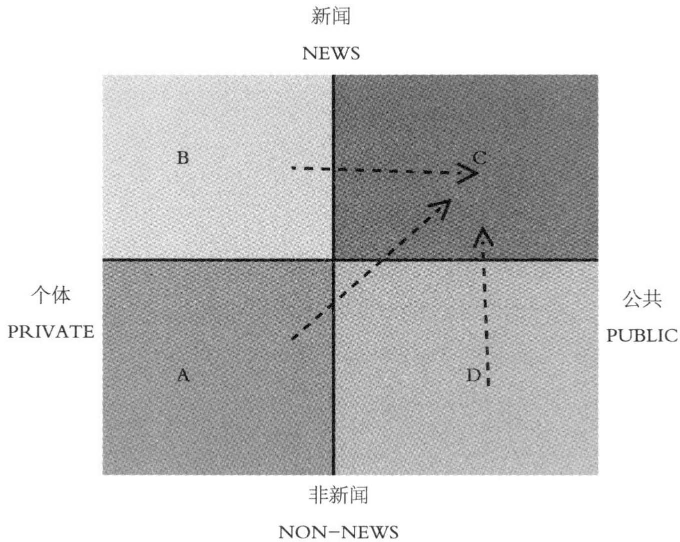

图2-4-3　本研究所采用的短视频信息生成示意图

个体信息主要指个人生活类短视频。平台上此类信息数量庞大，不乏摆拍、合成、造假等情况，但考虑到未对公共利益造成危害，因此不作进一步分析。本文分析的公共信息主要包含两类情况：一是涉及公共问题的，二是个人的、私人的问题经过传播后影响公共利益的。对虚假短视频信息进行分析后发现，大部分在首发阶段不属于C象限（公共、新闻）的短视频，经由网络传播，呈现出向C象限转化的趋势。同时，从A、B、D三个象限向C想象转化的过程中，往往容易出现虚假信息。

表2-4-10　短视频虚假信息的象限分布统计表

类别＼象限	A	B	C	D	合计
数量（条）	15	43	251	33	342
比例（%）	4.4	12.6	73.4	9.6	100

A象限是个人的、非新闻性短视频信息，所占比例最少（4.4%）。但是，字幕、文本、音乐等附加信息，可能引导公众情绪，被“设置”为公共性社会话题。比如2020年11月2日“电焊专业学生在宿舍赶作业”的短视频冲上热搜，但

随后当事人提供原视频辟谣，称当时是后勤师傅在维修衣架和床。当公众对此事形成关注后，个人的影像便成为公共话题，虚假信息由此产生社会影响。

B象限是个人产生的视频，但具有一定的新闻性，所占比例为12.6%。如2020年8月15日，一条微博视频“转发等同报警！西南地区被拐卖的汉族女子（媳妇）逃跑被发现”引发舆论关注，视频中一名年轻女子被一名穿着传统服饰的年长女子殴打。然而8月16日青海警方核实情况却发现，藏族女子因家庭矛盾被丈夫送回娘家后，被母亲教训。因该短视频涉及“妇女拐卖”这一社会问题，加之“转发等同报警!”的情绪诱导话语，该条信息被迅速关注和转发，形成新闻热点，由个体话题延展至公众议题，引发群体的关注。

D象限是带有公共性质的内容，但是不具有新闻性，所占比例为9.6%。如2020年10月23日“天空之镜”景点涉嫌网络虚假宣传，因与实景严重不相符而被处罚。广告宣传不是新闻，但因为话题成为热点，导致当地相关部门介入，反而具有了新闻性。可见，部分公共信息尽管不属于新闻范畴，但是可能会在传播过程中成为一条“虚假新闻”。

对动机主观意图的强烈程度进行编码后发现，有意制造虚假信息的比例最高（33.6%），其主观意图明显，如吸引流量、警示或提醒他人等，但并不具备威胁性意图或贬损他人等恶性意图，所造成伤害性相对较少。恶意制造虚假信息的比例为28.1%，表现为主观恶性意图明显，有贬损他人或制造伤害的意图，辟谣后往往被予以处罚。关于动机的分析，未来可以结合问卷调查和深度访谈进一步探究。

表2-4-11 短视频虚假信息的传播动机统计表

动机	无意	有意	恶意	其他（不明）	合计
数量	63	115	96	68	342
比例（%）	18.4	33.6	28.1	19.9	100

（四）短视频虚假信息的主要传播特征

本研究分析初步发现，短视频虚假信息有如下传播特征。

第一，情绪性信息传播特征。从个体化影像、私人化传播到公共传播的转换中，语境（context）置换导致虚假信息的产生，而背景音乐则强化公众的情绪，通常表现为误导信息（disinformation）或错误信息（misinformation）。

短视频虚假信息的生成方式存在共性，从个体化影像、私人化传播到公共传播的转换过程中，受情绪影响，缺乏准确的语境信息，加之背景音乐等煽情因素，就可能产生虚假信息。当公众个体的、私人的意见表达与情绪通过短视频进入公共空间时，就不可避免地产生公共参与性质。[①]相比客观中立、不夹带感情倾向的新闻，带有强烈情绪、观点和煽动力的标题和内容更容易引起人们的关注，情感和立场往往先于理性和客观。[②]本研究发现，情绪性信息传播在短视频虚假信息中所占比重较高，为78.7%，尤其以UGC传播最为突出，同时94.4%存在认知偏误。

比如2020年新冠肺炎疫情期间，山东援鄂护士张静静同志在结束援鄂工作回济南后，遗憾离世。在4月27日的遗体告别仪式上，广为流传的一条短视频显示，她5岁女儿背对镜头、抱着爸爸大声哭喊："妈妈不要丢下我。"小女孩撕心裂肺的哭声，搭配悲伤的音乐，令无数观者动容，此视频也引起了共情式的广泛传播。但随后官方辟谣，该视频为嫁接内容的虚假信息：前半部分小女孩抱住爸爸的视频，是北京世纪坛医院援鄂医生张婕的女儿迎接爸爸归来的喜庆内容，而配音则是抖音上一个小女孩在妈妈上班时哭闹的声音。

这个虚假信息得以广泛传播的原因是，它符合了人们的心理情感预期，在强大的情绪性影响下，人们忽略了事实层面的核查，导致虚假信息的扩散与转发。甚至在辟谣过去一年后，该条视频和相关内容仍然在网络上传播，究其原因在于其满足了网民对"贤妻良母"角色离世的心理预设，完成了个人的情绪抒发。

第二，冲突性视觉文本呈现特征。虚假信息案例中大量使用第一视角或监控画面营造"真实感"，虽然缺失完整信息链条，而且部分影像素材粗糙、细节

---

① 邓若伊、余梦珑.短视频发展的问题、对策与方向[J].西南民族大学学报（人文社科版），2018（08）：129-134.

② 胡翼青.后真相时代的传播——兼论专业新闻业的当下危机[J].西北师大学报（社会科学版），2017，54（06）：28-35.

失真，但冲突性故事文本得以建构，普通用户很难发现。

2020年6月19日，“一大爷无健康码徒步千里走到浙江打工”的视频引发大量网友关注。短视频称，大爷是安徽亳州人，无儿无女，打算去浙江黄岩投奔亲戚打工。一路上因为没有手机，无法出示健康码，多次想要乘车被拒。无奈之下，大爷便从安徽亳州徒步走到浙江，已经走了半个多月。23日事情出现反转，经核实，大爷是坐火车到浙江的，而杭州铁路部门也回应说，没有健康码可以坐火车。真相一出，舆论哗然，有网友调侃道：“整件事情里，除了大爷是真大爷，没有一处是真的。”

该视频以第一视角呈现拍客与老汉的现场问答，现场感强。尽管本身只是个人化、私人化的事件，但是经短视频平台传播之后，就被补充上了一些信息，进行了语境化的处理，强化了视觉文本的冲突性。这条信息源于个人化的不完整信息，经由传播链条的补充、加工后，变成了一条虚假新闻，引发公众对老年人“数字鸿沟”问题的关注。

数据显示，76.3%的短视频虚假信息存在较高的视觉文本冲突问题，短视频中出现字幕问题占比高达69%。短视频画面本身的多释性特点导致新闻要素不齐备，必须通过音频、字幕或文本等途径进行解释，其中字幕和文本是主要形式，这也是短视频造假的重灾区。在短视频虚假信息传播中，用户通过对原视频有意或无意地重新阐释（即语境置换），将“真实的视频”转变成了“不实的信息”。[①]冲突性视觉文本的呈现，是值得关注的重要特征之一。

第三，伪“现场新闻”式呈现特征。数据显示，短视频虚假信息多以伪“新闻现场”的形式呈现，造成虚假的“现场感”，以手机拍摄长镜头为主、全景景别、景别单一，可能有同期声和解说词等，不同的镜头景别反映了传播者的情绪诉求（如表2-4-12）。

---

① 陈昌凤，陈凯宁.网络视频中的虚假信息偏向及其治理.新闻与写作[J].2018（12）：59-63.

表2-4-12 短视频虚假信息的情绪与景别交叉表

景别	诉诸情绪	喜	怒	哀	惧	总计
远	计数	4	6	11	24	45
	占景别的百分比	8.9%	13.3%	24.5%	53.3%	100%
全	计数	25	90	44	78	237
	占景别的百分比	10.5%	38.0%	18.6%	32.9%	100.0%
中	计数	2	8	0	0	10
	占景别的百分比	20.0%	80.0%	0.0%	0.0%	100.0%
近	计数	4	7	5	3	19
	占景别的百分比	21.1%	36.8%	26.3%	15.8%	100.0%
总计		35	111	60	105	311
占景别的百分比		11.3%	35.6%	19.3%	33.8%	100.0%

在短视频虚假信息中，事实往往无法确证，最多只是一个“新闻”线索，但是却能唤起人们的风险恐惧和愤怒之情。2020年10月10日，“山东两男子酒后调戏火锅店老板娘，不料被反击”的短视频在网上传播。视频显示，火锅店里两名醉酒男子对一名女服务员举止轻浮，随后被这个女子击倒。之后该女子接受媒体采访，称自己是火锅店老板娘，曾为跆拳道冠军。然而此事实际发生于10月8日，短视频中的场景是情景重现的摆拍。该视频以全景长镜头形式拍摄，呈现出了“伪新闻”现场的形式，塑造“真实感”，借以打消网民对新闻真实性判断的疑虑，增强其传播的力度和广度。因此，如何判别视听画面的真实性，是网民需进一步提升的媒介素养。

第四，“狂欢”的媒体或视觉景观特征。在短视频平台，一些很快被证实为虚假信息的短视频，却因其与公众诉求成期待一致，从而得以被广泛传播，公众参与了错误信息（misinformation）传播。前文的母题分析显示，在母题归类上，PGC和UGC的虚假信息类别体现出了明显的差异性。PGC视频以寻宝母题（28.6%）、英雄母题（23.5%）为主，而UGC视频以灾变母题（36.5%）、撒旦母题（33.4%）为主，自然类视频则大部分为撒旦母题（68.8%）。可见，UGC为了吸引流量、更多传播恐惧类短视频，借以引发人的恐慌心理，增强对信息的关注。

在短视频兴起前的长视频时代，视频的制作和发布主要依赖媒体。短视频却使道格拉斯·凯尔纳所称的制造“媒体奇观”（media spectacle）①的权利交给了普通网民，网民享有了制造“视觉景观”的能力。2020年6月，朋友圈流传一段“蒙古国送中国的羊入境了”的视频。视频中数以千计的羊组成的羊群，在几位牧羊人的驱赶下，浩浩荡荡向远处走去。视频所配文字称：“30000只羊方队向我们走来，好不壮观。”辟谣随之而来：事件发生地点不在国内，蒙古国捐赠的3万只羊暂未运往中国。其实根据常理推断，考虑街道实景、羊的饲养情况以及疫情情况，都不可能是蒙古羊入境。但是在网民参与转发的“洪流”下，这一错误信息被广泛传播，甚至催生了平台上的一种视觉“狂欢”。

第五，私人事件公共化过程中的视觉阐释特征。在短视频制作或传播中，短视频生产者对视频画面进行有意的阐释，从而将一些本不存在的事实或者私人化的事实变为公共事件，这是虚假信息的一个特征。

2020年6月21日，网上多人转载“援鄂车主去世”的短视频。据称，湖北孝感一公园内有一私家车停在此处几个月无人认领，经查“车主在抗疫一线帮忙送菜，后来感冒发烧没多久就去世了。车主家人表示会把车开走”。随后，该消息登上微博热搜，一度排名第二，引发网友广泛关注。但第二天车主辟谣称仍然健在。而拍摄者王某称，关于“车主曾参与抗疫后发烧去世”这一说法，是他出于好心而瞎编的。随后，王某因散布谣言被依法处以行政拘留3日。该短视频中，视频拍摄者通过对地点（湖北孝感，疫情重灾区）、事件（私家车蒙尘无人认领）、时间（几个月）的细节化视觉呈现，并加工其他新闻要素如人物（抗疫英雄）、原因（感染牺牲）等，完成了对零散事实的臆想式补充，制造了一则“援鄂车主去世”的假新闻，引起广泛传播。

在私人事件的公众化演进过程中，近景景别、情绪化语言和视觉形象都是促成视觉化阐释的必要手段，成为吸引公众注意力的重要砝码。在信息过载的今天，相比客观中立、不带情绪的事实，传播者主动输出情绪性强、煽动性强

---

① 道格拉斯·凯尔纳.媒体奇观：当代美国社会文化透视[M].北京：清华大学出版社，2003：2.

的视觉信息，明显会获得更多的关注度。

四、短视频虚假信息的传播形态及其治理逻辑

2018年4月以来，国家网信办等部门集中展开对短视频平台的专项整治活动，出台了一系列相关的政策文件和规范性文件。2020年1月，国家网信办正式施行《网络音视频信息服务管理规定》，对网络音视频信息服务提供者、平台、使用者的权利与义务做了明确规定；2020年3月，《网络信息内容生态治理规定》的出台，进一步明确了网络信息治理中各个主体的责任与义务。最后，本研究进一步考察短视频虚假信息的传播形态，尝试从虚假信息的传播链条中厘清本源态、传播态、接收态三种信息形态并展开分类阐述，解析其传播链条的多种诱因和影响因素，从中探寻治理逻辑。

（一）本源态的虚假信息

本研究分析发现，76.6%的短视频虚假信息在本源态阶段出现了问题，包括源素材获取问题、加工剪辑造成的虚假问题等。从视频拍摄者角度来说，95.3%的短视频虚假信息来源于UGC，其中朋友圈等个人社交平台是高发平台，其次是微博、抖音等平台，社交传播成为虚假信息裂变的主要途径。

从内容上看，既有生产者凭空恶意虚构的谣言（rumor），也有道听途说、未经核实、断章取义等生产的错误性信息（misinformation），或有意主观猜测、添油加醋、张冠李戴而产生的误导性信息（disinformation）。从本源态分析可以发现，传播动机不一而足，既有主观恶意和有意，也有无意造成的，这体现出短视频虚假信息产生原因的多样化特性。不管基于何种原因，客观上确实在网络空间乃至社会上造成了一定的负面影响。

如2020年8月初“富婆出轨快递小哥”的案例。郎某拍摄了一位年轻女子取快递的视频，之后与朋友何某分别饰演快递小哥和对面小区独自在家带孩子的“小富婆”在微信上聊天，编造了“富婆出轨快递小哥”的剧情。8月13日，警方对两人处以行政拘留9日的处罚，但该视频对当事人及其家人造成了恶劣的社会影响。随后，郎某和何某两人被告上法庭。此案例属于恶意编造谣言，郎某表示自己是“出于虚荣心，吹吹牛皮的想法……只是为博大家一笑，没想到被人把聊天记录传了出去”。

针对造假的动机性和危害性，相关部门对生产者采取了不同的治理措施。《网络信息内容生态治理规定》的第4条至第7条，规定了网络信息内容生产者的限制性行为，第34条明确规定了法律责任为“网络信息内容生产者违反本规定第六条规定的，网络信息内容服务平台应当依法依约采取警示整改、限制功能、暂停更新、关闭账号等处置措施，及时消除违法信息内容，保存记录并向有关主管部门报告”。

从治理的角度来看，当前对生产者的处罚以行政处罚为主，民事诉讼和赔偿有一定的难度，主要原因在于对造假动机的判定存在一定的困难。法律学者对相关法条的解释认为，虚假信息应当理解为没有根据的信息，应具备无根据性、具体性、可信性和关联性，并造成公共秩序严重混乱。[①]可见，主观故意性和损害程度是虚假信息的两个重要判定因素。此外，从传播形态来看，错误信息很难追溯生产和传播的全链条（尤其是本源态信息），所以短视频平台和其他网络平台，如何在信息发布阶段，对内容生产者或传播者进行有效监管和处理，是破解短视频虚假信息传播中比较关键的一环。

（二）传播态的虚假信息

短视频虚假信息传播态呈现出多元、复杂等特点：传播主体单一和多元并存；传播内容碎片化和完整性并存；传播过程经过了多次转发与再加工；短视频“生命周期”短，事实不完整，所以在传播过程中容易产生变形。

治理短视频虚假信息传播的难点在于，一条短视频需要达到一定的传播热度、得到一定的关注、并引发社会影响后，才可能被迅速辟谣，所以辟谣的时间对于传播态的虚假信息的“生命周期”而言至关重要。数据发现，PGC/OGC、UGC、自然类的虚假视频信息被辟谣的时间周期存在一定的差异，UGC和自然类视频被辟谣的时间相对较短。

从PGC和UGC的辟谣时间可见，PGC的谣言往往需要更长的辟谣时间。PGC内容的制作、传播方式相比其他类别更精良，因此需要公众具有较高的识别能力。如果最初的短视频拍摄者为自媒体，之后被主流媒体转引就会被认为

① 孙万怀，卢恒飞. 刑法应当理性应对网络谣言——对网络造谣司法解释的实证评估[J]. 法学，2013（11）：5-21.

得到了媒体的“确认”，不需要核实视频的细节了。因此，包括主流媒体在内的PGC在信息传播中具有相当的权威性和公信力，应十分严格地把关短视频信息。

从传播态来讲，PGC加强审核力度和提高信息质量，对辟谣可以起到积极作用。《网络信息内容生态治理规定》的第8—17条明确规定了网络信息内容服务平台应当履行信息内容管理主体责任，从人员设置、治理细则、技术保障、处置措施、账号信用管理等多个方面做了详细规定。其中值得注意的是，关于传播平台的治理问题，体现了人工与技术相结合、处置与预防相结合、平台监管与公众参与相结合的逻辑，这是比较符合当前网络平台化阶段特征的。《网络音视频信息服务管理规定》要求音视频信息服务提供者，需要配备与服务规模相适应的专业人员，建立健全用户注册、信息发布审核、信息安全管理、应急处置、从业人员教育培训、未成年人保护、知识产权保护等制度，具有与新技术新应用发展相适应的安全可控的技术保障和防范措施等。2021年1月1日《中华人民共和国民法典》施行后，其中对虚假信息相关的约束条款值得注意，比如第一千零二十五条规定，捏造、歪曲事实的要承担民事责任。

（三）接收态的虚假信息

从短视频虚假信息的接收态来看，视觉化信息会给用户带来一定的情绪性和情感性引导，由此可能产生认知偏误、确认偏误、恐惧唤醒等情况。另外，长时段的短视频使用沉浸（加之算法推荐的作用），可能导致过滤泡效应的产生，进而降低用户对虚假信息的判别力度。

《网络信息内容生态治理规定》的第四部分规定了网络信息内容服务使用者的责任与义务，规定了使用者在以发帖、回复、留言、弹幕等形式参与网络活动时的限制性条款，并且鼓励使用者积极参与网络信息内容生态治理。《网络音视频信息服务管理规定》第11条规定，网络音视频信息服务提供者和使用者不得利用基于深度学习、虚拟现实等的新技术新应用制作、发布、传播虚假新闻信息。从治理逻辑上看，对于信息使用者在接收态层面的限制性规定，相关政策文件和规范性条款作出了比较具体的要求，但如何有效处罚或者遏制接收者对于虚假信息尤其是错误信息（misinformation）的二次转发，则是治理中的难点。

五、结语

本研究基于短视频平台的虚假信息案例展开了实证分析，以期通过经验材料的研究回应短视频平台治理过程中面临的问题与挑战、难点与痛点、政策与实践等问题。想要打造多元、繁荣、创新的短视频内容生态，我们需要辩证地看待短视频平台的信息传播：既要注意区分个人化、私人化的信息传播，鼓励用户的内容生产与创新；也要关注从个人化、非新闻性信息转换为公共化、新闻性信息的过程中产生虚假信息的问题。短视频平台的信息治理，目前已有较为完善的法律法规、政策文件和规范性文件作为他律，同时传播者、平台和用户都要增强自律，共同维护和建设良好的传播生态。最后，作为一项探索性研究，本文还存在不足，分析的样本主要是本源态和传播态的，对于接收态的虚假信息研究及其治理问题的探究，仍有待进一步实证研究。

第三章
专研报告

专研报告一：传播矩阵与“深融”实践：我国三大央媒移动客户端研究

赵淑萍　王海龙　韦梦瑶[①]

摘要：移动客户端已经成为移动互联网的核心入口，是人们获取信息的主要渠道。2021年，中央媒体的移动客户端矩阵体系初步构建成形，在我国媒体融合从“真融”进入“深融”的背景下，移动客户端承担着更加重要的使命。本文对人民日报、新华社、中央广播电视总台三大央媒的移动客户端进行专门研究，从矩阵结构、功能革新、运营策略三个维度进行动态观察和比较研究，梳理出三大央媒移动客户端的特点：人民日报搭建多端聚合的公共信息平台，新华社以高品质内容引导主流价值，中央广播电视总台发挥视听资源优势。在此基础上，本文提出了中央媒体面向未来的发展进路：搭建共享平台、整合内外资源，垂直细分内容、实现差异发展，顺应技术演进、革新媒介功能。

关键词：中央媒体；移动客户端；传播矩阵；媒体融合

自2014年开始，中央主流媒体（以下简称“央媒”）开始自主建设移动客户端，以此作为媒体融合的一种路径。经过几年的发展，央媒的移动客户端已从“单兵作战”变成“矩阵联合”。2021年，随着推进媒体深度融合被列入国家“十四五”规划，我国的媒体融合从“真融”进入“深融”阶段。移动客户端的

---

① 赵淑萍，中国传媒大学电视学院学术委员会主任、教授；王海龙，中国传媒大学电视学院博士研究生；韦梦瑶，中国传媒大学电视学院硕士研究生。本文是国家社科基金重大项目“媒体深度融合发展与新时代社会治理模式创新”的阶段性成果，项目编号：19@ZH043。

发展面临新的时代背景，也承担着更加重要的使命。

本文对人民日报、新华社、中央广播电视总台三大央媒的移动客户端进行了专门研究，通过对三大央媒客户端进行动态观察和比较研究，从矩阵结构、功能革新和运营策略三个角度进行分析，总结了各个央媒移动客户端的传播矩阵和深度融合实践特征，并提出面向未来的发展进路。

一、央媒移动客户端的现实需求与生存挑战

移动客户端又称移动互联网应用，是指基于移动设备（智能手机、平板电脑等）的应用软件，是与电脑客户端相对的概念。移动客户端能够随时随地为用户提供信息服务，从而实现人与信息、人与人、人与物之间更加紧密的联系。移动客户端是移动互联网的核心入口，也是互联网时代人们获取信息的最主要渠道。CNNIC发布的《第48次中国互联网发展状况统计报告》显示，截至2021年6月，我国移动客户端的数量为302万款。[①]

2011年，苏州广电集团推出的无线苏州客户端首开我国主流媒体建设移动客户端的先河。2014年，国家将“传统媒体与新媒体融合”提到政策层面，建设移动客户端成为媒体融合的突破路径。人民日报和新华社相继推出了“人民日报”和“新华发布”移动客户端，部分省级主流媒体也开始了建设移动客户端的探索。2018年，习近平总书记在全国宣传思想工作会议上要求，“扎实抓好县级融媒体中心建设”，移动客户端成为各地融媒体中心的标配。云计算技术的普及，为移动客户端的建设提供了“基础设施”，加速了各地移动客户端的建设。

我国主流媒体移动客户端的建设主体主要有各级报社、广播电视台、新闻门户网站，以及新组建的融媒体中心。各地结合实际，因地制宜，探索出移动客户端建设的差异化道路。从目前的发展状况来看，我国主流媒体的移动客户端主要有以下三种类型：一是新闻资讯类，如人民日报、新华社、北京时间、

① 中国互联网络信息中心（CNNIC）.第48次中国互联网发展状况统计报告[R/OL].（2021-08-28）[2021-08-27]. http：//www.cnnic.net.cn/hlwfzyj/hlwxzbg/hlwtjbg/202108/P020210827326243065642.pdf

闪电新闻等，以提供新闻资讯为主要功能；二是公共信息平台类，如无线苏州、掌上敦煌等，是指将城市信息、市民信息、生活信息、政府信息融为一体的信息平台；三是垂直应用类，是指各地开发的专注不同领域的信息平台，如河南日报报业集团的豫直播、广东广播电视台大爱有声公益平台等。在近些年的发展中，主流媒体的移动客户端的功能从资讯传播逐渐向生活服务和社会治理拓展。

（一）现实需求：移动转型的前端与媒体融合的中台

对于中央媒体来说，建设移动客户端主要基于以下两个方面的需求。

第一，智能手机的出现使移动传播进入新的阶段，移动客户端成为继wap网页、手机报之后基于手机的又一新型媒介形态，成为人们获取信息的主要渠道。面对渠道竞争的压力，作为传统媒体的央媒需要通过移动客户端向外输出优质内容。因此，在媒体融合的进程中，“两微一端”成为央媒新媒体传播的阵地，其中，端指的就是移动客户端。随着传媒生态进入“四全媒体”的阶段，央媒的移动客户端成为全媒体矩阵中的重要支点。

第二，网络生态中，不同的媒介相互融合，既有竞争，也有合作。移动客户端的一些优质内容能够借助社交媒体的分享进行二次传播，而中央媒体也可以通过社交媒体向移动客户端引流，使用户获得更加深度的阅读体验。同时，H5等一些互动性强的内容、VR/AR等沉浸式体验的内容只能通过移动客户端进行体验。于是，移动客户端成为媒体融合的中台，发挥着其他媒介形态不可替代的作用。

总之，移动客户端是中央媒体在移动传播领域的自主可控平台，既是央媒从传统向移动转型的前端，也是中央媒体在移动互联生态实现突围的中台，更是央媒构建全媒体矩阵的重要支点。

（二）生存挑战：内容形态的差异与移动生态的竞争

中央媒体移动客户端的建设是基于现实需求的产物，是中央媒体在媒体融合和构建全媒体格局中的突破和尝试。央媒移动客户端的生存也面临着诸多挑战。

其一，我国的央媒并非移动互联网的原住民，其生产的内容与移动客户端无法直接适配。在内容供给上，中央媒体移动客户端不能直接照搬报纸、广播和电视上的内容。因此，如何通过流程再造、资源整合、人才重组，突破新旧媒介之间的壁垒，生产出适合移动客户端的内容，是央媒面临的一大挑战。

其二，从央媒移动客户端所处的生态位来看，央媒移动客户端与功能相近的新闻资讯类应用共同争夺用户资源，在移动生态圈中与社交媒体、短视频/直播平台、电子商务等应用共同争夺注意力资源。在移动生态圈中，央媒的传统媒体优势无法凸显，央媒移动客户端必须直面来自移动生态圈的竞争，这是央媒移动客户端面临的另一个挑战。

二、人民日报：搭建多端聚合的公共信息平台

人民日报始终是我国主流媒体媒体融合的先行者。早在1997年1月1日，人民日报就率先创办了人民日报电子版，迈出了网络化转型的第一步。亲近技术、研发技术、引领技术、技术支撑是人民日报媒体转型的一大特色。人民日报先后成立了人民日报媒体技术股份有限公司（2014）、中央厨房（2016）、中国媒体融媒体云（2016）和全国党媒信息公共平台（2017）。在此基础上，人民日报通过对外输出技术、提供服务和共享渠道的方式，为其他党媒的媒体融合赋能。而人民日报旗下的移动客户端则逐渐成为汇聚党媒和人民声音的多端聚合的公共信息平台。

（一）矩阵体系：技术支撑，开放式运营

目前，人民日报旗下的客户端有“人民日报”“人民日报少年”“人民视频”“人民网+”“领导留言板”“人民论坛”“人民日报+”和“人民智云”等。其中，“人民智云”和“人民日报+”两个客户端已于2021年停止更新内容。表3-1-1为人民日报旗下客户端的概况。

表3-1-1　人民日报旗下客户端概况一览表（部分）

客户端名称	功能定位
人民日报	全媒体聚合平台
人民日报少年	面对中小学德育素质教育的辅助平台
人民视频	短视频/直播平台（具备用户投稿功能）
人民网+	人民网移动传播平台
领导留言板	移动政务平台

续表

客户端名称	功能定位
人民论坛	理论学习平台
人民日报+	停止更新（最后更新日期：2021年6月26日）
人民智云	停止更新（最后更新日期：2021年4月8日）

与其他中央媒体相比，人民日报的客户端矩阵的显著特征是，以技术为支撑，通过开放式运营，构建多种功能的共享共建移动平台。

作为人民日报同名App的“人民日报”客户端，是其最具影响力和传播力的客户端，以打造全媒体聚合平台为主要特征，包含新闻、人民号、视频、直播几个主要功能，并且为全国党媒和其他自媒体机构提供入驻通道。而“人民号”的推出，使人民日报客户端不再局限于人民日报自身采集的内容，而是成为面向全国媒体、党政机关、各类机构和优质自媒体的全国移动新媒体聚合平台。

“人民视频”是短视频/直播类的垂直应用，平台上的内容也由不同账号主体提供，成为主流媒体的短视频/直播平台。领导留言板则提供了一个民众留言、问政、监督和政府回应、公布信息的政务平台。

“人民网+”是汇聚人民日报电子版阅读、领导留言板、综合资讯、人民视频多个平台的综合应用。2021年是中国共产党成立100周年，为此，“人民网+”专门添加了党建数据库、学党史官网、党史答题、红色云展厅等板块。

从总体上看，人民日报旗下的客户端数量并不多，而且还在精简。分析人民日报社旗下的各个移动客户端的运营方式可以看出，技术支撑、开放式运营是其最明显的特点。通过构建客户端矩阵体系，人民日报逐渐搭建了一个聚合全国党媒以及人民群众声音的公共信息平台。

（二）资源整合：汇聚党媒和人民的声音

在技术平台搭建的基础上，人民日报一方面吸引全国党媒入驻，另一方面也面向全国吸纳优秀的创作者，将党媒、自媒体的资源整合到平台上，为人民日报的多个客户端提供优质的内容。

2020年12月24日，“人民号”启动人民日报新媒体创作者计划，这是其2021年发展计划之一。该计划主要面向具有创意创新能力的内容作者，邀请一批具有手绘条漫、视觉平面、动画建模、数据可视化、视频编导能力的优质创作者，参与人民日报新媒体传播合作。《“人民号”三周年发展报告》显示，截至2021年6月，“人民号”平台聚合全国优质政务、媒体、自媒体账号约30000家，覆盖全国31个省（区、市），号主累计发文1855万篇，全平台累计阅读量954.6亿。而党媒平台的数量也有所增加，截至2021年7月21日，人民日报党媒平台已有入驻成员294个。

为了适应入驻机构数量和内容产量增多的趋势，人民日报客户端在功能上进行了一些优化。2021年，人民日报客户端进行了7次应用版本迭代，主要围绕交互体验、UI样式两个方面进行优化和升级，并且新增了人民号入驻通道、地域必读榜两个主要功能。人民号入驻通道为创作者的入驻提供便利，而地域必读榜的功能则将信息以地域标签的形式集纳和呈现，便于用户在海量信息中找到与自身相关的内容。

在全媒体时代，信息无处不在、信息传递无时不有、传播渠道多端多点，单靠一家媒体来采集和分发信息已无法适应当前的传播生态。早在2015年，今日头条便推出了头条号，并成立内容基金，鼓励自媒体的内容生产。在这个阶段头条用真金白银（“千人万元”“百群万元”等计划）砸出了国内最大的自媒体作者平台。人民日报以技术为支撑，以“人民号”为入口，整合内外部资源，探索出主流媒体建设开放式平台的道路，也为主流媒体全媒体实践走出了“人民”模式。

（三）内容呈现：算法推荐与主流价值引领相结合

近几年，算法推荐逐渐成为内容呈现的主导方式。字节系的今日头条和抖音依靠算法推荐迅速蹿红；随后，快手短视频在2020年进行改版，加入了算法推荐的阅读板块。同一年，微信公众号也从以时间为内容展示线索改为算法推荐。算法推荐能够将碎片化的信息高效整合，并为用户精准推荐内容，但是，算法推荐所形成的“茧房效应”也饱受诟病。如何破解算法技术的“茧房”，并且实现主流价值引领，人民日报通过算法技术与主流价值相结合的方式探索出主流媒体的方案。

以人民日报客户端为例，人民日报客户端的底部菜单栏由新闻、人民号、视频、直播构成。除直播以外，前三项内容均依靠算法推荐进行编排，每个用户所看到的内容各不相同。据了解，人民日报已经探索出了独有的“主流算法”，即“以数据输入、召回算法、模型排序和生成列表等方式，结合专业的内容分发经验，实现个性化推荐、关联推荐和热门推荐等三大场景算法推荐，构建更有品质的内容、更懂你的推荐及更丰富和开放的信息环境”。[①]

直播内容的呈现则体现了人民日报对主流价值的引领。人民日报客户端的直播分为四个部分，直播预告、正在直播、精选热播和内容回顾。正在直播根据当时直播开播的情况列出正在直播的内容。直播预告列出即将直播的内容和直播时间，并提供预约功能，提醒用户及时参与直播。精选热播选登近一段时间的直播精品内容，并且设有月度排行榜板块。内容回顾提供对直播的回放功能。

2021年1月1日至7月22日，人民日报客户端共做了783场直播，平均每天直播2—3场，最高观看人数为641.7万（庆祝中国共产党成立100周年大会），第二位为360.8万（“七一勋章”颁授仪式隆重举行）。

这些直播有自己独立制作的直播，也有转播的直播，内容包括新闻发布会、公开课、论坛、讲座、新闻事件慢直播等。图3-1-1为2021年1月1日至7月21日，人民日报客户端直播内容关键词分布。从其直播的内容不难发现，公益、求真、求知、正能量是其直播内容的主要标签。人民日报充分利用直播这一新兴媒介形式，通过一场场直播发挥媒体引导主流价值的作用。

图3-1-1 人民日报客户端直播（2021年1月1日至7月21日）内容主题词云图

① 环球网.人民日报客户端7.0版本上线 主流算法正式亮相[EB/OL]（2019-09-20）[2021-07-24]. https：//baijiahao.baidu.com/s? id=1645187912316737932&wfr=spider&for=pc.

三、新华社：以高品质内容引导主流价值

作为国家通讯社，新华社一直以权威资讯发布作为立社之本。在媒体融合的进程中，新华社动作频繁，2015年推出新版新华社客户端，2016 年成立产品研究院，2017年初成立“第一工作室”并推出“现场云”全国服务平台，2017年末推出媒体大脑，2018年推出AI主播，2019年新华社投入智能编辑部，2020年全面建设现代化分社。这些举措利用新兴媒介技术，打通生产和传播流程，提升了全社策采编发的效能，为其高品质内容供给奠定了基础。

2021年恰逢新华社建社90周年。新华社、新华网、外文版新华社客户端，以及新华社旗下的《新华每日电讯》《参考消息》《瞭望》《半月谈》《经济参考报》《中国证券报》《上海证券报》都进行了改版升级。升级后的移动客户端对功能进行了拓展和延伸，为内容的输出提供了新的渠道和方式，为新华社建设新型主流媒体打开了新格局。

（一）矩阵结构：一极多点，精细化发展

目前，新华社旗下的移动客户端主要有新华社、新华网、新华财经、现场云、外文版新华社，以及新华社下属单位的移动客户端（如表3-1-2所示）。

表3-1-2　新华社旗下客户端概况一览表（部分）

客户端名称	所属单位	功能定位
新华社	新华社	综合信息平台
新华网	新华网	品质阅读和知识传播平台
新华财经	新华网财经频道	国家金融信息平台
瞭望	瞭望周刊社	瞭望周刊移动电子发布平台
半月谈	半月谈杂志社	公务员学习平台、国考省考真题库
经济参考报	经济参考报社	经济参考报移动电子发布平台
参考消息	参考消息报社	参考消息移动电子发布平台
现场云	新华新媒文化传播有限公司	全媒体直播工具

从新华社各个移动客户端的功能定位和发展现状来看，其传播矩阵呈现出一极多点、精细化发展的特征。

“一极”是指新华社客户端，它汇聚了新华社重大时政新闻、主题报道、突发事件、社会热点报道等优势资源，并且融合其他党媒资讯和网民上传信息，是新华社移动传播的主平台。

“多点”是指其他几个客户端，这些客户端各有侧重和特色。新华网客户端主打品质阅读和知识传播，通过新华云上学、云上阅读几个版块，为用户提供了大量的电子书、有声书以及其他学习资源。“新华财经”是由国家立项并投资建设的国家金融信息平台，由新华社旗下专业信息机构中国经济信息社建设运营，因此，新华财经移动客户端主打金融信息，提供权威、专业的金融资讯。内容涵盖环球资讯、深度评论、实时金融数据、市场行情等，专门面向金融专业人士。而作为半月谈杂志的移动电子发布平台，半月谈客户端发挥自身的理论特色，为用户提供公务员真题、备考的服务，将客户端打造成为理论学习平台。

从新华社上述几个客户端的发展情况可以看出，各个客户端定位准确、差异明显，每个客户端能够按照自身定位深耕细作，发挥自身特色，实现精细化发展。正如新华网客户端的标语“引领品质阅读”所言，提供高品质内容是新华社移动客户端矩阵的一大特点，也是其近年来精细化发展的结果。无论媒介环境如何变化，高品质的内容始终是用户的迫切需求，而提供高品质的内容也始终是主流媒体的制胜之道。

（二）功能拓展：从权威发布到社会治理

2021年1月1日，新华社客户端8.0版推出。在随后的几个月里，新华社客户端又进行了几次更新。这些更新主要呈现在UI的优化和功能的拓展上。新版客户端首先对导航栏进行了精简。改版前，产品一级结构（底栏）为：首页、现场云、视频、新知、我的。改版后产品一级结构（底栏）简化为首页、求证、拍、新知、我的。2021年4月，新华社客户端推出了双UI模式，用户可以在经典版和青春版之间来回切换。青春版更加精简，主要通过算法推荐组织信息，以瀑布流的形式展示信息，更符合年轻人的阅读习惯。

在功能拓展上，新华社客户端新增了“全民拍”端口，只需要点击“+”键，用户就可以轻松地拍摄或者上传相片或视频，后台经过“智能+人工”协同分拣，分发至部委和地方有关部门处理，为社会治理提供信息服务。在2021年7月20日河南郑州特大暴雨灾害后，“全民拍”成为受灾群众求助的通道之一，也成为用户提供第一手现场资料的渠道。

全面升级打造的“问记者”功能，则为网民和记者之间建立了一个交流互动平台，使信息传递从单向转变为双向。在2020东京奥运会之际，许多用户通过#问记者#功能向前方报道记者提出了关于东京防疫、比赛现场观感等问题，这些问题是对记者发回报道的补充，也为记者接下来的报道提供新的视角。

2021年新华网客户端也进行了多次更新。主要新增了“我要发布”“政务平台”“短视频上传”“话题投票”等功能。这些功能增强了客户端的互动性，为用户参与提供了新的“入口”。

随着媒体融合的纵深发展，媒介功能从信息功能向社会功能转变，在政策与现实驱动下，媒体机构更多地参与社会治理并融入国家治理体系。①通过上述功能拓展，新华社从过去权威信息发布转变为全民参与，其客户端的传播矩阵也从“权威资讯第一发布平台”逐渐拓展为“主流资讯汇聚分发平台”“社会治理信息集散反馈平台”。通过平台的搭建，真正实现全员参与、全程互动、全息表达和全效传播，践行“四全”媒体的理念。

（三）内容编排：发挥专题和栏目的牵引作用

在近年来的内容创新上，新华社从内容创新的主体入手，成立了第一工作室、新青年工作室、张扬工作室、音视频部等制作机构，并推出诸如《国家相册》等优质的内容。2021年，新华社一边依靠技术平台的支撑，一边充分调动全社人员的创作积极性，以此提升内容创新生产能力。例如，在2020东京奥运会之际，新华社就派出了近年来最大的奥运报道团。面对“后方”不断涌现的内容，作为“前端”的客户端矩阵如何提升内容的“能见度”和影响力成为一大考验。

在栏目上，新华社客户端延续了之前的《国家相册》《第一观察》《习近平讲述的故事》《新青年》等精品栏目。2021年1月1日到7月25日，《国家相册》栏

① 栾轶玫.从市场竞合到纳入国家治理体系——中国媒介融合研究20年之语境变迁[J].编辑之友，2021（05）：13-25.

目共推出12期，《第一观察》栏目共推出了67期，《习近平讲述的故事》栏目推出了30期，《新青年》栏目推出了14期。新华社还在2021年1月4日推出了全新的栏目《全球连线》，由“新华社180多个驻外分支机构记者发回现场视频报道，第一时间直击国际时事热点”。

在专题上，新华社客户端则根据实际情况先后推出了国家相册、新华全球连线、北京迎今年入汛以来最强暴雨、聚焦云南疫情、关注河南暴雨、聚焦江苏疫情、关注台风“烟花”等专题，将同类信息聚合到相应的专题中。同样，在新华网客户端，也推出了关注河南暴雨、东京奥运会、神舟十二号发射、两会有“华”说等专题。

手机屏幕阅读空间毕竟有限，很容易让优质的内容沉浸在瀑布流的底部。以新华社客户端为例，单日的内容有10多条。为了破解这一问题，新华社旗下的新华社客户端和新华网客户端都通过专题的形式对内容进行整编，并在客户端醒目的位置进行呈现。既能聚合同类内容形成合力，也能让优质内容更容易被用户发现，提升内容的到达率。

“相比新兴媒体的‘用户生产内容’的个性化特点，主流媒体在内容生产上的专业品质依然是其独特的优势。”①新华社的精品栏目犹如内部创新的引擎，牵引各个工作室不断输出优质内容。随着这些栏目被用户所熟知，栏目的品牌化也为内容的“破圈”提供有效途径。

四、中央广播电视总台：发挥权威视听资源优势

相较于人民日报和新华社，中央广播电视总台的媒体融合起步较晚。自三台合并后，其在客户端整合和总体发力上动作较大，并重点围绕自身的权威视听资源进行发力，搭建了视听传播移动客户端矩阵。

（一）矩阵结构：迭代更新，分层级建设

随着移动互联技术的升级，电视媒体也需要进一步拥抱技术带来的新的变革，因此从早期的中央电视台、中国国际电视台、中央人民广播电台、中国国际广播电台，到现在的中央广播电视总台，移动客户端的建设也在逐步向前推进。

① 胡智锋，陈寅. 中国主流媒体面临的新环境、新形势、新任务[J]. 新闻记者，2020（04）：20-27.

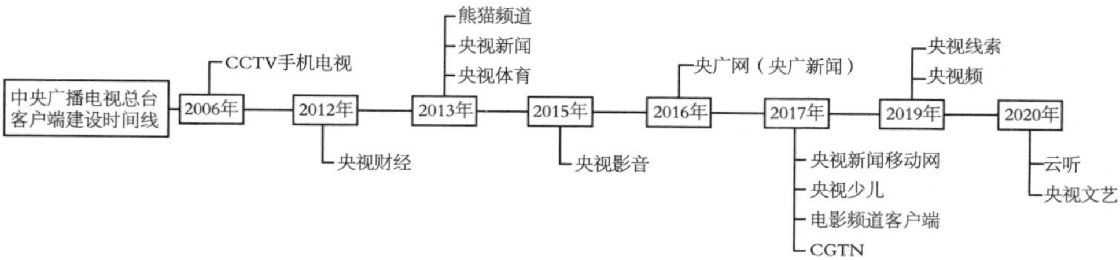

图3-1-2　中央广播电视总台客户端建设时间线

从最早的电视数字化转型，到后续推进的频道细分，再到当今的以媒体融合为指导的转型，中央广播电视总台逐渐形成了以平台聚合型为主导，频道细分型和内容迁移型为细分的客户端矩阵，旨在打造中央广播电视总台多元入口，用总台内部的优质内容吸引用户，集合化地进行内容分发。

1.平台聚合型：移动传播主阵地

为更好地实现平台内部资源的互联互通，将优势资源进行整合处理，总台在客户端矩阵中建立了一批聚合型客户端，通过客户端形式将头部内容进行有效联结，将主导话语权聚焦到自己手中。其中具有代表性的客户端有“央视频”“央视新闻”“央视影音”“央视新闻移动网”“云听”“央广网”等，平台聚合型媒体的出现，打破频道和传统媒体形态的束缚，打造全新的发声渠道，有效提高了内容传播触达率。分析总台旗下平台聚合型客户端的特点，可以发现音视频打造和资讯类的聚合平台相辅相成，共同促进了中央广播电视总台的立体化传播。究其根本旨在打造全面的融媒体矩阵，将集中在商业互联网媒体的受众，收编到主流媒体矩阵之中。

2.频道垂直型：精细化传播应用

随着媒体融合进程的加快，传统的仅以内容搬运的迁移型客户端已经不能适应媒体发展的需求，以“央视财经”“央视文艺”“央视体育”为代表的垂直领域客户端应运而生，目的是打造满足不同用户喜好的内容分发平台。相比于完整的系统化的视听影音平台，用户可以直接精准地选择自己所需要的客户端平台，并在客户端内部获取最直观的细节信息和品类资讯。

频道垂直型应用是在移动化转型初期，各频道进行的一批应用建设尝试。随着媒介生态的演化，这些应用从原有的频道直播，逐渐演化成与新媒体相适应的应用，这一批应用提供了内容聚合的群体交流和更加高端的垂直领域信息服务，从而提供更有价值的品类信息，发挥客户端的独特作用。未来随着“央视频”等头部客户端的整合，频道型客户端如何体现存在价值，将成为亟待解决的问题。笔者认为，这些频道型客户端将沿着精细化之路继续深耕，方有立足之处，这也顺应了媒介生态下垂直化、精细化发展的大趋势。例如央视体育和央视体育VIP，为付费用户提供高清直播、精华联播、全站无广告等服务，在内容的观看和赛事的多角度呈现上，凸显了垂直型应用的特色。

3.内容迁移型：移动传输渠道

随着媒介技术的发展，人们获取信息的方式不再局限于传统的电视广播媒介，移动互联网设备的普及为媒体的发展带来新的变革。因此，面对移动传播为主的传播趋势，主流媒体必须自建平台，否则就无法在移动互联网的浪潮中拥有一席之地，大量精品优质的内容就无法在移动互联网中有所传播。移动客户端的首要任务就是要对传统媒体的内容进行迁移，实现传统媒体融合发展的第一步。因此，“CCTV手机电视”“央视线索”等一批客户端逐渐兴起，在平台建设的一段时间内，对于央视内容的移动化呈现起着重要的作用；但后期，由于内容多为电视内容的直接搬运，平台逐渐式微。在当下，媒体融合进程速度加快，早期内容迁移型的客户端的局限性逐渐凸显，后续将会被淘汰。

随着各类平台的搭建和媒体融合进程的进一步深入，总台内部的客户端在功能应用层、频道分发层和垂直领域信息层三个层级上存在功能和信息门类的重复。例如，“CCTV移动电视”和“央视频”的电视直播功能、“云听”的广播直播和“央广网”的广播直播功能、“央视移动网”的矩阵号和央友圈的功能，以及“央视频”的新闻资讯和“央视新闻”的新闻资讯都存在着内容相同、功能相同的现象。由于功能和特性的相似，内容迁移型客户端在媒体融合的背景下进一步式微，核心用户被平台聚合型和功能细分型客户端瓜分，因此在下载量和平台活跃度上呈现下降态势。

通过客户端领域的不断深耕和细分，总台形成平台聚合型集中发力、频道垂直型打造差异化内容、内容迁移型实现新媒体触达的全媒体矩阵，在不同层面上将用户收编至自己的媒体阵营，结合社交平台的发力，最后打造出适应当今媒体发展的矩阵。

（二）功能优化：技术赋能打造更高质量视听体验

客户端是新媒体环境下整合用户、内容、服务等诸多资源的主要载体。客户端使用的便捷与否直接决定着客户端体量和传播力。随着矩阵构建的进一步完善，客户端矩阵面临的一大重要问题就是如何将客户端的效能发挥到最大。最近一段时间内，中央广播电视总台的客户端在UI和视听技术等方面进行了优化和升级：一方面将内部的UI界面进行优化，配合最近推出的活动入口，增加客户端使用的人性化体验；另一方面对标优质的网络视频平台爱奇艺、优酷、腾讯视频等，将视听技术进行全面升级，适配当下的碎片化和短平快的视频观看需求，为平台升级提供进一步的技术赋能。

1.UI界面升级，丰富使用体验

在UI界面升级上，“央视新闻移动网”“央视财经”“CCTV手机电视”“央视新闻”等都进行了优化和改编，使界面入口更加简洁，集合化板块矩阵分类更加清晰，同时突出平台主要服务内容，客户端品类性能优势进一步凸显。例如“央视财经”将原来的7×24小时、央视财经、直播板块进行平面化改版，变为更加直观的首页、直播、财经号、我的四个版块，可以直接在下方更直观了解所需要的版块，突出了优势财经内容和财经号，进一步优化了界面和版面内容，更加适用于当今的用户使用习惯。

同时，针对大型事件，客户端还会根据事件主题重新设计UI性能，突出重要内容。例如，在2021年春节期间，央视文艺客户端结合春晚主题，利用春晚精彩节目合集、《春晚GO青春》互动活动等快捷UI入口设计直达，打造节日氛围。在3月15日前夕，央视财经客户端设立“315投诉平台”定向消息回复功能，将投诉平台进行优化升级改版，为信息的收集和用户的使用带来了新的升级体验。

2.优化视听技术，满足用户需求

随着人工智能技术的升级和数据传输速度的加快，媒体客户端的发展也正在走向新智能化时代。在技术发展的浪潮下，总台的客户端功能也在进行优化革新，让技术赋能客户端升级，实现跨媒介交互以拓展信息传播的深度，丰富用户的使用体验。

首先，对音视频观看体验进行全面升级。例如，央视频优化了电视直播后台听音频功能，实现了音视频的自由转换，以此更好地适配用户在不同场景的

需求。“CCTV手机电视”“央视财经”等在直播和视频观看方面，将进一步优化播放器功能，增加短视频连播、倍速播放等功能，满足在快节奏生活中用户的需求。为满足用户的大屏体验，CGTN引入投屏功能，将视频的观看体验进行进一步的优化。在2020东京奥运会期间，用户可以在央视频免费看到电视频道转播的近3000场重要比赛。此外，4K超高清技术、最流畅播出体验等叠加的先进技术优势，也助力央视频在奥运会期间的转播报道。

其次，在音视频的内容呈现上进行改版升级。例如，央视新闻客户端开设VR主题专栏，创作了《透过“生态窗”看别样青海湖》《4K+VR全景看大国重器》《200秒架着战机过天安门 | 独家多角度VR全景回顾盛典》等VR作品。央视文艺客户端在2021年春节报道时开设云端看春晚版块，多音轨畅享听觉盛宴；并运用总台技术，独家进行VR直播和沉浸式三维声的实时转播，在春节当天给用户带来了不一样的直播体验。

表3-1-3　2021中央广播电视总台客户端主要功能优化情况一览表（部分）

客户端	主要功能优化
央视频	1.增加电视直播后台听音频功能，随时随地随心听； 2.新增视频创作者回复用户频率功能，与用户紧密互动； 3.央友圈社区全面上线，新增社区发布内容图文帖与互动评论功能，新增个人主页，可与好友互相关注，了解好友动态； 4.在欧洲杯期间开设欧洲杯专属频道，全部比赛赛程一键预约，比赛直播实时观看。
云听	优化直播间数据显示及文本显示效果
央视新闻移动网	1.调整信息架构，优化UI界面和交互流程，全面提升用户体验； 2.新增收藏同步功能，热点新闻收藏后支持多设备同步； 3.优化移动端稿件编辑及发布功能，增加视频剪辑功能。
央视影音	1.UI交互体验升级，提供更好的观看体验； 2.开设全新直播界面，可个人定制专属节目单，增设点播和倍速播放功能； 3.2021赛季中超焕新登场，央视场次全程直播，预约可以同步至手机日历。
CCTV手机电视	1.会员内容增加，权益升级； 2.直播回看时间增加到7天； 3.优化点播视频切换音频播放时可以拖动进度条； 4.UI升级，优化视听体验，播放器优化，增加短视频连播、倍速播放等功能。

续表

客户端	主要功能优化
央视新闻	1.优化传习录版块体验，UI全面升级，交互界面焕然一新； 2.金句海报：多款样式倾力打造，一键分享； 学习日历：交互查询日程，一目了然； 时政V观：全新优化观看体验，即点即看； 央视快评：最新最快精彩快评，权威尊享； 3.直播频道改版升级，新增焦点图轮播，直播预告动态显示，直播列表卡片式排列。优化直播互动体验，评论滚动显示，图文直播配置显示标签页。
央视体育	新增聊天室，个性化推送。
央视财经	1.新增直播、专题角标功能，点播、直播视频默认高清码率播放，增加竖版直播形式和直播多视角功能，设置直播回放、点播倍速播放功能。新增分享活动海报、信息视频投稿功能。优化直播版块音视频后台播放和画面小窗。优化内容页面，可边观看视频边浏览文章； 2.全新版本UI界面、产品架构全面升级。新增专题卡片，详情页面图片全屏浏览功能。新增阅读痕迹，以及相关性和时间性搜索方式，播放按钮位置优化。优化新闻图标； 3.新增悬挂式图标活动入口和底层页二维码识别保存功能； 4.增加“财经号”版块，打造矩阵化内容社群； 5.增加积分体系，积分任务每日打卡，积分可在内部商城兑换礼品； 6.3·15投诉平台优化改版，新增315投诉平台定向消息回复功能。
央视文艺	1.结合春晚主题，打造节日氛围。云端看春晚，多音轨畅享听觉盛宴。独家VR直播+沉浸式三维声，不一样的直播体验。亲友包间功能，边看直播边聊天。与嘉宾、明星视频合拍，玩转整个春晚（春晚结束后回归常规版视觉设计）； 2.新增直播带货功能，新增广播底层页、广播互动功能。全新页面升级。竖屏直播全新上线，新增视频列表播放功能，提高观看体验。直播礼物焕然一新，直播互动趣味增多； 3.优化部分页面交互体验。适配深色模式，用户视觉体验更舒适； 4.新增电台悄悄话功能，与电台主播分享你的故事。
CGTN	1.事件直播页面进行更新和优化升级，支持屏幕投影； 2.优化用户界面交互，增加深色模式。

在中央广播电视总台的客户端升级中，我们不难发现，2021年的客户端功能革新重视UI的升级以及视听体验的优化。这与当今社交媒体的扁平化内容发展以及短视频内容的革新是密不可分的，因此，总台在具有优势的视听资源领

域发力，成为2021年客户端升级革新的重要一环。

（三）平台运营：平台联动与会员制度相结合

作为中央广播电视总台的重要组成部分，客户端也在平台联动和付费升级层面积极发力：一方面平台联动可以在重大事件报道中形成矩阵合力，营造完整的联动协作的新格局；另一方面在平台内打造会员制度，创新内容变现方式，为客户端的持续发展创造内生动力。

1.加强平台联动，创新传播方式

总台内部通过及时联动和信息共享真正做到一次采集、多种生成、多端传播，进而引发全媒体、立体化传播的涟漪效应，提升新闻传播效果和影响力；同时还与社交媒体客户端形成联动互助，可自由实现平台间的跳转切换，在平台内部实现互联互通，打破平台间壁垒。在面对重大主题报道时，总台各客户端之间会形成传播联动，这不仅适应全媒体时代的传播特点和规律，也会实现更好的传播效果，提升媒体的传播力、引导力和影响力。

2021年是中国共产党成立100周年，“央视频”和“央视新闻”等平台聚合型客户端从视频内容和新闻报道等不同视角切入，对庆祝中国共产党成立100周年大会进行了全方位的呈现。在活动当天，视频内容被制作成便于传播的短视频、VR视频和短篇新闻报道，便于观众从不同角度、全面了解活动盛况。同时，“央视影音”“央视移动网”“云听”等音视频平台结合自身平台优势，推出了符合音视频特性的作品，如视频内容“200秒带你走过天安门广场”、音频内容“影像中的党史”等，从自身专业角度出发，共同营造庆祝建党百年的氛围。以内容细分为切入角度的央视文艺、央视财经等，也在首页开屏的中心位置，设置庆祝建党百年的特殊活动入口，结合自身平台特性，设置“别出心‘财’庆祝建党百年”“文艺礼赞百年”等专题板块，深入挖掘不一样的报道宣传视角。另外在海外传播板块，CGTN也对庆祝活动进行了实时转播，并将其中的精彩瞬间制作成符合海外用户阅读习惯、便于传播的融媒体产品，以差异化的角度，向全球实时推广此次活动。各客户端之间可进行链接的点击跳转，保证受众的聚合和客户端之间的联动。通过平台内和平台间的协作共享，将采集的资源实现了全方位的使用，以适应不同平台与媒体和其他用户展开互动。

此次庆祝活动除了在总台客户端矩阵推出外，还在微博、微信等社交媒体

账号中置顶推荐，吸引众多网友即时观看并在线参与互动。此外，总台还将精彩的直播内容进行碎片化处理，结合网友的暖心留言，进行二次传播。客户端的联动和不同媒体的差异化传播，实现了传播效果最大化。

2.推出会员制度，实现价值变现

随着商业视频平台和商业媒体会员制度的成熟，总台也面临后续内容变现、创造自身活力的问题，因此进行了会员制度的尝试。会员制度最早在央视体育VIP客户端进行试水，在尝试初期作为独立客户端将精品内容推送给付费用户。2020东京奥运会期间，中央广播电视总台尝试性地在核心平台央视频内部推出会员制度。为了让受众更全面地观看奥运会，央视频为会员特别提供另外的4000场比赛的直播。在常规赛事内容之外，央视频会员可享受诸多增值服务，权益丰富。平台特别策划推出“会员天天奖之奥运系列活动”，为央视频会员用户开放众多独家专享福利，包括“乐享夺金时刻”H5互动抽奖和“会员请回答”直播答题抽奖两大活动。用户可以通过充值开通会员、分享活动页、参与央友圈#我的奥运故事#话题讨论等多种形式赢取专属抽奖码，在H5活动页及配套直播抽奖节目“会员请回答”中公布中奖名单。

奥运会员活动结束后，央视频还策划开展“会员开学季”接档，并搭配抽奖活动，持续为会员用户提供丰富福利。除此之外，央视频还结合节庆、假期、特殊日期、重大赛事及晚会等热点，不定期上线惊喜会员季活动，持续更新会员玩法，赠送当季惊喜福利。

此次会员制上线，央视频充分发挥总台在体育垂直领域方面的资源优势，实现体育类内容的价值变现；其他优势节目资源也为央视频会员提供丰富的内容权益。在奥运期间启动会员制策略，打造会员专属权益活动，是央视频以用户思维进行功能性创新的再一次进阶，是互联网运营思维的进一步探索。作为以用户为核心的互联网平台，精准捕捉用户人群需求、提升用户黏性、增强视频社交平台互动性是央视频今后发展的关键所在。

五、央媒移动客户端的发展进路

三大央媒的移动客户端的渠道、内容和技术是其发展和竞争的三个关键点。围绕这三个关键点，三大央媒形成了各有特色的发展模式，并为央媒移动客户端的未来探索出进路。

（一）搭建共享平台，整合内外资源

在三家央媒的客户端矩阵中，建设开放式运营、共享共建的移动客户端成为必选项。例如，人民日报的“人民号”聚合全国多家党媒；新华社的“新华号”聚合新华社、新华网权威资讯和原创优质内容，并面向全国各地党政机关、媒体、事业单位、社会团体等各领域机构及专家学者开放；而总台则通过打造客户端矩阵号的形式，形成一个前端为用户互动平台，后端为通稿系统和媒资系统的综合信息平台。以短视频和直播为主要内容的“央视频”和以音频传播为主的“云听”也都开放了其他媒体或者公众入驻的通道。邀请了大量不同行业的创作者入驻进来，形成央友圈，可在央视频发布自己的内容。

在全媒体时代，信息无处不在、无时不有、无人不用。单靠一家媒体来采集和分发信息已无法适应当前的媒介生态。新的媒介生态的变革一方面来自内容创新，另一方面则来自信息渠道的冲击。建设开放共享的平台，能够贯通用户与信息渠道之间的联系，有效整合内外部资源，将移动客户端打造成与新媒介生态相适应的信息渠道。

（二）垂直细分内容，实现差异发展

除了综合信息平台外，三家央媒都围绕某一个垂直细分领域建设了特色明显的移动客户端。例如，中央广播电视总台旗下央视戏曲频道的央视文艺App、央视体育频道建设的央视体育App、央视财经频道建设的央视财经App、央视少儿频道建设的央视少儿频道App，依托各个频道的垂直领域内容，通过精耕细作走出差异化之路；而以短视频为主的“央视频”、以音频分发为主的“云听”、以新闻资讯为主的“央视新闻”则从媒介符号、功能差异满足不同用户的需求，确立自己的特色。

而新华社的新华网则以品质阅读作为突破、半月谈以公务员理论学习为功能定位，重新将新华社的消息资讯类内容进行整合，在客户端进行差异化的推送和筛选，为用户提供差异化的服务。人民日报也差异化地开辟领导人留言板、人民论坛等客户端，打造独有的知识库和社交圈子让用户对客户端形成依赖；从政务服务、理论学习等多角度切入，形成出色的口碑和品牌效应。

选准垂直细分的内容领域，一方面能够充分发挥媒体固有的资源优势，打造极致的功能；另一方面能够树立移动传播领域的品牌特色，增强用户黏性。

通过垂直细分内容，实现差异化发展是央媒移动客户端长效发展的有效途径。

（三）顺应技术演进，革新媒介功能

数字技术的高速发展导致媒介生态的变化，也推动了移动客户端的转型迭代。在近几年的发展中，三家央媒的移动客户端都经历多轮升级迭代。人民日报客户端的前身为“人民新闻”，新华社客户端的前身为“新华发布”，而总台最早建设的客户端为“CCTV手机电视”。早期的移动客户端是从旧媒介向新媒介迁移的工具，是单一的信息应用。在随后的几年间，人民日报在后台技术的支撑下将移动客户端打造成开放共享的公共信息平台，新华社则不断提升和优化客户端的功能和体验，而总台则“另起炉灶”打造了“央视频”“云听”等全新的移动客户端。

数字技术同时改变了媒介的符号和介质：一方面，内容形态的变化迫使内容的入口——移动客户端必须做出相应的更新；另一方面，由技术引发的传输渠道的变化给央媒移动客户端的发展带来外部压力。央媒移动客户端顺应技术的演进，不断革新媒介功能，既是现实需求，也是发展进路。

六、结语

从三大央媒的实践来看，在角色定位上，央媒移动客户端已经从内容型平台逐渐转为技术型平台，成为以技术为支撑的信息应用，脱离了传统媒体的“标签”，成为具有独立品牌属性的移动应用；在功能上，央媒移动客户端承担着新闻报道之外的社会治理、应急广播、公共文化服务、生活服务等多种功能，以服务国家和人民的需求为导向，发挥新型媒介应用的作用；在技术应用上，三大央媒将直播、短视频、VR/AR等技术在移动客户端上进行试水和融合，使移动客户端成为新技术试验平台和引领阵地。

放眼整个移动生态，央媒移动客户端的发展仍然面临着较大的竞争压力。随着整个社会媒介化程度的加深，媒介的功能正从信息传播向着人类生存多种需求维度拓展。移动客户端从一个信息传播端口转变为人联网、物联网和智联网的端口。在移动生态圈中，微信、微博、抖音、B站等平台仍然占据着用户的主要时间。多渠道矩阵传播是当前央媒提高信息触达率的有效途径。面向未来，移动客户端的价值和意义不仅仅在于自主可控，而应该以传播力和引导力为导向，在整个矩阵体系中发挥自身独特作用。这是央媒移动客户端未来发展的着力点和突破口。

专研报告二：央地联动与区域竞合：粤港澳大湾区媒体融合的协同发展与未来进路

田香凝　赵淑萍　吴　昊[①]

摘要：粤港澳大湾区的建设发展，为跨媒介、跨地区、跨制度的区域媒体融合带来了时代机遇。本文基于对粤港澳三地媒体的调研，总结分析了其在央地联动与区域协同两个层面的融合实践，并探讨了大湾区媒体融合的进路，包括推动信息服务一体化、探索新型传播话语、深化合纵连横的融合模式，构建合纵联横的中国特色区域媒体融合模式，以期为区域媒体融合和粤港澳大湾区建设提供新的研究思路和行动参考。

关键词：媒体融合；粤港澳；大湾区；央地联动；区域协同

粤港澳大湾区由香港、澳门两个特别行政区和广东省广州、深圳、珠海、佛山、惠州、东莞、中山、江门、肇庆等九个地市组成，是中国开放程度最高、经济活力最强的区域之一。

2018年5月，习近平总书记先后主持召开中央政治局常委会会议和中央政治局会议，对《粤港澳大湾区发展规划纲要》进行审议；同年11月，《中共中央国务院关于建立更加有效的区域协调发展新机制的意见》发布，开启区域科学

---

① 田香凝，中国传媒大学电视学院讲师；赵淑萍，中国传媒大学电视学院学术委员会主任、教授；吴昊，中国传媒大学电视学院博士研究生。本文是研究阐释党的十四届四中全会精神国家社科基金重大项目“建立健全我国网络综合治理体系研究”的阶段性成果，项目编号：20ZDA061。

发展新篇章。2019年2月，中共中央国务院联合印发《粤港澳大湾区发展规划纲要》，并发出通知，要求各地区各部门结合实际认真贯彻落实。粤港澳大湾区建设上升为重大国家战略，其核心内容是建设世界级城市群，打造全球范围内具有世界竞争力的重要空间载体，有效对接“一带一路”，开创对外开放新格局。

粤港澳大湾区的规划和建设，使大湾区媒体融合被进一步提上日程。大湾区媒体亟待探索具体可行的合作行动方案，按照资源集约、结构合理、差异发展、协同高效的原则，构建高水平的大湾区媒体融合模式，抓住媒体机遇，发挥媒体所能，承担媒体使命。

一、大湾区媒体融合的产业基础与功能特点

在大湾区概念提出之前，珠三角地区和港澳地区的传媒产业便早已开启了交流往来，并随着市场发展、政策引导和文化交往而不断紧密。在媒体融合战略和大湾区建设的驱动下，该区域的融媒实践也呈现出新的特点，并担负起新的功能使命。

（一）合作历史悠久，媒体产业基础深厚

粤港澳地区的媒体交流始于广播电视领域，早在20世纪70年代，香港的广播和电视便在广东沿海地区落地，到了90年代，广东有线广播电视台成立后，开始在省内传输香港无线和香港亚视的节目。[①] 2001年起，国家广电总局陆续批准了香港翡翠台、香港明珠台、凤凰卫视中文台、澳门澳亚卫视等港澳电视频道在广东播出，广东成为全国唯一一个有境外电视频道落地的省份。

在报刊领域，珠三角地区的纸媒也较早开始探索省内传播资源的互通。自2002年起，广东各媒体集团开始创办直接针对省内二、三线地市的专版或周刊，带动了省内媒体的跨区域竞合。此外，《广州日报》还先后与香港《星岛日报》等报刊合作创设海外版，布局海外传播。

2014年，媒体融合上升为国家战略，广东作为媒体大省、网络大省，在内容、技术、管理等方面积极开展融合探索。《2020中国媒体融合传播指数报告》

---

① 申启武. 粤港广播电视传媒竞争与合作的历史考察与现状分析[J]. 中国广播电视学刊，2008（06）：107-109.

显示，广东在地方媒体融合建设中持续领跑，综合传播实力居于各省前列。[①] 这样的产业环境也为大湾区的媒体融合提供了良好基础。

（二）城市圈群多元，融合实践动态演进

尽管大湾区有着良好的媒体交流和产业发展基础，但在大湾区内部，各城市媒体间的互动模式和紧密程度并非均衡等效，而是包含了复杂多元的融合实践。

大湾区城市群有着“一个国家、两种制度、三个关税区、四个核心城市”的区位特点。这使大湾区的媒体格局具备多层次结构，各城市媒体的定位、功能、覆盖人群和产品特色不尽相同。与此同时，该区域还囊括了广深双龙头、深港创新圈、珠澳一体化、珠江口西岸都市圈、广佛肇经济圈等多个细分城市圈群，媒体作为支撑城市间信息和资源流动的重要平台，其融合进程也与城市间的协作发展相同步，因此，大湾区城市媒体间的联动互通疏密不一，尚处于动态的演进过程中。

（三）承担多重功能，发展能级不断提升

在大湾区建设的国家战略推动下，粤港澳三地媒体的融合实践，不仅服务于大湾区的产业创新、人员往来、沟通互鉴，也在不断与外界进行资源、信息和能量的交换，承担着多重功能使命。

从全国范围来看，大湾区是国家经济发展的重要引擎，与其他经济区、城市群一起推进我国多中心网络化的区域布局。[②] 在此基础上，大湾区媒体也需要与中央和各省市媒体保持协作互动、对接多元要素，共同助力国家发展。

从全球范围来看，大湾区承担着参与全球竞争、对接“一带一路”、创新对外开放的战略任务，大湾区的建设是个持续性的过程，必须及时捕捉大湾区建设要义和近况，用更广阔的国际视野呈现发展成果，深度参与全球的传播格局。

综上可知，大湾区的媒体融合是一个跨媒介、跨制度、跨地区的动态复杂

① 人民网.2020年媒体融合传播指数总报告[R/OL].（2021-04-26）[2021-05-30]. http：//yjy.people.com.cn/n1/2021/0426/c244560-32088214.html，2021-04-26.

② 蔡赤萌.粤港澳大湾区城市群建设的战略意义和现实挑战[J]. 广东社会科学，2017（04）：5-14，254.

系统，并在新时代的背景下承担着“立足湾区，面向全国，延伸世界”的使命。为了形成新的有序结构，大湾区媒体需要内外联动、彼此协调，突破传统资源配置，寻求全新的发展动能，进而为各种要素的高效流通提供渠道，发挥更强有力的平台连接作用。本课题组通过对大湾区多个城市的走访调研，梳理总结了该区域媒体融合的探索与实践。

二、央地联动，媒体资源纵向贯通

大湾区的战略定位，决定了其要加快融入国家发展大局和全球化新格局。因此，大湾区媒体首先要深化与中央媒体的联动，超越自身的区域局限，借助央媒的内容、平台、资源、技术等优势，实现全面的互融互通，从而发挥“面向全国、延伸世界”的传播效能。同时，对于中央媒体而言，要做大做强主流舆论，也必须扎根大湾区，通过一体化的生产传播，绘就中央和大湾区的最大同心圆。从这一层面来看，央地媒体资源的上下贯通，不仅为大湾区的媒体融合注入外部动能，也是合作双方“共赢”的选择。

（一）人民日报：搭建融媒体工作室，打造大湾区新闻品牌

2018年10月，人民日报全国党媒信息公共平台与珠海市委宣传部、珠海传媒集团合作共建了粤港澳大湾区融媒体工作室，这是全国首个央地联动、常态化运营的融媒体工作室，在央地媒体的内容生产、团队协作、资源共享方面进行了有益探索。

1.建立“混编”团队，多元内容协作生产

融媒体工作室制度是人民日报为了优化内容生产机制所开辟的业务线，旨在鼓励报、网、端、微采编人员跨部门、跨媒体、跨地域和跨专业组织，在垂直领域自由组合，以项目制施工的形式进行跨界生产。粤港澳大湾区融媒体工作室便是依托该业务的运营经验，由人民日报和珠海传媒集团组成执行团队，双方围绕珠海中心工作和大湾区发展情况，进行集中策划、统一报道、融媒传播，并合作推出了“大湾风”新媒体栏目，成为在全国有一定影响力的大湾区新闻品牌。

2020年6月，在决战决胜脱贫攻坚的报道中，粤港澳大湾区融媒体工作室将珠海和北京的主创成员进行“混编”，形成全媒体报道团队，兵分多路深入珠

海对口帮扶的云南省怒江州和西藏林芝市米林县等地进行采访拍摄，通过沿线走访、直播带货、蹲点报道等形式展现珠海在这些地区的扶贫行动和扶贫故事，生产了一系列文字、短视频、脱口秀、直播、长图等原创作品。这些报道不仅在珠海本地产生反响，还被人民网、环球网、澳门《力报》、腾讯、网易、今日头条等平台广泛转发，传播力和影响力持续放大。

传统媒体时代，中央媒体与地方媒体以同类合作为主，即中央广播电视总台与地方广播电视台合作，中央报刊与地方报刊合作，合作生产的内容类型也较为单一。而在媒体融合环境下，央地合作打破媒介形式的壁垒、突破内容形式的边界。在粤港澳大湾区融媒体工作室的案例中，我们可以看到人民日报与珠海传媒集团进行了优势互补，工作室一方面利用人民日报的政治站位和选题策划优势，另一方面充分发挥了珠海传媒集团的融媒体生产效能。双方合作策划生产的短视频《跨越4000里的足球情缘》，讲述了珠海支教教师帮怒江大山里的孩子圆校园足球梦的故事，视频点击量超过500万次，视频的相关内容和截图，还登上人民日报版面，实现了媒体融合的一次采集、多种生成和多元发布。

2.聚焦大湾区发展，营造良好舆论氛围

粤港澳大湾区融媒体工作室以珠海作为大本营，但在内容策划上不仅注重提升珠海在国内外的影响力，更关注大湾区在深化改革、科技创新、文化民生等领域的发展成绩。因此，工作室在选题切入时会发挥珠海毗邻港澳的区位特点，寻求内容影响力的最大公约数。

例如，《大湾风：港珠澳大桥开通一年，经济账怎么算？》《大湾风：这个“为澳门而生”的横琴，到底长什么样？》《大湾风：回归祖国20年，“澳门故事”越来越精彩》等报道，既与珠海本地密切相关，又是全国人民都关注的大湾区“重头戏”，工作室在地利的基础上披露独家内容，体现了“人无我有、人有我深”的差异化优势。其中，面向国际传播的作品《即将通车的港珠澳大桥什么样？》，海内外总点击量达440万，并获得第二十九届中国新闻奖二等奖。

此外，为了更加全面地反映大湾区的建设与发展，工作室还开展了“走马大湾区”大型主题采访活动，兵分多路深入粤港澳大湾区各大城市，采访、挖掘、观察各城市参与大湾区建设的成绩亮点，总结发展经验。通过深度报道、系列报道、短视频、脱口秀、H5等各类新闻产品，工作室全景式展现了不同城市的魅力特点，并记录梳理各地的举措成效，不仅促进了城市间的交流合作、互学互鉴，还为我国的大湾区发展战略营造了良好的舆论氛围。

为了进一步强化大湾区媒体联动，让新闻触角全方位延伸到大湾区各地，工作室在2020年向大湾区各大城市媒体记者颁发了“特约记者”证书，初步建立起横跨各城市的创作团队，形成了常态化的联络、供稿机制，迈出了开门办“室”的重要一步。机制建立以来，江门、中山等地的媒体记者多次为“大湾风”栏目采写新闻，在丰富报道图景的同时，让这些城市的新闻通过人民日报全国党媒信息公共平台传得更远。

3.借助央媒智库，提升地方媒体站位

与中央媒体相比，地方媒体在资源、人才、平台等方面一定程度上存在着先天不足，在新闻报道中容易出现“站位不高、视野不宽”的情况。为了补上这一短板，粤港澳大湾区融媒体工作室充分借助人民日报在高端智库资源方面的优势，推出了独家权威解读、高端访谈等“拳头产品”，不断提升新闻报道的高度与深度。

在澳门回归祖国20周年、深圳经济特区建立40周年等重要时间节点，工作室均与人民日报联合推出视频访谈节目，国务院参事室特约研究员姚景源、中国与全球化智库特邀高级研究员张连起等重磅嘉宾做客演播室，与珠海传媒的主播进行对话，深度解读粤港澳大湾区在国家经济发展和对外开放中的支撑引领作用。视频访谈节目在人民网首页进行“特别推荐”，在全国党媒信息公共平台重要位置发布，并在珠海电视台黄金时段播发，引起广泛的社会反响，被几十家平台转载。

借助中央媒体的平台，让高端智库“外脑”对接地方媒体，有力促进了粤港澳大湾区建设舆论高地。对人民日报来说，这是“开门办报”“开门办融媒体”的生动实践；对珠海传媒来说，则是“借梯登高”“借船出海”提高自身报道高度和广度的有效途径。

（二）中央广播电视总台：开设电台频率，架起大湾区声波桥梁

2019年9月，中央广播电视总台粤港澳大湾区之声正式开播，新媒体平台同步启用，这是我国首个专门面向粤港澳大湾区播出的国家级电台频率。大湾区之声覆盖大湾区内的广东省九个城市和香港特别行政区、澳门特别行政区，全天播音21小时，拥有新闻、财经、生活、文化、音乐五大内容板块，是媒体深度融合背景下国家主流媒体传播中央权威声音、深入大湾区民众生活的重要举措。

1.服务国家大局，坚守舆论阵地

中央广播电视总台台长慎海雄曾在大湾区之声的开播仪式上表示，大湾区之声将助力发挥粤港澳综合优势，深化内地与港澳合作，支持香港、澳门融入国家发展大局，增进香港、澳门同胞福祉，保持香港、澳门长期繁荣稳定，让港澳同胞同祖国人民共担民族复兴的历史责任、共享祖国繁荣富强的伟大荣光。[①] 这样的独特定位，决定了大湾区之声肩负着主流媒体进入粤港澳大湾区舆论场的使命任务，不仅要传播和阐释国家的政策、立场、态度，更要深入大湾区的社会生活，理解、读懂、关心并服务于大湾区受众，树立中央媒体在大湾区尤其在港澳地区的舆论影响力。

首先，精心做好重要时政报道和重大活动直播。大湾区之声面向粤港澳大湾区受众，提前谋划、认真做好习近平总书记出席全国两会等重要会议，赴湖北、浙江、陕西、吉林等地考察，在世界卫生大会视频会议、中非团结抗疫特别峰会等国际峰会致辞讲话等重大时政活动报道，广播和新媒体联动，向大湾区受众生动展现习近平总书记领袖风范。同时，用粤语直播习近平主席新年贺词、全国两会、第二届进博会、国庆70周年庆典、澳门回归20周年等一系列重大活动，特别是制作《此时此刻——国庆70周年盛典》4K直播电影粤语版，在香港、澳门等多家影院播映，受到热烈反响。

其次，加强对粤港澳地区舆论引导，推出的“大湾区之声热评”，以有风骨、敢亮剑、接地气的新语态，传达中央精神，把握港澳舆论场话语权的制高点。2020年6月，《中华人民共和国香港特别行政区维护国家安全法》正式落地，大湾区之声连续发出14篇热评，就香港国安法密集发声，阐释了立法的重大意义，并表达了中国政府维护国家安全的意志和决心。这一系列评论通过声音、视频和文字等多元形态，在广播、电视、新媒体平台上同步推发，对香港国安立法的解读生动易懂、客观理性，被香港、澳门和海外的数十家媒体广泛转载，

---

① 中国政府网.中央广播电视总台粤港澳大湾区之声开播[EB/OL].（2020-05-30）[2019-09-02]. http：//www.gov.cn/xinwen/2019-09/02/content_5426375.htm.

有效发挥了舆论引领作用。

最后，连续制作独家精品融媒体产品，主题主线报道深入人心。在新冠肺炎疫情防控最紧张的时期，大湾区之声广播和新媒体创新推出系列融媒体产品《全球抗疫中的大湾区力量》，连续播发11期，生动讲述粤港澳大湾区城市加紧生产防疫物资、驰援侨胞友城的故事，鼓舞抗疫信心；制作50期粤语防疫科普小视频和粤语抗疫歌曲《坚信爱会赢》《白衣长城》等；2020年策划推出14期系列融媒体报道《脱贫攻坚中的大湾区力量》，通过音视图文多种形式展现大湾区城市对口帮扶、精准扶贫的成果和经验，中央主要媒体、大湾区重点媒体以及多家海外媒体积极转发。此外，大湾区之声与香港特别行政区政府驻北京办事处共同制作了《每周听香港》新媒体栏目，并联合九家省级广播电视台同步推出，让内地受众及时了解香港的社会民生；与澳门特别行政区政府新闻局联合制作了《观览澳门》新媒体栏目，结合音视频和新媒体交互内容，全景展现澳门的风光人情。

2.贴近用户习惯，营造文化认同环境

粤港澳大湾区经济往来和人文交流互动密切，有着独特的历史人文景观，拥有岭南文化这一共同的文化底色。大湾区城市在人文精神和风俗习惯上彼此相通，在方言运用、亲缘观念、市井风情等方面也同气连枝。① 面对这样的文化环境，大湾区之声在内容经营和表现方式上，更加贴近大湾区的受众习惯，为大湾区提供更有力量的文化共同体认同资源。

首先，大湾区之声实现全粤语（方言）播出，以粤语节目为主，并设有客家话节目《四海乡音》、潮汕话节目《天下潮人》等，并在建党百年、澳门回归20周年等关键节点，分别推出《大营救》《安妮的花海》《福满楼》等粤语、普通话双语广播剧，用方言贴近大湾区不同文化群体。无论是广播、视频还是文字，大湾区之声都注重使用适合当地人的本土化表达方式，增强内容的可听性、可读性。

其次，大湾区之声注重对当地文化的创造性转化、创新性发展，包括物质性的文化资源如宗祠、书院、庙宇，以及非物质性的文化资源如民俗、节庆、

① 唐铮.粤港澳大湾区媒体融合的逻辑与进路[J].学术研究，2019（10）：71-75.

音乐。例如，《韵味岭南》等节目关注岭南地区的粤剧潮剧、传统美食、民俗手艺，展示大湾区文化同源的魅力。在微信公众平台上，大湾区之声还推出了“家乡话 · 听节气”系列内容，邀请主播用不同方言朗诵节气诗词，传播中华传统文化。

最后，大湾区之声针对年轻的受众群体，设置了多档文体娱乐、网络热点、文化精品节目，并提供了一系列创业指导、心理疏导等内容。其中，生活服务类节目《揾食大湾区》深受年轻受众喜爱，节目主持人以脱口秀形式讨论大湾区居民休闲娱乐、就业创业、升学教育、跨境服务等话题，为城市青年提供轻松、实用、多元的信息资讯，并采取社群运营的方式设置互动话题、增强用户黏性，展现了“一流湾区、一流生活”的媒体视角。

3.台网并重、移动优先，实现跨媒体传播

粤港澳大湾区的互联网产业具有网络基础好、规模大、发展快、生态完善的特点，这为大湾区之声的跨媒体传播提供了良好条件。按照“台网并重、先网后台、移动优先”原则，大湾区之声将内容覆盖到了不同终端的多元受众。

大湾区之声建设了以大湾区之声微信公众号、大湾区之声官方微博为主的新媒体传播平台，紧跟粤港澳地区新闻时事和政策发布，关注港澳发展动态，不断策划推出图文、音视频等形式多样的优质新媒体内容在移动互联网传播。例如，融媒体品牌专栏“建言大湾区”专访梁振英、林郑月娥等多位香港、澳门和大湾区其他城市重量级人士，在大湾区广泛传播。同时，大湾区之声在微信移动端提供在线收听服务，并内嵌了小程序“粤朗倾听”，整合了精品节目和粤语故事、美文、文化等内容，拓宽受众渠道，提升用户体验。

在网页和客户端收听方面，大湾区之声入驻了总台的声音聚合分发平台“云听”，受众不仅可以随时收听广播直播，还可以回放和下载往期节目，实现了频率的收听、回听和离线收听，打破了传统频率的平台限制，更适应碎片化时代的受众收听习惯。

三、区域竞合，城市媒体差异发展

粤港澳大湾区的媒体融合是一个复杂的自适应系统，既向外部环境开放并进行着能量交换，也在内部存在着多元的利益主体互动。协同学认为，竞争与

合作是系统演化的最重要动力：一方面，竞争可以让子系统之间保持差异，从而实现整个系统的永恒运动；另一方面，子系统也会自发基于某种规则进行连接和行动，通过交叉合作形成某种有序结构。① 因此，大湾区媒体的协同发展，既需要各个媒体不断在竞争中打造自身的差异化优势，又需要他们通过自组织的交叉合作，形成相互影响和作用的联动网络，从而有序推动大湾区媒体的融合。

（一）读特客户端：发起频道互通，推动跨区域传播

2016年3月28日，深圳特区报上线了读特客户端，力争打造与深圳城市地位相匹配的"改革开放第一端"。5年来，其下载量已经超过2000万。为了更好地参与粤港澳大湾区建设，读特客户端带头发起了大湾区城市媒体客户端的频道互通计划，并联合多地媒体发起大型直播等新闻行动，实现了从区域传播向跨区域传播的跃升。

1.资源共享，大湾区信息对接融通

随着粤港澳大湾区货物、资金、人员、技术等要素的加速流动，大湾区城市之间的合作也在不断深化，在此背景下，大湾区媒体亟待搭建起高效便捷的信息平台。在"区域合作，媒体先行"理念的支撑下，读特客户端率先与多个大湾区党媒客户端开展频道互通合作，建立日常稿件共享、重要稿件对接、重大活动共同推广等机制，让大湾区受众无须下载多个客户端，便能及时了解其他城市的最新动态和重大新闻，实现大湾区在资讯服务方面的共享共融。

读特的频道互通计划始于2020年5月15日，读特客户端和广州市融媒体中心客户端新花城达成合作，分别上线了"深广联动"和"广深联动"频道，进一步打通深圳和广州的信息边界。联动频道下设"双城要闻""权威解读""广读深读""科创速递"四大栏目，重点关注两地的重要新闻、创新政策、多元合作、改革举措等。深圳和广州承担着粤港澳大湾区建设核心引擎的作用，这一举措也呼应了广深"双核联动、双轮驱动"的战略定位。

2020年12月，读特与珠海传媒集团的观海客户端合作上线了"深珠联动"

---

① 吴彤.论协同学理论方法——自组织动力学方法及其应用[J].内蒙古社会科学（汉文版），2000(06)：19-26.

频道，强化了两地新闻资讯的共享互通，为两大经济特区的深度合作提供服务支撑，也推动了珠江口东西两岸的融合发展。在频道上线的同时，两大客户端还策划了“频道挖宝”活动，用户可以在“深珠联动”频道的新闻里寻找带有奖品标识的图片，截图发送到深圳特区报或珠海特区报的微信公众号后台即可参与抽奖，在为双城频道造势的同时，为双方的新媒体平台导流。

到了2021年，佛山市委十二届十二次全会报告指出，佛山全市上下主动学习深圳改革发展经验，推动“深圳科创+佛山产业”的协同发展，建立两市的沟通联系机制。“深佛协作”频道在此背景下应运而生，由读特与佛山传媒集团的佛山+客户端联手推出，频道重点关注两地的科创动态和产业合作，为两地政经界提供交流互鉴的信息平台，进一步发挥大湾区党媒的城市传媒智库功能。

除了上述合作，读特客户端与东莞、肇庆等城市党媒的频道互通计划也已提上日程，并计划在未来进一步拓展到中山、江门、惠州，最终实现大湾区9座大陆城市的广域联通。

在过去，大湾区城市媒体只能依靠人工筛选其他城市的新闻，来满足大湾区受众互通有无的信息需求，但这样的方法耗时长、工作量大、主观性强。读特搭建的频道互通平台，则建立起媒体之间的供稿、配稿机制，合作媒体会每天固定向新闻池输送稿件，并根据新闻的重要性和相关性进行大致排序，以便其他客户端挑选和呈现，从而提升两地资讯的及时性和准确性。同时，两地媒体也会根据区域合作的动向，在相关频道共同推出政策解读、需求互动、智库报告等服务，助力粤港澳大湾区深度协同。在各城市客户端中互开频道的做法，有利于大湾区主流信息的相互观照、相融相通，也是推动大湾区信息一体化的重要实践。

2.地域合作，重大主题联动传播

作为主流媒体客户端，读特始终重视自身在议程设置、组织动员和话语认同方面的优势，积极在重大事件、重要节点发挥作用，联合其他主流媒体，基于共同目标发起联动直播、联合采访等新闻行动，以话题传播推动多地的共识凝聚。

2020年10月，在深圳经济特区成立40周年之际，深圳、珠海、汕头、厦门、海南的主流媒体首次进行联动，启动了《我们都是新时代追梦人》大型直播，在读特客户端、珠海传媒集团观海客户端、汕头融媒集团汕头橄榄台客户端、厦门日报社潮前智媒客户端、海南日报客户端，以及新华社客户端同步推出。身处此次活动的主场，读特客户端主播带领全国观众走近深圳地标，采访特区人物，回顾特区发展历程，展现改革开放变化，并关注粤港澳大湾区建设带来的重大机遇，向全国展示了深圳速度、深圳奇迹、深圳精神。

2021年4月，中宣部宣布授予东深供水工程建设者群体“时代楷模”称号，以表彰他们为解决香港同胞饮水困难而付出的奋斗、作出的奉献。为了更好地宣传建设者们的先进事迹，读特客户端与人民日报客户端合作摄制并推出了视频《一滴水的故事》，邀请东深供水工程的首批建设者何霭伦，讲述当年开山劈林、凿洞架桥的经历。视频上线后，在全网获得超过3.9亿的播放量，为深港合作的历史增添了鲜活的注脚，更弘扬了饮水思源、爱国爱港的精神传承。

此外，读特客户端还依托大湾区城市媒体的频道互通基础，与多个媒体合作策划了联合采访活动。例如在2020年全国两会期间，读特客户端和新花城客户端共同推出“广深1+1”云桌会，邀请深圳和广州两地的代表委员、业界专家、科创干部等，就广深两地在科创领域的合作进路进行广泛探讨，共同探索“双城联动”的发展之路。

可见，围绕着粤港澳大湾区协同发展的共同目标，读特客户端积极扮演着行动者的角色，联结、动员其他媒体，对大湾区受众进行话题引导、政策传播、认同召唤，从而放大舆论宣传的效果。

（二）新花城客户端：搭建服务平台，连接穗港澳青年

2019年10月22日，由广州日报报业集团主要运营的广州市区融媒体中心新花城客户端上线。与以往的客户端样态不同，新花城客户端并不隶属于一个媒体或一个区县，而是一个定位为“新闻聚合+服务聚合”的市级融媒体平台。它融合了全市的媒体资源和政务资源，打通了市、区、街道、社区的多级新闻内容，承担着更加多样化、精准化的基层服务功能，是广州市媒体融合发展的重要探索。2020年5月，在广州市委市政府的协调推进下，新花城客户端上线了穗港澳粤语频道，成为促进穗港澳合作联络的主阵地。

1.依托粤语生态，优化“新闻+服务”效果

在粤港澳大湾区的建设过程中，广州承担着重要的引擎角色。近年来，广州市政府以“湾区所向、港澳所需、广州所能”为导向，推出了一系列惠港惠

澳的民生事项，吸引港澳人士来穗发展，并为他们的工作生活提供全方位的融入型服务。在这样的背景下，新花城客户端的穗港澳频道应运而生，在众多垂直领域为港澳人士提供资讯服务产品。

穗港澳频道以“粤语生态、繁体显示、港式表达”为特色，由广州日报报业集团的采编团队进行运营管理，团队成员通晓广州情况、熟悉粤语文化、贴近港澳人士，在日常运营中能够根据港澳人士的关心和需求进行内容采编，并用容易被港澳青年接受的方式进行表达。频道内容主要包括资讯聚合、政策解读和生活服务三部分，为了贴近港澳用户的阅读习惯，全部以繁体中文的形式呈现。

在资讯聚合方面，穗港澳频道会及时整理呈现关于港澳发展和大湾区建设的报道、评论、智库报告，消息来源涵盖中央媒体、大湾区媒体和其他地区主流媒体；在政策解读方面，穗港澳频道会对广州市的涉港涉澳政策进行宣讲、解读、答疑，涉及创业补助、个税优惠、疫情防护、跨境教育等多个领域；在生活服务方面，穗港澳频道推出了一系列原创的文娱休闲内容，挖掘与港澳用户同根同源的文化底蕴，加入港澳人士感兴趣的实用本地指南。

此外，穗港澳频道还内嵌了多个服务按钮，可以跳转到广州市各个便民服务平台，包括粤省事、广州健康通、穗港澳政策查询、穗港澳青创服务平台等页面，让港澳用户可以通过新花城客户端一键享受高效便捷的城市服务，寻求更多的工作机会和更广阔的交友平台，深度融入广州生活。

2.发挥多维功能，助力港澳青年创新创业

新花城客户端穗港澳频道的建设，得益于广州市委市政府的支持推进。2019年5月，广州市大湾区领导小组印发了《发挥广州国家中心城市优势作用支持港澳青年来穗发展行动计划》，推出了15项支持措施，打造了一批创新创业基地，汇聚了一系列优质资源，从学习、实习、交流、就业、创业等多个方面鼓励扶持港澳青年在穗的职业发展。穗港澳频道则成为这一计划贯彻实施的重要平台，从多个层面服务港澳青年来穗创新创业。

首先，穗港澳频道发挥着政策沟通的作用。近年来，内地营商环境持续优化，以广州为龙头的大湾区城市陆续出台了惠及港澳青年创业的便利措施，并制定了相应的配套政策和实施细则。穗港澳频道除了定期发布资讯进行政策宣传解读外，还通过内嵌页面整理了广州市的全部就业创业政策，并细化到各区

的产业优惠政策、人才补贴政策、办公扶持政策，让港澳青年详细了解市内各区的政策范围和政策程序。同时，港澳用户也可以在穗港澳频道留言评论，反馈政策实施效果，从而实现政策互动。

其次，穗港澳频道发挥着资源对接的作用。尽管出台了一系列政策，但创业青年在起步阶段仍会面临场地、人脉、项目等资源痛点。对此，穗港澳频道与广州市港澳青年创新创业服务中心达成合作，用户通过频道内嵌的服务按钮，便可直达穗港澳青创服务平台，这里整合了办公场地申请、工作机会发布、投资比赛项目、技能培训活动等多个版块，将政务资源、商业资源和教育资源与港澳青年有效对接，破除其在穗的发展瓶颈。

最后，穗港澳频道还发挥着港澳青年认同建构的功能。为了更好地展现港澳青年在穗的奋斗拼搏精神，频道开设了“港澳人在广州”“湾区新青年”等栏目，采访知名港澳企业家的成功故事，记录在穗港澳创业者的心路历程，鼓励更多青年以开放、探索的心态拓宽就业地域和领域，参与大湾区发展。通过故事讲述和强化典型，穗港澳频道不断激发港澳青年来穗创业的意愿，并为他们提供了付诸行动的平台。

（三）珠海传媒集团横琴融媒总部：设立派出机构，服务粤澳深合区

2009年8月14日，国务院正式批准实施《横琴总体发展规划》，将横琴岛纳入珠海经济特区范围，并提出要逐步把横琴建设成为粤港澳合作新模式示范区，自此，横琴开发上升为国家战略。经过十余年的建设，横琴地区生产总值不断增长，并在深化对澳合作方面取得丰硕成果。2019年12月20日，习近平总书记在庆祝澳门回归祖国20周年大会上强调，要做好珠澳合作开发横琴这篇文章。2020年10月18日，在珠海市委宣传部的统筹指导下，珠海传媒集团组建成立了横琴融媒总部，作为重要派出机构，全方位展示珠海推进粤澳深度合作区建设的举措成效，承担起融入国家发展战略的媒体责任。

1.扎根横琴，创新全媒体协同运作

珠海传媒集团于2019年4月30日正式挂牌，它是以原珠海报业集团和珠海广电集团为基础，组建成立的国内首家全媒体国有文化传媒企业集团，集团下设总编室、融媒采访中心、融媒编辑中心、新媒体中心、广播节目中心、电视节目中心、纸媒出版中心七大中心，形成了采编刊播的全流程闭环。

在集团成立之前，珠海报业和珠海广电都曾设有专门的跑线记者负责采编横琴地区的新闻，但随着横琴发展量级的提升以及集团一体化融合效能的凸显，集团决定在横琴配备更高规格的采编力量，以全面报道横琴题材。自此，集团从七大中心选派骨干成员，在横琴新区成立了一个人员完备、要素齐全、结构合理的独立机构，负责横琴地区新闻的一体策划、一体统筹、多元发布，赋予横琴融媒总部更高的起点定位和更大的自主权。

在新闻生产环节，横琴融媒总部全面负责珠海传媒集团在横琴区域的新闻信息采集，与横琴区域内各级政府部门、企事业单位保持密切联系，独立进行线索汇聚、指挥调度和采编联动，深入挖掘横琴建设的亮点成效和民生事项。在新闻发布环节，横琴融媒总部依托集团的融媒体管理系统，与集团各中心进行对接协同，将新闻内容按需分发到电视、报纸、电台和新媒体端，推动内容的精准分发和服务的精准触达。此外，横琴融媒总部也会与集团总部进行联动，共同策划完成重大选题，引导舆论走向，更好地展现珠澳合作在横琴的生动实践。

这样的运作机制，一方面，让横琴融媒总部真正扎根于“珠澳合作开发横琴”的第一现场，宣传横琴、服务横琴，深入全面地展示大湾区建设的创新成果；另一方面，也提升了珠海传媒集团的传播效能，通过与派出机构的高效协同，进一步推进宣传舆论工作的全平台、全链条、全区域融合，为推动珠澳合作和粤澳深度合作区建设贡献珠海传媒力量。

2.连接珠澳，讲好深合区发展故事

横琴新区位于珠海市南部，与澳门仅有一河之隔，有着独特的地理区位和战略地位，承载着粤澳深度合作区的功能。随着珠澳两地往来的日益频繁，在横琴置业就业的澳门人越来越多，在横琴注册的澳门企业也超过4000家。因此，横琴融媒总部除了负责宣传横琴发展成效外，更肩负着促进珠澳信息交流、服务珠澳人员往来、助力珠澳协同发展的使命任务。

对珠海传媒集团的新媒体用户进行分析后可以发现，有相当一部分用户在使用珠海澳门一卡双号的手机套餐，这意味着，往来珠澳的跨境人员正在越来越多地通过新媒体渠道关注两地信息。因此，横琴融媒总部格外重视民生政策的创新扩散，希望借助融媒体技术促进两地的民生融合、民心相通。例如，2021年3月，珠澳两地政府进一步放宽了澳门机动车出入横琴的条件，并增加了车辆配额。得知这一消息后，横琴融媒总部快速响应，联合横琴公安分局策划制作了系列短视频《初办单牌车，疑难全击破》，对入出车辆的申请资质、管理方式、交通章程等问题进行解惑答疑，为了适应澳门用户的阅读习惯，视频还采用了“粤语解说+繁体字幕”的形式来呈现。该系列短视频在珠澳两地多个视频号、抖音号推出后，收到了良好效果，横琴融媒总部还收集了部分澳门居民的留言建议，并及时反馈给珠海和横琴相关职能部门，形成了政策的良性互动。

除了在新媒体端持续发力外，横琴融媒总部也积极与澳门媒体在传统媒体业务领域开展交流合作。依托珠海传媒集团的平台，横琴融媒总部与澳门广播电视公司、澳门有线电视台等有影响力的澳门本土媒体保持着新闻交换合作，让内地居民了解澳门社会民生的同时，将横琴当地的重要政策、重大新闻推荐给澳门媒体。横琴区政府为常住横琴的澳门居民发放珠海社保卡、横琴出台优惠政策支持澳门青年创新创业、横琴初冬的花海长廊吸引大批游客前来打卡等多条新闻，由横琴融媒总部进行采编报道，再经由合作媒体落地澳门，推动琴澳两地的信息共享和深度融合。

四、大湾区媒体融合的未来进路

当今的媒体，已经不再仅仅是信息流通和交换的渠道中介，而变为连接社会关系、重组资源要素的结构性力量。乘着大湾区建设的“东风”，大湾区媒体亟待进一步突破原有的产业格局，优化动力机制，探索协同创新的融合进路。

（一）推进资源共享，实现大湾区信息服务一体化

随着信息技术的迭代，以及大湾区城市在经济、民生、科创等多个领域的一体化发展，大湾区媒体也需要进一步再造信息生产流程、重构资源配置方式，推进优质信息在大湾区的顺畅流动，并为大湾区的社会服务提供平台保障。

一方面，大湾区媒体需要进一步打通资源壁垒，实现大湾区信息的一次采集、多种生成、多元发布、跨域传播，让身处大湾区不同城市的用户，可以随时通过多种渠道掌握大湾区各地动态，推动大湾区信息一体化进程。另一方面，大湾区媒体也要积极利用该区域的新兴科技产业优势，深化与科技企业的合作，强化移动融媒体端的建设，开发智能化的信息服务模式，实现公共信息的精准传播和精确反馈，在提升大湾区信息影响力和到达率的同时，构建智能化的社

会服务空间。

（二）创新话语形态，讲好新时代大湾区故事

推动大湾区媒体的融合发展，也需要探索新型话语，讲好大湾区的发展理念和发展成就，对内增强大湾区的文化认同效果，对外传播真实、立体、全面的国家形象。

就国内而言，在大湾区的建设过程中，机制创新、产业协同、民生融合、民心相通等每一个宏大主题都是新闻富矿，大湾区媒体在挖掘优质内容的过程中，需要更加注重从单向度的“独白”，转向与受众的“对话”和“交互”，积极策划新媒体互动产品，让用户在参与式传播中深化对大湾区的理解和认同。[①]此外，大湾区媒体需要格外注重对青少年群体的传播，可以通过分析研究互联网空间中青少年群体的趣缘圈层，找到粤港澳三地青少年的兴趣连接点，引导他们在共同价值取向的基础上，以兴趣为纽带进行聚合。

就国际而言，大湾区媒体要积极利用香港、澳门的区位优势，不断提升国际对话能力，全面洞察和把握国际关系与世界格局，深谙针对不同国家的跨文化沟通技巧，并根据不同新媒体平台的定位特征，进行差异化的多媒体内容生产。近年来，全球社交媒体市场经历了“视频转向”，有学者提出了“视觉说服”理念，认为视听语言可以最大程度发挥传播过程中的“情感卷入”机制，并降低国家间的文化折扣，[②]可见，大湾区媒体可以尝试探索有效的新媒体视听传播形式，挖掘有意义的个体故事和情感故事，建构大湾区发展的价值正当性和文化感召力。

（三）深化合纵连横，构建中国特色区域媒体融合模式

大湾区开创了合纵连横的区域媒体融合模式：一方面，打破基于媒体级别的层级观念，让中央与地方媒体有机联系、良性互动，另一方面，突破大湾区媒体的形式边界，强化彼此之间的资源交换与合作。在未来，大湾区需要继续

---

① 田香凝，曾祥敏.身份、能力与道德规范：声誉管理视角下的新型主流媒体建设[J].中国出版，2021（14）：27-32.

② 栾轶玫.视觉说服与国家形象建构——对外传播中的视听新话语[J].新闻与写作，2017（08）：14-18.

深化合纵连横，保障和推进大湾区战略的全面实施，并为中国特色的媒体融合发展交出大湾区答案。

在合纵层面，大湾区媒体需要深化和中央媒体的纵向联动。当前，大湾区媒体与中央媒体的合作大多是围绕重大事件开展的话题传播，在未来，其合作模式应超越项目制、活动式的短期合作，演化为常态化、机制化的长期协同。同时，央地联动的对象也可以有所突破，不限于人民日报、新华社、中央广播电视总台，可以着眼各部委、机关主管的专业类、行业类媒体，转换利用其专业资源，在细分垂直领域深耕合作。①

在连横层面，大湾区媒体要在报道议题、节目策划、产品研发、人才交流、技术应用、渠道融合等多个领域深化业务合作。同时，在融合发展的过程中，大湾区媒体也应优化竞合关系、进行差异化发展，在深耕各自优势领域的同时，让媒体资源得到优化配置，形成开放平衡的协同效应，打造优势互补的协同创新共同体。

五、结语

现代信息、交通和远程通信体系的发展不断塑造着社会的空间形态。早在20世纪90年代，著名网络传播学者曼纽尔·卡斯特便预见说，中国南部将会崛起“香港—深圳—广东—珠江三角洲—澳门—珠海都会区域体系”，这一体系会成为21世纪最具代表性的都市面貌和空间形态。卡斯特认为，在这样的空间中，城市、地域和组织会建立起网络联结，不仅在彼此之间进行着信息、资本和技术的不断流动，也参与到全球的信息体系中。

我国的实践举措证实了卡斯特的预言，在大湾区建设的战略规划框架下，作为支撑城市间信息资源流动的重要连接者，粤港澳媒体在强化区域媒体互通互融的同时，与全国和全球的信息传播体系保持互动。本文基于对粤港澳三地媒体的调研，分析梳理大湾区媒体的融合实践，总结了其行动逻辑和模式特征，希望本文的研究可以为区域媒体融合和粤港澳大湾区建设提供新的工作思路和行动参考。

---

① 周浩，王亚丽.央地协同：媒体深度融合战略中的路径选择[J].出版广角，2020（24）：69-71.

专研报告三："报业+广电"模式：地市级媒体深度融合发展的路径探索

曹晚红　王室媛　陈诗情[①]

摘要：在当前加快推进媒体深度融合发展的背景下，部分地市级媒体原有基础薄弱，融合能力较差，加之地区发展不平衡，整体上地市级媒体的融合发展推进相对缓慢和滞后。本报告主要针对地市级媒体深度融合发展中的实践探索，结合部分取得一定融合成效的媒体案例，剖析当前地市级媒体深融过程中较多采用的"报业+广电"模式的特点及优势，助力地市级媒体融合拓展传媒生态圈和产业链，实现"真融""深融"和"广融"。

关键词：地市级媒体；"报业+广电"模式；路径探索

地市级媒体在全国媒体层级的链条中处于承上启下的位置，是各地市委市政府的主要宣传和舆论阵地。但是，由于缺乏明确的政策支持和规划部署，加之地区之间发展不平衡，部分地市级媒体原有基础薄弱，融合能力较差，整体上地市级媒体的融合发展推进相对缓慢和滞后。2020年9月出台的《关于加快推进媒体深度融合发展的意见》，明确指出要按照资源集约、结构合理、差异发展、协同高效的原则，完善中央媒体、省级媒体、市级媒体和县级融媒体中心四级融合发展布局。《意见》再次强调了全媒体时代推进媒体深度融合发展的重

---

① 曹晚红，中国传媒大学电视学院教授；王室媛，中国传媒大学电视学院硕士研究生；陈诗情，中国传媒大学电视学院硕士研究生。本文是国家社科基金重大项目《媒体深度融合发展与新时代社会治理模式创新》的阶段性成果，项目编号：19@ZH043。

要性和紧迫性，其中地市级媒体的融合发展是构建全媒体格局不可或缺的重要环节。

因此，当前地市级媒体的融合发展中存在哪些困境与问题，如何助力地市级媒体融合向纵深推进，成为亟待解决的重要课题。本报告主要针对地市级媒体深度融合发展中的实践探索，结合部分取得一定融合成效的媒体案例，剖析当前地市级媒体深融过程中较多采用的“报业+广电”模式的特点及优势，助力地市级媒体融合拓展传媒生态圈和产业链，实现“真融”“深融”和“广融”。

一、“深融”背景下地市级融媒体建设的现状

（一）地市级媒体融合向纵深推进势在必行

自2014年《关于推动传统媒体和新兴媒体融合发展的指导意见》出台后，媒体融合发展战略正式上升至国家层面。在媒体融合的上半场，以人民日报、新华社、中央广播电视总台为代表的中央媒体凭借平台、技术、人才、资金等优势，率先推进媒体融合进程。例如，从2015年全国两会期间首次试运行始，人民日报“中央厨房”创新新闻生产分发方式，推出一系列独家深度稿件、视频、H5等融媒体产品，包括《快看呐！这是我的军装照》（2017）、《复兴大道70号》（2019）、《复兴大道100号》VR体验馆（2020）等爆款产品，逐渐形成了线上线下联动的人民媒体融合矩阵，覆盖面已达10亿用户，其传播力、影响力和公信力持续提升。

部分省级媒体的媒体融合启动也比较早。例如，2016年，湖北长江云新媒体平台科学运用云计算、大数据技术，建设成为全国首个将舆论引导与意识形态管理、政务信息公开、社会治理和智慧民生服务三者融为一体的“新闻+政务+服务”的融媒体平台，被国家广电总局评为2019年度全国广播电视媒体融合典型案例。2017年，天津“津云”中央厨房建设完成，除了在生产流程和技术融合方面尝试突破之外，“津云”还整合了与市民生活息息相关的公共资源，构建区域生活平台，将“津云”客户端定位于“新闻+政务+服务”的智能客户端，不断扩大其影响力版图。

2018年11月14日，中央全面深化改革委员会审议通过了《关于加强县级融媒体中心建设的意见》，为县级融媒体建设指明了基本思路。中宣部也发布了相

应的《县级融媒体中心建设规范》，提出了县级融媒体的操作指南和建设规范。在明确的政策指导和资金支持下，各地县级融媒体不断探索具有当地特色的融合道路，积极推动线上线下资源整合、促进“新闻+政务+服务”模式的建立。政策赋能并深耕本土，县级融媒体焕发活力，在四级全媒体格局中发挥出打通“最后一公里”的作用。

2019年1月25日，中共中央政治局在人民日报社举行第十二次集体学习，习近平总书记在讲话中强调，全面把握媒体融合发展的趋势和规律，推动媒体融合向纵深发展，做大做强主流舆论。这意味着我国的媒体融合发展由前期的“+互联网”阶段、“互联网+”阶段，发展到了“深度融合”的攻坚阶段。

在这样的背景下，地市级融媒体作为四级媒体布局中的重要一环，承受着来自中央、省、县三级主流媒体和众多网络媒体的多重挤压，不改革就可能出现“腰部坍塌”问题，甚至面临巨大的“空心化”风险。因此，加快地市级媒体融合发展的重要性和迫切性越发凸显，改革体制机制，建立适应全媒体生产传播的一体化组织架构，对已有资源进行优化配置与整合势在必行。

（二）地市级媒体融合发展中的主要问题

1.缺乏具体的政策指导与资金支持

自20世纪80年代以来，地市级媒体普遍经历了一段发展黄金期。各地都市报和城市电视台贴近百姓、服务百姓，带来了收视率和发行量的大幅提升，带动了地市级媒体的繁荣发展。但是，进入新媒体时代后，随着媒介环境的变化和新兴媒体的竞争，地市级媒体面临媒体资源分散、重复建设、市场萎缩等窘境，发展步履维艰。从机制体制、平台建设、技术资源、人才队伍等各个方面来看，作为“央—省—市—县”全媒体传播格局的中间一环，大多数地市级媒体处于弱势地位。

一方面，自身基础薄弱，另一方面，相较于中央、省级与县级融媒体，地市级融媒体发展缺乏具体的扶持政策和资金支持。中央媒体和省级媒体拥有长期积累的资源、资金与人才储备，国家为县级融媒体指明了融合方向，并提供了可行的操作指南与资金支持。而地市级融媒体处在省级和县级之间，没有比较具体清晰的指导意见或操作规范为其融合道路指明方向。

因此，在媒体融合进程中，有的地市级媒体还处于将报纸、广播、电视整合在同一平台上实现资源共享的“+互联网”阶段；有的没有理顺体制机制，各个平台的内容生产、广告创收、活动开展都会形成竞争，资源难以互通。以绍兴为例，在2019年4月绍兴新闻传媒中心成立前，绍兴日报社和绍兴广播电视总台这两家新闻单位，共有4张报纸、3个频道、3个频率、3个新闻客户端和3个网站。两个主要新闻客户端经过多年发展，用户也只有十多万，一定程度上与顶层设计不足、发展思路不明晰有关。

2.地区发展不平衡导致推进迟滞

对于地市级融媒体而言，地区间发展的不平衡也是制约其融合发展进程的一大原因。“我国传媒产业区域发展并不均衡，总体而言东部地区发展程度高于中西部地区，并且差异较为明显。”[①] 东部沿海地区经济发展水平高，交通便利发达，信息化基础设施较为完善，市场化程度较高，这些条件都是东部地区的区位优势，能够吸引更多的媒介资源与生产要素在东部聚集，久而久之媒体资源在我国的分布也出现了“马太效应”。中西部地区经济发展较缓，尤其是老少边穷地区经济发展速度迟缓，信息通信等基础设施落后，很难吸引媒介资源聚集，自然难以吸引人才流入，难以满足媒体融合战略对资金、技术、人才等资源的需求。因此，中西部地区的地市级融媒体发展速度比东部地区更缓慢。

而且，由于历史原因，东部地区更早进入对外开放的状态，对于改革也会更加积极尝试。例如2019年4月绍兴市率先在浙江省探索“报业+广电”融合模式，首先进行了机构改革，将报社和广电的内设机构由49个精简至25个，精简了49%。中西部地区在区位因素和观念开放程度上比东部要差，除了技术与硬件落后，还存在人才流失的风险，很难深入推进融媒体的建设。因此，对于地市级融媒体而言，如何缓解由于地区发展不平衡带来的资源配置问题，也是推进媒体融合的过程中必须关注和解决的问题。

3.体制机制存在制约因素

在媒体深度融合的环境下，一些地市级媒体的体制机制存在制约因素，一定程度上阻碍了其媒体融合进程。一方面，传统媒体的制度设计中，媒体并不

① 向志强，黄盈.中国传媒产业区域非均衡发展实证研究[J].新闻与传播研究，2009，16（06）：77-86，108.

是市场主体，存在用人机制、管理机制、激励机制等创新不足；另一方面，传统媒体的体制机制对于有效推动协同合作、融合发展存在制约因素。

以用人机制和薪酬制度为例，地市级媒体属于事业单位，“养老式”的终身制用人体制，给媒体的融合发展带来了沉重的包袱。这种较为僵化的制度会对吸引新型人才产生阻碍，很难聚合全媒体人才力量。在薪酬制度方面，当前一些地市级融媒体的薪酬体系仍然沿用事业单位的薪酬管理办法，“优劳多得”并没有得到充分体现。而且由于缺乏有效的考评机制、奖励机制，很难激发内部工作人员的竞争意识和创造力。这样的绩效考核制度如果不进行调整，是很难适应当前媒体融合的要求的。因此，想要与当前快速多变的媒体环境相适应，地市级融媒体应当在深度融合的过程中注重体制机制的改革创新。

4.融合能力亟须提升

2016年以来，部分地市级媒体率先迈出融合步伐，主要做法包括合并当地媒体成立传媒中心或者传媒集团，设置“中央厨房”等融媒体部门，开发制作App，开设微信公众号等。但是很多地市级融媒体还处于较为初级的融合阶段，新旧媒体存在“两张皮”的现象，未能真正从内容、渠道、平台、经营、管理等方面进行深度融合。一些客户端下载量低，用户活跃度和黏性不高，导致新媒体的传播力、引导力、影响力相对较弱。例如成都、大庆的市级融媒体都经历了由合到离的过程，主要原因在于媒体融合思路仍较为传统以及媒体集团营收不稳定甚至出现下滑，部分媒体融合能力较弱，不能有效实现媒体的“真融”和“深融”。

一方面，融合能力与媒体人的融合理念密切相关，能否摒弃传统媒体的理念与思维，按照互联网思维和新媒体的传播规律去推进媒体融合，决定了地市级融媒体能否通过流程再造与平台优化，来提升新媒体端的内容生产能力，通过优质内容的产出，进而提升融媒体的传播力、影响力和公信力。

另一方面，融合能力包括地市级融媒体的运营能力。在体制机制相对灵活的情况下，地市级媒体需要更加积极主动地探索市场化道路，完成自我“造血”。在目前比较成熟的“新闻+政务+服务”模式的基础上，寻找向“新闻+政务服务商务”模式的转变，整合线上线下资源并吸引一部分的商业资源迁徙。

总而言之，地市级媒体想要推进纵深化融合发展的进程，还需要解决许多在实践中暴露出的问题。2018年以来，广东珠海、浙江绍兴、黑龙江省齐齐哈尔、辽宁大连等地相继组建地市级融媒体中心，并普遍采用了“报业+广电”的发展模式，即整合当地日报社和广播电视总台，成立新闻传媒中心和传媒集团。其中一些地市级融媒体中心根据各自的地域特色和发展现状，打造核心竞争力并形成自己的融合特色，取得了一定成效。

二、珠海：生态融合，产业出圈

2019年4月28号，珠海传媒集团正式挂牌，新组建的珠海传媒集团是以原来的珠海报业集团与珠海广电集团为基础，整合珠海市其他的国有传媒类资源，将报业与广电彻底合并，组成了国内首家全媒体国有文化传媒企业集团。

在本轮改革中，珠海传媒集团首次以公司化的方式整合报业集团与广电集团的技术、运营、人才等资源，成立新媒体运营公司、新媒体技术公司。

之所以采取广电+报业的改革模式，主要基于对自身发展建设情况的分析，为突出珠海市级媒体的优势和特色，并重点满足集团“信息线索聚合”和“共享平台生产”这两个需求，从而报纸与广电完全打通之间的壁垒。珠海传媒集团下设12家子公司，旗下拥有报纸、广播、电视、杂志、网站、新媒体、户外媒体等全媒体生产链条。

（一）技术生态引领，实现内容生产一体化

彻底打通报业与广电之后，珠海传媒集团的采编业务由融媒编辑中心、融媒采访中心、新媒体中心、电视节目中心、广播节目中心、纸媒编辑中心、总编室七大中心来承担，通过自主研发的“九霄”融媒体生态系统，实现内容的一体化生产和分发。

九霄融媒体生态系统是珠海传媒集团拥有自主知识产权的国内首个全媒体生态系统。包括宣传指挥系统、网信管理系统、舆情监控系统、融媒生产系统、传播监测系统、智能采访系统等九大系统。这一系统统一指挥“广电+报纸+新媒体+户外媒体”的内容共享和生产协同，并衔接了宣传、舆情、网信各个部门，以及各区对融媒体中心和政务新媒体等，进而实现宣传舆论工作的全平台、全链条、全区域融合。

在九霄融媒体生态系统中，新闻主管部门可以通过“宣传任务管理”“宣传报道提示”等功能，将上级的宣传要求下达到传媒集团。传媒集团的采访策划

管理人员可以将该任务下达到记者，并进一步跟踪查看该报道的采写、发布以及传播情况；通过“报题”可以更好地管理一线记者的采访任务，并有针对性地安排当天的新闻发布策略；通过“即时沟通工具”实现融媒指挥中心的指挥功能；通过基于互联网平台的视频直播工具，实现对新媒体视频直播的全面支持。无论是摄像机、手机还是网络摄像头，都可以通过九霄系统的在线视频切换台进行实时切换并推流直播，从而实现了新媒体直播的高度轻量化。

此外，九霄系统提供了处理文字、图片、富文本、H5、视频、音频等素材格式的多媒体稿件创作编辑工具，是全国领先的同时支持电视、报纸制作分发的工具。通过打通多种系统间的接口，将电视、报纸的数据、流程全面融通，结合广播、新媒体及户外媒体平台的管理发布能力，实现系统工具的全媒体、全覆盖。

借助自产自研的九霄融媒体管理系统，将集团的内容资源进行整合互通，实现内容生产一体化。技术赋能和技术引领，推动珠海传媒集团以报业+广电模式深度融合。

（二）内容生态互融，构建全媒体覆盖矩阵

打通内部生产的壁垒之后，依靠集团内部的采编力量，报业和广电都能发挥出自己本身的专业优势。珠海传媒集团倾力打造精品报纸、青春广播、活力荧屏和独立于报纸、广电之外的新媒体“第三极”。在新媒体版块，通过关停并转，打造“1+1+4”（一个网站，一个客户端，微信、微博、短视频和其他头部合作平台）的新媒体重点集群。其中，“观海”客户端和“珠海发布”“珠海特区报”两个公众号，用户、粉丝数都超过100万。“观海”客户端在疫情期间共计发布图文和视频报道约3100条次，总点击量3亿+，“珠海发布”“珠海特区报”两个公众号发布有关疫情防控推文1000余篇，总阅读量超过5300万。① 在人口总数为243.9万的珠海市，珠海传媒集团的新媒体端口的覆盖力和影响力优势明显。

同时，珠海传媒集团大力实施“新闻精品工程”。2021年3月，珠海传媒就珠海市中小学生学校午餐质量不达标事件进行曝光，倒逼教育部门进行整改；

---

① 珠海特区报.融媒改革蹚新路 数说成绩交答卷[EN/OL].（2021-06-03）[2021-04-28] https：//pub-zhtb.hizh.cn/s/202104/28/AP6088af82e4b0bb74ca2655a3.html.

短视频《卫星瞰珠海，竟发现这个秘密》被人民日报、央视新闻等全国数千家媒体平台转发，全网点击量达到1.2亿；[①] 港珠澳大桥通车运营当天，进行电视直播《跨越——港珠澳大桥通车运营特别直播》；2019年珠海传媒集团与中央广播电视总台合作了纪录片《港珠澳大桥》，在美国的发现频道进行播出，并获得中宣部第十五届精神文明建设“五个一工程奖”。

除此之外，珠海传媒集团着眼于大湾区发展战略，与人民日报媒体技术公司合作共建粤港澳大湾区融媒体工作室，将人民日报的高度深度与珠海本土区域优势相结合，推出“走马大湾区”“决胜时刻——怒江、林芝行”等大型融媒体报道，近100篇融媒体深度报道被人民日报等各大主流媒体平台广泛转载。围绕珠海经济特区建立40周年，珠海传媒集团策划推出系列融媒体产品，通过“观海”客户端、微信、微博、抖音、网站等自有平台，以及人民日报、新华社、央视等媒体立体式传播，多款产品成为刷屏“爆款”，总点击量超过2.8亿。[②]

（三）产业生态创新，加快文化产业布局

2019年，珠海传媒集团整合原报业集团、广电集团的经营资源，组建了12家下属公司。首先，明确各下属公司业务边界、资源配置以及内部结算机制，推动各公司发挥资源整合优势和协同效应；其次，集团实行“一企一策”的方式对全市国传媒类资源进行统一规划管理、发布运营，拓展户外媒体产业链条，“目前已经初步形成出版发行、广告经营、新媒体业务、多元产业、文化产业投资与孵化等五大产业板块，在资源整合、业务融合、组织融合等方面深化改革，重构经营机制”。[③]

第一，新媒体业务持续增长。珠海传媒集团在新媒体业务方面，主营业务有政务服务、代运营、视频活动、直播业务等。集团旗下的“融创科技公司完成营收同比增长近8倍，2019年新媒体主营业务完成营收同比增长51.9%，新媒体

① 珠海特区报.融媒改革蹚新路 数说成绩交答卷[EN/OL].（2021-06-03）[2021-04-28] https：//pub-zhtb.hizh.cn/s/202104/28/AP6088af82e4b0bb74ca2655a3.html.

② 珠海特区报.融媒改革蹚新路 数说成绩交答卷[EN/OL].（2021-06-03）[2021-04-28] https：//pub-zhtb.hizh.cn/s/202104/28/AP6088af82e4b0bb74ca2655a3.html.

③ 人民资讯百家号.珠海：以“传媒”打造新型主流媒体集团[EB/OL].（2021-05-28）[2020-08-24].https：//baijiahao.baidu.com/s? id=1674074367181480412&wfr=spider&for=pc.

广告业务收入同比增长66.5%”。

第二，跨界经营，拓展产业生态。2021年4月28日，珠海传媒城市更新项目正式动工奠基。此次更新，不仅将重塑城市“天际线”，为珠海增添一座绿色生态新地标，更将与一路之隔、已经开工建设的珠海传媒集团文化综合体项目互为呼应，打造“文化+教育”、文化与科技深度融合产业园区。

第三，积极推进户外媒体资源整合、运营和拓展工作。珠海传媒集团运营管理横琴口岸、板樟慢行隧道等新的重要户外媒体资源，在距离拱北口岸仅1公里的迎宾路上建设运营珠海最大的巨幕广告屏，“铁（路）公（路）机（场）及城市户外媒体”的户外媒体大格局日渐成形。

第四，传统业务经营则尝试采编经营联合策划机制，整合资源，深挖政务、企业等重点行业经营潜力。围绕重大节点成功举办系列活动，例如2019年举办“最美海岸珠澳同行——珠海30公里徒步活动”，珠海传媒集团通过电视、网站、新媒体等平台进行直播，形成全矩阵覆盖、各层级联动的强大宣传声势，获得了社会效益与经济效益双丰收。

总之，在稳固主营业务的基础上，珠海传媒集团全力推动产业的跨界融合，将传媒产业的边界进一步扩大；在原来的政务服务的基础上，打造新的商业模式，通过教育培训、户外媒体资源等打造新的业务类型，多点布局文化产业，创新产业生态。

三、绍兴：资源整合，跨媒体联动

2019年8月14日，绍兴市将原绍兴日报社和原绍兴广播电视总台进行整合，正式成立市新闻传媒中心（传媒集团）。传媒中心是绍兴市委直属事业单位，传媒集团则为绍兴市政府直属的国有文化企业，实行“两块牌子、一套班子”运行模式，成为浙江省首家“广电+报业”模式市级融合媒体。绍兴市新闻传媒中心将资源整合作为融媒体中心建设的重要环节，对内容、平台、人才、商业等多种资源进行了重新配置，盘活其目前拥有的存量资源，调整中心主要业务的流程模式，为中心的体制机制、内容生产与分发等环节注入了新的活力。让“报业+广电”模式更加契合媒体深度融合的需要。

绍兴新闻传媒中心在融媒体改革中，主要按照“中央厨房”模式，将业务分为三条线——行政、采编、经营，建立五大中心——调度中心、采集中心、编发中心、新媒体中心、技术中心等二级采编中心，重塑媒体融合背景下的采编框架，整合优质媒体资源，更好地统筹新闻生产，优化新闻产能。①

（一）整合媒体资源，再造生产流程

绍兴市新闻传媒中心正式挂牌后，对于原报业与广电的内容生产流程进行了重新梳理和融合，根据广播、电视、报纸、新媒体等媒介的不同特点，梳理生产内容、用户习惯、传播特征等差异，逐步解决功能重复、内容同质、重心分散等问题，从而完善全媒体采编运行管理机制。

和一刀切的做法不同，绍兴市新闻传媒中心在整合各部门的同时，在新闻采编方面坚持有分有合，实行采编一体与采编分离、自给自足与资源共享相结合。② 新建了全媒体供稿的时政要闻部、社会民情部、专题部、地方部等部门，既体现全媒体生产传播的要求，也兼顾报纸、广播、电视和新媒体的特性。例如采集中心的内容产出主要集中于重大时政新闻报道，并需要向绍兴日报、新闻综合频道和客户端等多平台供稿；编发中心也配置一定数量的采集人员，主要负责除重大时政新闻报道外的其他新闻产品。

采编合一与采编分离相结合的生产流程，让不同形态的媒体能够“美美与共”，相互借鉴并一定程度上实现互补，充分实现媒体资源的整合。在2020年疫情期间，绍兴日报推出名为《这“疫”刻》的特别系列报道，新闻综合频道推出《战“疫”之路》系列综述；“越牛新闻”客户端、微博账号“绍兴发布”、绍兴网、抖音号“越牛新闻”等紧跟热点，及时准确发布相关疫情信息，并开设“捉谣记”专题，通过权威信息破除30多条谣言。这些报道准确击中了民众的情感共鸣点与利益相关点，及时回应群众关切，起到了稳定民心的作用，有效提升了全媒体矩阵的传播效果。

（二）整合渠道资源，打破平台壁垒

融合改革的成效如何，一个重要的衡量标准是移动端新媒体发展如何。实

---

① 冯立中.打造市级媒体融合改革“绍兴模式”以更大担当更大作为展现初心使命——绍兴市级媒体融合改革实践探索[J].传媒评论，2019（11）：26-29.

② 单滨新.市级融媒体中心建设的绍兴探索[J].新闻与写作，2021（01）：88-93.

行媒体融合，必须把握“移动优先”的战略方向。绍兴市新闻传媒中心打通报、台、网、微、端所有资源，关停并转一批关注度低、内容同质或冗余的平台渠道、版面栏目与新媒体账号，关停“绍兴日报”、广电“视听绍兴”等28个微信公众号和微博账号，将重心放在打造精品内容和知名品牌上[①]，尤其加强了对“越牛新闻”客户端的打造，让主力军全面进入移动端主战场，努力把新媒体打造为中心的“第一平台”。

融合改革后全新打造的“越牛新闻”客户端，依托融媒体实验室、移动直播平台、短视频工作室，更侧重新融媒体产品的产出。上线仅一年多，用户量从12.6万增至420万。2020年，中心把握住直播的机遇，进行了超过70场直播，如在2020年国庆、中秋假期，“越牛新闻”推出“@美好，200小时大直播”，共有157.4万人次参与，一定程度上帮助客户端大力吸粉。疫情期间“越牛新闻”发布的《隔离病房里最暖拥抱照》被人民日报、新华社等转载，全网点击量超过2亿人次。2020年，“越牛新闻”已进入“中国媒体客户端最具影响力50强”行列。“越牛新闻”2020年度实现营收1360万元，连续两年比上年同比翻一番。

“网微端一体化”改造，整合平台资源，既适应当前主流媒体占领网络舆论主战场的需要，又可以有效提升全媒体传播效果。

（三）整合人才资源，改革体制机制

面对重大机构整合，绍兴市新闻传媒中心为保障员工权益，优化干部结构，在薪酬制度和人事制度上都做出了相应的调整。

在人事制度上，中心成立后对原有机构进行精简，采用扁平化管理行政、采编、经营部门，将内设机构从49个压缩到25个；通过实施“退一批”“转一批”“留一批”的举措，将中层干部的职位从112个精简到75个，降低了一定的运行成本。一些因年龄原因退出中层岗位的干部，可以担任业务部门指导，发挥顾问作用。此外，全面实行部门定岗定编定经费，开展员工双向选聘，精简了35%的行政岗位，并相应增加了采编、经营等一线岗位的名额。

改革薪酬管理制度，出台新的员工薪酬分配实施办法。打破了原来对员工事业企业身份的限制，真正实现以岗定薪、以绩取酬。“考虑到原绍兴日报社、

① 单滨新. 市级融媒体中心建设的绍兴探索[J]. 新闻与写作，2021（01）：88-93.

广电总台员工的薪酬水平差距，对原待遇较高的保持稳定，对原待遇较低的逐年提高、三年并轨，所有员工薪酬体系日常完全统一，年终体现差异。”[①]从2019年7月1日开始，逐步实施新的薪酬制度，员工普遍反映这一改革实现了平稳转换。

同时，中心创新岗位管理制度，转变原有的唯身份观念理念，更多地刺激员工的竞争意识和创新意识，包括为员工设定相应薪酬系数，为首席记者、首席编辑等特岗员工增设特岗绩效，一定程度上拓宽了员工晋升的渠道与空间，提升员工的归属感与忠诚度。

（四）整合商业资源，拓展产业链条

围绕传媒产业链、传媒生态圈，绍兴市新闻传媒中心全面梳理产业发展方向，按照“瘦身健体、突出主业”的方针，把下属26家公司清理整并为10家全资子公司。积极拓展会展、文创、旅游、户外广告、体育等新兴产业，尤其是新组建的会展公司已成为绍兴会展业的“金字招牌”，每年营收超亿元，净利润超千万元。

同时，按照现代企业管理制度，绍兴市新闻传媒中心健全法人治理结构，对经营主体考核逐步从成本控制转变为利润考核，推动下属公司实行独立核算、自我发展、自我约束、自负盈亏。

依托会展、文创、旅游、体育、户外广告等新兴产业的培育，绍兴传媒集团整体经营逆势回暖。一体化融合改革前，绍兴两家媒体总体每年亏损1500万元至2000万元，融合改革后第一年就实现了全集团扭亏为盈。2020年度，在疫情影响下，传媒集团仍然实现营收4.1亿元，增长3.5%，继续实现净盈利。

四、齐齐哈尔：机制创新，挖潜“造血”功能

齐齐哈尔市的广播、报纸、电视等传统媒体具有红色的历史底蕴。1946年建台的原齐齐哈尔人民广播电台是中国共产党早期领导的6座红色电台之一，于2010年与齐齐哈尔电视台合并。原齐齐哈尔日报社创始于1954年，是中共齐齐哈尔市委机关报，其前身可溯源于1946年的《西满日报》《齐市新闻》，以及松

① 单滨新.市级融媒体中心建设的绍兴探索[J].新闻与写作，2021（01）：88-93.

江省、嫩江省两省合并前的《黑龙江日报》,《齐齐哈尔日报》是齐齐哈尔报业史上出版时间最长、发行量最大、影响最广泛的综合性报纸。[①] 虽然齐齐哈尔市级媒体具有悠久的历史，但是随着媒介技术的发展和媒体环境的变化，在新媒体的冲击和激烈竞争下，面临着读者和观众流失、广告收入下降、资源短缺、人才不足的一系列难题，甚至一度面临发不出工资的尴尬局面。

2019年5月10日，齐齐哈尔市成立了黑龙江省首家地级市融媒体中心，将原齐齐哈尔日报社、电视台和广播电视报社组建为以融媒体发展为导向的黑龙江省首家地市级融媒体中心——齐齐哈尔市新闻传媒中心。按照经营与新闻两分开的原则，新闻传媒中心理顺了融媒体建设体系，从机制体制改革入手，从顶层设计、内容机制、运营机制方面挖潜自身的“造血”功能，实现了真正的融合发展。

（一）顶层设计全面，发力机制变革

建立融合发展的工作体系，重点解决了原三家单位体制机制上存在的问题，避免了岗位的冗杂和人力资源的浪费。首先，新闻传媒中心设计了综合管理、新闻宣传、产业经营三大体系，建立编委会、经委会、管委会和技术委员会四大分工明确的具体执行机构。其次，在新闻单位的改革问题上，新闻中心分阶段地制定出台了有关于员工分流、竞聘、薪酬、宣传、经营等六项方案指导改革。充分考虑在编和编外的差异，照顾不同年龄段和不同需求，坚持具体问题具体分析，分散矛盾点。由于坚持公平、公正、公开、自愿的规则，解决了分流、竞聘的难点焦点问题，改革期间先后有705人竞聘上岗，有321人离岗创业、待岗培训、辞职、解聘、分流，实现了无投诉、零上访。[②]

在竞聘这一环节中，新闻传媒中心坚持公平公正公开的原则，决定每次竞聘从原报社和原广播电视台全体职工中各随机抽取50人，这100人作为群众评委，其打分占结果的50%权重，班子成员占50%权重，现场打分并且出示结果。

① 齐齐哈尔新闻网.齐齐哈尔市新闻传媒中心正式揭牌成立[EB/OL].（2021-06-03）[2019-05-13]. https：//qiqihar.dbw.cn/system/2019/05/13/058199358.shtml.

② 中国记协网.社长总编谈媒体融合|齐齐哈尔市新闻传媒中心：融人融事融心 多维激发生产力[EB/OL].（2021-06-04）[2020-09-11].http：//www.zgjx.cn/2020-09/11/c_139361417.htm.

对于政绩奖、业务奖、职称三项作加分设置。市委宣传部干部处计票，纪委监委全程监督，演讲现场、计票现场全程录像。整个竞聘工作历时35天，经过7轮竞聘竞岗，累计近1000人次报岗竞聘，798人次作为评委参加测评投票。所有岗位均通过竞聘演讲、投票测评、组织审核等程序产生。①

在新闻中心的运行管理上新闻传媒中心强化正向激励机制，激发职工干事创业担当有为。从制度上破解终身制大锅饭的问题，实行全新的薪酬分配机制，化解“一聘定终身”的职称评聘问题。员工实行基础工资+岗位工资+绩效工资的薪酬模式：基础工资为1000元+工龄，岗位工资设置了七个级别的梯度，按岗浮动定薪。岗位工资根据工作职责、工作难度、工作环境、劳动强度、劳动复杂度、人力资源稀缺度以及岗位重要性科学制定薪酬区间，一线和关键岗位工资更高。按“绩”取酬，多劳多得，少劳少得，不劳不得，岗位工资、绩效工资由部门二次分配。齐齐哈尔交通广播频率内部一位80后的编外主持人在改革当年8月份的月收入就达到了14147元，是她改革前工资的5倍。通过一系列机制改革后，新闻传媒中心实现了用事业聚人心、用发展聚人心，让大家发展有目标、工作有干劲。②

（二）革新内容机制，强化融合生产

打破传统采编流程，坚持移动优先的策略，新闻内容统一采集、多形式制作、多平台发布。新闻中心按照全媒体平台发布的融合工作运行模式，重构适应融合发展的新闻策、采、编、审、发、评工作流程，有力促进了新旧媒体之间的融合。

在硬件设施不够完善的情况下，新闻传媒中心努力打造自身的新媒体平台矩阵，形成“看齐”直播、齐齐哈尔新闻网、新闻各品牌微信公众号等账号，用户粉丝超过221万，累计增加粉丝80多万；各平台日均总阅读量达350万，截至2020年9月，总阅读量超过8亿次。新闻传媒中心在抖音、快手平台上开通了

---

① 中国记协网.社长总编谈媒体融合|齐齐哈尔市新闻传媒中心：融人融事融心 多维激发生产力[EB/OL].（2021-06-04）[2020-09-11].http：//www.zgjx.cn/2020-09/11/c_139361417.htm.

② 中国记协网.社长总编谈媒体融合|齐齐哈尔市新闻传媒中心：融人融事融心 多维激发生产力[EB/OL].（2021-06-04）[2020-09-11].http：//www.zgjx.cn/2020-09/11/c_139361417.htm.

网上直播，“看齐”抖音号单条播放量创1.1亿人次的记录，截至2020年上半年，短视频总播放量超13亿，短视频日均播放量达1500万。2019年12月，“看齐”频道（手机台）上线，依托“看齐”公众号实现传统媒体与新媒体的相加相融，实现用手机看电视、听广播、读报纸，增大了内容分发的覆盖面。[①]

新闻传媒中心在电视大屏与手机小屏之间进行互联互动，大屏负责重点栏目的分发，为小屏推品牌；小屏将移动优先的优势发挥到极致，实现24小时直播与最新资讯插播，做到对大屏的反哺。具体来说，就是将传统媒体新闻综合频道、公共频道、综合广播、交通广播、乡村广播、《齐齐哈尔日报》《鹤城晚报》的内容送入“看齐”微信公众号，并在实现直播、点播、电子报的同时，实现了小屏带大屏。

（三）创新运营机制，拓展收入渠道

新闻传媒中心突破传统媒体的经营思路，发展出了一套媒体+互联网+文化旅游的模式，成为连接各方的枢纽。政府、资本、游客通过媒体进行交叉融合，实现多方互赢。新闻传媒中心先后举办十几场活动，如“2019东都汇半程马拉松”和“2019中国齐齐哈尔广厦昆仑玺杯第十四届马拉松”两场大赛，吸引了来自12个省32个城市的1.5万名跑者前来参赛，“看齐”直播浏览量超过40万，同时有力拉动了当地的住宿、餐饮、旅游消费等。

2019年，齐齐哈尔市新闻传媒中心协同齐齐哈尔市商务局、泰来县委县政府主办“齐齐哈尔·泰来首届网红达人评选大赛”。大赛面向全地区招募参赛选手，获胜者直接获得网络直播平台扶持资源、网红经纪公司签约艺人、大赛奖金等。通过初赛和复赛，推出一批主播、模特及网红新秀，新闻传媒中心为他们提供实现梦想的舞台，期望通过网络红人宣传推介泰来县健康、原生态的绿色食品，宣传当地文化旅游景观，营造“我爱家乡、我为家乡代言”的良好氛围。这是新闻传媒中心探索实施“县域电商+主导产业+文化旅游+云服务”的电商发展模式的一次重要尝试，不仅推动了重点产业发展、拓展了电商销售渠道，还增加了本土就业岗位，提升本土品牌的网络知名度。

---

① 中国记协网.社长总编谈媒体融合|齐齐哈尔市新闻传媒中心：融人融事融心 多维激发生产力[EB/OL].（2021-06-04）[2020-09-11].http：//www.zgjx.cn/2020-09/11/c_139361417.htm.

五、大连：业态创新，挖掘地方特色

于2018年8月31日正式揭牌的大连新闻传媒集团，不仅融合了大连报业集团和大连广播电视台，还整合了大连京剧院、大连舞美设计中心、团市委宣传教育中心等11家单位，作为市委直属事业单位，负责全市新闻事业和传媒产业发展。大连市级媒体融合的主要特征是“全媒融合，全业创新”，媒体融合跨领域广泛，不仅涉及传统广播电视和报业的整合，还集纳了设计中心、宣传中心、剧院等文娱和宣传机构，媒体融合的范围更广，实现了“广融”。同时，大连市委、市政府对传媒集团扶持力度很大，市财政确定用3年解决传媒集团历史欠账，支持发展多元产业，增强其“自我造血”能力。新闻传媒集团通过建设中国传媒岛，完成产业发展目标。

（一）推进“六个分开”，创新体制机制

首先，破除原有体制机制的制约因素，释放媒体融合改革的活力。大连新闻传媒集团创新性地推出“六个分开”，有效推动了集团的体制机制改革。这“六个分开”包括：为避免采编与经营相互交叉，剥离了印刷、发行、广告等业务，实现事企分开；职能明确，集团编委会管宣传，控股公司董事会管经营，实现业务分开；将经营性资产划入控股公司，公益性资产留在事业集团，实现资产分开；宣传考核社会效益、社会价值，经营进行社会效益、经济效益“双效同考”，实现考核分开；事业身份人员向采编播管岗位集中，其他人员向企业流动，统一理顺合同关系，实现人员分开；重大事项决策权和监督管理权在集团党委，采编权、发稿权、播放权在各媒体单位，广告经营权在控股公司，实现“三权”分开。[①]

其次，体制机制创新有效推动了传媒集团重塑采编发流程，推进了全媒体中心的建设。中心通过优化内容生产流程，打造一体化的生产传播分发全链条，将内容生产指挥调度、策划、采访和稿件资源统一起来；同时，通过破除采编发各部门和环节的限制，探索建立了全媒体的生产组织架构框架，创新了工作流程，并进一步释放体制机制改革的活力。

---

① 李鹏宇.全媒融合 全业创新 开创大连新闻传媒事业新局面[J].中国记者，2019（04）：58-61.

此外，大连新闻传媒集团于2021年开始推进个人工作室制度，“一批有意愿、有能力、有抱负的优秀骨干人才或主动申报成立个人品牌工作室，或牵头核心团队组建部门工作室”，[①]“百年初心”专题片项目工作室、郝岩工作室、“沐问出处”主播工作室、“独教授”融媒工作室、“红娘来了”工作室正式成立，创作创业创新热情高涨。工作室制度已成为媒体融合大潮中打破现有机构、部门、编制、身份限制的重要举措，能够促成人才良性流动，实现内容、产品、运营、技术服务、项目活动等各专业岗位协同合作、创造价值的全新组织单元。

（二）整合生产要素，提升全媒传播力

将队伍、人员、资源、技术等完成整合的优势充分发挥出来，推进全媒体中心建设，做好融合“加减法”，在优质资源上“做加法”，在落后“产能”上“做减法”，从而提升主流媒体的影响力。

首先，建设全媒体云平台。在互联网飞速发展、传播方式发生深刻变化的背景下，“大连云”新闻客户端上线，以融媒体生产为核心建立“中央厨房”式的媒体素材聚合、展现、生产、发布和舆情分析综合管理平台，对上融通中央和省级融媒体中心，对下挖掘大连大数据联盟资源，链接县级融媒体中心，助力大连新型智慧城市建设。[②]

其次，做大融合传播矩阵。打造自有传播矩阵，是提升主流媒体传播力、影响力、公信力的必然要求。大连传媒集团把握“终端随人走、信息围人转”的传播趋势，发力融媒体移动传播矩阵建设，包括“无限大连”App、“大连发布”“新闻大连”双微、天健网等，覆盖了“报、刊、声、屏、书、网、端、微”。此外，注重建设智慧城市移动平台，服务受众，以提升地方媒体的传播力、引导力、公信力。

大连传媒集团在推进媒体融合的实践中取得了一定成效，其媒体原创首发率“从35%增至95%，官微粉丝增长76%，流量增长163%”；大连晚报和交通广

① 大观新闻百家号.改革提速！第一个工作日，大连新闻传媒集团首批工作室授牌[EB/OL].（2021-06-05）[2021-02-18] https：//baijiahao.baidu.com/s？id=1692024206135336956&wfr=spider&for=pc.

② 李鹏宇.全媒融合 全业创新 开创大连新闻传媒事业新局面[J].中国记者，2019（04）：58-61.

播的官方微信号进入全国媒体微信公众号100强，“新闻大连”抖音号入选全国50强；生产出一批爆款融媒体产品，例如原创报道《最美消防员——“冰与火的考验”》被人民日报、央视新闻等央媒转发，阅读量达3.4亿；“大连日报、大连晚报订阅量分别比上年增长了117%和102%，验证了习近平总书记‘此长彼长’‘优势互补’的重要论述，‘融’的优势和效果充分显现”。[①]

大连一直是东北地区对外开放的领头羊，与日韩两国的经济文化交流较为丰富。而且，大连广播电视台曾经开办的日语节目《大连东瀛风》、韩语节目《中韩之桥》在日、韩都颇有影响。后来，由于媒介环境的变化和传播力的下降，节目停办。大连市新闻传媒集团将推动重启媒体驻日、韩代表处，并努力恢复这两个品牌节目，重建中、日、韩三国电视机构联合主题采访播出机制，向东北亚地区更好地传播中国声音，扩大主流价值影响力版图。

（三）拓展“传媒+”产业，建设“中国传媒岛”

首先，盘活用好存量，在融合改革中通过“传媒+”产业打造新的经济增长点。集团成立以来，积极整合内容、人才、技术、广告出版等方面的资源，向价值链、产业链的高端发展。传媒集团还将政策向老年康养、现代物流、网络安全、会展活动、风投基金、金融租赁等领域倾斜，打造包括“传媒+演艺”“传媒+现代出版”“传媒+教育”“传媒+文创”“传媒+金融”等“传媒+”产业的多元发展体系。2018年，传媒集团拿下独家代理大连地铁1、2号线车厢外广告的经营权，“新增车载广告投影项目签约1300万元；集团旗下天途公司完成营收5.18亿元，净利润同比增长138.2%；天歌公司完成营收7611万元，净利润同比增长59%”。[②]

其次，推进“中国传媒岛”建设。“中国传媒岛”建设规划的主要内容是影视传媒产业基地、城市主题动漫体验乐园、传媒产业博物馆等。包括了建设集传媒文化创意、时尚设计生活、智能共享互联于一体的东北亚传媒时尚会展港、东北亚城市公共艺术示范区等，着力打造大连传媒产业增长极和文化产业新载体。

---

① 李鹏宇.全媒融合 全业创新 开创大连新闻传媒事业新局面[J].中国记者，2019（04）：58-61.

② 李鹏宇.全媒融合 全业创新 开创大连新闻传媒事业新局面[J].中国记者，2019（04）：58-61.

六、“报业+广电”模式：资源集约，差异发展

通过对上述四个地市级融媒体案例的具体分析，我们可以看到，在四级融合媒体布局中，“报业+广电”的跨媒体融合模式在地市级层面的运用最为普遍。对于地市级相对有限的媒体资源而言，“报业+广电”能够较为快速地帮助地市级媒体进行资源整合与重组，以互联网思维重新梳理报业与广电事业的发展方向，打破过去发展定位不同而产生的壁垒，应对新媒体环境带来的资源紧缺的挑战；同时可以减少报社和广电之间的竞争内耗，减少人力成本支出，集中资金资源和技术团队打造一个融媒体平台，形成垄断性优势，提高竞争力。

虽然很多地市级媒体融合都选择了“报业+广电”这一模式，然而融合成效却还是存在差异。成都、大庆等地融合挂牌后的收入状况并不理想，报台合并最终以分离告终。因此，“报业+广电”只是一种地市级媒体融合的路径探索，各地应当从自身的经济发展水平以及媒体资源水平的实际出发，选择适合自身的媒体融合道路，因地制宜，才能打造具有地方特色的融媒体。

如果选择“报业+广电”这种模式，要从以下四个方面着力，实现“真融”“深融”和“广融”。

（一）政府支持与顶层设计

地市级媒体融合已经势在必行，实现真正的媒体融合离不开各地党委、政府的重视和支持。

以大连为例，大连市委下定决心，进行彻底的媒体融合改革。2017年，大连市委组织人员先后30多次赴人民日报、新华社等中央媒体和上海、苏州、郑州等媒体融合较为先进的地区学习考察。并前往中宣部新闻局、文改办问诊开方，明晰了事企分开、薪酬制度、编制设置、人事管理等具体问题的改革路径。大连市先后召开5次书记办公会、市委常委会专题研究媒体融合改革方案，形成了打破边界、全媒体彻底融合的改革思路和一系列具体措施。从扶持力度来看，大连市财政决定用3年时间来解决传媒集团的历史欠账，增加了财政供养人员450人，并积极支持集团发展多元产业，增强“自我造血”能力。在中宣部、辽宁省委和省委宣传部的大力支持和有力指导下，大连市立足区位条件特点，在全国副省级城市中率先走出了一条“全媒融合、全业创新”的发展之路。

绍兴市委市政府和市委宣传部主要领导多次研究传媒中心组建方案。融合过程中，市委市政府在政策资金上给予大力扶持。市政府通过固定资产置换的方式协调解决了新的绍兴传媒中心大楼12.5亿元建设资金的来源问题。从2020年起，市政府还设立了每年3000万元的媒体融合专项资金，通过购买服务和专项补助的形式支持市级媒体融合。

（二）真“融”：改革机制体制，提升融合力

媒体融合，应当是全方位的真正融合，而不是简单的业务相加。打破原有体制机制壁垒，实现从组织体系、人事制度到薪酬制度的创新，才能释放媒体融合改革的活力，实现“真融”。例如，珠海传媒集团以公司化的方式整合报业集团与广电集团的技术、运营、人才等资源，成立新媒体运营公司、新媒体技术公司；大连新闻传媒集团通过推进“六个分开”，推动集团体制机制改革，按现代企业制度运营；齐齐哈尔与绍兴新闻传媒中心破解了人员制度上的“终身制”问题，在此基础上配合严谨的竞聘制度与相对公平的薪酬制度；绍兴市新闻传媒中心为了平衡原本存在差距的报业、广电人员的工资，通过重新赋予工作人员薪资系数的方式，来确定工作人员的基本工资，再配合绩效，多劳多得，提升原先待遇较低者的薪资增长速度。

（三）深“融”：做强内容平台，加强传播力

在媒体融合初期，报业和广电各自的新媒体资源分散、管理粗放、低水平重复、同质化竞争的问题十分严重，大部分地市级媒体融合是一种浅层次或者仅仅是新闻领域的融合，实行媒体融合，必须坚定不移地实行“移动优先”战略，努力把新媒体打造为全媒体集团的“第一平台”，并做强内容平台。例如绍兴传媒集团融合改革后全新打造的“越牛新闻”客户端，上线仅一年多，用户量从12.6万骤增至420万，大大提升了地市级融媒体的传播力。

彻底打通报业与广电之后，珠海传媒集团的采编业务由七大中心来承担，通过自主研发的九霄融媒体生态系统，实现内容的一体化生产和分发。其新媒体矩阵在一系列重大新闻报道中爆款频出，新媒体端口的覆盖力和影响力优势明显。

（四）广“融”：跨界整合迈进，增强运营能力

基于各自发展状况，地市级融媒体注重对自身所拥有的多种媒体资源进行整合，媒体融合领域广泛，通过跨界整合拓展发展之路。

珠海传媒集团以原珠海广电集团和原珠海报业集团为基础，整合了珠海市其他国有媒体资源，包括报纸、广播、电视、杂志、新媒体、户外媒体等全媒体生产链条，下设12个子公司。其自主研发的九霄融媒体生态系统实现了宣传舆论工作的全平台、全链条、全区域融合。

大连市将电视、广播、报业、门户网站、出版社、京剧院等11家文化单位整合到一起，组建了大连新闻传媒集团。集团积极整合人才、内容、技术等资源，延伸自身的产业链与价值链，探索各种“传媒+”的跨界合作，打造新的经济增长点，为媒体深度融合寻找新方式。

七、结语

地市级融媒体选择“报业+广电”的跨媒体模式，有机整合媒体资源，促使地市级融媒体在当地形成优势，推动媒体融合向纵深发展。例如，齐齐哈尔市新闻传媒中心以体制机制改革作为媒体融合发展的基础，通过对顶层设计、内容机制与运营机制的改革来提升自我“造血”能力；绍兴市新闻传媒中心以资源整合作为地市级融媒体发展的抓手，实现了移动端跨越式发展和产业经营逆势回暖；珠海传媒集团通过大量的跨界合作与运营，盘活了融媒体生态圈和产业链；大连新闻传媒集团让媒体融合的触角和范围更加广泛，实现全媒体融合、全产业创新。

基于地市级媒体本身所拥有的媒体资源，“报业+广电”是一种能够快速整合地市级媒体资源的融合方式，为地市级媒体融合提供了思路和方向。在四级媒体融合的布局中，在多样态的融合实践中，地市级媒体应当从本地经济发展水平以及媒体资源水平的实际出发，注重自身区域特色的挖掘与展现，才能打造具有地方特色的融媒体。

专研报告四：格局、需求与理念：全媒体新闻传播人才培养创新研究

王婧雯　邹佳丽[①]

摘要：信息技术变革形塑了新闻传播的新业态，也催生了新闻传播人才培养的新需求。在媒体融合走向纵深的今天，面对媒体生产、传播、运营、管理的现实需求，“全媒体”已成为衡量人才结构的重要标尺。本研究基于2019年至2021年三年内31家不同层级媒体的招聘需求信息，总结媒体融合国家战略对全媒体人才的要求与布局，分析研判当前传媒业对人才需求的特征与趋势，探索新闻传播教育的理念与路径转型。在此基础上，本研究构建起全媒体时代新闻传播人才培养的预期模型，打造以核心价值为导向、以交叉融合为理念、以专业能力为基础、以媒介技术为引领的育人模式创新，主动识变、应变、求变，让人才的不竭智慧与创造力成为激发媒体融合纵深化发展的内在驱动力，为党和国家的新闻传播事业夯实基础、积蓄动能。

关键词：全媒体；人才培养；行业需求；新闻传播教育

人才是新闻传播行业不断创新变革的动力源泉。当前，信息技术与智能传播形塑了新闻传播的新业态，也催生了人才建设的新需求。面对融合转型的新

---

① 王婧雯，中国传媒大学电视学院讲师；邹佳丽，中国传媒大学电视学院博士研究生。本文是国家社科基金重大项目“媒体深度融合发展与新时代社会治理模式创新”的阶段性成果，项目编号：19@ZH043；中国传媒大学校级科研项目，新文科建设背景下新闻传播学科人才培养体系及模式创新研究（二）的阶段性成果，项目编号：CUC19ZD014。

闻业，“全媒体人才”成为国家、行业与学界破局媒介生态变革的共识。在媒体融合走向纵深的今天，“全媒体”已不只是对传媒业态的宏观布局，更伴随着全媒体生产、传播、运营、管理的现实需求，成为衡量人才结构的重要标尺。要厘清这把“标尺”的关键“刻度”，单一的视角与维度已不能回应全媒体人才的系统实践，需要在时代要求与整体格局、业务需求以及教育规律之间寻找平衡与共识，积极识变、求变、应变，形成人才建设合力。

媒体融合的国家战略布局了怎样的人才蓝图？深度融合发展中的媒体机构需要怎样的合格员工？新闻传播教育教学体系应当如何回应数字时代的育人转型、输送时代所需的复合型新闻传播人才？围绕以上问题，本报告将从媒体融合国家战略对全媒体人才的要求与布局、媒体行业融合转型过程中的新闻传播业界的现实需求、新闻传播教育的理念转型与路径探索三个方位切入，回答全媒体时代如何识变、新闻传播行业如何求变，并据此探讨新闻传播教育教学如何应变。

一、识变：全媒体人才建设的时代要求与整体格局

建设新型人才队伍始终是媒体融合发展的重要命题。随着媒体融合成为国家战略，全媒体人才建设的顶层布局逐步明晰。2020年6月，中央全面深化改革委员会通过了《关于加快推进媒体深度融合发展的指导意见》，提出了“推动媒体融合向纵深发展”的总要求，并明确指出“要深化体制机制改革，加大全媒体人才培养力度”两个关键抓手。回望历史，有关“全媒体人才”的战略布局始终贯穿于媒体融合逐步酝酿、发展的顶层设计之中，从强调人才建设的紧迫性、重要性，到提出具体、明确的目标定位，每一步都体现了互联网环境下传媒事业变革的发展轨迹。

早在2013年全国宣传思想工作会议上，习近平总书记就指出，要解决好“本领恐慌”问题，真正成为运用现代传媒新手段新方法的行家里手。面对信息技术的变革，传统型人才陷入被动，新闻传播人才的革新势在必行。2014年8月，中央全面深化改革领导小组通过了《关于推动传统媒体和新兴媒体融合发展的指导意见》，擘画了媒体融合国家战略蓝图，“强化互联网思维”“积极运用大数据、云计算等新技术”成为传媒人才转型的行动路径。2016年2月19日，习

近平总书记在党的新闻舆论工作座谈会上发表重要讲话，将人才建设提升到媒体竞争的核心地位。习近平总书记指出，“新闻媒体竞争关键是人才竞争，媒体优势核心是人才优势”“要加快培养造就一支政治坚定、业务精湛、作风优良、党和人民放心的新闻舆论工作队伍”，并要求新闻工作者“努力成为全媒型、专家型人才”，为全媒体新闻传播人才的建设明确了定位。2018年11月，中央全面深化改革委员会第五次会议又进一步细化了媒体融合对新媒体人才和队伍的需求。

与此同时，在新闻传播教育与学科建设领域，人才教育理念与目标的革新转型也与国家战略、行业生态协同呼应。2013年6月，中宣部、教育部发布实施卓越新闻传播人才教育培养计划1.0，提出建设“具有全媒体业务技能的应用型、复合型新闻传播人才”。面向媒体融合与智能传播的国家战略及生态变革。2018年9月，两部委再次发布卓越新闻传播人才教育培养计划2.0，以建设“全媒化复合型专家型新闻传播人才培养体系”为目标，加快培养善用“十八般兵器”的全媒化复合建设型新闻传播人才，将全媒体人才建设提升到新闻传播人才教育的总体要求。

通过深刻认识全媒体时代的挑战和机遇、全面把握媒体融合发展的时代变局，一系列的顶层设计与规划为全媒体人才提出了根本要求，逐步形成应时而生的全媒体人才目标蓝图：具有坚定的政治立场，拥有互联网思维，掌握现代传媒“十八般兵器”的业务技能，具备全媒体生产、传播、运营、管理等相关能力的全媒型、专家型、复合型人才。这一定位要求为新闻传播领域的行业实践与教育教学锚定了总体基点。

二、应变：全媒体时代的新闻传播行业人才队伍建设的现实需求

（一）研究样本与分析方法

近年来，为适应媒体融合生态的转型，加强人才队伍建设，各级新闻传媒机构都通过定期的校园招聘、社会招聘等渠道广纳人才。而招聘需求信息源自媒体机构内部对行业实践的深刻研判，显示出各层级媒体对新闻传播人才的现实需求。为全面了解新闻传播行业对全媒体人才素养的实际需求，把握当前新闻媒体从业人员的具体工作内容和技能要求，本研究选取2019年至2021年三年

间31家不同层级主流媒体和互联网传媒机构的招聘需求信息作为研究样本；通过对招聘信息的词频归类、文本分析，尝试总结行业媒体对当下人才需求的趋势与特征，构建对全媒体人才素养的预期模型，也从侧面探析当前媒体融合纵深化发展的人才困境与短板，为高等新闻传播教育理念与实践改革提供行业现实参照。

本研究依照以下条件筛选研究样本：

（1）所选媒体具有较大的影响力，在其所属的媒体层级中有一定的代表性；

（2）所选媒体在近三年中有明确、具体的招聘需求信息；

（3）媒体的层级、形态、所属地域尽量覆盖广泛，入选的岗位样本所属机构类型包括主流新闻传媒机构以及互联网商业媒体，其中主流新闻传媒机构涵盖中央、省、市、县四级媒体；

（4）为提高研究的针对性，招聘信息选取新闻传播类专业岗位①，如果招聘信息的岗位需求专业不限，则通过具体的岗位职责和需求进行判定，选取与新闻传播相关的岗位信息；

（5）在样本岗位中进一步细分传统媒体岗位和新媒体岗位。

经过筛选，最终获得218个招聘岗位样本，岗位招录主体来源与招聘岗位的层级情况如表3-4-1所示。

表3-4-1　研究样本层级与岗位数量分布表

媒体层级	岗位类型	岗位数量	岗位招录主体
中央媒体	传统媒体岗位	15	中央广播电视总台、人民日报社、新华社、光明日报社、中国日报社、中央广播电视总台台属单位（央视网、央广网、国际在线）、人民日报社属报刊企业（环球时报社、健康时报社、《人民论坛》杂志社、《环球人物》杂志社、人民日报传媒广告有限公司、人民日报数字传播有限公司、《中国经济周刊》、《新闻战线》）
	新媒体岗位	54	

① 新闻传播类专业的判定依据教育部2020年下发的《普通高等学校本科专业目录》，新闻传播学下设有10个二级学科，分别为新闻学、广播电视学、广告学、传播学、编辑出版学、网络与新媒体、数字出版、时尚传播、国际新闻与传播、会展。

续表

媒体层级	岗位类型	岗位数量	岗位招录主体
省、市、县级等地方媒体	传统媒体岗位	31	江苏省广播电视总台、四川广播电视台、湖北广播电视台、重庆广播电视集团、北京人民广播电台、杭州市上城区融媒体中心、人民铁道报社、陕西日报社、新京报、马鞍山日报社 、贵州省兴仁人民广播电台
	新媒体岗位	59	
互联网传媒机构	传统媒体岗位	13	腾讯、爱奇艺、阿里巴巴、长沙马栏山视频文创产业园
	新媒体岗位	41	

为能够让招聘信息文本直观地反映人才需求的具体要素，本研究通过Python“Jieba”中文分词，对218个岗位的招聘文本进行关键词提取，再通过“Wordcloud”统计，得到相应关键词的词频统计。人工剔除“媒体”“工作”“相关”“具备”“熟悉”“较强”等与具体工作能力和岗位要求无关的关键词之后，最终按照词频从多到少统计出前60位的关键词，如表3-4-2所示。本研究进一步按照“专业能力”（表3-4-3）、“工作领域/职位内容”（表3-4-4）、“个人品质”（表3-4-5）、“综合素质”（表3-4-6）四个类别将总词频表进行词频分类，进一步分析相关岗位对人才多方位素养的需求情况。

表3-4-2　样本岗位能力需求“关键词”词频统计

序号	关键词	词频	序号	关键词	词频	序号	关键词	词频
1	策划	148	21	行业	53	41	营销	36
2	新闻	144	22	数据	52	42	热爱	36
3	沟通	123	23	用户	52	43	大学本科	35
4	运营	110	24	平台	50	44	融合	35
5	团队	101	25	项目	50	45	执行	35
6	内容	87	26	分析	50	46	吃苦耐劳	34
7	制作	84	27	拍摄	48	47	意识	33
8	视频	77	28	功底	47	48	作品	33

续表

序号	关键词	词频	序号	关键词	词频	序号	关键词	词频
9	产品	73	29	节目	47	49	报道	32
10	互联网	73	30	本科	45	50	毕业	32
11	文字	72	31	品行端正	43	51	文案	32
12	传播	68	32	政治	43	52	热点	32
13	软件	67	33	设计	41	53	岗位	30
14	编辑	63	34	方案	41	54	素质	30
15	精神	60	35	独立	41	55	剪辑	29
16	熟练	60	36	协作	40	56	语言	28
17	思维	56	37	协调	40	57	研究	27
18	合作	55	38	学习	39	58	业务	27
19	全日制	54	39	采编	38	59	广告	27
20	创意	54	40	撰写	38	60	写作	26

表3-4-3 “专业能力”关键词词频

序号	关键词	词频	序号	关键词	词频
1	策划	148	14	功底	47
2	运营	110	15	设计	41
3	内容	87	16	采编	38
4	制作	84	17	撰写	38
5	视频	77	18	营销	36
6	产品	73	19	融合	35
7	文字	72	20	作品	33
8	传播	68	21	报道	32
9	软件	67	22	文案	32
10	编辑	63	23	热点	32
11	数据	52	24	剪辑	29
12	分析	50	25	语言	28
13	拍摄	48	26	写作	26

表3-4-4 “工作领域/职位内容”关键词词频

序号	关键词	词频	序号	关键词	词频
1	新闻	144	7	节目	47
2	互联网	73	8	方案	41
3	行业	53	9	岗位	30
4	用户	52	10	研究	27
5	平台	50	11	业务	27
6	项目	50	12	广告	27

表3-4-5 “个人品质”关键词词频

序号	关键词	词频
1	品行端正	43
2	政治（立场）	43
3	热爱	36
4	吃苦耐劳	34
5	素质	30

表3-4-6 “综合素质”关键词词频

序号	关键词	词频	序号	关键词	词频
1	沟通	123	10	独立	41
2	团队	101	11	协作	40
3	熟练	60	12	协调	40
4	精神	60	13	学习	39
5	思维	56	14	大学本科	35
6	合作	55	15	执行	35
7	全日制	54	16	意识	33
8	创意	54	17	毕业	32
9	本科	45			

（二）新闻传媒行业人才素养的总体需求

总体来看，2019年至2021年，在新闻媒体岗位对人才提出的能力要求方面，“专业能力”的要求最多。在各项分类统计的词频表中，涉及“专业能力”的关键词数量在前60个高频关键词中占43.3%；其次为“综合素质”，占28.3%；“个人品质”占8.3%；其他20.1%的高频词汇为招聘文本中涉及的具体工作领域与岗位内容。

1.策划运营需求突出，智能化时代亟须内容创新驱动

在全部的关键词词频统计中，“策划”位居首位，出现了148次。回溯文本内容，本研究发现，无论是采编岗、音视频编辑岗、编导岗等传统媒体岗位，还是新媒体编辑岗、新媒体采编岗、内容运营岗等新媒体岗位，各级媒体普遍对新闻传播人才提出了“策划”能力的要求。例如，2021年新华社新媒体中心的首席编辑岗、融合报道编辑岗、社交媒体编辑岗以及推广运营岗，分别提出新闻媒体人才需具备“善于创造性策划”“能够结合重大节点和主题进行报道选题与活动主题的创意策划”“有成熟文艺策划、创作经验”“能够挖掘新闻选题并策划报道”等能力。策划能力要求从业者在熟知新闻传播规律的基础上，于海量信息中深入洞察信息传播趋势，发挥能动性和创造力，引领提升媒体产品的价值。一些互联网机构还专门设立了策划岗位，满足多元的市场与用户需求。例如2021年腾讯公开招聘优秀互联网产品策划人才，阿里巴巴招聘提升用户体验的内容策划专员，湖南广电传媒股份有限公司芒果文旅招聘节目产品策划专员等。这些岗位均在招聘中细化了对“策划”能力的具体需求，强调人才需具备一系列关于创造力、想象力、逻辑思维与系统分析能力等专业素养。

在“策划”之后，“运营”词频110次、“内容”词频87次、“制作”词频84次，这一系列专业能力的需求重心均指向了媒体内容产品的创新研发与驱动。相比于具体的采编业务能力，当前媒体机构对策划、运营等内容创新能力的重视，彰显出智能化时代媒体深度融合对新闻传播高素质人才的渴求。对这一人才需求重心的强调，一方面体现了媒体融合走向纵深阶段，行业媒体机构之间的竞争加剧，各级媒体都亟待通过不断的内容创新与自我改革激发深度融合的动力；另一方面，当下智能媒体技术正呈现出加速发展的态势，大数据计算、智能写作机器人、视频自动剪辑等人工智能技术逐渐成熟，专业新闻人才的危机意识

不断增加。

2.视听传播占据主流，视频处理专业能力进一步强化

在“专业能力”关键词词频中（表3–4–3），“视频”“设计”“剪辑”等一系列与视听内容生产与视觉设计相关的专业能力突显，尤其是关键词“视频”，被提及77次。5G技术的普及降低了视频生产与消费成本，视听传播取得了更丰富的内容创新以及更广泛的应用场景，尤其是网络视频的崛起带来了新的视听生产力。截至2021年6月，我国的网络视频用户达9.44亿，占网民整体的93.4%①，这使全媒体视听融合的媒介内容形式成为当下人们最主要的信息获取方式之一。因此，媒体行业加强了对新闻人才在短视频、H5等融媒体视听生产方面的能力要求，要求从业者能够对各类媒体要素进行多元组合与多样态编辑。例如，江苏省广播电视总台编导岗提出应聘者需“熟练掌握PR、FC、AE等软件”。湖北广播电视台视频编辑岗要求应聘者需“熟练掌握视频剪辑、字幕、特效制作等图文处理技能。同时，为提升新闻产品的传播力、吸引力，强化用户的全媒体视听审美体验，媒体机构也对新闻人才提出了“视觉设计”等审美能力的要求。例如，湖北广播电视台要求应聘者具备美术设计、H5制作、短视频制作、三维建模等专业能力，重庆广播电视集团网站编辑岗要求应聘者需“熟练使用PS、CDR、AI等平面设计软件，能够快速高效地完成平面设计制作者优先”等。随着5G视听技术对媒体融合的进一步赋能，能够在传统新闻采编业务之外增强新闻产品可视化、交互性、审美性的复合型人才将成为媒体行业的巨大需求。

3.数据思维导向突出，智能化技术人才成为刚需

随着媒体融合进程的加快，在生产、分发、运营、管理、接收等全媒体生产传播的各项环节，人工智能、数据算法都将帮助媒体完成自动化生产、个性化推送、受众行为分析、数字化呈现等任务，这就对全媒体新闻人才的数据思维与技术素养提出了要求。“软件”“数据”“分析”等关键词在“专业能力”关键词词频（表3–4–3）中排序靠前，这反映出行业对掌握互联网数字技术和大数

① 中国互联网络信息中心（CNNIC）.第48次中国互联网络发展状况统计报告[R/OL].(2021-06-03) [2021-02-03]. http://www.cnnic.net.cn/hlwfzyj/hlwxzbg/hlwtjbg/202108/P020210827326243065642.pdf

据智能技术的人才的巨大需求。2021年，中国日报社国际传播研究室大数据分析岗提出应聘者需要“具备统计学专业知识，熟悉常用大数据分析模型，掌握统计编程语言，并能够熟练使用软件进行图表可视化处理”；人民日报数字传播有限公司策划岗位要求研究人员“对数据敏感，能够通过传播数据制作分析评估报告”；新京报设立数据新闻记者岗位，要求能够“熟练使用EXCEL等数据工具进行处理分析、可视化呈现”“具备优秀的新闻判断力和良好的文字功底，对数据敏感”等。新闻人才数据处理能力为全媒体生产传播过程中资源合理调配、用户画像生成、受众行为解读以及数字化媒体报道提供了保障，对数据的敏感性、对数字智能技术的驾驭力已成为高素质媒体人才的敲门砖。

4.业务阵地格局转型，深耕媒体融合平台服务与研究

媒介生态与产业结构的变革促使传媒行业业务阵地的调整与转移，“工作领域/职位内容”关键词词频统计（表3-4-4）能够呈现当前媒体行业招聘岗位的具体业务领域和工作内容的宏观要求。从统计结果可以看出，“新闻”版块仍然是新闻传播人才最重要的业务领域。而在“新闻”业务基础上，媒体职能与运营思维的变化也拓展了许多非新闻类的业务版块，融合媒体的工作阵地加快转移。一方面，“平台”“用户”等关键词突现，显示出媒体业务类型向交互化、移动化的全媒体服务平台转型，这一趋势也加快了主流媒体中传统媒体岗位和新媒体岗位的交叉融合步伐，“用户互动编辑”等开放互联的新媒体岗位在传统主流媒体中应运而生。另一方面，在词频统计中，关键词“研究”的出现也表现出行业对于未来布局的前瞻性思考，由此需要一系列深耕媒介研究的学术型人才，针对用户、市场、管理、运营等领域开展深度洞察，加速行业新兴产业结构的形成和行业生态的融合转型。当下，一些领军的主流媒体和互联网企业已通过组建研究院或者设立研究员岗位来招募研究型人才。例如，2021年5月，中央广播电视总台与复旦大学合作成立国际传播研究院，为新闻传播研究尤其是国际传播研究提供人才支撑和智力支持。2021年，阿里巴巴招聘“用户体验研究员”，应聘者将负责零售、金融、云计算大数据、人工智能、娱乐、物流等多个领域和业务场景的产品体验研究与分析。通过对用户和行业的洞察，媒体机构能够建立起从用户认知、体验到行为的全流程产业链与服务链闭环，为消费者、产品、运营品牌等提供可快速落地的策略。结合当前行业阵地布局的调整变化和新兴人才岗位的出现，新闻传播行业不仅需要实践业务型人才，也需要学习能力强、具有深层次学理研究能力的专业人才，以应对新闻传播行业的深度融合发展需要。

5.思想品质为首要前提，做党和人民信赖的新闻工作者

要培养政治坚定、业务精湛、作风优良、党和人民放心的新闻舆论工作队伍，新闻传播人才的个人品质修养及综合素质也是重要的考量因素。在关键词词频统计中，除“专业能力”类的素养需求之外，应聘者个人的“性格品质”与“综合素养”也占据较大比重。“性格品质”强调从业者的思想政治立场与道德修养，“品行端正”、“政治立场”坚定、强化“四个意识”、具有“大局意识”、坚持“马克思主义新闻观”等是把关新闻从业者思想水平的首要因素。同时，对“热爱”新闻事业、“吃苦耐劳”等优良品质的强调，也体现了新时代新闻工作者深入践行“四力”、肩负党的新闻舆论工作的使命与责任。虽然有关个人品质、思想政治水平的关键词词频与数量并不多，但并不意味着这是人才需求考量中的次要因素。结合各级媒体招聘信息及招聘流程全文的描述，对应聘者个人品质与思想政治的要求均为首要、必要条件。

6.团队协作与独立采编并重，全媒体全流程高效协同

“综合素质”类别的关键词主要描述专业知识与技能之外的基础能力。首先，“沟通”“团队”“协作”“协调”等关键词高频出现，这体现了全媒体深入融合实践对团队协同的高度重视。全媒体的新闻业态要求新闻媒体机构的全产业链、全流程高效协同，单打独斗、以点对面、以一对多的传统新闻生产与传播模式将难以适应未来的媒介生态格局。全媒体新闻传播从业者的团队精神、沟通能力、协同意识已成为媒体机构要求的基本素质。与此同时，部分媒体也对应聘者提出了“独立”完成新媒体策划、采编、推广的要求，可见在媒体融合体制机制转型探索的过程中，个人的全媒体综合能力依然是重要基础。在团队协作与独立采编两种工作模式的融合之下，以互联网思维为基础的扁平化、去中心化的生产运作机制或将成为未来重要的新闻生产模式。此外，对于应聘者的教育背景，相关的招聘大多要求全日制大学本科毕业，系统的新闻传播高等教育培养经历已成为人才队伍质量的基本保障。

7.知识背景需求多元，跨学科融合素养成为行业需求常态

从整体来看，在信息技术、智能传播对新闻传媒业态的形塑下，许多媒体岗位分类更加精细，岗位招聘对人才的学科背景、知识储备提出了更高的要求，交叉逻辑、跨学科思维以及垂直领域的深度开掘已成为当前媒体机构人才需求的新常态。一方面，新闻媒体所需要的从业者的学科背景，不再局限于单一的新闻传播学，转而走向更加多元的学科领域，包括经济学、政治学、法学、心理学、文学、语言学、哲学等人文社科类专业，以及计算机科学与技术、通信工程等工科类专业。例如，2021年，中国日报社“国际传播研究室大数据分析岗”要求应聘者具备新闻传播学背景，同时需掌握统计学、国际关系、国际政治知识，能够以宏观视野切入国际传播研究。2020年湖北广播电视台的新媒体策划运营岗对应聘者的专业背景提出了具备经济学、法学、中文、新闻学、网络与新媒体、美术设计等专业知识的要求。另一方面，产业变革的推进，带来媒体融合业务的多领域垂直细分，要求人才具备广阔的知识储备，同时具备纵深开掘的专业视野。例如，2019年以来，随着中央广播电视总台机构组建工作的推进，总台开办了民族语言节目中心，专设民族语言方向的采编岗，规定了招收人才除了具备新闻学、播音主持、汉语言文学等专业背景之外，需要具有民族语言专业特长，能使用维吾尔语、藏语、哈萨克语等少数民族语言工作。2021年人民日报校招采编岗共招聘11人，主要从事经济社会部、政治文化部、评论部、内参部、海外版编辑部的采编岗位工作，这就需要新闻传播人才在经济、政治、文化、社会等多个领域具有一定的知识储备量，并能够在某一专业领域进行深入思考与评论撰写。

8.人才垂直结构革新，全媒体人才新职业加速能力延伸

经过多年的媒体融合实践，各级媒体已逐步展开业务流程与组织体系的结构调整。在融合转型的过程中，传统的媒体岗位为适应新的业态环境不断创新。同时，媒介生态与产业结构的变革也催生了许多新的岗位，为促进媒体深度融合提质增效、更好地服务用户的信息需求，传统媒体岗位与新媒体岗位相互呼应、优势互补。“智能舆情分析师”“用户体验研究员”“国际传播研究大数据分析师”等一系列岗位充分顺应当下的新闻传播融合态势，加速了新闻传播人才队伍的能力延伸。2019年新华社智能化编辑部招聘“智能舆情分析师”，要求

应聘者对融合报道有浓厚的兴趣，熟悉人工智能相关技术、开源搜索引擎技术、自然语言处理技术等，并对倾向性分析、话题检测与追踪、舆情预警系统等有研究。新型全媒体岗位对人才在人工智能技术运用、高端领域分析洞察、跨学科知识素养多元运用方面提出了更高的要求。

（三）媒体机构人才的分层需求

在全媒体人才素养需求模型的基础上，本研究通过对不同层级的媒体招聘文本关键词进行词频分类统计，对“中央媒体”与“地方媒体”的新闻人才需求要素进行直观分析，进一步探讨不同层级、类型的新闻媒体机构在新闻传播人才需求方面的特征与差异，以此探索深化体制机制改革的过程中，“全媒体人才”顶层战略布局下的分层发展特点。

1.中央主流媒体：面向深度融合的“全媒型”“专家型”人才架构

比较“中央媒体”与“地方媒体”的前20位词频统计，本研究发现，“中央媒体”较“地方媒体”更加强调了“融合”“互联网”“内容”等关键词。习近平总书记在2014年中央全面深化改革领导小组第四次会议上发表重要讲话强调，推动传统媒体和新兴媒体融合发展，要遵循新闻传播规律和新兴媒体发展规律，强化互联网思维，坚持先进技术为支撑、内容建设为根本，推动传统媒体和新兴媒体在内容、渠道、平台、经营、管理等方面的深度融合，形成立体多样、融合发展的现代传播体系。[①]可见，“融合”能力、“互联网”思维、“内容”生产是推进媒体融合的核心要素，招聘岗位关键词词频说明了中央主流媒体融合进程的全面建设推进，与之相对应也对从业者提出了“全媒型”的能力要求，能够熟知全媒体融合发展业务，熟悉互联网移动端制作和传播，具备策划、传播、运营、管理等专业能力。例如，2021年中央广播电视总台招收面向国际国内业务的采编人才100人，明确要求人才需要“熟练掌握采编业务，熟悉互联网移动端制作和传播，在策划、采访、撰写、传播等方面有专业特长”。

① 习近平总书记在2014年中央全面深化改革领导小组第四次会议上发表重要讲话.人民日报[N]，2014-08-19（01）.

表3-4-7 “中央媒体”与“地方媒体”前20位词频统计

序号	中央媒体关键词	词频	序号	地方媒体关键词	词频
1	新闻	57	1	新闻	80
2	策划	48	2	策划	63
3	沟通	45	3	院校	45
4	专业	40	4	编辑	45
5	经验	39	5	沟通	44
6	传播	38	6	制作	44
7	团队	35	7	熟悉	43
8	融合	34	8	经验	41
9	互联网	34	9	熟练	40
10	政治	28	10	运营	39
11	制作	27	11	软件	37
12	精神	25	12	文字	36
13	合作	25	13	视频	35
14	运营	24	14	拍摄	32
15	学历	23	15	全日制	32
16	立场坚定	23	16	平台	31
17	内容	23	17	毕业	30
18	拥护	22	18	功底	29
19	报道	22	19	周岁	29
20	兴趣	22	20	团队	28

2016年2月，习近平总书记在党的新闻舆论工作座谈会上强调，新闻工作者应“努力成为全媒型、专家型人才”。反映到人才需求中，体现为中央主流媒体不仅招聘融通线上线下业务的全媒型人才，还强调在垂直细分领域中招收具有专门才能的新闻人才。以新华社为例，2021年新华社新媒体中心招聘的媒体

编辑岗多达12类，包括“高端时政新闻策划”“新媒体发稿终审”“视频发稿终审”三类首席编辑岗，“策划创意编辑岗”“用户互动编辑岗”“社交媒体编辑岗”“青年内容的新媒体（客户端）编辑岗”“新媒体编辑岗”“融合报道编辑岗”，以及智能化编辑部“产品架构编辑岗”“智能舆情分析编辑岗”“数据运营编辑岗”。可以看到，新华社新媒体中心的全媒体人才架构从顶层到基层、从“用户互动”到“社交平台运营”、从“策划创意”到“人工智能”都呈现了专业人才的垂直细分布局。未来，主流媒体将会进一步打造“全媒型”与“专家型”人才共同推进的人才图景。

2.地方主流媒体：迫切需要以实务为导向的全媒体生产制作人才

媒体融合发展是一个循序渐进的过程。近年来，通过体制机制改革与产业战略调整，地方主流媒体在媒体融合进程中也形成了具有各自地方特色的融合媒体经验，招录了大批具有全媒体生产制作能力的新闻人才。在表3-4-7中可以看出，地方主流媒体对新闻人才“策划”“编辑”“制作”“拍摄”等具体的内容生产实务能力有着更加紧迫的现实需求。在本研究所选取的90个地方主流媒体岗位样本中，有44个岗位的招聘文本提及了对具体全媒体业务技能的“优先”考量。例如，人民铁道报社编辑记者岗提到“具有摄影技术、短视频拍摄能力者优先”，北京人民广播电台招聘信息中提到“具有网络视频直播经验的优先考虑”，湖北广播电视台针对全媒体编辑记者岗提到“具有视频设计编辑工作经验或有获奖作品者优先”，重庆广播电视集团时政记者岗提到“适应全媒体工作形式，熟悉各类型新媒体平台特点，具备时政图片拍摄、视频拍摄、剪辑能力者优先”，等等。面对全媒体发展的新要求，地方媒体对生产管理机制进行了不同程度的调整，在建构具有全媒体生产能力人才队伍上表现较为突出。未来，随着地方传媒全媒体管理、全媒体运营维护、全媒体统筹建设布局的推进，媒体人才的多元能力将成为重点。

3.互联网机构：跨领域市场运营的能力拓展

互联网媒体机构的关键词词频统计（表3-4-8）显示，相较于主流媒体，商业化运营的互联网机构更青睐“内容生产”“市场运营”“产品开发”“用户互动”“市场营销”“数据分析”等产业运营开发的专业素养。2021年阿里巴巴的行业运营岗对从业者提出“熟悉并了解运营领域（商品、社群、内容等）各个环节流程与职能”“分析商品特性对用户行为的影响，从中挖掘增长机会点，建设用户决策路径的认知”“善于数据分析，并使用数据指导前台运营工作，并通过数据驱动协调各商家共同成长”等要求。新闻传播产业生态和媒体格局的重塑，带来了信息生产与传播方式的变革，这使新闻传播人才需要具备更广泛的传播能力，不仅需要掌握新闻传播规律与新闻采编能力，还需要在非新闻类的传媒行业中适应互联网信息传播规律，拓展更多元的信息驾驭能力。互联网传媒人才需要具备深度的用户思维与平台思维，基于大数据的洞察分析，在信息与用户、生产者与消费者之间建立密切的互动服务关系，把握商业媒体运行规律与规则，实现全产业链的价值增值。

表3-4-8 “互联网机构”新闻传播类人才需求关键词前20位词频统计

序号	关键词	词频	序号	关键词	词频
1	内容	49	11	营销	27
2	运营	47	12	数据	27
3	产品	41	13	创意	27
4	用户	41	14	职位	27
5	项目	40	15	互联网	27
6	团队	38	16	方案	25
7	策划	37	17	本科	25
8	行业	35	18	设计	25
9	经验	34	19	专业	25
10	沟通	34	20	分析	22

三、求变：全媒体时代新闻传播教育的理念探索与路径转型

立足国家战略与时代发展的新要求，面对全媒体时代新闻传播业态的新格局，新闻传播人才的培养理念与路径需要因时而变、顺势而为。新闻传播高等院校的教育教学是培育孵化全媒体人才的重要根基。高校传统的新闻学教育也应当有针对性地开展适应性变革，探索适应未来全媒体时代的育人理念创新与

路径转型。

（一）以马克思主义新闻观为根基，增强新闻学子的理想信念与品行修养

从国家顶层设计到新闻传播行业的实践需求，思想政治立场以及个人的品行修养都是人才队伍建设的核心与根基。要履行新闻舆论工作的职责与使命，新闻传播人才首先要强化思想政治引领，发扬职业精神，恪守职业道德，做一名作风优良的新闻工作者。立德树人是大学教育的根本，马克思主义新闻观是中国新闻传播教育的鲜亮底色。马克思主义新闻观的教育教学应融入新闻院校的课程体系、科学研究、实践教学、师资队伍、教材建设等各个领域。同时，培育新闻学子的人生观、世界观、价值观以及良好的职业道德与行为规范，通过全员、全程、全方位的育人实践，建设以马克思主义新闻观为核心的育人体系，培养党和人民放心的全媒体人才。

（二）以专业布局转型为起点，扎实推进新闻传播教育范式的探索与革新

近年来，面对媒体融合趋势，新闻传播教育也在不断探索与调试。2012年，教育部修订调整了我国本科专业目录，在新闻传播学类专业中新增网络与新媒体、数字出版两个特色专业，成为与新闻学、传播学、广播电视学、广告学、编辑出版学并列的二级专业门类。近年来，新闻传播院校在本科专业人才培养中陆续开设数据新闻报道、网络与智能媒体设计、数据科学与大数据技术、智能媒体技术、智能融媒体运营等专业方向；在硕士研究生培养中陆续新增智能传播、社交媒体、视听新媒体、网络与未来社会、智能融媒体、全媒体报道、5G/6G智能媒体通信、虚拟现实技术、人机交互等方向。纵观新闻传播专业教育的发展趋势，一方面，专业设置与学位授权点设置数量迅速增长，另一方面，新闻传播高等教育正逐步跳出原有面向传统新闻学、广播电视学的旧格局，开始拓展面向更广泛社会传播需求的新兴媒体与智能媒体领域。

然而，专业设置名称的更换并不能从实质上解决全媒体人才培养的关键问题。面对新闻传播行业的极速转型，高校教育教学的"全媒体探索"依然与行业实践存在差距。虽然全国已有百余所院校开办网络与新媒体专业，但一些高校的专业课程设置需进一步完善。在理论更新与理念探索的基础上，如何开发出一系列具有快速反应机制的新闻传播、广播电视与新媒体的融合性课程和实践教学模块，以应对日新月异的媒介生态、产业结构和人才需求的变化，这是本土新闻传播教育范式探索中最具实践意义的命题。

（三）以新文科建设为契机，强化跨学科交叉融合的育人实效

全媒体人才的交叉逻辑与跨学科思维已成为媒体行业常态化需求。由于新闻传播专业人才在学科交叉知识素养方面的欠缺，新闻传播专业人才的可替代性越发明显，面临着来自其他学科人才的竞争压力。从媒体机构的招聘需求中可见，内容运营、数据分析、人工智能采编等一系列需要较高信息技术能力的岗位，越发青睐具有计算机、统计学等学科背景的人才。例如，中国日报社国际传播研究室大数据分析岗在招聘中提到，学科背景为“统计学类、计算机类、新闻与传播学类、数学类等”，“数据科学与大数据技术、大数据管理与应用、信息与计算科学、数学与应用数学、统计学等相关专业”可参与招聘，其中除新闻传播类学科背景外，其余均为计算机相关的理工学科。同时，策划、采编等一系列强调文科能力的岗位，又面临着文史哲学科可同台竞争的压力。打通新闻传播人才培养的学科壁垒，建构跨学科交叉融合的复合型新闻传播教育势在必行。

2020年11月，教育部发布《新文科建设宣言》，面向科技革命和产业变革交叉融合，全面开展新的文科研究与教育改革实践。在新文科建设的推动下，不少高校已意识到跨学科培养、宽口径交叉复合的育人理念转型，并加强了理论、业务、技术、经营管理及通识类课程模块的建设，但由于课程体系之间的关联性较弱，概论性、通论性课程视野过窄，尚未真正实现全媒体育人目标。要构建体系完善的全媒体人才育人模式，还需要继续推动新兴技术或人文社科等特定知识体系的模块化课程由“分”到“合”，加强媒体融合、社会学类、大数据分析、新媒体技术、数字前沿知识等课程的设置，凝聚新闻传播教育界的共识，增强学生在技术和理论融合、基础知识与应用能力融合方面的综合素养与能力。

（四）以实践育人为突破，助推协同创新综合素养的全面提升

纵观新闻传播行业对人才的现实需求，从业者的全媒体素养已不仅仅停留于互联网思维层面，更延展细化到全媒体策划、创意、生产、传播、运营、管理等相关能力。未来的全媒体人才更需要具备全产业链的洞察与驾驭能力。因此，传统课堂单一的教育教学已无法满足全媒体人才综合素养的全面提升，以产学研多元功能重组为基础的实践育人模式或可成为突破口。实践育人以项目团队为基础架构，利用面向媒介前沿的融合传播技术，开展创新创业实践，激发师生团队之间的协同创新。在充分的实践创新过程中，新闻传播学子的创造力、策划与运营能力得到锻炼与提升，在实践团队的协作共建之中，学生增强沟通能力、团队意识、拼搏精神，为胜任全媒体业务打下了基础。

此外，一些高校的新闻传播与媒体实验室建设也成为实践育人、教学方法更新的试验田，建成或开始建设涵盖人工智能、大数据、物联网、脑科学、人机交互/融合等代表未来技术发展方向的新型实践育人实验室，成为培养融合传播、交互编创、多学科交叉等复合型人才的实践基地。同时，以实践育人为基础，育人的创新成果也可成为服务社会信息传播需求、反哺行业前沿发展的学术科研与服务平台。如中国传媒大学立项建设的“智能融媒体教育部重点实验室”、中国传媒大学获科技部批准成立的“媒体融合与传播国家重点实验室”、中国人民大学与企业合建的“智慧媒体未来实验室”、复旦大学与业界机构合建的“数据未来实验室”“内容创新实验室”、北京师范大学与科技与传媒集团联合成立的“人工智能与未来媒体实验室”等，均已走在探索全媒体新闻传播教育改革的前列。

四、趋向与展望

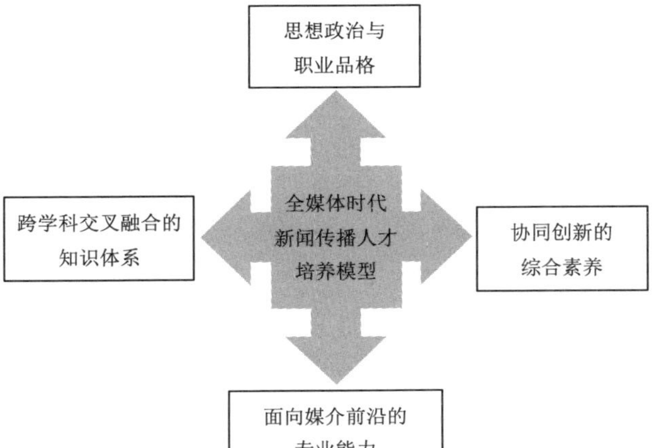

图3-4-1　全媒体时代新闻传播人才培养模型

综合对国家战略与时代需求的分析、对各层级媒体机构招聘需求的分析，以及教育教学理念与路径的探索，本研究初步搭建起当前新闻传播行业人才培养的预期模型（如图3-4-1所示）。

第一，在思想政治立场与职业品格修养上下功夫，以马克思主义新闻观为核心，培养党和人民信赖的新闻工作者。思想政治与职业品格的培育是决定为谁培养人、培养什么人的根本与基础。

第二，建构跨学科交叉融合的知识体系。随着信息技术对社会与生活的全面渗透，新闻媒介已成为社会运行的基础架构。媒体融合的时代是一个跨界整合的时代，单一的学科背景与传统的知识形态限制了新闻传播人才队伍建设。新闻传播行业需要发挥横向贯通的联结作用，培养“十八般武艺样样精通”的“全媒型人才”。与此同时，面对当前信息社会的新现象、新逻辑，新闻传播行业也需要发挥纵向开掘的重要作用，在各个垂直细分的交叉专业领域建设一批“专家型人才”，在舆论治理中体现核心价值观，提升新闻媒体的引导力、影响力和公信力。

第三，培养面向媒介前沿的专业能力。人工智能、大数据、物联网、5G等新信息技术手段持续更新着新闻传播的业态环境，也在更广泛的社会生活领域构建起数字化、智能化、网络化的未来社会。新闻传播人才的培养必须跟上媒介前沿的步伐，让教育教学与前沿实践紧密结合，以高度前瞻性的视野与智能技术引领的实践加速人才转型升级。

第四，锤炼协同创新的综合素养。技术业态的发展呼唤着新的专业人才结构，如何融通线上线下业务，协同全流程生产与传播，策划全媒体业态的产品与服务，满足用户需求，核心在于充分激发人才的智慧来驾驭与平衡信息技术。对人才洞察力、创造力、沟通力、行动力等能动性的综合素养要求，是新闻传播行业不断创新变革的动力源泉。

这一人才素养的需求模型呼应了党和国家对新闻工作者所提出的重要要求，也反映了媒体融合纵深化发展的时代需求。2016年，习近平总书记在会见中国记协第九届理事会全体代表和中国新闻奖、长江韬奋奖获奖者代表时发表重要讲话，并对广大新闻记者提出了四个希望：一是要做政治坚定的新闻工作者，二是要做引领时代的新闻工作者，三是要做业务精湛的新闻工作者，四是要做作风优良的新闻工作者。[①] 当前新闻媒体机构对新闻人才队伍的建设正向着这四点目标迈进，努力打造一支政治过硬、本领高强、求实创新、能打胜仗的宣传思想工作队伍已成为引领新闻传播行业实践的旗帜。

五、结语

媒体融合确立为一项国家发展战略至今，媒体融合发展建设已走过八个年头。新媒介技术的发展与应用，无时无刻不在深刻改变着中国新闻生产与传播的业态环境。在媒体融合迈向纵深发展的新时期，在新型主流媒体转向提质增效的关键阶段，人才培育与队伍建设始终是最基础、最重要的保障。

在全媒体时代，人才的供给与社会的发展、媒体融合的现实需求仍有较大差距，制约了深度融合的推进。要实现全媒体新闻传播人才的培养创新，就需要集中多方力量，对标全媒体人才培养的预期模型，共同打造一个以核心价值观为导向、以交叉融合为理念、以专业能力为基础、以媒介技术为引领的全新育人模式。作为培育全媒体人才的重要阵地，新闻传播高等院校亟待革新人才培养范式，主动识变、应变、求变，充分开展智能传播时代新闻传播教育改革、社会需求和人才培养变革的对话及协商，根据全媒体人才的需求模型，补足人才培养的短板与缺口，让人才的不竭智慧与创造力激发媒体融合纵深发展的内在驱动力，为党和国家的新闻传播事业夯实基础、积蓄动能。

---

① 习近平：做党和人民信赖的新闻工作者[N].新华每日电讯，2016-11-08.

第四章
融合精品分析

作品一：《新中国密码：15665，611612！》

杨丽萍[①]

作品信息

作品标题：新中国密码：15665，611612！

所获奖项：第30届中国新闻奖媒体融合类融合创新特别奖

主创人员：徐壮志、姚琰译、卜多门、魏董华、熊琦、杨依军、彭卓、陈子夏、徐润南、贾远琨

编　　辑：集体（何平、白林、孙承斌、汪金福）

主管单位：新华社

发布日期及时间：2019年9月27日

发布账号（App）：新华社客户端

作品时长：13分14秒

作品简介

微电影《新中国密码：15665，611612！》是新华社自2018年第28届中国新闻奖设立媒体融合奖项以来，首次获得该奖项特别奖的作品，获奖类型为“融合创新”。《新中国密码：15665，611612 ！》是“主力军全面挺进主战场”的一次生动实践，该作品获融合创新特别奖可谓实至名归。

① 杨丽萍，中国传媒大学电视学院博士研究生。

《新中国密码：15665，611612!》二维码

“15665，611612”是“没有共产党就没有新中国”这句歌词所对应的简谱，是一串可以为新中国成立70周年“打call”的电话号码，更是一串解开内容融合创新的密码。

2020年底，第30届中国新闻奖评选结果揭晓，由新华社制作发布的微视频《新中国密码：15665，611612 ！》获得“融合创新”特别奖。《新中国密码：15665，611612 ！》在内容、技术、形式、传播等方面可圈可点，取得了优良的社会效果，具有内容融合和产品运维的示范性，其背后的融合生产机制更具借鉴意义，作品获融合创新特别奖可谓实至名归。本文从内容融合、产品运维、品牌打造三个角度，试以“术”和“道”两个层面，分析该产品的优势和特色，总结其背后的策略、理念乃至机制。

一、神形一体，找到内容融合的“密码”

《新中国密码：15665，611612 ！》格局宏大、主线明确、人物鲜明、节点典型，是主流媒体在全媒体环境下对内容融合的深度探索。具体而言，该作品实现了主题立意、人物故事、情节节奏、表现形态等微视频创作要素的高度融合，真正找到了内容融合的密码。

以尽精微展现致广大，微视频需要在高度压缩的时空内，呈现至为丰富的信息，以一当十，紧紧抓住观众的注意力并完成影像故事叙述。在主题立意方面，《新中国密码：15665，611612 ！》的主体微视频《新生（1949—2019）》思想深、格局大、站位高，作品将中国共产党领导下的新中国从站起来、富起来到强起来的伟大飞跃历程融汇在13分14秒的影像叙事中，为用户营造了史诗风格的现场感和代入感，引导用户读懂中国共产党的初心和使命。

“人”是故事的核心，故事需要人去承载，需要中心人物去讲述。新华社多部短视频作品具有共同点，先在屏幕上放一张能讲故事的脸，以现实的人和物带出生动的历史记忆，这也是主流媒体在媒体融合时代对中心人物的鲜活运用。在人物选择方面，创作团队找到了曹红雯女士——年过七旬的她正是《没有共产党就没有新中国》的作曲者曹火星的女儿，人物的典型性不言而喻。在新华社的其他微视频作品中，《红色气质》选择了与中国共产党同龄的瞿独伊，《父亲·我们·时代》将画家罗中立的油画《父亲》作为影片的开头，并且设置了贯穿始终的画框元素，这些无不体现出内容融合创新中的经典报道理念与方法，这便是媒体融合时代的“不变”。

以曹红雯为主线，《新中国密码：15665，611612！》串联起了响应脱贫政策、组织船民上岸并成立工程队的江城财，汶川地震中被困56个小时后获救的幸存者贾正娇，治沙英雄王友德，等等。他们是平凡的英雄，在努力奋斗中成就了自我，他们的经历浓缩了时代发展的印记。由此，作品很好地把握了点和面的关系、微观中心人物和群像的关系、细节和宏观背景的关系。这也是媒体融合时代微视频发展出的独特叙事策略，核心要义在于“多而浅”，即在短时间内对某些元素进行大量表现。“多而浅”的策略颠覆了传统的叙事原则，情节在每一个事件中相对独立，事件之间多为平行的弱联系，而非因果、递进等强联系。

在情节方面，作品的融媒叙事节奏也十分到位，13分14秒的微视频叙事跌宕起伏、张弛有度。作品的主体部分用抗日战争、开国大典、解放军进军西藏、首颗原子弹爆炸、恢复高考、深圳特区建设、汶川地震、脱贫攻坚等节点性事件，串联起中华民族的时代记忆；最后当音符、字符从纸面浮起，在《没有共产党就没有新中国》的合唱声中，作品用快闪的形式呈现了近年来中国经济、科技、外交等领域的成就，生动展现了中国共产党带领人民不懈奋斗的壮伟历程。

在表现形态方面，作品通过平面的五线谱符号、动态的数字符号以及流动的声音旋律，以《没有共产党就没有新中国》一曲串起3D投射图片、历史影像和人物口述，把各种视听媒介表达有机融为一体：歌曲的演绎、故事的讲述、人物的表现手法、历史背景的穿插、色调的处理、字幕的出现方式都经过精心雕琢。例如，《没有共产党就没有新中国》的五线谱是微视频的重要元素；画面里的每一个故事都与曲谱里的歌词一一对应，例如董振堂将军的故事用歌词“他一心救中国”，余新元的故事用歌词“他坚持抗战八年多”，等等，这些有机的字幕信息，与画面空间巧妙地融为一体。正如同微视频的名字《新生（1949—2019）》，主创团队的巧思创意让耳熟能详的老歌又获了“新生”。

二、运维兼备，探求用户连接的“密码”

“在融媒时代，没有好的包装推广，再好的内容也极有可能被埋没”[①]，这或许是许多一线新闻工作者的心声。根据近三年的评选办法，参评媒体融合奖项的作品范围是“在媒体融合报道方面有重大创新的新闻作品”，第三十届《中国新闻奖评选办法》在此基础上，增加了“示范性”和“社会反响”两方面的参评指标，指出融合创新奖作品应当“在媒体融合报道方面具有示范性，产生强烈社会反响的重大创新”[②]（见表4-1-1）。在评选标准方面，“融合创新”奖特别要求作品在内容表达、报道形式、技术应用、传播渠道等方面有所突破或创新，要求作品兼顾传播效果和社会影响，要求作品对推动媒体融合发展有积极引领和示范效应。《新中国密码：15665，611612 ！》一经推出，在海内外总播放量达7.28亿次，收获点赞4036万[③]，由该报道引发的两个热搜“读懂父亲要从这首歌开始”“新中国密码”均在微博热搜榜置顶并入围前8，热搜话题阅读量达4.8亿，成为全网爆款，是主力军全面挺进主阵地的一次生动实践。

---

① 魏董华.这段旋律为谁而歌？微纪录片《新中国密码：15665611612 ！》的“新生”之路[EB/OL].（2021-01-05）[2021-03-02].https：//mp.weixin.qq.com/s/TTNdbUcp6LM2WQSR0o1HJQ

② 中国记协网.第三十届《中国新闻奖评选办法》发布[EB/OL].（2021-05-28）[2020-07-28].http：//www.zgjx.cn/2020-07/28/c_139246098.htm

③ 数据截至2019年10月9日。

表4-1-1　参评融合创新奖项的要求（第28届—第30届）

时间	要求
第28届	在媒体融合报道方面有重大创新的新闻作品
第29届	在媒体融合报道方面有重大创新的新闻作品
第30届	在媒体融合报道方面具有示范性，产生强烈社会反响的重大创新新闻作品

谈及媒体融合时代主流媒体如何打造爆款产品，作品主创新华社全媒编辑中心编辑姚竣译认为有两个要点：其一，内容优质；其二，把握好节点时机。该产品的主体微视频从策划到上线，经历了近4个月的制作和打磨，除了内容融合创新之外，在宣发推广方面也进行了有益尝试，总体可以归纳为三个方面。

首先，主创团队在产品制作之初就确定采取“梯队式传播”策略：以13分14秒的微视频作为主打产品，并针对不同传播平台和不同传播阶段，进行差异化的延伸产品设计，包括“猜谜版”和“解密版”两种标题，海报、图文和微视频等多种产品形态，以及碎片化、高浓缩的短视频等。

其次，充分挖掘产品创意，将《没有共产党就没有新中国》的歌词简谱与手机号码对应，在新中国成立70周年的背景下，动员用户为新中国“打call”。

最后，提前与其他媒体沟通联系，并在微博平台进行联合推广，一些明星自愿加入转发，进一步为优质内容传播注入社交动力。

马尔科姆·格拉德威尔在《引爆点》中提出“流行理论”，归纳出爆发流行、形成引爆点的三大法则，即“附着力因素法则”“环境威力法则”和“个别人物法则”，分别强调内容与形式、环境因素和关键人物对引发流行的重要性。《新中国密码：15665，611612 ！》在新中国成立70周年的背景下，以优质内容与差异化形式，并借助明星等知名公众人物的转发支持，成功地为产品打造了“引爆点”，成为各大媒体平台上的“刷屏”之作。

三、品牌战略，融合生产机制的“密码”

（一）三部作品：叙事风格重连贯

新华社对媒体融合的探索具有连续性，融媒体叙事也具有显著的特色，某种程度上可称为全媒体时代下的新“新华体”。《新中国密码：15665，611612 ！》

与此前新华社的《红色气质》《父亲·我们·时代》两部微视频在风格上具有一脉相承的连贯性。《红色气质》《父亲·我们·时代》和《新中国密码：15665，611612 ！》三部微视频着眼时代主题，分别作为建党95周年、改革开放40周年和新中国成立70周年的献礼之作。《红色气质》通过历史照片讲述与三维特效结合，回顾了中国共产党近一个世纪来从争取民族独立、人民解放到实现国家富强、人民幸福所走过的道路；《父亲·我们·时代》以37年前的油画《父亲》开篇，从父辈的眼神穿越，回望40年来一幕幕"点睛"时刻，致敬改革奋斗者；《新中国密码：15665，611612 ！》则以歌曲《没有共产党就没有新中国》为主线，以歌曲作者曹火星女儿的讲述、曲谱特效为意象贯穿全片，展现了中国共产党带领人民不懈奋斗，迎来从站起来、富起来到强起来伟大飞跃的壮伟历程。三部作品以具体独到的视角讲述史诗般的鸿篇，叙事内容由小见大、由点及面，人文气息与现代感共存、平凡与伟大并重。

表4-1-2　新华社三部作品的情况简要

类别	《红色气质》	《父亲·我们·时代》	《新中国密码：15665，611612！》
发布年份	2016年	2018年	2019年
时代主题	建党95周年	改革开放40周年	新中国成立70周年
视频时长	9分5秒	6分30秒	13分14秒
中心人物	瞿独伊	罗中立	曹红雯

（二）四个策略：融媒创作有技巧

对三部作品进行横向比较，可以发现新华社在微视频创作中的一些共性。其融媒叙事技巧，大致可以总结为以下四个方面。其一，叙事节奏上，短小精悍，用一张能讲故事的脸，快速进入主题。其二，人物选择上，巧用典型人物，以自述的方式娓娓道来。《红色气质》选用了与中国共产党同龄的瞿独伊作为中心人物；《父亲·我们·时代》选用了罗中立的油画《父亲》作为中心人物；《新中国密码：15665，611612 ！》选用了《没有共产党就没有新中国》的作曲者曹火星之女曹红雯作为中心人物。每一个人物都承载着丰厚的历史。其三，叙事媒介上，动用音乐、音效、影像等多种方式，构建视听场景。其四，开屏的黑屏白字、国家重要领导人的原声、历史人物影像长廊、微视频时长的特殊含义等都是新华社钟爱的形式。

（三）两项优势：资源技术巧利用

随着融合转型进入深水区，主流媒体应当打磨核心优质内容和服务，寻求标准化融合、差异化发展、构建核心竞争力。[①]新华社在向视听传播迈进的过程中，依托自身优势资源不断开拓进取，体现出其守正创新的思路。

新华社作为国家通讯社，其两项特色优势在作品中得到了有效发挥。一方面，新华社积累了大量珍贵的历史图片，这是其宝贵的资源优势，也是新华社设计历史人物长廊的有力支撑；另一方面，新华社始终重视技术开发与应用，其在融媒技术方面具有探索性和引领力。《新中国密码：15665，611612 ！》的可视化制作非常精细，曲谱的位置、人物的透视、影调关系等都被视为影响画面的因素，从而被悉心设计。此外，《新中国密码：15665，611612 ！》使用了三维抠图技术，实现了老照片的视频化，两项优势相结合，汇聚成内容创作的新力量。

兼顾技术性和思想性是《新中国密码：15665，611612 ！》的一项突出特征，在这背后是“内容为王”的创作理念。在产品制作前期，主创团队并没有先选定呈现方式，而是以文字脚本走向创作可视化。在分享后期制作的经验时，主创团队认为“特效画面不在多，而在精，设计制作只在最恰当的位置出现特效，以便更好地诠释故事内容，而不是用炫技的手段去讲故事，影响实拍本身的真实情感。”这恰好体现了如何处理好内容与技术关系。

（四）一套机制：揭榜挂帅激活力

新闻媒体竞争的关键是人才竞争，媒体优势的核心是人才优势。随着媒体融合的纵深发展，全媒体人才成为优质内容生产、融合创新发展的重要动力来源。《新中国密码：15665，611612 ！》获得第30届中国新闻奖融合创新特别奖，其背后不仅有高业务能力的人才保障，而且有新华社的项目制为融媒产品创新提供的有力支撑。

---

① 曾祥敏，杨丽萍.论媒体融合纵深发展“合”的本质与“分”的策略——差异化竞争、专业化生产、分众化传播[J].现代出版，2020，(04)：32-40.

《新中国密码：15665，611612 ！》微视频的主创专班由总编室徐壮志牵头，由总编室姚竣译、对外部卜多门、浙江分社魏董华、湖北分社熊琦、国内部杨依军、音视频部彭卓、新媒体中心陈子夏、参编部徐润南和上海分社贾远琨组成。一方面，组建一支跨内容、技术等部门的创作专班，有利于任人唯贤，发挥专业优势。在酝酿组建团队时，新华社就重视人员的专业优势，不仅注重作品的思想深度，也考虑技术的实现和团队的配合。另一方面，主创团队汇聚了多个省级分社，为跨地域调动资源、落实采访提供了便捷。例如，在初步确定了采访人物和故事后，创作团队兵分五路同步采访搜集资料，上海分社贾远琨在上海采访复旦大学82级毕业生，对外部卜多门和参编部徐润南利用新华社的海外分社资源，采访生活在奥克兰的钱三强的女儿钱民协和在巴黎居住的埃莱娜·朗之万·约里奥（居里夫人的外孙女）。这些重要的一手资料和人物采访，使故事更加鲜活生动，具有感染力。“为了短短几分钟的画面，北京——巴黎——惠灵顿，从东方到西方，从北半球到南半球，从北京总社到海外分社……大家同心协力，没有一个人掉队。”这是主创团队的真实感受，也是由项目制注入的一剂新活力。

小智治事，大智治制。《关于加快推进媒体深度融合发展的意见》明确指出，要深化主流媒体体制机制改革，建立适应全媒体生产传播的一体化组织架构。2020年底，新华社将项目制进一步做强做实，推出了“揭榜挂帅第一榜”。“揭榜挂帅”机制意味着团队的创意一旦被采纳，一支跨部门、跨“兵种”的全媒体报道团队就可以迅速集结，以项目制方式，打造文、图、视协同作战的融媒“集团军”，为优质内容生产创作提供了源源不断的创造力。新华社的采编项目制实行双线运作模式，即媒体业务人员可以在日常的采编工作之外，自行成立或加入项目，打破部门藩篱、激发人员活力、实现团队的高效配合。新华社还建立了系统化的人才队伍建设机制。例如，优化人才队伍结构，加强引进平面设计、可视化技术的人员，使之与全媒体发展情势相匹配；建立人才资源库，鼓励社内员工提交学历专业、爱好专长等信息，为知人善用、多工种人才匹配合作提供了有效的信息参考。此外，新华社结合工作实际制定了《新华社“人才强社”战略三年行动方案》，并以相配套的评估考核作为激励机制，在社内营造人人努力成才、人人皆可成才、人人尽展其才的浓厚氛围。

四、结语

“打捞历史钩沉，首先要在高处俯瞰，先看森林再看树木。”[①]《新中国密码：15665，611612 ！》作为新中国成立70周年献礼之作，以鲜明的时代标识绘就了中国共产党守初心、得民心、有信心的壮伟图景，彰显了中国共产党领导核心地位。从“术”的层面，新华社创新探索内容融合、产品运维、品牌打造的新思路、新方法；更重要的是，从“道”的层面，新华社以集约高效的人员、资源管理机制，充分调动人员积极性，为主流媒体的深度融合发展提供了机制借鉴。

① 2019年5月17日，新华社社长何平同志在选题会上对主创团队的指导记录.

作品二：《【独家V观】习近平看望“快递小哥”》

吴炜华　刘俊雅[①]

作品信息

作品标题：【独家V观】习近平看望“快递小哥”

所获奖项：第30届中国新闻奖媒体融合类短视频现场新闻一等奖

主创人员：集体（申勇、李铮、章猛、史伟、马立飞、王晓东）

编　　辑：史伟、马立飞、王晓东

主管单位：央视新闻客户端

发布日期及时间：2019年2月1日 15:39:00

发布账号（App）：央视新闻客户端

作品时长：1分15秒

作品简介

2019年春节前夕，习近平总书记在结束北京前门东区看望慰问乘车返回途中，临时下车来到前门石头胡同的快递服务点，看望仍在工作的快递小哥。由于是临时之行，摄像甚至都来不及调试设备，紧急中使用备用手机拍摄记录下了习近平总书记和快递小哥交流互动的温暖时刻。微视频《习近平看望“快递

① 吴炜华，中国传媒大学电视学院教授，博士生导师；刘俊雅，中国传媒大学电视学院硕士研究生。

小哥”》在央视新闻客户端推出后，立刻成为网络“爆款”，被各大网站头条置顶推送，在央视新闻微信公众号上的阅读量迅速达到10万，大量网友主动转发，刷屏朋友圈，当天全网点击量突破2.9亿。

《【独家V观】习近平看望“快递小哥”》二维码

2019年2月1日中午，正值春节前夕，习近平总书记在结束北京市前门东区看望慰问乘车返回途中，临时下车走进位于前门石头胡同的快递服务点，看望仍在工作的“快递小哥”。习近平总书记下车后与“快递小哥”们亲切地握手，仔细询问他们的工作生活情况，称赞他们像“勤劳的小蜜蜂”，并向他们以及向全国的快递小哥和广大劳动者拜年。摄像使用备用手机拍摄记录下了习近平总书记和快递小哥交流互动的温暖时刻，后期编辑紧紧抓住现场的感人细节，全力保留了手机拍摄的原生态记录风格，第一时间制作推出，这充分体现了新媒体传播的优势，把新闻现场实时地、全方位地、全息化地呈现给受众。最终呈现出的作品，言语之间都是习近平总书记对基层劳动者的尊重和牵挂，饱含习近平总书记的民生情怀，真实、质朴，充满力量、打动人心。

一、深入践行“四力”，挖掘大背景下的小故事

习近平总书记在2018年全国宣传思想工作会议上指出，宣传思想干部要不断掌握新知识、熟悉新领域、开拓新视野，增强本领能力，加强调查研究，不断增强脚力、眼力、脑力、笔力，努力打造一支政治过硬、本领高强、求实创新、能打胜仗的宣传思想工作队伍。在全媒体时代，舆论生态、媒体格局、传播方式发生着深刻变化，新闻工作者必须不断深入践行“四力”，深挖大背景下

的小故事，释放新闻作品的生命力，增强主流媒体的引导力，从而打造全程媒体、全息媒体、全员媒体、全效媒体的“四全”媒体。

（一）扎实“脚力”，采撷鲜活事件

“脚力”是新闻报道的力量之源，也是新闻工作的根基所在。[①]媒体需要全方位采集新闻事件相关信息，文字、图片、音频、视频等，并基于此生产出多样化的新闻产品。记者奔赴现场，才能掌握来自基层的富有时代气息的鲜活素材。春节前夕，央视新闻记者跟随习近平总书记看望慰问在京的基层干部群众，但看望“快递小哥”是习近平总书记的临时之行，记者全程跟进得以记录下国家领导人与基层劳动者的每一次真实感人的互动。扎实“脚力”，到群众中去、深入实际、了解最真实的情况，才能深入了解新闻受众的需求。真听、真看、真感受才能采集到一线的鲜活有温度的素材，产出真实生动有灵魂的报道。

（二）提升“眼力”，挖掘深层价值

“好眼力”就是要“预判断”“看得见”“看得准”“看得深”[②]，拥有一双善于发现的眼睛才能找到最打动人的信息，用最专业的眼光去发现容易被人忽视的信息。提升“眼力”，要求新闻工作者培养新闻敏感性，以小见大，由点及面，精准地抓住新闻事件中的亮点。央视新闻记者在行程中抓住了习近平总书记与快递小哥的互动对话，视频长度只有一分钟左右，却记录下许许多多的小细节：习近平总书记在人来人往的小巷子里与“快递小哥”一一握手，送上春节祝福和问候，“快递小哥”们看到习近平总书记时激动又感动的表情……视频中的小细节最能引起全国劳动者的情感共鸣，使基层劳动者们在春节前夕感受到习近平总书记对他们的深情牵挂。一分钟视频记录的短暂互动映射出国家领导人小事大情的民生情怀，生动呈现了习近平总书记的人民情怀，体现了新闻背后所包含的更深层次的意义和价值。

---

① 高晓虹，赵希婧，付海钲.增强“四力”培养卓越新闻传播人才[J].理论导报，2019，(02)：35-37.

② 高晓虹，赵希婧，付海钲.增强“四力”培养卓越新闻传播人才[J].理论导报，2019，(02)：35-37.

（三）丰富“脑力”，引导舆论走向

“脑力”是做好、做优新闻报道的重要条件。丰富“脑力”，才能把握重点难点，在纷繁复杂的素材当中挑选出最能打动人的细节、最有说服力的事实、最富特征性的材料，才能坚守国家立场，引导舆论走向，传播正确的新闻观、价值观、世界观。央视新闻在对新闻素材进行编辑时，重点突出了习近平总书记对“快递小哥”的关怀和问候的画面，保留了习近平总书记嘱托“给你们拜年啊！”“你们现在生活上住得怎么样？”“你们就像勤劳的小蜜蜂一样”“专门来看看你们，对全国从事快递业的300万人——最辛勤的劳动工作者，向你们致以新春的祝福！如果能安排回家，希望你们能回家跟家人团聚、团圆一下”等温馨的镜头，短短几句话展现了习近平总书记务实亲民的领袖风采以及对劳动者的尊重。央视新闻记者在短时间内甄选素材，理顺信息碎片、去粗取精，将新闻产品迅速推出，并获得用户们的纷纷点赞，真正把感人故事呈现在屏幕上，传送到千家万户。

（四）雕琢“笔力”，创新新闻形式

“有灵魂”的新闻作品离不开新闻工作者的好“笔力”。在全媒体时代，雕琢“笔力”不仅是指提高驾驭语言文字的能力，也是创新新媒体平台上新闻形式的能力。根据不同的平台特色和传播需求，选择最恰当的表达方式展示新闻作品，千人千面地为用户提供同一信息的不同表达方式，使受众最大化地接受信息，是媒体顺应融媒时代的必备能力。为吸引更多受众，央视新闻不断优化创新官方媒体的语态和表达，顺应新媒体传播终端用户的碎片化阅读习惯，采用短视频的方式进行新闻报道。《独家V观》节目是央视新闻推送时政新闻的短视频节目，将时政新闻报道与有速度、有温度、高质量短视频结合，配合文字和其他多媒体手段，“高高在上”的时政报道变得更加“具有亲和力、富有感染力”。新闻工作者不断提升“笔力”，紧跟媒介前沿的发展变化，不断学习掌握新技术，全方位传播，可以助力媒体用人民日常话语讲好中国故事，推动主流话语的影响力不断壮大。

二、构建媒体融合新平台，打造全新电视新闻呈现方式

移动互联网带来了新的传播格局，传播方式日新月异、媒体融合创新发展，

为电视新闻提供了更多呈现方式。新兴媒体与传统媒体形成了共生、融合、竞争的局面，面对新媒体带来的压力，中央广播电视总台顺应新媒体发展趋势，依托多年主流媒体的优势，构建媒体融合新平台，树立起央视新闻的新媒体特色。习近平总书记临时下车看望“快递小哥”，记者传回现场视频，后期编辑迅速抓住视频亮点进行生产、播发，以极强的时效性在央视新闻客户端推出，并相继在央视新闻微博账号、微信公众号推送，保证了新闻的独家性和时效性。

（一）拓宽传播渠道，搭建全媒体矩阵

央视新闻顺应融媒体时代潮流，积极搭建全媒体矩阵，拓宽传播渠道，与年轻的受众群体产生共振。2012年，央视新闻开始搭建新媒体平台，实施微博、微信、客户端“三步走”战略。2011年11月，@央视新闻微博上线，2013年4月“央视新闻”开通微信公众号，同年7月，央视又推出基于自有平台的独立客户端。作为央视新闻在移动互联网时代的新闻门户和资讯基地，“央视新闻”移动客户端进一步强化央视独家内容，对新闻频道的一手资源进行新媒体化改造，以权威发布为核心，以强大的新闻数据库和网络保障为基础，吸引了千万用户并全面覆盖了国内的移动分发渠道。“央视新闻”凭借微博、微信、客户端“三步走”战略，占领了新媒体阵地制高点，粉丝和订阅户总数已超2000万。除此之外，央视新闻在积极推进媒体深度融合方面做出了更多的努力，全方位打通全网各个内容传播渠道，2017年2月，央视新闻移动网上线，这不仅是央视在新媒体上的全新布局，更是推动电视与新媒体一体化深度融合的全方位变革。央视新闻相继入驻拥有广泛年轻用户群体的抖音、快手和B站，2020年元旦，央视新闻入驻喜马拉雅App，这是央视新闻首次入驻音频平台。从“两微一端”到短视频平台、音频平台，央视新闻搭建起了一个健康、高效的全媒体传播矩阵，积极向新媒体进军，努力实现自身和新媒体的融合发展，力图通过一系列创新实现转型。《习近平看望“快递小哥”》的现场新闻第一时间在央视新闻客户端推送首发，随后迅速转发到央视新闻的微博、微信公众号等新媒体平台，并以电视新闻的方式进行推送，串起了电视、客户端、微博、微信公众号等多个新闻端口，总阅读量超500万次，习近平总书记的人民情怀迅速成为网络“热点”，各大媒体纷纷转发。

（二）探索传播规律，创新采编发机制

媒体融合发展极大激活和释放了新闻生产力，媒体融合不仅包括内容融合，还包括平台、制度、渠道等全方位、多角度的由表及里的融合。总台把握媒体融合的传播规律，改变原有的只围绕电视频道确定的采编流程，建立全新的通稿制度，创新更加高效的采编发机制，提升新闻报道的时效性。央视新闻保证记者创作的稿件可以用于“央视新闻”的所有平台，新闻中心的采访资源、通稿资源、智库资源都可用于新媒体，最大限度地共享新闻资源，由此提升新闻资源利用率，提高“央视新闻”的整体时效。同时，央视新闻的“新媒体新闻首发”制度要求记者优先向新媒体平台供稿，保证新媒体平台先于电视屏幕首发，因此，央视新闻的新媒体平台成为央视重大新闻、突发事件、重点报道的首发平台。“央视新闻”微博、微信公众号、新闻客户端等多个新媒体平台多采用自采的“独家”新闻，这些“一手”新闻信息量大，可信度高，内容丰富，涉及面广，而且时效性极强，成为网络媒体上主流声音和主要的新闻来源之一。因此，“首发新闻”“独家内容”“图像优势”成为“央视新闻”新媒体版的核心竞争力。“独家V观”，即时政微视频“V观”，是央视打造的面向全网传播的重要新媒体品牌，第一时间、第一现场报道党和国家领导人国内考察、外交、全国两会等重要时政活动，传递党和国家领导人重磅声音。“独家V观”节目以“轻剪辑”为特色，对传回的新闻素材进行简单剪辑、迅速推发，不仅可以保留现场原始的精彩画面，也可提升新闻“时度效”。春节前夕推出的《【独家V观】习近平看望“快递小哥”》通过新闻的在线采集、生产和迅速播发，将记者捕捉的党和国家领导人关怀劳动者的难忘瞬间通过新媒体平台呈现到用户面前，实现了新闻现场与终端用户之间几乎“零时差、零距离”的同步传播，快速占领舆论场。

（三）利用视频优势，凸显电视新闻特色

互联网技术的不断革新和智能移动终端的普及，使受众需求和内容生态发生变化，新闻的内容形式也在不断更新迭代，视听快感强、信息密度大的移动短视频成为用户喜爱的新型内容传播方式。央视新闻在短视频领域的传播需要遵循新的传播规律以及用户的阅读习惯，利用自身的视频优势，增加新闻短视频比例，强化图像信息，形成电视媒体特色。央视新闻的传播专业性体现在内容、呈现形式、用户友好度等诸多方面。“独家V观”是央视新闻客户端的独家微视频节目，其发布的新闻视频充分体现了“短平快”的特色，视频长度平均

为1分钟左右。这不仅可以满足用户的阅读习惯，也可以更自如地嵌入微博、微信及抖音等新媒体平台，完成更高效率的传播。央视新闻不仅对新闻呈现方式进行创新，也对短视频新闻的内容风格进行优化，无人机、AR新闻、VR新闻、直播+弹幕互动等新闻形态提升了短视频新闻的“科技感”，同时，手机原生态的叙事风格也使严肃的时政报道更接地气、更贴近普通民众。短视频新闻《【独家V观】习近平看望“快递小哥”》的手机拍摄原生态风格更生动地呈现了国家领导人的亲民作风，以“接地气”的方式传播中国故事，赋予主流话语体系以适合新环境的表达方式。

三、结语

《【独家V观】习近平看望“快递小哥”》以短视频新闻的方式记录了习近平总书记在春节前夕看望“快递小哥”的暖性互动，以极强的时效性在央视新闻客户端推出，并在央视新闻多个新媒体端口转发推送，为受众提供了情感抚慰的通道，让广大劳动者在春节前夕感受到习近平总书记的牵挂关怀。该新闻短视频的成功得益于央视新闻记者对新闻的敏锐观察力，迅速捕捉到并用镜头记录故事的亮点，用原生态的纪实风格代入互动现场，引起受众情感上的共鸣。

全媒体时代，央视新闻积极构建媒体融合新平台，创新采编发机制，尝试打造全新电视新闻呈现方式，扩大传播效果。央视新闻凭借自身视频影像优势，创新新闻产品形式，运用民众日常话语，提高受众接受度，推动主流话语影响力不断壮大。央视新闻整合全媒体平台的创新路径，为电视新闻的发展提供了全新的思路。

作品三：《病死猪田间乱丢知道吗……〈问政山东〉现场局长被8连问后语无伦次》

郑志亮　苗琨鹏[1]

作品信息

作品标题：病死猪田间乱丢知道吗……《问政山东》现场局长被8连问后语无伦次

所获奖项：第30届中国新闻奖媒体融合类短视频现场新闻一等奖

主创人员：林绍荣、刘桂秋、李莎、杨帅、宋小龙

编　　辑：刘桂秋、柳宇

主管单位：闪电新闻

发布日期及时间：2019年4月6日20时28分

发布账号（App）：闪电新闻

作品时长：2分16秒

作品简介

2019年4月6日，山东广播电视台《问政山东》节目问政山东省农业农村厅主要负责人。面对病死猪乱丢弃的问题，编辑精选直播问政中的经典镜头，以真

① 郑志亮，中国传媒大学电视学院副教授、硕士生导师；苗琨鹏，中国传媒大学电视学院硕士研究生。

实调查素材为背景，以主持人犀利的问政为主体，制作推出“李莎八问”。视频呈现了现场紧张尴尬的氛围，聚焦形式主义、官僚主义突出问题，助推舆论监督。视频推出后迅速成为互联网热点话题，全网阅读量超3000万次。

《病死猪田间乱丢知道吗……〈问政山东〉现场局长被8连问后语无伦次》二维码

在第30届中国新闻奖的评选中，“短视频现场新闻”作为独立奖项进行评选。短视频作为党和国家主张、社会主义核心价值观、人民心声、传统文化、新时代中国故事表达与传播的创新阵地[①]，开拓了传统主流媒体舆论引导、思想引领、文化传承、服务人民的新空间，也成为我国媒体融合发展的拳头产品。在加快推进媒体深度融合的当下，“短视频现场新闻”奖项的独立设置，既是对融合新闻生产专业性的深入要求，也承载着对传统主流媒体的移动化、社交化传播的转型期待。

作品《病死猪田间乱丢知道吗……〈问政山东〉现场局长被8连问后语无伦次》（以下简称《八问》）聚焦形式主义、官僚主义突出问题，连接新闻现场与问政现场，展示了媒体监督参与社会治理的力量，彰显了主流媒体以人民为中心的社会责任。该作品凭借其时效性、现场感、信息量与传播效果，提升了主流媒体的权威性和公信力，进一步强化了主流新媒体平台与人民群众的连接，成为新时代短视频现场新闻的精品力作。

① 吴炜华，张守信.视听微叙事的中国立场与文化图景[J].中国出版，2019（24）：3.

一、凝心聚力：闭环问政彰显媒体担当

新型主流媒体承担着建构主流价值、化解认知分歧、引导民众共识、记录文明历史的使命。《八问》坚持正确政治方向与马克思主义新闻观，深入调查，抓取关键现场，“追求全面而不片面，追求流量而不唯流量”[①]，在新闻信息采集加工、表现形式、创新能力、传播效果等多个层面顺应了媒体深度融合的时代呼唤，打造了理性、客观、有建设性的舆论监督报道。

（一）深入调查抓取关键现场

《八问》是基于山东广播电视台《问政山东》栏目内容制作的短视频现场新闻。2019年，山东省召开“担当作为、狠抓落实”工作动员大会，省委书记在讲话中提出，要创新公开监督机制，推行“电视问政”“网络问政”，把评判权交给服务对象和群众。《问政山东》应运而生。以问题为导向动真碰硬、聚焦群众关心的热点，《问政山东》栏目直面问题、强化监督，在全省上下形成了担当作为、狠抓落实的舆论氛围。病死猪乱丢、无害化处理不规范等严重问题，不仅是环境问题，更存在公共卫生安全隐患。对这一问题的短视频新闻呈现，核心现场的选取与拍摄既是重点，也是难点，此外，如何在制作时顺应短视频新闻的创作规律，达成信息传递与舆论引导差异化传播，也是此作品需要重点考虑的问题。

真实是新闻的生命。[②]现场新闻的拍摄，需要前往核心现场，采访核心人物，拍摄核心画面，在深入调查中反复推敲、多方核对，发扬“脚板底下出新闻”的好传统。在实际拍摄过程中，无害化处理厂的不规范操作隐藏在偏僻的高高围城之内，四周不仅有监控，而且还是禁飞区，不能用无人机。此外，荒山野岭中开车易被发现，记者只能步行靠近处理厂。重重限制使拍摄的难度倍增，为了拍到真实现场，记者采取了蹲守的方式。经过三天三夜的蹲守，在有车出来大门打开的时候，记者拍摄到了处理厂里面的场景[③]，这段画面也成为整个调

① 笔者团队对山东广播电视台《问政山东》栏目副制片林绍荣的访谈内容，2021年5月25日。

② 习近平.论党的宣传思想工作[M].北京：中央文献出版社，2020.

③ 笔者团队对山东广播电视台《问政山东》栏目副制片林绍荣的访谈内容，2021年5月25日。

查的关键证据与《八问》的核心现场之一。

（二）关键数字还原问政现场

短视频现场新闻的采制要求对核心现场的精准呈现，而这需要前期记者、督办员、编导和后期编辑集体联动、对内容与亮点提前预判、推演，制定预案。在《八问》的问政现场，督办员与主管官员之间出现了“问得准，答得偏”的场面，督办员通过“连环问”的方式层层推进，揭露环保问题背后官员不严不实的工作作风。制片人此时在演播室敏锐捕捉到了这个细节，编辑将预判内容与实际情况相结合，根据互联网传播特点完成制作发布和矩阵推广。[①]

媒体融合并不是用作电视节目的思路制作短视频，而是要拼创意。[②]依托链条式的全媒体报道流程，《八问》呈现了两个核心现场，一个是记者拍摄的核心新闻现场，第二个是“辣味”十足的问政现场。在核心新闻现场部分，《八问》用真实的画面、直白的语言直接展现病死猪乱丢乱放的现场，以强烈的视觉冲击引起用户关注。在问政现场部分，《八问》用督办员和当地主管官员的一问一答的现场展现了矛盾冲突。为了贴合互联网的传播特性，制作团队提出了两种方案，一种是双视窗，一种是突出提问及次数，在反复讨论后，最终选择了突出提问次数的方案。[③]数字的加入既是对事件提纲挈领的梳理，又能增加受众的期待感。在有了“第一次追问”后，大家期待“第二次追问”“第三次追问”……在观众的期待中，环环相扣的《八问》实现了完播率、赞播比增加，助推了爆款产品的生成。

（三）全面报道把握舆论导向

《八问》坚持马克思主义新闻观，成为新时代通达社情民意、做好舆论工作的融媒产品。新闻短视频的多元价值衍生影像化生存的当下，短视频因简制作、易传播、高参与的特性，成为信息传播的重要载体。[④]面对快速迭代的信息环境

---

① 笔者团队对山东广播电视台《问政山东》栏目副制片林绍荣的访谈内容，2021年5月25日。

② 笔者团队对山东广播电视台《问政山东》栏目副制片林绍荣的访谈内容，2021年5月25日。

③ 笔者团队对山东广播电视台《问政山东》栏目副制片林绍荣的访谈内容，2021年5月25日。

④ 曾祥敏，杨丽萍.媒体融合作品创优路径探析——第三十届中国新闻奖媒体融合奖评析[J].新闻与写作，2020（12）：83-88.

与层出不穷的社会热点，新时代的短视频现场报道应坚持马克思主义新闻观，根据事实来描述事件发展，既准确报道个别事实，又从宏观上把握和反映事件或事物的全貌。《八问》直面“病死猪乱丢、无害化处理不规范”的社会问题，直面主管官员对事实了解不清的工作问题，既通过“辣味现场”清“政风”，又通过“立说立改”鼓励“敢担当”；用准确的事实、客观的分析激浊扬清、针砭时弊，真正让问政实现闭环、收获实效。这种闭环问政充分发挥了新闻媒体的舆论监督作用，将纷繁复杂的社会思潮引导至正确健康的舆论轨道，形成有利于社会发展的合力。

在我国全面推进媒体融合进程的当下，主流媒体不仅要看发行量、收视收听率，更要看影响力，“要能在舆论场上具备定义事件、引导舆论、凝聚共识的设置议程能力”。[①]无论是“触目惊心”的新闻现场，还是“麻辣十足”的问政现场，放到网上一定会引来流量与“围观”。但《八问》坚持主流媒体的使命和职责，在新闻报道中坚持了舆论监督和正面宣传的统一。问政的目的在于解决问题，《八问》不单单报道现象，还增加了当地有关部门直面问题认真整改的内容，这种全面的报道方式既实现了对基层不作为的舆论监督，又有对当地整改的正面宣传。做好新时代新闻舆论工作，需要新闻工作者守正与创新，既应有在解决民生堵点、痛点、难点上动真碰硬的决心和力度，也要坚持正面宣传与舆论监督的统一。

二、信息桥梁：核心现场的跨屏呈现

在新传播格局中，受众、渠道、象征资源、传播控制权均发生了深刻的变化，倒逼宣传者的理念、能力、技术与渠道的系统性变革。[②]《八问》精准抓取“病死猪乱丢”的新闻现场与问政现场，呈现民生问题中的难点、痛点、堵点，直抵用户的信息诉求与情感关切，从信息维度与情感维度上实现了核心现场的跨屏呈现。

---

① 卢新宁.主流媒体如何巩固主流地位——关于人民日报媒体融合实践的思考[J].新闻战线，2018（13）：6.

② 张涛甫.传播格局转型与新宣传[J].现代传播（中国传媒大学学报），2017，39（07）：1.

（一）场景延伸：时空转换搭建信息桥梁

《八问》链接了问政现场和新闻核心现场的时空与场景，以短视频为载体搭建了受众的沟通信息桥梁。《八问》的视频内容源于山东电视台的栏目《问政山东》，该节目对于参与的官员有一定的强制性，因此在节目中，官员成为“问政”的对象，在直播现场与主持人形成了主次逆转的暂时不平等关系。在《八问》中，当地主管部门负责人从最开始泰然地打官腔、绕圈子，到最后语无伦次、承认自己刚了解“病死猪乱丢”的问题，这一“问政”的过程与尴尬气氛通过短视频传达给屏幕彼端的用户。在用户的视角下，问政场景中的政府官员，因失责缺乏对相关事实的了解，面对主持人连环八问难以作答，这呈现出短视频现场新闻中的戏剧性张力，也正是这种基于真实调查素材、现场反应的桥段引燃了舆论，使全网阅读量超3000万次。

信息桥梁的搭建，是《八问》呼应“四全媒体”的建设，主动承担主流媒体服务群众、社会治理等职责目标的体现。短视频作为互联网新闻传播中重要的创新产品类型，融合了信息资讯、价值引领、社会服务与娱乐诉求的多维功能。《八问》以真实调查素材为背景，以主持人犀利的问政为主体，用快速积累的呈现方式还原了现场紧张尴尬的氛围，这种再加工放大了问政的效果，也彰显了报道的视野与格局。短视频的媒介形式要求内容短小精悍，挤掉冗余的水分，除了两个核心现场，短视频中的核心人物、简洁字幕与配乐均使该作品节奏紧凑，迅速进入主题与高潮，大大增强了传播力，彰显了主流媒体的职责担当。

（二）同频共振：情绪共鸣再造民众共识

《八问》通过核心现场的直观呈现，以短平快的新闻内容回应公众关切，通过凝聚人心与再造共识展开信息传播与舆论引导。智能媒体技术带来信息传播模式、话语体系与社会情景的变化，也对信息传播与舆论引导工作提出了更高的要求。习近平总书记指出，人心是最大的政治，共识是奋进的动力。① 舆论引导的价值体现在促进社会问题的解决与社会的良善，而绝非“消除舆论”或者制造虚假舆论。这是政府管理者、舆论引导者、新闻工作者以及公民都应当持

① 习近平.在全国政协新年茶话会上的讲话[N].人民日报，2018-12-30（02）.

有的正确舆论引导观念。[①]《八问》以闭环问政的全面报道、贴近民生的语态形态，在信息传播过程中使民众对“病死猪乱丢”的问题与解决结果产生了基本认知。这种依托短视频现场新闻凝聚的共识，在碎片化的信息浪潮中，激发了民众的情感共鸣，形成了民意在信息维度与情感维度的同频共振。

充分运用全媒体的传播优势，不仅能塑造与民众的信息桥梁，还能在信息的同频与情绪的共振中打造跨屏的情感链接。《八问》作为跨媒体报道与传播的作品，其在标题、内容与主旨上都体现了一种敢于追问的锐利和“刀刃向内”的态度，这种核心特质既是其内容组织的重要线索，也是其信息传播的情绪助推器，使其在网民热议中成为爆款产品。短视频新闻现场报道并非模板化的简单制作，新闻工作者作为专业内容生产者，应摆脱过度融梗、跳脱内容生产的内卷化，创新短视频新闻的创作模式，深挖价值引领、新闻宣传与信息服务的新样态，将其视为融媒体新闻宣传的先锋兵。[②]正是在这种新闻报道观念下，《八问》方能在守正创新中呈现核心新闻现场，在正面宣传与舆论监督的统一中回应公众关切，在移动化和视听化传播场景中搭建信息桥梁，建立情感链接。

（三）宏观把控：系统思维厘清核心现场

对于短视频现场新闻报道，创作者需要用系统思维而不是碎片化思维去厘清新闻现象。从“病死猪乱丢”的新闻核心现场的拍摄，到问政现场“李莎八问”的呈现，再到短视频的制作与精炼，《八问》兼顾了问政的犀利火辣、选题内容的社会关注度与话题共鸣程度，与此同时也未偏离宣传工作的主题。对核心现场的宏观把控串联起该报道的各个环节，这种系统思维使《八问》成为既有高度又有温度、既有深度又有热度的融媒体产品，提升了媒体的传播力、引导力、影响力和公信力。

系统思维既需要前期选题的精心选取与脚踏实地的拍摄，又需要后期反复打磨的脚本与呈现形式的创新。《八问》从节目策划到平台传播的全过程，都坚持以系统思维为主导。实际上，《问政山东》节目内容经过提前精心挑选，督导

① 秦汉，涂凌波.再造共识：智能媒体时代的舆论引导与新宣传[J].中国编辑，2020（Z1）：42.

② 吴炜华.在地化重构与可持续前瞻——中国短视频的文化实践与创新发展[J].青年记者.2020（11）：11.

员所问的问题确实是各级政府工作不力的地方，尤其偏重社会大众熟知和关心的问题。“时代的变迁在人民的手中、眼中、心中，取之不尽用之不竭的新闻素材就在人民的生活中。我们应脚踩泥土，流着汗甚至是流着泪用心用力地去采访、去写、去创作好的作品，讲好我们这个时代的中国故事。”[①]新闻工作者作为媒体融合的实践者，对短视频现场新闻的创作，应坚持删繁就简，厘清问题，还原现场的核心要义。此外，在还原的过程中还应“想人民之所想”，推出“眼中有人民、腿上有泥土、心中有真情”的新闻作品，而这也正是新闻工作者的使命所在。

三、链路重构：跨媒介整合赋能媒体生产

《八问》将山东广播电视台问政节目的关键段落制作成短视频，通过平台传播引发网友关注，进而助力舆论监督，助推工作落实。此作品并非早期的电视新闻的简单拆条，而是跨媒介整合资源，产生集约效应的报道实践，反映了主流媒体在技术先导、内容创新以及体制机制变革上的融合转型成果。

（一）坚持移动优先，激活融合动能

《八问》等优秀作品的诞生，得益于山东广播电视台“移动优先”的融媒体改革与全媒体传播的体系建构。坚持移动优先是当前媒体深度融合的重要原则，也是衡量媒体融合成败的关键。[②] 2016年，山东广播电视台开展融媒体改革，确立了“先小屏后大屏、小屏内容反哺大屏、大小屏协同发展”的目标，坚持实际、实战、实用原则，积极搭建新平台、开拓新渠道、再造新流程、培育新业态。《八问》等短视频现场新闻的推出，实现了电视内容向移动端的传播转移；短视频在移动端的火爆，也进一步提升了电视节目的受关注度，这种传播链路促进了多媒体的良性互动与多维融合，形成了协同高效的全媒体传播体系。

因此，《八问》的爆红背后是媒体融合主体之间关系的协调处理，其在重塑网友对电视问政“作秀”的认知同时，也激活了媒体深度融合的动能，助推《问政山东》成为现象级节目。从开办之初，《问政山东》就把融媒体的理念、

① 笔者团队对山东广播电视台《问政山东》栏目副制片林绍荣的访谈内容，2021年5月25日。

② 构建媒体深度融合发展新格局[N].光明日报，2020-12-22（06）.

互联网的基因植入节目中，在山东卫视、电视公共频道创建的同时，齐鲁网、闪电新闻网络问政平台也同步上线。节目把民众的“问”和政府部门的“政”这两项独家资源转化为具有市场竞争力的短视频、图解、动画、H5等融媒体产品，把电视节目的亮点迅速转化为互联网热点。以闪电新闻客户端为依托，建立宣发矩阵，确保《问政山东》新媒体产品能及时通过闪电新闻、微博、微信、今日头条、抖音等平台抵达各类人群，真正实现移动端与电视端的联动，打通电视和网络两个用户群，最终通过跨媒介整合赋能媒体生产与信息传播。

（二）建构深度连接，释放价值增量

在全媒体传播体系中，新闻工作者如何与用户建立深度连接，走好新时代的群众路线是重要命题。《关于加快推进媒体深度融合发展的意见》指出，要坚持以人民为中心的工作导向，坚持贴近群众服务群众。①《问政山东》配合《山东新闻联播》与闪电新闻客户端，从“舆论监督”“主流宣传”“媒体融合”三方面提升了山东广播电视台的节目质量和屏幕形象，不仅为主流媒体提升舆论引导能力与推进政府部门工作相结合提供了范本，还成为推动工作落实的重要抓手和助推群众问题解决的重要渠道，切实解决群众的操心事、烦心事、揪心事，形成了与用户的强连接。

这种强连接的形成背后，是新型主流媒体传播人民的利益诉求与意见呼声，成为新型服务者，释放价值增量的媒体实践。《八问》作为融媒体“爆款”产品不仅让全国网友看到了山东在整治官场作风，解决改革难点、痛点、堵点的决心和力度，也推动了各地刀刃向内、自我革新、勇于担当、主动作为的实践。自2019年开播以来，共有近两千名正处级以上领导干部走进《问政山东》演播室接受问政，89位县（市、区）主要负责同志通过直播连线接受问政，解决民众关注的具体问题910多项，推动制定解决问题的政策措施550多项。《问政山东》打通了基层治理“最后一公里”，在全省上下形成了敢于担当、狠抓落实的舆论氛围，形成了全省范围广覆盖、人民群众有获得感的问政网络体系，真正体现了以人民为中心的工作导向。

① 中共中央办公厅、国务院办公厅.《关于加快推进媒体深度融合发展的意见》（2020-9-26）. http：//www.gov.cn/zhengce/2020-09/26/content_5547310.htm.

（三）把握平台优势，书写社会记忆

新闻传播业正在经历以技术为主导的结构性变迁，人工智能、5G、大数据、云计算等信息技术重塑着传媒业，改变着舆论场的生成、形态及其社会效应。新闻工作者作为社会记忆的书写者，面临着如何在技术的迭代与浪涌的信息中进行融媒体内容生产，并保证内容的长期有效性的难题。“对新闻媒体来说，内容创新、形式创新、手段创新都重要，但内容创新是根本的。要多深入基层、深入一线、深入官兵，了解第一手材料。”①

当然，社会记忆的书写离不开技术的赋能与平台的优势。山东广播电视台拥有完全自主知识产权的新闻调度指挥系统——闪电云，可以将优质电视节目资源与新媒体资源渠道打通，实现一次采集、多端分发。依托“中央厨房”，山东广播电视台形成了电视、网络和客户端等整合互动传播的全新新闻采编播发流程。书写社会记忆的前提是媒体内容的长期有效性，既要能够储存，也要经得起历史的检验。在媒体融合与技术迭代中求效益，在新闻报道与传播实践中讲好时代故事、发出时代声音，才能使将来的人们能从融媒体报道中见证今天的所见所闻所思。

四、结语

党的十九届五中全会指出，推进媒体深度融合，实施全媒体传播工程，做强新型主流媒体。深度融合的力量，为新闻工作者书写时代故事，发出主流声音赋能。从《八问》“追求全面而不片面，追求流量而不唯流量”的创作思路，到坚持正面宣传与舆论监督相结合的闭环问政，再到《问政山东》与山东广播电视台的全媒体传播体系建构实践，每一个环节都表明唯有扎根中国大地的深度、记录人民呼声的广度、透视时代变迁的高度，方能从庙堂之高走向人民大众，以传播优势提升治理效能，扩大主流价值影响力版图。

① 习近平.论党的宣传思想工作[M].北京：中央文献出版社，2020.

作品四："中国24小时"系列微视频

曾祥敏　董华茜[①]

作品信息

作品标题："中国24小时"系列微视频

所获奖项：第30届中国新闻奖媒体融合类短视频专题报道一等奖

主创人员：张意轩、安然、巩晗、王靖远、林渊、刘赫、刘镇杰、刘若轩、王威、尚丹、胡润新、朱笑嬉、宋嵩、王嵘

主管单位：人民日报

发布日期及时间：2019年3月05日

发布账号（App）：人民日报客户端

作品时长：09分32秒

作品简介

人民日报在新中国成立70周年之际，首次推出《中国24小时》上下集（锦绣河山篇、天道酬勤篇）。此后，延续"中国24小时"势能，相继推出《中国军人24小时》等主题篇与《中国24小时地方篇》。《"中国24小时"系列微视频》成为人民日报新媒体标志性爆款产品和品牌产品。系列微视频也获得业内好评，

① 曾祥敏，中国传媒大学电视学院教授，博士生导师；董华茜，中国传媒大学电视学院硕士研究生。

其中《中国军人24小时》被业内专家评价为“竖版视频的样本教材”。

《“中国24小时”系列微视频》二维码

2019年，人民日报在新中国成立70周年之际，首次推出《中国24小时》上下集（锦绣河山篇、天道酬勤篇）。此后，延续“中国24小时”势能，相继推出《中国军人24小时》主题篇与《中国24小时地方篇》。该系列作品一经推出，便成为主流媒体微视频的“顶流”之作。截至2019年底，《“中国24小时”系列微视频》仅在人民日报新媒体渠道的浏览量就超12亿，总点赞数超过1900万，网友评论超46万条；新浪微博话题阅读量逾6.9亿，参与讨论达83.2万。该系列微视频的国际传播也取得良好效果，被翻译成多国语言版本在海外传播。

作品延续专业内容团队众筹创作模式，联动全国各地协同生产。主题篇和地方篇，相互搭配，相辅相成，全景展示一个精彩纷呈、奋进向上的中国，全面呈现新中国70年的发展成就与建设成果，描绘时代变迁中的家国情怀，抒发全国人民对祖国的真挚情感。本文从媒介、用户和社会变迁的视角，探析该产品以及主流媒体的新媒体创新路径。

一、大众自传播特征明显：重新审视相关性和群体认同

伴随生产力水平的提升和生产关系的变革，媒介与人类社会同步变迁。媒介消费者从作为受众到成为用户，大众的属性悄然更迭。与过去单向的、弱化对象的传播不同，新媒体创作的用户思维已经成为共识。而用户思维的本质是了解用户的需求，《“中国24小时”系列微视频》的成功之处在于洞悉了大众自

传播增强的新特征。[①]

（一）重视内容的用户相关性，“近身式”表达宏大主题

置身高度媒介化的社会，“永久在线、永久连接”成为人们的生活方式，用户更多地以自身为圆心筛选信息、认识社会，相关性成为信息获得青睐的关键因素。因此，越是宏大的主题，越需要把握贴近媒介消费者，让信息主动找到用户。

1.以时间为主线，切入日常视角

呈现新中国成立70年的发展成就与建设成果是颇为宏大的主题，《“中国24小时”系列微视频》在叙事视角上独辟蹊径，具有鲜明的生活化特征。《中国24小时》以1天为维度、1小时为刻度、以24小时里的时间演进为逻辑主线，在时间的流逝中，将主题所要展现的内容呈现起来。[②]正如创作团队负责人张意轩所说："所谓'日复一日，年复一年'，24小时是人们最习以为常的时间刻度，我们希望通过呈现各个时间点上中国的大好河山与中国人筑梦前行的动人瞬间，激发观者的朴实情感。"每个人都有关于自己24小时的切身经验，将普通人的生活场景用镜头讲述出来，生活的熟悉感能够帮助其快速与产品内容搭建起共通的意义空间。

2.以纪实为手段，打破心理隔阂

在一定程度上，可以将《中国一分钟》系列微视频理解为“数据报道”产品，而将《“中国24小时”系列微视频》理解为“纪实报道”产品。[③]《中国24小时》描述一天中不同时间节点的中国与中国人，纪实与记录性更强。晨练的公园、上班的地铁、老街的手艺人、工业园区的中国制造、霓虹初上的城市、忙碌奔波的工作者……对中国人生活和这片土地的全景化呈现，满足了用户关注切身生活和周边世界的需求。

3.以碎片为载体，递进呈现主题

适应碎片化传播语境，宏大主题的微观表达需要化整为零，而递进式呈现

---

① “大众自传播（Mass self-communication）”的概念，由卡斯特（Castell）提出，认为所有的媒体使用都是以使用者“自我”为核心的。

② 笔者团队对《中国24小时》系列微视频创作团队负责人张意轩的访谈内容，2021年5月10日。

③ 笔者团队对《中国24小时》系列微视频创作团队负责人张意轩的访谈内容，2021年5月10日。

主题是化整为零的重要手段。《“中国24小时”系列微视频》的每个视频，都通过前半部分看似细碎且散乱的镜头逐步拼成一个完整的主题形象；通过后半部分的总结与升华，展现由个体到群体，由一天一刻到七十年变迁，总分结合；形成递进式的主题呈现，有醍醐灌顶之效果。主题篇短小精悍，将中国的锦绣河山和军人气质尽情展露；地方篇通过系列制作，由聚焦到全景呈现了中国群像。除了宏大视角的总结式和数据式回顾，通过降维和拆分进行微观表达是另一种破局之道。

（二）精准满足情感与价值诉求，内容勾连群体认同

关于媒介使用目的的观点主要有两种。一种认为人们使用媒介的主要目的是获取信息或其他社会功用；另一种认为人们使用媒介的主要目的是弥补现实生活中交流沟通的匮乏，或通过网络进一步丰富人际关系。实际上，几乎所有的媒介接触行为都既有其功能性的一面，又有其社会性的一面。[①]在《“中国24小时”系列微视频》中，其功能性是用户对主题的认知变化，通过简短有力的视听语言快速呈现对这片土地和人民的印象；其社会性则是凸显了用户的价值与情感诉求。一个好的新闻短视频产品，“感观感受”是基础，“情感共鸣”是关键，“价值共识”是内核。与用户产生共鸣大致需要经历三个步骤：从事实传播，到情感共鸣，最后形成价值共识。[②]《“中国24小时”系列微视频》之所以能够得到众多网友的喜爱，不仅在于采用纪实的手法传播事实，还在于实现了用户的情感和价值诉求，其背后离不开认同这个概念。

1.在环境和场景中构建群体认同

曼纽尔·卡斯特曾指出，网络社会的意义是围绕一种跨越时间与空间而自我维系的原始认同建构起来的。《“中国24小时”系列微视频》将个人生活置于中国这一特定的自然环境和社会背景中，在接近性的加持下，强化了用户作为中国人这一群体的民族认同感、作为某省（区、市）人这一群体的乡土认同，

---

① 喻国明，曲慧.网络新媒体视域下的“用户”再定义（下）[J].媒体融合新观察，2021（03）：9-13.

② 张意轩，刘赫，王靖远.用极致精神打造新媒体“燃视频”——“中国24小时”系列微视频创作谈[J].新闻战线，2020（12）：41-43.

体验到群体带给自我的情感和价值。用户的群体身份认同即对产品的认同，从而带来了更广泛的传播。

2.在关系和认同中实现情绪传播

张意轩说："《'中国24小时'系列微视频》激发的是观者朴实的爱国主义情怀，国人为了更加美好的生活、为了更加美丽繁荣的中国一起奋斗的信念。"而这些情绪，首先基于上述的群体认同，进而发展成一个成功的情绪传播。其次，这一情绪传播是在关系中完成的。《"中国24小时"系列微视频》是现实生活的纪实，一定程度上反映了个人与机制、他人的复杂互动，在该场域中，更容易强化关系、确立认同，进而凝聚价值共识、形成传播力。

二、制作与运营双管齐下：把叙事符号作为线索

用户思维贯穿新媒体生产的全流程，在制作和运营环节都可见一斑。具备能指和所指双向意涵的符号，既发挥了表意传声的基础作用，又在如何使作品被点击、观看甚至铭记中发挥着举足轻重的作用。在制作环节，叙事符号的选择事关作品框架的搭建，时常充当着线索的角色穿针引线，并能够成为记忆点；在运营环节，恰当而出彩的符号在整合营销中发挥着排头兵的作用。《中国24小时》系列作品的成功之处，充分体现在叙事符号的选择和利用上。

（一）代入式制作，从三个维度搭配代表性内容

编辑素养之一是选择，尤其在海量的素材面前，取舍要围绕主旨。在《中国24小时》系列微视频中，主旨是引发用户共鸣。为此，创作团队以时间、地点和场景为坐标轴，在三个维度上精巧搭配，筛选出最具代表性的内容。

在锦绣河山篇中，选择和搭配要涵盖中国有代表性的自然风光，如长城、莫高窟、青藏高原等，也要展现现代典型城市发展面貌，如杭州、西安、香港等，还要有国家发展历史上的重大工程，如三峡大坝、港珠澳大桥、天眼等。地点尽量覆盖中国大地各大区域，并将每一个场景与其最合适的时间节点搭配起来，通过最经典、最能引发观者共鸣的内容，最大限度地提升用户的代入感与自豪感。①

① 笔者团队对《中国24小时》系列微视频创作团队负责人张意轩的访谈内容，2021年5月10日。

在地方篇中，要合理搭配地点、时间和场景三个要素，完成叙事。张意轩表示："视频里选取的所有内容，既有能够引起观者共鸣的日常场景，也有令人心潮澎湃的画面，让每个人都能在视频中发现戳中自己的点。"以地方篇为例，每个省（区、市）的微视频都基本涵盖其所有地级市，内容呈现既注重每个时间节点上最具代表性的场景，也斟酌各具地域性、特色性、差异化的内容，力求让每位观看者都能找到一帧家乡味道。

（二）IP化运营，实现1×n＞n的声量增值

通过"一锤子买卖"获得一时关注是初期的做法，在媒体深度融合的背景下，新媒体传播已经逐步树立品牌感，IP意识渗透在新媒体产品的策划和运营中。面对用户的碎片化阅读习惯和流动的注意力，获得持续稳定的关注、培养固定消费群体才是长久之计。

制作系列作品要保留可辨识度。"中国24小时"团队先后推出地方篇和各主题篇，在整体风格上，系列微视频的基本结构、视觉包装、logo标识等均保持一致，保证文案、画面、字幕、转场等各个视频元素及其组合方面的质量控制，以系列化的形态加强产品的辨识度。在发布节奏上，采取"重大事件节点+固定频率"发布相结合的方式，即全国两会期间推出全国篇、特定时间节点推出主题篇、国庆前夕以每日一期的频率连续推出地方篇。通过固定频率、固定发布时间等传播行为培养用户的心理预期与观看习惯，增强用户黏性。实践表明，融媒体产品的IP化运营有利于在碎片化传播中强化主题印象，为用户营造连续性的IP式陪伴感，进而获得稳定、集成的传播效果，实现1×n＞n的声量增值。①

此外，产品"出圈"离不开营销。主流媒体充分利用全媒体矩阵，打通多元传播渠道已成为常规做法。人民日报将《"中国24小时"系列微视频》在人民日报App、官方微博等社交平台多端口同步分发，扩大用户接触面，为出圈提供可能。与此同时，创意营销为目标作品到达更多用户提供可能。

团队采取以话题拓展外延的手段，使新媒体产品与媒介消费者隔空互动。据张意轩介绍，在《中国24小时・地方篇》连续推出时，人民日报新媒体开辟话题专页，联合多家社交媒体平台，共同发起#打卡24小时#线上征集活动。活

① 笔者团队对《中国24小时》系列微视频创作团队负责人张意轩的访谈内容，2021年5月10日。

动向网友征集24小时里最值得纪念的片刻，邀请网友分享他们的24小时奋斗故事。打卡征集活动一方面加强了同网友的互动，一方面在以众筹的方式勾勒出中国人民自强不息、逐梦前行的奋斗面貌，诠释个体努力中所凝聚的意义，实现力量传递与价值传递。除此之外，创作团队围绕“中国24小时”主题，对其他传播形态进行了创作探索，如推出动漫版《中国24小时》长图，利用手绘动漫长图的方式，通过色调与光影的变化展现地域与时间的变迁。不难看出，IP化运营不仅是上下集的简单延续，还需要作品内外、平台渠道间的互动营销。

三、应用场景延伸：共时性和历时性同等重要

新媒体时代，新闻产品的生命周期延长了。传统的新闻产品发布即终止，而新媒体产品的完整生命价值还将在点赞、评论、分享甚至二次创作中实现。因此，历时性和共时性成为两个同等重要的场景。

（一）视听语言适应传播环境，“共时性”制作风格化

共时性，是在某一特定时刻该系统内部各因素之间相互作用的关系。所谓“共时性”制作，是指在第一发布时间内作品的内容，主要体现在视听语言的制作上。

1.配乐调配节奏，配合剪辑掌控“燃点”

配乐是增强沉浸感的重要手段，而且能够在适当的时间节点上稳住用户的注意力。就《“中国24小时”系列微视频》而言，波澜壮阔的锦绣河山、英姿勃发的军人剪影、如梦如幻的冰雪王国、突飞猛进的浙江经济、中外荟萃的北京记忆……不同篇目的对象不同，自然适配不同风格的音乐，无论是激昂奋进还是悠扬婉转，必须选择最能唤醒用户记忆的旋律。就单个视频而言，《中国24小时》系列微视频的每集均一分为二，前半部分娓娓道来，以时间为线索进行累积，节奏较为平缓；后半部分节奏变化，话锋一转进行总结和升华。前后转换依靠配乐协调叙事节奏。不仅如此，流畅舒爽的观看体验还得益于配乐和画面剪辑的高度契合。配乐鼓点变化的瞬间正是画面切换的瞬间，前后辨识度极高，类似升级版的“快闪”视频。作为资深媒体人，张意轩强调：“在移动短视频时代，剪辑已经不仅仅是工具，剪辑师对于成片的贡献，也远远大于人们传统意义上‘是个技术活’的认知。剪辑师需要从整体思路上进行谋划布局，通过视

听语言重新组合排列素材，从创作者的角度参与深度创作。《‘中国24小时’系列微视频》广受赞誉的背后，配乐和剪辑的配合无疑是最大功臣。”

2.镜头突破人眼局限，运动+航拍引人注目

短视频时长有限，这意味着每一帧都必须精挑细选，镜头语言、画面内容展现用户平时所不能见之景象，在震撼的同时，提高信息的含金量。在《“中国24小时”系列微视频》中，“运动+航拍”镜头最吸睛。壮美的山川、繁忙的码头、五彩斑斓的城市夜景、川流不息的大街小巷……人眼视角的有限性一定程度上阻碍了我们全方位体会事物的魅力，而航拍配合运动镜头，为用户带来视觉冲击，别样的视角正是镜头的价值。

3.字幕取代同期声，包装平衡专业性与网感化

简单醒目的字幕与视听语言配合，共同保持了明快、稳定的节奏，符合用户的信息接收习惯。在新媒体时代，轻量化的图表、海报，短小精悍的短视频最受青睐，其背后蕴含着用户对内容需要的变迁：从娓娓道来到简单明了。《“中国24小时”系列微视频》恰好用醒目凝练的文字取代传统电视新闻的同期声讲解，做到了专业性和网感化的平衡。以地方篇《浙江24小时》为例，24小时的电子时钟在左下角滚动切换，每一场景配有上下两行10余字的信息说明，文字的显现、滚动和消失都体现动感，配合画面的快速切换和配乐的情绪烘托，精致又不显呆板。

（二）内容要素激发生命力，“历时性”传播社交化

历时性，是一个系统发展的历史性变化情况，代表过去—现在—将来。社交媒体时代，人们对网络空间的依赖史无前例，新媒体产品的场景价值也更多地体现在保存、分享和二次创作上，一个截图、一段分享都是增强传播力的发力点。

1.每一帧画面都是屏保

正如上文所说，画面的高质量是《“中国24小时”系列微视频》的优势。张意轩解释：“在锦绣山河篇中，团队选取了不同时间点祖国辽阔疆域上风格各异的壮丽风光，以‘屏保’级画质呈现祖国的大好山河。”每一帧皆可作为屏保意味着，用户可以在观看过程中多次截屏，进而在社交平台一键分享，技术赋能的背后是潜在的以画面截屏为要素的二次创作。

2.每一行文字都是金句

在文案内容方面,《“中国24小时”系列微视频》的编创团队通过反复锤炼与推敲字词，追求语句表达的准确达意、凝练简洁与丰富优美，使用户在观看视频的同时，感受到文字的美感与韵味。[①]“城市大脑，用数据守护平安”“朝霞灿灿云海茫茫，晨光熹微万象更新”“24小时齐风鲁韵人文荟萃，24小时儒家文化德润人心,24小时匠心独运追求极致,24小时创新引领万象更新。24小时，感受壮美山东；70年，见证光辉岁月”，诸如此类的文字比比皆是，朗朗上口、言简意赅，将文字的表达力和画面结合，既没有重复表述，又能够在观者脑海中留下深刻印象。

3.每一个视频都是竖屏样板

移动短视频时代，竖屏视频不仅是移动端这一信息载体的要求，也是用户沉浸体验的习惯，虽然不同于传统视频的比例和包装习惯，但竖屏视频是短视频发展中的重要组成部分。在八一建军节到来之际，人民日报推出竖版微视频《中国军人24小时》。该视频仍然以1天为维度、1小时为刻度，以24小时里的时间演进为逻辑主线，但在表现形式上，竖屏展现的方式与电影海报式的艺术风格，从多个方面展现新时代中国军人无私奉献的血性豪情、中国军队真打实练的崭新风貌、中国军事的强劲实力与力量。[②]该视频被业内人士评价为“竖版视频的样本教材”。在移动优先战略下，主流媒体的短视频创作不能放弃对竖屏视频的尝试，并且应大幅推进。

四、新型主流媒体建设创新：在实践中创新理念和机制

（一）参与者讲述创造最优宣传

要讲好故事需要思考如何成功地交流。正如约翰·彼得斯所言，“交流”是让双方去参与一个共同的世界，我们要确定“参与的社区”，找到共同的“行动的方法”，探索“可能的互动”。[③]《“中国24小时”系列微视频》将交流贯彻始终。

---

① 笔者团队对《中国24小时》系列微视频创作团队负责人张意轩的访谈内容，2021年5月10日。

② 笔者团队对《中国24小时》系列微视频创作团队负责人张意轩的访谈内容，2021年5月10日。

③ [美]约翰·杜翰姆·彼得斯，邓建国译，《对空言说：传播的观念史》[M].上海译文出版社，2017（01）：45-50.

每个短视频开篇是一个问句，“一天24小时，××在发生什么……”迅速抛出问题，吸引用户寻找答案。创作团队在策划之初就锁定了目标用户，与具有特定身份认同的群体进行对话，而该作品的目标群体恰恰是最广泛的，因此也顺利完成了用户需求和价值引领的融合，实现社会效益和经济效益的共赢。

讲好中国故事需要深入故事的参与者，让他们发声。习近平总书记指出，我们要把握国际传播领域移动化、社交化、可视化的趋势，在构建对外传播话语体系上下功夫，在乐于接受和易于理解上下功夫，让更多国外受众听得懂、听得进、听得明白，不断提升对外传播效果。①《“中国24小时”系列微视频》是讲好中国故事的成功范例，视频被翻译成多种语言版本在海外进行传播，为中国故事的国际传播作出了有益的探索。

（二）“众筹+项目制”生产增加效能

习近平总书记强调：要坚持一体化发展方向，加快从相加阶段迈向相融阶段，通过流程优化、平台再造，实现各种媒介资源、生产要素有效整合，实现信息内容、技术应用、平台终端、管理手段共融互通，催化融合质变，放大一体效能，打造一批具有强大影响力、竞争力的新型主流媒体。②

融通的关键环节在于生产机制。不同于传统电视新闻单打独斗、部门管理的制作逻辑，在《“中国24小时”系列微视频》的制作中，人民日报延续此前形成的众筹式生产机制，向各地征集素材，获得各地配合；并且，团队按照项目制模式开展工作。根据张意轩介绍，团队从中心多个处室抽调精兵强将，组成10人左右的主创人员，各司其职同步开展文案、摄像和剪辑工作。在众筹+项目制的生产机制下，团队创作全过程集成管理，有利于集中整合资源打造精品。

五、结语

综上所述，《“中国24小时”系列微视频》为新媒体时代主流媒体微视频创作提供了诸多借鉴。第一，洞悉媒介消费者的新时代特征，深刻把握信息与用户的相关性。尝试生活化叙事视角，实现宏大主题的微观表达；满足用户的情

① 习近平.加快推动媒体融合发展 构建全媒体传播格局[J].求是，2019（06）.

② 习近平.加快推动媒体融合发展 构建全媒体传播格局[J].求是，2019（06）.

感与价值诉求，看到内容背后用户群体认同的作用。第二，看到叙事符号作为线索的重要价值。在制作上，选取多个坐标轴要素合理配平；在运营上，打造IP，通过持续陪伴增强用户黏性。第三，认识到新媒体产品的应用场景已经延伸。在“共时性”制作中优化视听语言，做好专业性和网感化的平衡；在“历时性”传播中看到每个要素、每个瞬间被关注、分享以及再创作的传播潜力。第四，立足建设具有竞争力的新型主流媒体，在实践中把握创作理念和生产机制，与故事参与者展开对话，在“众筹+项目制”的生产模式中提质增效。随着5G、大数据、云计算、区块链、物联网、人工智能等技术不断发展，移动媒体进入加速发展新阶段，短视频运维必将迎来更多创新。

作品五：《十八洞村龙金彪的Vlog丨脱贫之后》

曾祥敏　辛梦雪[①]

作品信息

作品标题：《十八洞村龙金彪的Vlog丨脱贫之后》

所获奖项：第30届中国新闻奖媒体融合类短视频专题报道一等奖

主创人员：集体

编　　辑：赵雨杉、曾益、朱加宁

主管单位：新湖南客户端

发布日期及时间：2019年11月3日7时31分

发布账号（App）：新湖南客户端

作品时长：6分1秒

作品简介

2019年11月3日，在习近平总书记在湖南十八洞村首次提出“精准扶贫”方略6周年之际，新湖南客户端推出新媒体短视频产品《十八洞村龙金彪的Vlog丨脱贫之后》。该短视频从“脱贫之后”的视角切入，讲述了十八洞村村民龙金彪脱贫之后如何不返贫、并带领村民们脱贫致富奔小康的故事。龙金彪担任十八

① 曾祥敏，中国传媒大学电视学院教授，博士生导师；辛梦雪，中国传媒大学电视学院硕士研究生。

洞村农旅农民专业合作社理事长，积极探索合作社的运营模式，依靠以龙金彪为代表的年轻人的尝试与努力，十八洞村正以“搞产业、搞旅游”为发展中心，走向乡村振兴。该短视频通过新湖南客户端、华声在线网站、湖南日报旗下各微博账号、微信公众号等渠道进行融合传播，推出首日“报”“网”“端”“微”总点击量突破200万，十八洞村脱贫之后的故事引起了读者的关注与热烈反响。

《十八洞村龙金彪的Vlog | 脱贫之后》二维码

脱贫攻坚是我国的一项重大战略，是打好决胜全面建成小康社会的三大攻坚战之一，主流媒体作为党和人民的喉舌，围绕中心，服务大局，担负着聚焦宣传、助力脱贫攻坚的重大责任。

新湖南客户端将精准扶贫首倡村十八洞村作为观测点，紧跟国家政策，关注村民生活发展，策划产出了《十八洞村的19张笑脸》《苗寨“十八”变》等一系列以精准扶贫、脱贫攻坚为主题的新媒体产品。2019年，遵循习近平总书记提出的“要把防止返贫摆在重要位置”的最新论述，新湖南客户端迅速作出反应，推出《十八洞村龙金彪的Vlog脱贫之后》（以下简称《脱贫之后》），从一位普通村民龙金彪的视角切入，讲述了其带领村民脱贫之后不返贫、一起致富奔小康的故事，展现了精准扶贫取得阶段性进展后，乡村振兴的全新发展图景。同时，创作团队充分考虑人物的性格特点与镜头表现力，从用户的互动性、网感化、可视化的信息获取偏好出发，采用了Vlog这一极具年轻态的短视频形式，并通过新媒体矩阵进行融合传播，让用户深入了解脱贫之后十八洞村的发展状况，引起热烈反响。

一、践行“四力”，守正创新呈现大主题

2018年8月，习近平总书记在全国宣传思想工作会议上强调，宣传思想干部要不断掌握新知识、熟悉新领域、开拓新视野，增强本领能力，加强调整研究，不断增强脚力、眼力、脑力、笔力，努力打造一支政治过硬、本领高强、求实创新、能打胜仗的宣传思想工作队伍。《脱贫之后》的策划与创作，体现了创作团队对“四力”要求的切实践行：以“眼力”关注精准扶贫时代背景、发掘“脱贫之后”新视角；以“脑力”勤思善谋，在主题内容上循序渐进、不断深化，在作品形式上由简入“融”；以“脚力”深入一线、持续观察，坚守新闻真实红线，获取丰富的创作素材；以“笔力”打造融媒体精品，Vlog与新闻的深度融合促进了时政新闻的年轻化传播，展现了主流媒体进行重大主题宣传报道的新思路；在新媒体语境下，创作团队以“四力”要求为遵循的策划与创作值得借鉴。

（一）锻造眼力：对接国家战略，聚焦典型事例

脱贫攻坚是一项对中华民族、对全人类都具有重大意义的伟业。党的十八大以来，中国共产党把脱贫攻坚摆在治国理政的突出位置，习近平总书记高度重视精准扶贫问题。新湖南客户端始终保持活跃的政治思维，高度关注脱贫攻坚，紧密结合湖南省的实际发展，宣传扶贫经验、讲述扶贫故事。

新湖南客户端总编辑、《脱贫之后》出品人颜斌表示，2019年是中国决战决胜脱贫攻坚的关键之年，创作团队围绕着“用什么新视角来记录关键之年”进行了反复的探讨与策划，并对习近平总书记关于决战决胜脱贫攻坚的最新讲话进行了仔细研究。[①] 4月，习近平总书记在重庆考察并主持召开解决“两不愁三保障”突出问题座谈会时强调，要把防止返贫摆在重要位置，适时组织对脱贫人口开展“回头看”，对返贫人口和新发生贫困人口及时予以帮扶。这是关于脱贫攻坚工作的最新论述，创作团队经过认真研讨，最终确定从“防止返贫”的角度来进行新闻策划，向广大用户传递最新的扶贫政策精神、展示最新的脱贫攻坚战进程，不仅能够满足用户对信息的时效性需求，同时能够展现主流媒体的

① 笔者团队对新湖南客户端总编辑颜斌的访谈内容，2021年5月7日。

舆论引导力。

创作团队以过硬的“眼力”，在全面开展的脱贫攻坚战中，精准选择了湖南湘西十八洞村作为观测点进行持续关注。在精准扶贫的征程上，湖南湘西十八洞村有着特殊的意义。2013年11月3日，习近平总书记在十八洞村首次提出“精准扶贫”重要论述，2017年2月，十八洞村正式脱贫摘帽。摘帽不是脱贫攻坚的终点，而是新的起点。以十八洞村作为叙事背景，使故事讲述具有更强的典型性与代表性。《脱贫之后》的主人公龙金彪是十八洞村众多脱贫致富的村民中一位普通的年轻人，是创作团队持续关注的人物。他凭着不怕苦、有想法、肯学习的良好品质被高票推选为十八洞村农旅农民专业合作社理事长。以龙金彪为中心进行故事讲述，能够更好地反映年轻人在乡村振兴征程上的奋斗经历与精神。同时，龙金彪性格幽默风趣，对自拍有着强烈的兴趣，镜头表现力极佳，这也是创作团队将作品形式确定为Vlog的重要原因。

（二）增强脑力：深化主题内涵，创新连接样态

在脱贫攻坚的时代背景下，创作团队对十八洞村进行连续蹲点，在调查研究、创作实践的过程中不断思考，加强“脑力”锻炼，致力于循序渐进、不断深化地阐释脱贫攻坚的主题，在内容价值与表达形式上都实现了衍变与创新。

2017年，团队创作的《十八洞村的19张笑脸》在内容上展现了十八洞村成功脱贫后村民们的幸福感受；2018年，《苗寨“十八”变》着重讲述了5位村民5年中不一样的“拔穷根”故事；2019年，《脱贫之后》则深挖了5位村民中的一位典型——龙金彪，讲述了其带领村民一起探索如何脱贫后不返贫的故事。可见，在脱贫攻坚战的进程中，团队的创作主题也实现了层层深化：从初步脱贫的喜悦，到深度展现如何“拔穷根”，再到对脱贫不返贫、乡村振兴新模式的思考。三个作品由表及里、由群像到个体，让十八洞村的脱贫故事更加深刻丰富、生动立体。

而在作品样态上，《十八洞村的19张笑脸》属于初步的图文结合的新媒体产品，《苗寨“十八”变》则是深度应用了交互设计技术的、更为成熟的融媒体互动产品，而《脱贫之后》则是采用了Vlog这一创意短视频形式，以第一人称视角讲述故事，赋予了时政主题报道以年轻化、网感化的内容形态，在形式上能够适应互联网传播语境，提升视听体验感，获得连接用户的影响力。

（三）锤炼脚力：坚守新闻真实，深挖情感共振

"脚板底下出新闻"是传统主流媒体的优良传统，《脱贫之后》的创作团队坚持增强"脚力"实践，获取一线真实素材。据颜斌介绍，《脱贫之后》的主创人员已经连续4年蹲点十八洞村，持续关注众多村民脱贫致富的生活发展。每次蹲点报道，团队成员都坚持与村民同吃、同住、同劳作，带着真情、真心和村民交朋友。创作团队对龙金彪的关注同样持续多年，不仅积累了大量的原始素材，也凭着对龙金彪的熟悉与紧密联系，有信心尝试Vlog短视频这一创新形式，深挖人物对幸福的追求与自强自立的精神内涵。

根据戈夫曼的拟剧理论，人们日常生活中的行为都是预先设计并按照特定的符号呈现于人们面前，具有很强的表演性。《脱贫之后》作为借助Vlog形式呈现的时政新闻短视频，其主人公的表现更是属于已经知晓自己展现过程的自觉性表演。如果一味利用与主人公的熟悉沟通便利，无疑会陷入摆拍的创作误区。在作品创作过程中，创作团队坚守新闻真实红线，与龙金彪同吃同住、跟踪拍摄了半个月的时间，旁观式地观察与记录龙金彪的日常状态。例如视频中有龙金彪带领村民种辣椒失败的经历，团队为了最真实地记录这一事件，在深秋连绵的雨水天气中跟着龙金彪与村民一起下地干农活，获得了丰富翔实、细节生动的画面，通过真实场景为用户提供最直观的观看体验。同时，主创人员与龙金彪及村民亲近接触，真正体会到龙金彪被村民质疑时的煎熬与坚守，体会到他们因地制宜发展各类产业取得成果时的喜悦。这份情感共振使作品更具人情味，从而进一步引起用户的情感共鸣，增强主题的传达力与作品的影响力。

（四）提升笔力：融合媒介元素，丰富话语表达

根据"霍尔模式"对传播活动中的编码与解码关系的审视，在更加开放、平等的互联网环境中，传播从单项输送转换为充满游移的协商交换。主流媒体的舆论主导地位面临挑战，为了吸引用户、增强媒体影响力，主流媒体需要从媒体思维向用户思维转变。"笔力"是新闻工作者的基本功，随着信息技术的发展以及互联网传播环境的变化，对"笔力"的锻炼已经升级为新闻工作者应从用户的信息接收偏好与习惯出发，进行话语形态的全面创新与升级。在内容上融合多种媒介元素，提高用户在同一作品上所能得到的信息量，同时为用户选择信息解码与转化提供更多可能，从而提升信息对用户的到达率。在形式上，对新媒

体互动、短视频等互联网新生媒体形态进行更多尝试，以年轻群体喜闻乐见的形式传播相对严肃的时政新闻与主流价值观，提高用户对重大主题报道的接受度，从而使主流媒体实现潜移默化的舆论引导。《脱贫之后》即选择了年轻群体偏好的Vlog形式，同时融合了多种媒介元素辅助叙事，取得了良好的传播效果。

二、技术赋能，叙事求变突破新体验

随着数字化、智能化等网络信息技术的深入发展，主流媒体不断尝试新的话语形态以适应互联网传播环境。《脱贫之后》已经是一个成熟的短视频专题报道，不仅尝试应用年轻用户群体偏好的新兴Vlog形式，同时进行叙事融合创新，实现主流媒体时政主题报道的求新求变，满足互联网用户对信息丰富化、娱乐化、互动化的需求。

（一）打造视觉“真实”，引发用户共鸣

法国思想家居伊·德波用“景观”解释社会形态，认为景观指涉社会所有已显现出来的可视化景象，并断言整个社会已进入一个视觉景观化的世界。[①]将Vlog形式与时政新闻相结合，能够通过个人视角记录生活影像的角度，加强新闻的“视觉真实”，从而提高用户的代入感与参与感；Vlog注重自我的表达与体验，能够以人际传播的社交化表达拉近传受双方的距离，增加严肃主题内容的亲民性；通过个人记录的多元场景自然转换，满足用户对信息量的需求，同时消解新闻的公共领域和私人情景的边界，增强用户对主题的理解与情感共鸣。

1.第一人称视角代入，赋予新闻人格特征

“我叫龙金彪，是十八洞村村民。2016年，通过养蜂我脱了贫、建了房、还买了车。虽然目前小日子过得还可以，但我们脱贫之后怎么不返贫、把日子过得越来越好，我一直在思考，在探索。”这是《脱贫之后》的开头，以自述展开是典型的Vlog视频的表达方式。主人公龙金彪以第一人称的视角，记录、分享自己与十八洞村农旅农民专业合作社共同探索、克服困难、实现致富的故事。第一人称视角的画面，能够使用户不由自主地跟随镜头体验现场，对所述事件产生强烈的参与感与代入感。

---

① 居伊·德波.景观社会[M].王昭风，译.南京：南京大学出版社，2007.

作品以龙金彪个人的Vlog形式形成了微观、中观与宏观视角的串联，能够达到小切口反映大背景的效果。同时，龙金彪自行记录的Vlog形式，使视频呈现众多生动的细节。例如，龙金彪当选为十八洞村农旅农民专业合作社理事长时，对合作社的运营模式感到迷茫、对自己的责任感到压力；在合作社运营初获成果时，他用方言表达自己的喜悦心情；等等。这实际上是主人公通过生活体验、情感观点等自我表达，赋予了精准扶贫这一时政新闻报道以人格化的特征，将新闻与用户之间的传受过程转化为新闻与用户的人际传播过程，减少了时政主题的压迫感与主流媒体的距离感，从而提高了新闻的亲民性。

2.多元叙事场景转换，提升用户在场感

Vlog具有鲜明的场景化表达特征，主人公以第一人称视角进行叙事时，能够将所在场景与用户连接在一起。同时，随着视频以主人公的讲述慢慢展开，与之相对应的场景能够以人物活动轨迹为线索实现自然的转换。在《脱贫之后》中，随着龙金彪的故事讲述，视频出现了田间地头、合作社会议、农旅活动现场、村民家中等场景，不仅满足用户对信息量、画面视听感的丰富需求，也能提高用户对信息的感知程度，实现用户对于新闻叙事的在场感。例如，龙金彪在讲述合作社尝试种辣椒这一事件时，镜头跟随他来到辣椒地里，这种位于场景中的讲述形式能够加深用户对信息的理解，从而在情感上更好地产生与主人公的共鸣，增强产品的传播效果。

（二）自拍与他拍结合，探索融合生产

短视频的生产经历了用户生产内容（UGC）的勃兴、专业生产内容（PGC）的引领和专业用户生产内容（PUGC）的融合发展。[①] 用户生产内容是Vlog的典型特征，《脱贫之后》的创作体现了PGC与PUGC的融合。《脱贫之后》的故事主体是主人公龙金彪的Vlog，这一部分是创作团队指导龙金彪真正进行的“自拍”。创作团队称，把镜头交给拍摄对象，虽然在某种程度上意味着要舍弃一部分拍摄技术，但事实证明，这样的“舍”，换来了更多的“得”。[②]“舍”的是专

① 曾祥敏，邢天鍪.形短流长、守正创新：短视频生产与运营的辩证逻辑[J].中国编辑，2020，{4}（11）：79-84.

② 笔者团队对新湖南客户端总编辑颜斌的访谈内容，2021年5月7日。

业、精确的画面，“得”的是生动亲切、有情绪、更真实的人物形象与故事。龙金彪用镜头自拍时，如同跟用户面对面聊天，使受众格外有身临其境、身处其情之感。

将镜头交给拍摄对象进行“自拍”，可能带来画面质量参差不齐、草根风格过于突出等问题，为了兼顾“自拍”形式的新闻真实与画面审美、视听体验，创作团队从两方面进行准备：一方面，团队综合考量Vlog视频的创作规律，选择让龙金彪使用操作简单、携带轻便的GoPro专业小机器进行拍摄，提供一定的设备技术保障；另一方面，创作团队与龙金彪始终保持密切的联系，对龙金彪的拍摄进行指导与沟通，让龙金彪充满信心地充当自己短片的“主角”与“摄影师”，同时，密切的联系也能够使团队适当地指导调整主人公的拍摄，以便更好地与作品的后期制作完美接轨。

除Vlog视频主体外，《脱贫之中》还应用了无人机航拍技术进行乡村建设全貌等镜头的拍摄，以此作为空镜画面；同时视频展现十八洞村脱贫致富发展成果的具体数据，宏观画面与数据的充分融合，能够更好地表现脱贫攻坚战取得的丰硕成果，对作品主题进行升华。草根自拍画面与专业精美画面相互补充，也能够满足用户丰富多样的信息需求，进一步提升作品的视听感。

（三）丰富可视化呈现，促进认知共通

技术赋能的样态与表现形式，其最终目的是服务内容表达以及用户连接。在《脱贫之后》中，视频融合应用了多种媒介元素：视频开头龙金彪被推选为合作社理事长，对这一实景画面进行了手绘风格的视觉渲染，同时应用了惊讶的音效，通过画面、声音、手绘等元素综合呈现了一个具有悬念与意外感的趣味性开头，能够在最短时间吸引用户注意，留住用户继续向下观看；在龙金彪遭遇村民质疑“做不了别人的牛，就不要耽误别人的春”时，融合了方言、动画、手绘等新媒体设计元素，通过具有冲击感的画面凸显故事中的矛盾冲突。融合多种媒介元素的表达相较于单一媒介，能够在有限的时间内表达更多内容；并且影像、动画等呈现方式能够淡化受众之间的知识文化水平差异，从而拓展共通的意义空间。

创作团队表示，5G时代，视频内容会更互动、更沉浸、更清晰，从“看视频”变成“玩视频”和“体验视频”，无论是以何种技术、何种方式、何种包装，都要保持一颗做好视频的初心。好故事、好内容始终是视频的核心。

三、全能团队，全媒运行打开新格局

新湖南客户端是湖南日报社的全新融合，是湖南15家省市州党委机关报全媒体合作平台，在主流媒体的媒体融合赛道上走在前列，其在2017、2018、2019连续三年以精准扶贫、脱贫攻坚为主题进行融媒体产品创作，并取得了良好的传播效果。从微观的全媒体人才培养，到中观的创作团队融合，再到宏观的一体化运作新模式，新湖南客户端在融媒体产品创作与全媒体生产机制方面的经验值得借鉴。

（一）由“笔杆子”到“全媒体记者”

在互联网传播环境中，融合化、多元化的内容样态对新闻工作者提出了新的要求，新闻工作者要从新闻报道写作能力过硬的“笔杆子”，成长为能够全面掌握影像、图片、音乐、设计、文本等各媒介元素的应用规律及其融合思路的“全媒体记者”。除了在幕后锻炼“十八般武艺”之外，网络平台的开放性，尤其是短视频平台的自由化与个性化特点，使幕后的新闻工作者也能够走到台前成为“主流网红”。例如，央视新闻推出的系列短视频《大国外交最前线》，以《新闻联播》主持人康辉的Vlog形式进行内容呈现。虽然康辉日常作为节目主持人在镜头前进行表达，但在Vlog短视频中，康辉以更加贴近普通网友而非专业新闻工作者的姿态出镜，实际上算是从专业媒体人的职业身份中跳脱出来，以普通人的身份分享日常工作，融入“主流网红”的出镜形式。而这样的新闻Vlog同《脱贫之后》一样，在增强时政新闻亲民性、增强受众代入感与理解力方面都有着突出的效果。

（二）一次采集、多元生产、多平台传播的融合创作团队

在《脱贫之后》的生产过程中，主创人员在报社党组和融媒体编委会的指挥调度下，组建了以文字记者、视频录制剪辑、新媒体设计人员等组成的融合创作团队，进行了一次采集、多次生产、多平台传播的创作模式：在前期采集、实地蹲点的过程中，除传统的拍摄工种外，新媒体设计人员也蹲守一线，以求主题内容和设计风格的统一；在取得丰富素材后，创作团队进行了融合包装与制作，为产品增添了接地气、年轻化、个性化的动画与手绘等设计元素；产品

通过新湖南客户端、华声在线网站、湖南日报旗下“两微一抖”等新媒体矩阵进行融合传播，这是湖南日报社持续推进媒体深度融合、依托中央厨房构建“四全”传播体系所释放的巨大新闻生产力。[①]

（三）“一支队伍、两个平台”的一体化运作新模式

新湖南客户端是湖南日报社全面启动媒体深度融合发展改革的成果，湖南日报与新湖南客户端融为一体，对延续多年围绕报纸生产形成的部门架构进行改革，探索出了“一支队伍、两个平台”的一体化运作新模式，内容生产板块去中心化、改频道制，以新湖南客户端的频道类别为生产主导组织单元，湖南日报所有采访力量全部迁移到“新湖南”的这些频道上，基本形成了一次采集、多种生成、差异表达、多平台发布的全媒体运行格局。[②]这样的运作模式更适应互联网传播环境与媒体融合的“深水区”，是传统主流媒体进行体制机制改革的成功范例。

（四）故事呈现略有遗憾，融媒生产模式仍需深耕

在《脱贫之后》的创作背后，创作团队已经对十八洞村进行了长达四年的持续观测，为了拍摄龙金彪，又与村民同吃同住了半个月进行取材，然而，创作团队表示作品的创作略有遗憾：希望挖掘和展示龙金彪在带领合作社和村民创业背后的家庭情感，以此让视频更加丰满与生动，这一目标最终没有实现。

针对一则时长六分钟左右的短视频专题报道，创作团队投入的时间与精力已经足够，也产出了丰富翔实、情感真挚的新媒体产品。在当下自媒体对传统主流媒体产生挑战的传播环境下，主流媒体由于自身对内容质量的把控要求使其处于高投入、高成本的劣势地位，这是造成《脱贫之后》创作遗憾的原因之一，也是传统主流媒体所要面临的问题与挑战。实际上，《脱贫之后》在创作过程中的做法为解决这一问题提供了启示：创作团队为追求真实的记录效果，指导了主人公龙金彪使用设备进行“自拍”，使龙金彪能够担任自己的“摄影师”，且龙金彪本身作为故事主人公，能将最朴实、最真诚的情感体现到拍摄中，从而与创作团队形成良好的沟通与互补。传统主流媒体可以凭借自己的新闻专业

① 笔者团队对新湖南客户端总编辑颜斌的访谈内容，2021年5月7日。

② 笔者团队对新湖南客户端总编辑颜斌的访谈内容，2021年5月7日。

性优势，培养一批具有较高媒介素养的用户，将PGC与PUGC的融合从个案尝试推行到具有普适性的生产模式中。

四、结语

《脱贫之后》的成功之处在于，将“不断增强脚力、眼力、脑力、笔力”的要求切实践行到专题策划与创作过程中，承担作为党和人民喉舌的主流媒体的社会责任，聚焦精准扶贫、脱贫攻坚的时代背景，抓住典型事例以小见大，用真心、真情讲述故事，从而引起用户的情感共鸣；在产品制作与传播的过程中，积极应用网络信息技术、尝试新兴媒体形态、融合多种媒介元素进行可视化呈现，提升用户的“悦”读感，提升新媒体产品的影响力与传播效果。《脱贫之后》的创作成果也依赖新湖南客户端在全媒体运行格局、一体化生产模式等方面的媒体融合改革。短视频与时政新闻相结合的专题报道已经成为传统主流媒体进行融媒体尝试的重要趋势，媒体需要在全媒体人才培养、创作团队组建、体制机制融合改革等方面持续深入思考，以此保证在互联网传播环境中的舆论引导地位。

作品六：《直播丨百色大暴雨引发山洪，公路塌方车辆被冲走！通讯员黄文秀发回现场视频后却不幸遇难……》

白晓晴　王　念[①]

作品信息

作品标题：直播|百色大暴雨引发山洪，公路塌方车辆被冲走！通讯员黄文秀发回现场视频后却不幸遇难……

所获奖项：第30届中国新闻奖媒体融合类移动直播一等奖

主创人员：徐顺东、崔佐钧、陈仕平、宋春风、晏彦、刘洋洋、黄俪、何明华

主管单位：广西日报社

发布日期及时间：2019年6月17日

发布账号（App）：广西云客户端

作品时长：1分36秒

作品简介

2019年6月16日晚，广西百色市凌云县遭受特大暴雨袭击。广西云客户端启动突发事件报道应急机制，通过一场图文、短视频结合的移动直播对灾情进行了及时、准确、完整的报道，同时第一时间记录下乐业县新化镇百坭村原驻村

① 白晓晴，中国传媒大学电视学院教师；王念，中国传媒大学电视学院博士研究生。

第一书记黄文秀同志，从拍下生前最后一段视频、投稿，到失联，最后确认不幸遇难的完整过程。

广西云客户端从两条主线持续关注和更新事件最新进展——关注灾情：17日8时46分发出第一条消息，直到19日16时40分最后一条消息，55个小时54分钟里，一线记者与后方客户端编辑联动，通讯员投稿与权威部门发布、网友素材综合，共推出12张现场新闻图片、2个动态图、3段短视频、1张悼念海报，全方位、多信源、正能量地对灾情进行直播报道。16日晚，黄文秀同志在驾车回村途中遭遇山洪，被堵路上。23时35分，长期作为广西日报、广西云客户端通讯员的她，用手机将现场的雨大、水急、闪电之作拍摄下来，并将视频发给广西云客户端百色记者站记者。视频中传来她微弱而焦急的声音："……现在已经过不去了……"从接获、发布黄文秀同志发回的视频，到无法联系，再到确认遇难……编辑们揪着心，以高度的专业精神和新闻敏感关注黄文秀同志的相关进展，及时、准确、权威发布信息。

《直播丨百色大暴雨引发山洪，公路塌方车辆被冲走！通讯员黄文秀发回现场视频后却不幸遇难……》二维码

2019年6月16日晚，广西壮族自治区百色市凌云县遭受特大暴雨袭击。广西云客户端通过图文、短视频综合移动直播对灾情进行了及时、准确、完整的报道，直播内容极具现场感和真实感，最大限度地满足用户第一时间了解该突发事件最新动向的需求。在此过程中，也记录下了通讯员黄文秀同志从失联到确认不幸遇难的过程。《直播|百色大暴雨引发山洪，公路塌方车辆被冲走！通讯员黄文秀发回现场视频后却不幸遇难……》于2020年获得中国新闻奖媒体融合

类移动直播一等奖，也成为广西云客户端优秀作品代表。

一、传统媒体转型："移动直播"展现全媒体传播能力

全媒体传播规定了媒体融合发展现阶段的现实路径，提高全媒体传播能力，是构建适应现代化传播体系下新型主流媒体的必由之路。广西云积极探索全媒体传播方式，对暴雨灾情进行了图文声像影相结合的融合报道，并通过直播的形式提升了现场感和真实感。

（一）全媒体传播发力：图文、短视频结合的技巧与策略

"四全"是对全媒体分别在时空、技术、社会、生态四个维度上的阐释。其中全程媒体指为了更好地满足不同受众的个性化需求，媒体应当通过对各种媒介形态的综合利用，借助多种传播载体、平台以及渠道进行融合型、多层次、全方位的信息生产、传播以及消费，它突破了时空尺度，零时差、随时随地传播信息；全息媒体是指媒体充分利用多维成像、物联网、大数据等技术，大幅度提高物理空间智能仿真呈现度，实现信息在空间的多角度同步传播和全方位呈现，使媒体的信息传播几乎做到了无处不在，它突破了物理尺度，所有信息都可以以数据形式出现，通过手机即可获得；全员媒体是指各种智能终端的普及应用大大降低了媒体的进入门槛，从一对多传播，转换成多对多的传播，大大增强了互动性；全效媒体是指伴随媒体对各种媒体技术、载体的充分应用，文字、声音、图片、图像等信息交叉综合更立体、更丰富，有着更全面的效果，再加之受众的不同程度参与，媒体能够向受众释放出更强大的效能，使受众享有更加全面、深刻的体验感与获得感，它突破了生态尺度，集成了信息、内容、社交、服务等各种功能。因此，在传统媒体转型过程中，在传播方式不断迭代的浪潮中，传统媒体一家独大的媒体格局一去不复返，舆论生态也相应地由一元主导到多元共生转变。

在本案例《直播|百色大暴雨引发山洪，公路塌方车辆被冲走！通讯员黄文秀发回现场视频后却不幸遇难……》中，广西云客户端全方位展现了传统媒体在媒体融合过程中逐渐形成的全媒体传播能力。不仅有传统的文字、图片生产能力，而且大胆突破，采用移动直播的方式，结合短视频等形式，满足了受众多方面的信息需求。

具体来看，从2019年17日8时46分发出第一条消息，到19日16时40分直播结束，55小时54分钟里，通过前方记者与客户端后方编辑的通力合作，直播帖共使用了12张现场新闻图片、2个动态图、3段短视频、1张悼念海报。广西壮族自治区作为地质灾害的高发地区，夏季暴雨、山洪较为常见，纵观此次直播贴的全过程，广西云客户端充分发挥主流媒体的信息获取能力与高效的信息整合能力，将灾情发生的具体位置、暴雨状况、人员伤亡、救灾救援等信息及时向社会各界通报。此次直播可以说是，做到了灾情的全程零时差的关注，充分展现了主流媒体在灾难性新闻报道中的责任与担当。在新闻表达技巧上，图、文、短视频的结合，充分践行了“四全媒体”的操作，使整个灾情的报道更立体、更丰富、更全面，同时受众也能感受到更为强大的传播效能。特别是短视频的采用，突破了传统媒体严格的介质划分，展现了在媒体融合中传统媒体正在构建起的新型传播样态。

广西云客户端作为广西日报新媒体矩阵中的一员，于2018年9月25日正式上线，积极参与广西日报全媒体采编中心的活动，成为“一次采集、多种产品、多媒体传播”流程再造中的一环。同时，广西云客户端又依托广西日报优质的采编资源，积极进行自身的探索。

（二）移动直播赋能：充分展现现场感与真实感

习近平总书记曾指出：“要坚持移动优先策略，让主流媒体借助移动传播，牢牢占据舆论引导、思想引领、文化传承、服务人民的传播制高点。”根据《第48次中国互联网络发展状况统计报告》显示，截至2021年6月，我国网民规模达10.11亿，其中使用手机上网的比例达99.6%。[①] 移动优先，不仅是一项传播策略，更是传播环境的现实所需。广西云客户端立足受众信息获取的需求，通过新兴的移动直播，推进主流媒体在传播时效性与传播多样态方面的进步与发展。

首先，提高新闻报道的时效性和沉浸感。传统报纸受限于采编流程以及印刷发行时间，新闻报道的时效性会受到影响，一般日报是在次日刊发。在本案

① 中国互联网络信息中心（CNNIC）.第48次中国互联网络发展状况统计报告[EB/OL].（2021-08-27）[2021-08-27].http：//www.cnnic.net.cn/hlwfzyj/hlwxzbg/hlwtjbg/202108/P020210827326243065642.pdf.

例中，广西云客户端的移动直播，将传统报纸的新闻发布时间大大提前，从隔日提前到即时。可见，在新型信息传输技术和移动网络技术的发展下，媒体基本可以同步记录、传输，新闻报道、信息传播无时不有，实现了信息或事件的全程记录与同步传播。在灾难性新闻报道中，直播的形式虽然无法保证高清的画质和音效，但是直播影像的粗粝质感能够有效提升现场感和真实感，有利于强化用户对于灾难现场的沉浸感知。

其次，突破传统报纸单一的传播方式。传统报纸的传播形式主要依靠文字与图片，视频乃至直播的方式属于传统广电行业的范畴。而在媒体融合的进程中，全媒体发展模式逐渐成熟，各类传播介质之间的壁垒被打破，传统的报业涉足视频领域也不足为奇。因此，在本案例中，文字、图片、声音、图像等信息交叉综合，传播效果更丰富、更立体、更全面；同时，移动化、分众化、碎片化的融合传播使人们的感受更直观、更鲜明，效率更快捷。

二、主流媒体抢占舆论制高点

从2018年《柳州融水突围记》[①]到此次的《直播|百色大暴雨引发山洪，公路塌方车辆被冲走！通讯员黄文秀发回现场视频后却不幸遇难……》移动直播获奖，成功的原因在于广西日报对突发事件进行了及时的应急处理，并实现了有效的舆论引导。

（一）突发事件应急机制提供保障

2019年6月16日晚，百色凌云县遭受持续暴雨袭击，广西日报社启动应急机制，推动直播报道有序展开。6月17日凌晨，乐业县新化镇百坭村驻村第一书记黄文秀在驾车返回乐业的途中遭遇山洪，被堵路上，6月16日23:35，她用手机拍摄了一段现场视频，发给广西云客户端百色站记者。6月17日08:27，广西云客户端多位编辑及值班主任都收到了百色站记者发回的黄文秀拍摄的视频，视频显示，现场雨势特别大，闪电照亮远方，路面全被洪流覆盖。通过进一步沟通，广西云客户端编辑部得知，百色凌云有路段受暴雨影响，发生了塌方。值班主任根据经验判断，接下来的灾情进展必然会牵动许多人的心。为了让关心事态

---

① 获第二十八届中国新闻奖媒体融合奖项一等奖。

进展的人及时了解灾情信息，遏制可能产生的谣言，值班主任当机立断，立即进行直播，主动引导舆论，发出主流媒体声音。

在突发事件应急机制下，广西云客户端的编辑和前方记者站直接对接，这种单线而直接的对接，大大缩短了新闻稿件的编发时间。同时，新媒体部第一时间直通社委领导，报告重大事件的报道，从而确保新闻导向的正确性。

另外，广西云客户端启动突发事件应急机制后，文字、视频编辑和美编实行24小时轮班，确保能随时处理前方记者传回的图文视频，进行全媒体报道。此次直播的55小时54分钟里，一线记者与后方客户端编辑联动，通讯员投稿与权威部门发布、网友素材综合，全方位、多信源、正能量地对灾情进行直播报道。

因此，有效的机制建设对于主流媒体应对突发事件的报道具有重大意义。一方面，主流媒体可以最大范围地调用各类资源，保障新闻报道的顺利展开；另一方面，机制的建立也可帮助主流媒体在舆论引导、消弭网络谣言上占据优势。

（二）舆论引导：主流媒体及时报道消弭网络谣言

当时，黄文秀是百色市乐业县新化镇百坭村的驻村第一书记，在驾车前往乐业的途中遭遇山洪，不幸遇难。第一书记的工作十分辛苦，压力大、任务重。如果爆出第一书记在连夜返乡的路上不幸遇难，舆论压力会大幅提升。广西日报社编委办副主任晏彦介绍说：“也有新闻同行提醒我们，不能在直播中报道文秀失联的事情。但我们考虑到，文秀是为了村里的灾情才连夜赶路的，这正反映了她作为第一书记牵挂百姓的优秀品质。汇报给社委领导后，我们决定真实还原事件的全过程。同时，报社迅速成立全媒体报道小组，报网端联动，全力挖掘文秀身上的闪光点。”

广西云客户端6月18日第一时间报道黄文秀遇难，6月19日推出了H5产品《我为第一书记黄文秀接力送行，扶贫精神长存！》，6月20日推出长篇通讯《心中的长征 青春的赞歌》，奠定了宣传黄文秀先进典型的基调。广西新闻网也在第一时间推出了专题报道。广西日报集团累计刊发黄文秀先进事迹报道1000多篇，总阅读量达6000多万次。

黄文秀同志不幸遇难后，广西以及全国各地的媒体都进行了大量报道，但在种种报道之中，广西云客户端的这条直播是从当时百色暴雨灾情开始，完整地记录了这一不幸事件的最早报道。这是当时国内媒体中对这一突发事件最及时、最高效、最完整的报道。

这次直播包含了黄文秀作为广西云客户端通讯员发回的珍贵的现场视频，具有特殊的意义。直播内容被多家媒体及自媒体引用、转载，对社会上流传的谣言起到了正本清源的作用，体现了主流媒体的担当和引导力。对百坭村第一书记黄文秀从失联到确认遇难的报道，富含人文关怀，引发了媒体及社会的广泛关注。

三、新闻人物：舆论引导的符号性价值

人物在新闻报道中发挥着符号的作用，如果说新闻的视听内容是一个符号系统，那么新闻人物就是其中的主要符号构成。在本案例中，通讯员的形象具有一定的典型性和多面性，也发挥了多重的人物功能，使该人物符号兼具了目击证人和被报道主体的双重所指。

（一）新闻人物形象的典型性

新闻人物作为新闻报道的核心元素之一，因其包含的信息量、思想性、贴近性而受到受众的关注。在本案例中，黄文秀因其百坭村第一书记的身份，将一场有关暴雨的灾难性报道赋予了更为深刻的思想意味。在舆论场上，为受众树立了一个有社会担当、有责任意识的扶贫干部形象。不仅有黄文秀因担忧灾情，连夜赶回百坭村牺牲的故事；而且从黄文秀的生平经历出发，从北京师范大学研究生毕业选择回到家乡，到加入脱贫攻坚第一线，更是树立了一个群体、一代年轻人回馈社会、自我奉献的时代新形象。因此，本报道通过前期的移动直播和后续的深度挖掘，呈现了新闻人物“以点到面”的报道思想。

（二）新闻人物选择的多面性

在本案例中，黄文秀的身份还具有特殊性。广西日报社编委办副主任晏彦介绍，黄文秀作为百坭村第一书记，也是广西日报社的通讯员。暴雨发生时，黄文秀以一名新闻人的敏感和意识，第一时间将灾难信息传递出去，推动了此次的移动直播，为后续的救援工作争取了时间。从新闻工作者的职业素养来看，黄文秀诠释了在全媒体时代下新闻工作者应具备的“四力”——脚力、眼力、

脑力、笔力，为新时代的新闻宣传工作树立了学习的榜样。黄文秀的多重身份，为此次的新闻舆论工作提出了挑战，也带来了新的突破点；特别是新闻人“永远在现场”的职业道德，不仅起到了正本清源、消除谣言的作用，更展现了当下的时代精神，一种在平凡岗位中默默付出的信念。

四、结语

获奖作品《直播|百色大暴雨引发山洪，公路塌方车辆被冲走！通讯员黄文秀发回现场视频后却不幸遇难……》的价值亮点是对偶然性新闻事件进行多方位的全媒体报道，但是其偶然性的背后也依托于新时代新闻工作者高标准的职业素养，以及对于新闻内容进行高效捕捉和实时传达的专业能力。借助全媒体的报道形式，该作品发挥了其应有的社会意义，向大众展示了新闻工作者的职业素养，其专业水准和新闻价值值得肯定。

作品七：《6397公里的守护》

吴炜华　王昭阳[①]

作品信息

作品标题：6397公里的守护

所获奖项：第30届中国新闻奖媒体融合类创意互动一等奖

主创人员：集体（双传学、顾雷鸣、庄传伟、任松筠、田梅、孔德信、邓晓琦、朱威、丁叮、王建旸、李爽、郑玲玲、余勤雍、曹阳、王昊晨、谭倩文、高鑫、赵宇、杨玺）

编辑：双传学、顾雷鸣、庄传伟

主管单位：新华报业传媒集团

发布日期及时间：2019-12-30　7:30:00

发布账号（App）：交汇点新闻客户端

作品简介

《6397公里的守护》是在第30届中国新闻奖评选中获得创意互动一等奖的新媒体交互作品。该作品以习近平生态文明思想为指引，以“长江生态保护”为切入点，以相关流域的儿童参与长江生态保护活动为视角进行融媒体主题报道。

① 吴炜华，中国传媒大学电视学院教授，博士生导师；王昭阳，中国传媒大学电视学院本科生。

作品围绕此系列活动制作了大量音视频文本，并将文本、视频、音频、特效等互动元素在作品之中融合呈现，最终打造出能够在线上线下进行全域互动传播的优秀新闻产品。

《6397公里的守护》二维码

《6397公里的守护》是基于“长江大保护”这一新闻行动的阶段性成果而形成的新媒体交互作品。该作品首发于新华日报交汇点新闻客户端，在传播的过程中依靠其独有的新闻价值和传播渠道，客观上具有垂直和分众传播的属性，是省级主流媒体在主题报道方面的成功尝试。在主题上，该作品以习近平生态文明思想为指引，紧扣“长江生态保护”这一理念，以新闻行动“长江大保护，绿色共成长”中的儿童参与为视角进行内容生产。在形式上，该产品以场景为核心，围绕系列新闻行动制作了大量音视频文本，并将文本、视频、音频、特效与互动元素在作品之中融合呈现。在生产与传播上，该作品积极地对用户进行画像，主动融合了UGC与PGC，以强关系社交网络为基准，在主流媒体打造的新媒体矩阵中，形成了线上线下全域传播的良好格局。

本文力图从重大主题报道的文本形态创新、多元形式呈现和传播形态融合三个层面，对地方主流媒体的内容打造和品牌建设机制进行探索研究。

一、紧扣重大主题，着眼独特视角

新媒体传播更需强调重大主题的聚焦式、创新式报道，通过对独特新闻视角的跨媒介延展，凸显媒体融合赋能的主流媒体传播力和影响力。

1.政策指导下的重大主题

对于主流媒体而言，如何在以移动端为主的全新舆论场域创新视听文本的表达方式，建设适合主流媒体把握舆论和具有良好传播效果的话语模式，已经是在媒体融合发展过程中需要考虑的顶层设计问题。

2017年，习近平总书记指出，必须树立和践行绿水青山就是金山银山的理念，坚持节约资源和保护环境的基本国策。① 围绕学习贯彻习近平总书记在2018年深入推动长江经济带发展座谈会上的重要讲话精神的实践，并向全社会传播“保护长江要从娃娃抓起”的理念，新华日报社借助“长江大保护，绿色共成长”这一基于多部门联动而展开的新闻行动，打造出《6397公里的守护》这一交互式融合新闻产品。该产品以H5的形式推出，于2019年12月30日在交汇点新闻客户端发布。

在“长江大保护”行动的纲领下，该作品的策划团队选择了在沿江11省区生活的孩子们，组织开展长江生态保护的体验性活动，以培养他们认识保护长江生态的重要性。这些活动的形式包括组织主题班会、采集自然标本、诵读古典名篇、制作童画海报、共唱长江之歌等。整部作品以活动中使用的“江豚瓶”为线索，将沿江各个地区所开展的活动化作和谐的音符进行串联，最终构成作品结尾的“共唱长江之歌”板块。“江豚瓶”和“古韵新声”使整部作品的呈现形式具有整体美感，也使作品的结构更为明确。

2.时空交错中的独特视角

整部作品体现了宏观与微观视角的有机统一。产品既有对长江流域保护行动的宏观视角的整体统摄，也有次级界面下对各地活动的细节关照。整部作品对这些活动与成果的展示中逐步推进，这些随着小场景、小切口和小活动讲述的，有关政策引导下的长江保护行动，构成了整个新闻产品的主体内容。此外，这样的表达形式也使不同的时空统一起来，构建了时间和空间的纵深结构。

活动内容在视听传播上采用了多种媒介形式，并以具有交互性的手段呈现，而作品也引导用户顺江而下了解新闻行动在各地的进展和长江生态的现状。在

① 习近平谈新时代坚持和发展中国特色社会主义的基本方略[2/OL].（2017-10-18）[2021-07-01]. http：//www.xinhuanet.com//politics/2017-10/18/c_1121820368.html.

此期间也使用了一定的结构对这些媒介形式进行组织，使其具有和谐统一又出其不意的美感，增强了产品的沉浸感和趣味性，能够激发用户的好奇心。具体而言，作品开头引用了习近平总书记的重要讲话，用音频和字幕特效相融合的方式使其在作品最醒目的位置清晰展示。这既符合新媒体作品快速呈现主题内容的特点，也奠定了整部作品在视觉感知上的明快风格。在对作品逐板块的使用体验下，用户也能够从“江豚瓶”在地图中的进度了解交互作品的叙事发展，对作品进行长时间交互和深观。值得注意的是，整部作品的视角从未脱离参与活动的孩子们，考虑到整个活动的体量，这种视角选取方式除了能够在线上进行客户端投放、媒体转发等常规渠道的传播之外，也提供了基于强关系网络进行人际或群体传播的可能性，故而使该作品大规模的线上线下全域传播成为可能。

二、改进技术手段，呈现全新话语

通过对传播技术与传播语态的融汇运用，主流媒体的融合转型与发展走出了一条独具特色的创新之路。

1. PGC与UGC的收编整合

作为新媒体交互作品，《6397公里的守护》的呈现形式与当前新闻的发展需求密切相关，也与新闻选题和技术手段密切相关。对于用户来讲，使用交互式新闻产品时，已从事实导向转向体验导向。[①] 在主题报道的融媒体中，除了大量使用交互性元素之外，也能够发现其对用户生产文本（UGC）的接纳。它们起到了显示信息、串联作品的作用，是作品的重要组成部分。

“长江大保护”这一大规模的主题活动联动各个省（区、市）、各个部门和各年龄段的用户，他们不仅是活动的参与者，而且在活动中生产的素材也被应用于最终版的作品，即用户在该产品的生成过程中，不仅承担着新闻行动参与者的角色，也在很大程度上是新闻内容的生产者。可见，这一互动性极高的新闻行动对相关用户有着极强的吸引力，他们也应当成为新闻产品的使用者。因此，交互是最适合该选题的呈现方式。此外，产品内部也不难发现大量UGC的痕迹。这些UGC经过专业编辑的加工，很好地融入产品的整体风格，也为整部

---

① 常江，徐帅.短视频新闻：从事实导向到体验导向[J]，青年记者，2017，(21)，20-22.

产品提供了极强的建设性。如各个节点地区承担标志作用（如重庆解放碑、上海东方明珠等）的儿童画，均由一年级小学生自主创作并由专业美编截取而成；产品中各地的诗词朗诵，也是自各地征集并优选而来的；作品结尾的“共唱长江之歌”板块，由各地小学生将音频发至编辑部，由后期编辑在剪辑软件中拼合而成。可以说，UGC的生产方式贯穿了整个新闻产品，也正是UGC在新闻生产中的大量运用，才使新闻行动的成果被更全面地表现出来。在UGC的处理和加工方面，该作品更多采用了音频、特效与字幕相互融合的形式。从生产的角度考虑，这种融合方式能够有效减少生产难度。产品中，从开始的习近平总书记的重要讲话，到穿插在整部作品中的“古韵新声”板块，这些重要的内容均采取了相对一致的形式。整部作品拥有更为统一的视觉风格和影像质量，从而形成更好的传播效果。

2.生产和传播的技术选择

为了实现整部作品的新媒体交互，制作团队选择以H5为技术载体进行呈现。作为一种更适合在移动端呈现的技术形态，H5对素材质量的要求较低，也能使媒体在大型新闻行动中更容易完成素材的收集工作，能够简易地实现各种功能的自由编辑，有效降低了生产难度。以作品中的“古韵新声”板块为例，在与“点击守护”热键进行交互之后，界面出现了由蓝色和黄色进行分隔的该地区相关古典文学作品文本与基本情况介绍。在此页面内，可以通过点击“闻古韵”聆听儿童对这些经典名篇的诵读，或点击“听新声”感受该地区野生动物的啼鸣。从界面设计上看，这两个区块被颜色、分割线以及代表性元素分割为两个部分，产生了对比而统一的美感，也有利于使用者快速理解作品结构，产生下一步的交互行为。

在传播方面，用户在使用H5产品时，往往能够对产品的叙事内容有清晰的认知，同时产品本身也具有较快的加载速度和良好的观看体验。用户在使用产品时，也更有意愿将对自身具有新闻价值的产品进行人际传播。在H5的生产方面，这种技术手段能够承载较多的信息，也并不需要很高的技术门槛进行生产，媒体能够在保留自身作品风格的同时，较为轻易地改进表达方式，从而增强新闻的传播效果。

3.话语和场景的产品建构

当前的社会正在目睹一场“话语技术化”（technologization of discourse）运动。[①] 这种技术在当前的媒介和技术环境下应运而生，融视频这一融合了多种技术手段的视听文本也被我国主流媒体接纳，并广泛应用于近年来的重大主题报道实践。[②] 此外，产品界面形式和功能满足了场景类型划分的重要维度。界面形式是存在于信息传播者与信息接收者之间维系关系、建立联系的关键点，既可以是物质载体的硬件，也可以是维持信息系统正常运行的软件，是对场景类型进行划分的重要依据，伴随着信息技术的不断革新而时刻产生着变化。

呈现形式方面，制作团队考虑到“儿童”是使人际关系产生接近性的重要因素，儿童及其周围的人作为该作品最有接近性的用户，也天然地具有高传播意愿。所以，这也成为其采用儿童视角的重要原因。另外，这种网页的形式也可以使用户直接以链接的形式对作品进行跨平台转发。在媒体融合的当下，主流媒体纷纷建立了立体化的传播矩阵。从渠道的角度考虑，H5作为一种被各大媒体广泛接受的形态，有利于其他媒体与不同平台转发，从而更容易地在传播矩阵以及现有的社群中扩大自己的传播影响力。

除了在视觉传达方面发力以外，作品在策划时也充分考虑了用户在使用交互式产品时所天然具有的主观能动性。在兼顾用户观看感受的同时，该产品在策划时着重考虑了对用户行为的引导。这种引导包括尽量使其在作品页面停留较长时间并达成对产品主线内容的完全使用，以及主动展开对作品的探索行为。在该作品中，它们的驱动方式均为主界面上的热键。这些不同种类热键被设计了外发光的效果，更容易吸引用户的注意力，使其产生好奇心进而点击进入次级页面。在点击热键后，用户即可进入对该地区“长江大保护”活动实施情况的介绍页面，或是对该地区长江历史发展和当前保护成就的介绍页面。

以活动地点“重庆人民解放碑”为例，此处具有“看视频”和“点击保护”两个具有外发光特效的热键，其中“点击保护”热键是每个地区都有的主要剧

---

① 费尔克拉夫·诺曼.话语与社会变迁[M].殷晓蓉，译.北京：华夏出版社，2003年.

② 陈欣钢.微视传播：媒体融合时代重大主题报道的创新路径研究[J].新闻与写作，2020（07）：55-60.

情，点击进入“古韵新声”后能使江豚瓶继续向下游行进；而“看视频”热键则被放置在解放碑童画旁，可以进入观看此地区的视频，了解该地区的活动概况。可见，“点击保护”和“看视频”两个热键的设置分别完成了促使用户自主推进新闻叙事和引导用户进行探索的不同功能。作为活动驱动类型的主题报道，这种经由用户使用而达成的传播触达率，是传统的主题报道形态无法企及的。

三、打造传播矩阵，联动生产传播

多维度、多时空、多媒介化的传播场域呼唤着开拓型的多层次传播矩阵的建设，以传统媒体联动新兴媒体，以大众媒体勾连社交媒体，并由此形成丰富交融的传播舆论场，从而引领主流新闻价值观与社会认同。

1.传播矩阵的联动打造

在传播方式上，互联网传播模式与传统的大众传播模式也存在极大差异，即存在用户参与下的多级传播，从而为作品本身的传播效果赋予了多种可能性。在转发过程中，用户个体化的态度、观点、评价成为文本的一部分，进入后续的传播路径之中。对于没有第一人称叙述者的融媒体文本而言，由于其文本本身见微知著的特点，长江生态保护这一宏大叙事化解成儿童在“长江大保护”这一行动中的所为，很容易实现个体情感与集体情感的同频共振，“引起情感共鸣，加剧情感张力，从而推动网络舆论的发展”。①

当今，以社交媒体平台为代表的新媒体平台已经成为大众接收新闻信息的重要渠道，也成为越来越多主流媒体争相抢占的舆论高地。此前众多中央媒体率先在新媒体平台铺开诸多尝试，并在传播方面取得了一定成功。诚然，中央媒体在社会资源等方面具有相当大的优势，省级媒体在互联网传播方面有待提高，然而互联网平台在某种程度上给各级媒体提供相对均等的发声机会，各级媒体在某种程度上均存在根据自身发展路径，进行大众传播或者对特定的网络族群进行分众传播的可能性。省级媒体需要进行生产方式、传播渠道等多个维度的创新。在作品的生产方面，省级媒体需要创新作品的表达方式，以适应互联网的表达方式，进而在与众多媒体与传播产品的竞争中取得自己的一席之地。

① 蒋晓丽，何飞.情感传播的原型沉淀[J].现代传播（中国传媒大学学报），2017（5）：12-15.

在传播渠道方面，省级媒体在对属地资源的整合、联动本地相关部门的便利性上都有自己的优势。在这些新闻活动的举办上，也存在生态环境、教育等相关部门的资源深度联动。新华日报成功整合地方资源，广泛覆盖了新华日报的受众群。

因此，作品的策划、实施过程中，存在对传播内容、渠道、技术的多重创新，编辑团队在保持足够敏锐的判断力和资源应用能力的前提下，成功使优秀的作品本身在传播的过程中占据舆论空间的应有之地，实现了与央媒在相关主题报道中的差异性传播。具体来讲，《6397公里的守护》是“长江大保护”系列报道中的新媒体交互作品，作为主题报道，它利用新的媒介手段将新闻事件化。新华日报在整个新闻行动中策划了主题班会、诗词诵读、标本采样、童画及海报制作、滨江健走、夏令营等活动，这些活动内容也以各种形式融合于整部新闻产品中。在具体的表达方面，新华日报又巧妙地选取了孩童的视角，赋予了这些活动丰富的故事色彩。

2.目标受众的触及扩散

这种故事化的表达也是由新媒体的属性和社群定位所决定的。显然，这部作品首先触达的人群并非未成年人，交汇点新闻客户端的受众存在许多与儿童有直接关联的成年用户。受儿童视角对用户产生天然接近性的影响，这些形式能引发成年人对生态环境保护的共鸣，唤起自身对于长江的集体记忆，进一步增加成年人对长江保护行动的参与意愿。此外，这些孩子可以串联起不同的家庭，通过孩子的视角切入，也可以唤起更广泛的社会关注。事实证明，这种新闻策划与用户画像也是相当正确的。相比于中央媒体以及自媒体的作品，主题报道中新闻事件本身所占的极大比重是整部作品的亮点，这也体现了省级媒体的特点。作品围绕“长江大保护”这一新闻行动展开，但又处处体现了各地区对于习近平总书记系列重要讲话精神的贯彻落实。该活动是重大主题驱动的新闻行动，也获得了很多国家级的荣誉。由此可见，省级媒体在建设性新闻方面可以大有作为。

该作品的成功除了作品本身优质之外，也得益于新华日报所建立的传播矩阵。通过多地多家媒体在多个平台、不同形式的密集报道，活动被设置了大量议程，这使作品和活动都具有非常大的影响力。该活动的传播以交汇点新闻客户端为主，被新华日报相关网站转发；政府系统的相关媒体、行业内媒体以及社交媒体也参与了该作品的传播，对该行动或作品进行了转发或报道。值得注意的是，大量与活动相关的学校、自媒体等也参与了活动相关报道的传播，这些以往被忽视的传播主体积极参与新闻行动，加入传播矩阵，与主流媒体一同形成强大的传播合力。这是传播矩阵中线上线下共同参与新闻生产和传播的结果，也是地方主流媒体在资源调度中对媒体融合的深度实践。

3.发挥资源优势，挖掘长线报道潜能

近年来，有学者提出“新媒体传播即关系传播”的理念，认为新媒体不仅承担着信息传播的职能，更承载着社会关系，并明确提出“新媒介即关系”的观点。[①] 该作品与其说是对新技术和新手段的运用，不如说是通过新闻行动对用户与媒体在新闻产品中新的关系的探索。

《6397公里的守护》深度联动线上线下生产和传播，这也充分利用了省级媒体的自身特点优势。由于该作品涉及时间跨度较长的新闻行动，在实施时，大量的线下活动可以驱动线上内容的生产，而线上内容的反馈又促使线下内容不断调整。线下的新闻行动也是整个新闻产品生产过程的重要组成部分，它们共同促成了这一持续12年的新闻活动的良性循环。在实际操作中，新华日报也不断开发线下新闻行动。对于传播效果较好的线下活动，除了继续在线上进行相关报道之外，还积极对其进行研究，发现产品本身的闪光点，继续推行成功经验，并进行后续的活动调整与开发，最终成功推出数个具有IP效应的栏目。“绿色童画”栏目就是在交汇点客户端每日推荐长江保护方面的儿童画，这也是对整个行动儿童视角的贯彻实施。当发现该栏目的线下参与度和线上反馈都取得较好成效时，客户端对其进行了持续的再生产和整合。

在线上与线下形成良性互动的同时，应当关照以线下强关系社交为基础的人际或群体传播，它们对省级主流媒体新媒体矩阵建设产生不容忽视的影响力。前文提到，该作品以儿童视角增强了作品的新闻价值，也唤起了不同年龄段的人群对长江生态及长江保护的集体记忆。带着这种集体记忆观看这一优秀的产品，是引起在强关系社交网络中自主转发的重要原因。

---

① 喻国明，梁爽.移动互联时代：场景的凸显及其价值分析[J].当代传播，2017（1）：10-13+56.

四、结语

融合传播的新闻场景在给予用户使用体验的同时，重塑了使用者与传播机构的关系。同时，融合传播的新闻场景也依托互联网技术构建的多种形式，打造出全新的体验。新闻场景的本质已然不止于微观层面上的信息适配和为受众提供服务，更是宏观层面重构社会关系、开启新型关系赋权模式的重要力量和关键推手。省级媒体利用和整合自身的资源优势，打造线上线下的传播矩阵。总体来看，以《6397公里的守护》为代表的融合新闻产品可以成为地方主流媒体融合实践的借鉴参考。它充分发挥了媒体自身的优势，通过更新传播技术、建设传播矩阵、挖掘传播潜力，成功完成了具有高影响力的主题报道。

作品八：《“数说70年”数据新闻可视化系列短视频》

夏丽丽　陶俞然[1]

作品信息

作品标题：“数说70年”数据新闻可视化系列短视频

所获奖项：第30届中国新闻奖媒体融合类融合创新一等奖

主创人员：张小影、陈发宝、张益勇、朱文娟、王琳、吉亚矫、雷雨田、赵田格格

编　　辑：（集体）杜秀萍、万政、王子萱

主管单位：经济日报社

发布日期及时间：2019年9月23日—28日

发布账号（App）：经济日报微信公众号

作品简介

《“数说70年”数据新闻可视化系列短视频》是经济日报新媒体在北京数可视科技有限公司的数据可视化支持下完成的数据新闻作品，从消费、饮食、大国工程、数字经济、生态、外贸六个方面，充分展现人民生活在70年历程中不断改善并持续提升的发展过程，主题重大、内容丰富、形式生动。该系列短视频的数据由单调转向丰富，数据与图像紧密结合并互为补充，不仅有助于提升

① 夏丽丽，中国传媒大学电视学院副研究员；陶俞然，中国传媒大学电视学院硕士研究生。

信息传达的精准度，更消弭了数字在视觉上的单调乏味。数据由静态转向动态，在展现分项数据的同时，更直观地凸显数据对比情况及数据发展趋势，让用户在短时间内接收到大量信息，以“上帝视角”对发展全局一目了然。

这组作品为适应互联网传播量身打造，将单调枯燥的数据制作成网民喜闻乐见的动态短视频，是重大主题宣传中一次很有价值的探索和创新，发布后受到网民的高度认可，不仅在经济日报社各新媒体平台取得了良好的传播效果，还在新浪新闻首页固定位置播放，同时被上观新闻、腾讯新闻、西瓜视频等几十家网站转载，在全网形成了较大传播力、影响力。据统计，该系列产品在经济日报微信平台的阅读量均为10万+，全网传播覆盖面约上亿人次。

《“数说70年”数据新闻可视化系列短视频》二维码					
中国消费的“速度与激情”	如何解决14亿人的头等大事	中国“大动脉”带你玩“穿越”	看完这些数，你心中有“数”了吗	这是我见过的，最强大“美颜滤镜”	中国外贸“修炼记”

在智媒传播环境下，数据新闻促使新闻叙事发生了“数字化”到“数据化”的模式转变，本文将以《“数说70年”数据新闻可视化系列短视频》为例，试图分析数据叙事生产的模式规律，探寻数据新闻取得良好传播效果的可行路径。

一、从“数字”到“数据”的新闻可视化短视频

数据新闻报道是基于对数据的抓取、挖掘、统计、分析，从而发现问题、报道新闻故事。从简单的统计数字到内含逻辑的数据线索，把原始数据转换为有意义的信息和易于理解记忆的故事，《“数说70年”数据新闻可视化系列短视频》进行了一次成功的尝试。

（一）选题与故事的数学呈现

《“数说70年”数据新闻可视化系列短视频》一共六集，选取了新中国成立

70年来六个与人民生活息息相关的领域，从中挖掘有代表性的数据变化。这组作品在宏大的主题范围中寻找到合适的小切口，利用具有意义的数字进行故事讲述，这一优势在每个视频的开头呈现得最为突出。

例如《中国消费的“速度与激情”》的开头：

一分钟，电商平台卖出28万只小龙虾

一小时，快递公司处理600万个快递

一天，老百姓花1000亿元用于购物和餐饮

中国，正以惊人的速度创造着消费记录

这期内容关注的是国人70年来变化的消费观念和消费能力，以“一分钟，28万”“一小时，600万”“一天，1000亿”三组对比强烈的时间和数字抓住观众的眼球，这些来源日常的数据既生动形象，又自然地引出“消费”这一观念。

在《这是我见过的，最强大“美颜滤镜”》一期的开端，则选择了支付宝蚂蚁森林绿色能量的两组数据：

公交出行，80g能量收取

包裹回收，37g能量到账

5亿人手机上的减碳行动

三年间，换来1.22亿棵真树被种下

从日常生活中节能减碳的个人游戏互动行为，到整个国家的绿化行动，作品开头的设计以故事作为切入点，展现出中国生态文明建设汇聚个人力量、聚少成多的现实成效，进而过渡到后续更深层次的解读。

米尔科·劳伦兹将数据新闻看作一个不断提炼信息的过程，在此过程中，原始数据被转换成有意义的信息。当把复杂的事实组织成条理清晰、易于理解和记忆的故事时，公众才能获得更多益处。[①] 数字本身并不具有额外的意义，要想形成有吸引力的数据新闻作品，就要在海量的数字中寻找到最合适、最贴近主题的那些。《“数说70年”数据新闻可视化系列短视频》无疑做出了一次很好的示范。

（二）设计与内容的创作平衡

数据新闻中，如何将数字可视化处理是创作者必须审慎选择的问题。在大

① 方洁，颜冬.全球视野下的“数据新闻”：理念与实践[J].国际新闻界，2013（06）：75-85.

数据时代，海量的信息和数字都可能成为新闻作品的素材，但新闻报道并非数据的堆砌，还需要对信息内容进行更明晰的呈现、更准确的分析和更深层次的解读。[①]《“数说70年”数据新闻可视化系列短视频》抛开了传统数据图片形式的可视化，选择了当下热门的短视频，也就指向了难度更大的作品创作要求。

本组获奖作品的主创、经济日报社主任编辑王琳认为，一条好的数据新闻，不是花哨的图片堆砌，而是要结合事件、数据和视觉表达来完成叙述。根据故事主题和叙事需要设定主色调和辅助色，并通过色调来体现画面的整体风格。针对需要强调的重点信息，利用辅助色彩进行局部的色彩对比，突出重要信息，营造视觉焦点。

《“数说70年”数据新闻可视化系列短视频》针对短视频的形式进行视听语言的设计，在两分钟左右的时长里容纳了丰富的新闻内容，对每一条作品都“量身定制”了创作脚本。例如《这是我见过的，最强大“美颜滤镜”》讲述生态文明建设，以黄土色为底色，绿色为强调色；《中国“大动脉”带你玩“穿越”》关注大国工程，在视觉设计上大量采用了港口、交通、铁路的设计元素；《看完这些数，你心中有“数”了吗》主题为数字经济，视觉呈现则选择了具有网络电商特色的元素，配合有节奏感的背景音乐。整体而言，该系列作品在充分考虑短视频传播特点的基础上，达成了视觉设计和翔实内容的有效融合与创作平衡。

（三）技术与新闻的专业融合

基于开放数据挖掘、整合与视觉重组而出现的数据新闻报道，已成为世界诸多新闻媒体机构探索计算机辅助报道和融合新闻报道的主要模式。[②]数据新闻既是新闻的迭代创新，也是技术发展的产物，二者在发展前进的道路上交汇，融合科技与人文。媒介技术的革新改变了信息生产的方式以及传播的格局，也让新闻受众感受到流畅的理性之美。在技术发展和众多新闻工作者的摸索之下，数据新闻的制作规范也逐渐形成，也创造了“众包新闻”[③]这一合作共享式的生

① 彭兰.“大数据”时代：新闻业面临的新震荡[J].编辑之友，2013（01）：6-10.

② 吴炜华，程素琴.智媒时代的数据迷惘与新闻寻路——以重大突发事件的数据新闻报道为例[J].中国编辑，2020，No.132（12）：37-41.

③ 方洁，颜冬.全球视野下的"数据新闻"：理念与实践[J].国际新闻界，2013（06）：75-85.

产方式，进而改变了专业媒体与用户之间的关系模式。

为了更好地创作《“数说70年”数据新闻可视化系列短视频》，经济日报新媒体创作团队与北京数可视科技有限公司合作，全程主导选题、脚本设计、动效制作等流程，推出既有经济日报特色，又有互联网气质的“爆款”融媒产品。

借助与专业数据公司的合作，经济日报新媒体创作团队在《“数说70年”数据新闻可视化系列短视频》中展现出了对复杂数据的程序化呈现。例如《如何解决14亿人的头等大事》中，从一蔬一饭之变看餐桌上的中国，在呈现农作物耕种收综合机械化率变化的数据时（00:58—01:02），就采用了以机械化收割机行驶带动折线图变化的方式，将复杂的数据进行直观化处理。数据可视化的动态图片作为重要素材参与新闻表达，给人留下深刻的印象。

二、突破传统新闻叙事模式的数据新闻可视化

《“数说70年”数据新闻可视化系列短视频》在简洁明快的节奏中，挖掘隐藏在数据背后的事实，依靠丰富的视觉化叙述手段，创作出精确和深度报道结合的新闻产品。用数据说话，让视觉发声，在突破传统新闻叙事模式的同时，达到信息告知、讲好故事的目的。

（一）解构传统新闻叙事语法

数据新闻报道基于数据挖掘和计算机技术的可视化，在技术逻辑和分析逻辑层面都区别于传统的新闻报道模式，这带来新闻叙事语法的转变。有学者将新媒体语境下的新闻叙事归纳为以下三种：第一，无数碎片堆积形成的蜂巢型叙事模式；第二，利用新媒体的时效性特征，通过简讯、反应/结果、事件、背景、评论、延伸事件、互动与定制等完成对新闻事件追踪报道的菱形叙事模式；第三，利用新媒体优势，通过采纳各种媒体元素对事件进行完整、深刻、多维度报道的钻石型新闻叙事模式。①

当数据进入新闻叙事的核心环节，新闻五要素已经涵盖于数据之中。数据不再是简单地作为新闻的论据，而是成为新闻的主体。传统的新闻叙事依靠文字描述或者画面逻辑，偶尔也会配合图表、插图或者现场同期画面来增强新闻

① 曾庆香.新媒体语境下的新闻叙事模式[J].新闻与传播研究，2014（11）：48-59.

的真实性和可读性。但在数据新闻中，简洁美观的数据可视化成为新闻的主要呈现形式，力求精美、形象的数据可视化效果图成为新闻叙事的主要语言，文字则退后一步，变为对效果图的补充。

也有研究者将数据新闻的叙事语法总结为“一棵结满钻石的树”[①]——时间线作为树干，用于传达时间的概貌，树干分枝上的钻石是对某一时间节点事件的详细报道。这种融合倒金字塔结构和钻石结构于一体的复合结构突破了传统二维叙事结构的局限，形成了立体的叙事法则。《“数说70年”数据新闻可视化系列短视频》就采用了这种模式，顺着时间线梳理人民生活变化，在重要时间节点深入探讨新闻内涵，让作品拥有逻辑性、趣味性和新闻深度。

（二）超越信息告知的视觉叙事

信息告知是数据新闻的首要功能，但和过去的图表式的简单的数据可视化相比，今天的数据新闻的功能已经不仅仅满足于简单的告知信息，而是追求用数据进行叙事，吸引更多注意力。数据可视化可以让读者在短时间内花较少的精力了解复杂的问题，在数据新闻短视频不长的篇幅中，容纳了更多的信息量、讲出更精彩的故事。

数据新闻报道的跨学科性特征使其在新闻实务中显得复杂与精致，容易走入技术优先、精英主义的误区，也可能导向繁复的设计，反而不利于吸引受众、传播新闻。当读者的阅读/观看媒介从报纸、大屏幕变成了移动端，显示终端的变化也让数据新闻可视化的风格发生了改编。巴掌大小的手机要作为故事展示的平台，这就要求内容生产者遵循“少即是多”（Less is more）的原则，尽量去除可能存在的干扰，以简洁便捷的方式传达准确、清晰、灵动的新闻信息。

《“数说70年”数据新闻可视化系列短视频》转变了新闻报道的语态。不同于传统新闻以记者的经历、体验、寻访作为报道线索，本组作品中直接以数字变化的内在逻辑构建新闻内容架构，将观众心理代入创作过程，以和普通人生活密切关联的数据增强代入感和沉浸感。扁平化的设计风格符合移动端受众的偏好，明快的讲述风格贴合新媒体时代的快节奏传播需求，吸引更多受众参与

---

① 张军辉.从"数字化"到"数据化"：数据新闻叙事模式解构与重构[J].中国出版，2016，No.385（08）：39-43.

观看、分享作品。

（三）采用多元立体叙事模式

作为新闻实务的核心环节，新闻叙事通过“对现实生活中发生的有时间或因果关系的一个或一系列事件的符号再现”①，影响受众对客观现实意义的构建。《“数说70年”数据新闻可视化系列短视频》作为经济日报的重大主题宣传作品，在新中国成立70周年之际推出，充分展现人民生活在70年历程中不断改善并持续提升的发展过程。为了达到主题宣传的目的，本组获奖作品采用多样的叙事逻辑、结构和话语，在深度挖掘数据的基础上，聚焦专门信息，通过一整套数据逻辑和结构展现数据间的关系，在数据关联和比较中阐述主题。多元立体的叙事模式，增强了叙事的接受合理性。

新闻叙事话语指的是“怎么说话”“怎么制作新闻”，是对新闻叙事技术的探讨。在新闻实践中，数据、场景、动效等逐渐成为新的叙事话语，多元化的叙事话语丰富了叙事文本的内涵。编程技术、可视化软件使以数据讲故事的效果日益生动多彩。叙事话语可视化的意义不仅是新闻信息的呈现方式发生了转变，更在于最大化地还原了事实，丰富了受众的阅读体验。②

70年的新闻事件演进过程不可谓不长，数据新闻短视频远比单纯的文字、图片或实景视频要适合这一主题。对于数据新闻来说，海量信息的最终目的是服务叙事主题。为了凝练主题，创作团队深入挖掘大量数据，通过纵向、横向不同维度数据的“强对比”，让用户感受到“变化过程”，数据可视化的表达形式让数据与用户产生共振，大大增加了产品的吸引力。

三、智媒时代的媒体融合与传播辐射

面对变化中的媒介形态，《“数说70年”数据新闻可视化系列短视频》在实践中考虑媒介技术、媒介要素和传播要素之间的融合，打造出精彩的系列内容

① 李凌燕.新闻叙事：客观真实性与主观倾向性间的博弈[J].东华大学学报（社会科学版），2009，009（003）：182-186.

② 许向东.转向，解构与重构：数据新闻可视化叙事研究[J].国际新闻界，2019，v.41；No.301（11）：144-157.

产品，并形成多终端、多平台的覆盖，为智媒时代的新闻创作提供了珍贵的经验参考。

（一）高新技术应用新闻传播

基于开放数据挖掘、整合与视觉重组而出现的数据新闻报道已经成为新闻媒体机构探索计算机辅助报道和融合新闻报道的主要模式。随着大数据的深度挖掘与可视化设计在新闻传播行业中的运用，云计算和智能技术推动了数据新闻生产的算法转向，全球数据新闻的技术迭代和形式创新不断加速。

在智媒时代，高新技术已经全面应用到了新闻传播之中。除了大数据的运用，智能动画的创作、航拍和微距等特技拍摄手法、人工智能AI主播等多元新技术掀起了新闻传播领域内容创作的迭代更新。不同媒介之间的距离逐渐拉小，融合成为新闻发展的大势所趋。技术的成熟发展是基础，更重要的是如何完成由“术”到“道”的升华。

经济日报社在推选《“数说70年”数据新闻可视化系列短视频》参评中国新闻奖时曾有这样的表达：“‘成就数据化，数据可视化’在本项目系列产品中得到了充分展现，其活泼、欢快的表达方式为用户所喜闻乐见，让大众从数据的变化中实实在在地感受到新中国成立70年发展的伟大成绩。”新时代有新技术，新媒体有新成果。经济日报新媒体创作团队在这次创作中既发挥了自身优势，又涉足了前沿的领域，提高了媒体融合发展的实操能力。

（二）不同媒介要素相辅相成

早期的新闻依靠文字符号传情表意，后又增加了插图、摄影等视觉元素。在网络媒体时代，音频、视频、动画等元素进一步增强了新闻的易读性。数据新闻利用网络媒介和数字技术的优势，通过统计分析软件、词云软件、互动地图等技术，很容易实现叙事话语的可视化书写，减少编码与解码过程中的信息损耗与失真，以最大程度还原客观事实。

进入智能融媒体时代，单一媒介形式的产品已经逐渐被淘汰。新闻创作者不能故步自封，满足过往的辉煌，而要紧跟技术发展和时代潮流，尝试更多元的创作模式和思路，面对更高也更具体的要求，针对具体的受众、媒介、新闻主题进行设计和表达。

在《“数说70年”数据新闻可视化系列短视频》的最终呈现中，各种媒介要素相互支撑、相辅相成。海量的数据及其背后的故事为新闻报道作品打好了坚实的基础，精辟生动的文字脚本和解说词搭起坚实的骨架，简洁美观的画面把握视觉风格，曲线图、树图、气泡图等数据图形在数据建模、数图结合等融媒体制作技术的加持下，静态数字变成了动态视频，抓住受众的眼球，悦耳的背景音乐不仅保障了听觉享受，也牵引着视频表达的节奏……多种媒介要素搭配得当，才造就了一组优秀的融合创新数据新闻短视频作品。

（三）多平台分发提高传播力

新媒体低廉、多元的信息获取渠道使受众从无差别的被动接受者转变为主动选择者。这种“去中心化”的传播特征，使注意力成为稀缺资源。因此，培养用户黏性，形成传播的“再中心化”成为媒体的核心诉求。

《“数说70年”数据新闻可视化系列短视频》在创作时就牢牢把握住短视频传播的要点。开篇吸引眼光或抛下悬念，符合“互联网八秒定律”①；简明的视觉风格、幽默风趣的解说语言都是互联网用户所喜爱的。在创作之外，主创团队也勇于开拓地走进了更广阔的传播领域。这组作品最初在经济日报社各新媒体平台发布，同时在新浪新闻首页固定位置刊播，被上观新闻、腾讯新闻、西瓜视频等几十家网站转载。在全网多平台分发的传播设计下，传播广度和作品影响力都有显著提升。该系列作品收获了经济日报微信平台每篇十万以上的阅读量，辐射了全网上亿人次。

四、结语

“以精心筑匠心，以匠心守初心，做好每个产品。”《“数说70年”数据新闻可视化系列短视频》以高新的技术方法、精心的设计出品、认真钻研的工匠精神准确传达了70年来人民生活和国家、社会的蓬勃发展的新闻主题。正因为有精心、匠心和坚守的初心，主流媒体才创作出真正走进人民内心的优秀作品，以融合创新的新媒体语言，讲出70年来风雨兼程、缤纷多彩的中国故事。

---

① 指用户访问一个网站时，如果等待网页打开的时间超过8秒，会有超过70%的用户放弃等待。在短视频传播中，指如果作品8秒内没有抓住用户的吸引力，就会被用户关闭或划走。

作品九：《2019对话1949：时代变了 初心未变》

丰 瑞 张方媛[①]

作品信息

作品标题：2019对话1949：时代变了 初心未变

所获奖项：第30届中国新闻奖媒体融合类融合创新一等奖

主创人员：康延芳、曾静、黄宇、冯珊、易华、宋卫、陈洋、尹建红

编　　辑：张一叶（张勇）、刘颜、张译文

主管单位：重庆市委宣传部

发布日期及时间：2019年10月7日17时30分

发布账号（App）：华龙网—新重庆客户端

作品简介

《2019对话1949：时代变了 初心未变》使用"双屏互动"等新媒体技术，从新中国成立70周年这一特殊时间节点切入，让不同时代的人物上演了一场"平行世界"的"隔空对话"，深刻阐释"时代变了，初心未变"的主题，呼应了共产党人的初心使命。

作品推出后，在PC端、客户端、社交媒体平台等迅速引起立体式传播，并

① 丰瑞，中国传媒大学电视学院副教授，硕士生导师；张方媛，中国传媒大学电视学院硕士研究生。

引发众多网友强烈共鸣，很多网友主动转发，为不变的初心点赞；还有不少人被“单双机”互动这一新颖创意所吸引。在网友的一次次互动分享中，产品逐渐实现裂变传播，全网总点击量超过2100万人次。

《2019对话1949：时代变了 初心未变》得到业界高度认可，入选中国记协新媒体专委会发布的《庆祝新中国成立70周年融合报道十大创新案例》。

《2019对话1949：时代变了 初心未变》二维码

习近平总书记曾告诫全党，走得再远、走到再光辉的未来，也不能忘记走过的过去，不能忘记为什么出发。2019年，中共中央政治局召开会议，决定在全党自上而下分两批开展“不忘初心、牢记使命”主题教育。华龙网—新重庆客户端立足这一宏大背景，结合当前的媒体融合趋势，充分运用新兴媒介技术，创作《2019对话1949：时代变了 初心未变》融媒体作品。该作品创意独特，选取“H5+短视频”的表现方式，使用“双屏互动”等阅读形式，让今天的小学生、职场女性、即将就业的青年，分别与革命志士上演隔空对话，进而构建起三个不同的完整故事场景。新颖的形式和角度给受众强烈的冲击感和沉浸感，营造时空交错的“穿越感”，唤起用户共情。同时，单双机模式的选择丰富了作品的社交属性，激发传播渠道的更多可能。

一、作品背景：顺应融媒趋势 做好重大主题报道

2019年是新中国成立70周年，“70”成为主流媒体贯穿全年的重大报道主题。如何在这样一个宏大历史节点找到落脚点，打造一款现象级融媒体作品，让更多人看到、听到、读到，就成了媒体需要深度思考的问题。主流媒体应在

理念、内容、形式、方法、手段等方面勇于突破，摆脱“脸谱化”报道方式，融入互联网语境，从创意、技术、传播三个方面进行表达创新。

对此，华龙网采编团队从2019年初就积极着手准备。经过多轮“头脑风暴”，他们给出的回答是：“这个作品一定要小切口、不空洞、有意义，实现重大主题报道与地方特色的‘天地对接’，挖掘出历史背后的现实意义，使其在受众中真正‘落地生根’‘入脑入心’。”①

（一）天地对接

所谓“天地对接”指的是既要承载宏大主题，又要能接地气、进民心。采编团队在翻阅历史资料并讨论了近十个方案后，将思路集中到重庆本地渣滓洞、白公馆。“正是有了革命志士抛头颅洒热血，才有了如今共和国的繁荣昌盛。在新中国成立70年的今天，若我们能用影像的方式向他们致敬，应该也是大家希望看到的。虽然革命志士倒在了黎明前，但他们的精神被传承下来，不断感染和激励着一代又一代人。时代虽变，初心未变——这也正是‘不忘初心、牢记使命’的内涵所在。”②

（二）落地生根

所谓“落地生根”，指的是需要针对用户群体和媒介环境，有针对性地进行创作与传播。华龙网采编团队在思考后认为，要想在互联网上占领“新中国成立70年”这一主题报道的阵地，就要瞄准年轻受众。为此，团队选择隔空对话与单双机互动的新颖形式，让年轻人愿意观看、乐于接受。作品发布时恰逢2019年国庆节期间“阅兵车牌号是1949和2019”成为刷屏热点。《2019对话1949：时代变了 初心未变》从标题就抓住了这一流量入口，让这样一个有着主题宣传内核的融媒体作品，实现了现象级传播。

（三）入脑入心

所谓“入脑入心”则是强调作品内容的质量与分量。媒体在注重形式的同时，不能忘记内容根本。主创团队充分利用重庆党史网、重庆红岩联线官方网站、重庆市图书馆等平台深入查阅史料，敲定三位烈士的英雄事迹作为主线并

---

① 笔者于2021年5月20日采访重庆华龙网集团副总编辑张勇。

② 笔者于2021年5月20日采访重庆华龙网集团副总编辑张勇。

不断雕琢打磨，力求作品内容合理、表达生动、观感流畅。

二、核心创意：搭建隔空对话，营造沉浸视听体验

做好优质主题报道，内容和形式缺一不可。为实现内容与形式的紧密结合，华龙网主创团队秉承以用户思维为基础，以多媒融合为载体，以互动叙事为主线的创作理念，开创性地选择“隔空对话”的核心概念串联起整部作品的表达，为用户带来“身临其境”的历史体验。

（一）平行世界对话

“2019”与“1949”这两个特殊的时间点承载了历史的厚重感。面对这样一个切入点，作品改变了以往重大主题报道单一输出的模式，通过与平行世界进行隔空对话的方式构建起三个不同的完整故事场景。华龙网采编团队的灵感源于网上流行的一句话：哪有什么岁月静好，只不过有人替你负重前行。当下的重庆车水马龙繁华喧嚣，成为很多人打卡的网红城市；然而在七十年前，这里却曾饱经战火。现实安宁是革命先烈用鲜血和生命换来的。对比今昔，让人不由得产生联想：如果烈士们还活着，能亲眼看看他们守护的山河，该有多好；如果现代人能遇到他们，或许也会有千言万语想要诉说。英雄虽然不能复活，但媒体却可以借助媒介技术，搭建一个想象中的平行时空。

因此，主创团队萌生了平行世界对话的创意：“将这盛世繁华用手中的笔告诉他们：作为后辈，我们会继续守护这片山河。时代变了，但是你们曾坚守的初心至今未变。这便成了作品主题。”[①] 经过多次讨论，团队最终选择了大家熟知的“小萝卜头”、革命女青年杨汉秀、毅然投身革命的富家子弟王朴，分别与现代的小学生、职场女性、大学毕业生进行交流。

（二）平面和交互设计

为了更生动地讲述革命烈士的故事，作品在平面设计和交互设计两个方面发力：“设计上，一是作品开篇采用了长轴时间线的竖屏设计，用滑动长图的设计达到按照历史时间线发展的体验；二是运用手绘漫画设计，既能艺术化还原历史场景，又增加了视觉体验。交互上，开篇使用了滑动视觉差的技术，打破

① 笔者于2021年5月20日采访重庆华龙网集团副总编辑张勇。

常规长图滑动的枯燥，错落的交互动效赋予用户视觉上的新体验。场景对话部分使用了作品最大的亮点——双屏交互技术。双屏操作，营造了跨时空的对话感，呼应主题，也营造了一种艺术氛围。”①

好的内容创意与技术保障离不开团队的配合。为了保障隔空对话自然流畅，主创团队还原历史细节，反复推敲场景呈现。从团队组建的那一刻开始，每次策划会都是全员参加，确保选题制作每个环节的每一个参与者都清楚细节流程。在制作中，团队仿照新闻报道“一稿两报”甚至“一稿三报”的模式，实时反馈拍摄与调整情况。为了得到最满意的实拍场景并让手绘人员能够更好还原，每次在拍摄前，前方编导和后方制作人员都会视频连线一起商定场景、构图、氛围设定等。同时，拍摄与制作同步进行，一旦发现问题，后方就会及时与前方联系进行补拍重拍，“记得杨汉秀与职场女性那部分，我们就在制作过程中发现着装有瑕疵，决定全部重拍”。②

正是这种精益求精、千锤百炼的制作精神，主创团队最终呈现出具有强烈沉浸感和代入感的作品。《2019对话1949：时代变了初心未变》真正做到了从传统叙事“讲故事—听故事”的模式升级为用户参与故事，让受众得以在两个平行世界中穿梭，切身感怀时代之变与不变初心。

三、技术亮点：强化交互属性 借力社交传播优势

为了适应移动互联时代的传播模式与用户习惯，作品的另一个突出亮点是具有游戏思维的分屏交互和“单双机”互动模式。分屏交互的灵感源于媒体后期人员工作时常使用两块屏幕的自身体验。在作品呈现上用两个设备进行分屏，从形式上将空间割裂开来，又通过对话交流连在一起。单机模式中，不同时代的两位主人公同时出现在同一移动终端的左右两屏画面；双机模式中，两位主人公则可以在两个终端屏幕中互相穿越。用户可以在观看时邀请其他人共同使用双机模式，从而在社交领域促进作品的传播。

① 笔者于2021年5月20日采访重庆华龙网集团副总编辑张勇。

② 笔者于2021年5月20日采访重庆华龙网集团副总编辑张勇。

（一）技术磨合

产品最终带来的精良技术体验并非一蹴而就。主创团队在定下分屏创意之初曾不断思考怎样让两个屏幕的视频真正产生互动感和穿屏效果，并一度纠结于如何控制视频播放时间的配合。“最后设计人员看到平时大家做后期用的两个屏幕，突然灵光乍现：其实就是做一个双屏尺寸的视频，分别放在两个设备上，调整视频画面水平位置，让它只展示左边或者右边画面。在这个想法的基础上，主创人员再去看如何实现在两台设备上同时播放视频。最终，他们通过socket这种约定，在移动终端上做了一个监听的进程。当移动终端检测到有其他设备与这个匹配且传递消息时，这两台终端设备会相互建立联系。通过内部数据转化，使两部手机在呈现上能看到实时变化，用户通过同时点击的设置进入视频。基于这种‘分屏互动’技术，用户可自主选择单双屏模式，实现多维时空、虚拟现实的交互。”[①] 为了保证作品技术的稳定性，主创团队在制作过程中还在其他作品上进行了多种尝试，并结合用户对作品的反馈不断优化调整内容。

（二）体验强化

在时间的“合纵”和空间的‘连横’中，作品的历史纵深感更加丰富，也延展了用户视野。媒体通过构建历史和当下的对话场景，营造临场感，让用户切身感受时代发展的大主题。严肃主题与新形式、新概念的结合让更多人尤其是年轻人燃起点击的欲望，加入传播队伍，从而强化了用户参与和作品传播的动力。“这也体现了移动互联网时代，我们的新闻产品需要具备交互性、移动性、社交性来提升用户体验。打破主流媒体在内容形态和表达方式方面的壁垒，让优质内容出圈，让重大主题报道飞入寻常百姓家。”[②]

四、贴近用户：拉近人物距离 唤起观众共情

面对严肃主题的新闻报道，许多观众会下意识觉得太过遥远和过于宏大，从而产生抗拒心理。为了切实提升传播效果，让作品落到实处走进人心，媒体还要关注用户心理、贴近用户需求，通过拉近个人境遇与集体记忆的距离，打

---

① 笔者于2021年5月20日采访重庆华龙网集团副总编辑张勇。

② 笔者于2021年5月20日采访重庆华龙网集团副总编辑张勇。

破观众对宏大报道的刻板印象。

（一）角色设定

在《2019对话1949：时代变了初心未变》中，作品选择了小学生、职场女性、大学毕业生三种典型身份分别与革命志士“小萝卜头”宋振中、杨汉秀、王朴对应，通过相似的群体身份和人生抉择来唤起观众的共情感与亲近感。主创团队表示：“习近平总书记对小学生、妇女、青年群体十分关心。他曾寄语青少年儿童，人生的扣子从一开始就要扣好；表示巾帼不让须眉的豪情和努力，起到了‘半边天’的重要作用’；要求广大青年要勇敢肩负起时代赋予的重任。”①

作品中的第一组对话是小学生向中国革命最小的烈士“小萝卜头”宋振中介绍新时代的课堂。小学生口中明亮宽敞的教室与宋振中狱中学习的昏暗逼仄画面相对应，凸显今日生活的来之不易。对话结束后，作品用字幕“扣好人生第一粒扣子，担当起民族复兴大任”点明主题。第二组对话则是职场女性询问杨汉秀，作为一个女性参加革命是否有很多困难。杨汉秀是军阀侄女，因在伯父家目睹了军阀地主对劳苦大众的盘剥蹂躏、压榨欺侮后参加革命，牺牲时年仅36岁。她的人生经历诠释了革命不分男女的韧劲。字幕用“巾帼从不让须眉，珍惜并承续每一份‘她力量’”的总结将这份宝贵的精神财富传递给观众。第三组对话来自两位相隔七十年却同样面临人生抉择的青年人。革命青年王朴在大学期间就参加了党领导的进步刊物《中国学生导报》的工作并承担办报的经费，后来又动员母亲变卖田产作为地下党组织的活动经费，牺牲时年仅28岁；与之对话的当代青年则正面临着是否要放弃安逸生活参加扶贫工作的选择。今昔对比、身份对应，革命者的选择对当代人也有着独特的启发和激励，字幕发出“时代责任赋予青年，青年挺起中国脊梁”的号召。

（二）合理想象

三组对话切合实际，紧扣不同人群的热点与痛点。在创作过程中，为了让表达更接地气、更有活力、更贴生活，主创团队不断代入不同角色，揣摩不同人物最合理的表现。“因为要模仿烈士的口吻对话，为了让我们的主角们不出

---

① 笔者于2021年5月20日采访重庆华龙网集团副总编辑张勇。

戏，对话自然，在写台词的时候，主创人员每天都对着电脑模拟对话，短短几句对话，删了改改了删。身处不同时代、有着不同人生经历的三组人，在平行世界相遇后，他们会聊些什么？有怎样的语气？说什么内容才能点题？我们在创作脚本时，往往要一人‘饰演’多角，揣摩拿捏每个字每句话。最后，整个编导小组在部门主任的办公室里把所有的场景、角色、对话都预演了一次又一次，不断地修改文案。就是在这种反复推敲中，提炼的文字才能引起共鸣。”[①]

五、内容为本：挖掘地方特色 传承历史价值

在新中国成立70周年这一重大的新闻节点，主流媒体纷纷大胆尝试、积极创新，用多样形式承载主题表达。但无论媒体形态如何变化，高品质的内容和精神内核永远是“硬通货”。

（一）凸显本土文化

革命历史留下了丰富而宝贵的精神财富，华龙网主创团队在内容选择上突出地方特色和本土文化，将目光落到重庆独特的红色文化“红岩精神”上。“作品紧扣红岩精神、红岩烈士展开，讲述他们的故事，传承他们的精神，引起今人的共鸣，也正是应了那句：民族的才是世界的。同样，在做重大主题的新闻策划时，地方媒体在选材方面也要意识到，地方的才是全国的，这样才能做出自己的特色。”[②]

重庆在革命历史上是一个特殊而关键的城市。民族危难时刻的风云际会催生了可歌可泣的革命故事与永垂不朽的英雄赞歌。红岩精神是在中共中央的领导下，以周恩来为代表的南方局老一辈无产阶级革命家、共产党人和革命志士，在抗日战争及解放战争初期斗争中锤炼形成的革命精神。对于重庆人而言，铭记惨痛历史、传承红岩精神，才能经得起时代的考验。

（二）开掘历史记忆

如今的重庆仍然留存着革命历史的遗迹。渣滓洞和白公馆作为当年的监狱，浸透了烈士们的鲜血，是提醒人们不忘初心、牢记使命的鲜活印迹。为了推广

---

① 笔者于2021年5月20日采访重庆华龙网集团副总编辑张勇。

② 笔者于2021年5月20日采访重庆华龙网集团副总编辑张勇。

地方历史，唤起观众共鸣，主创团队落脚于这两个具有历史意义的典型场景。本地的学者与文旅部门也积极配合媒体的工作，为传播革命精神贡献力量。“拍摄前后，主创团队中有市委党史研究室和红岩联线文化发展管理中心多年跑口的记者全程与部门和景点进行对接，确保工作顺畅开展。一方面，红岩精神研究专家为作品涉及的史实内容进行核实和解读；另一方面，景点为拍摄提供了便利的场地支持。”[①]

制作过程中，主创团队付出了艰辛的努力。为了避免打扰群众参观，避开渣滓洞、白公馆人流高峰，团队选择在闭馆后拍摄，每场拍摄结束都已是深夜。“空荡荡的歌乐山空无一人，让人毛骨悚然。山上的蚊子特别毒，每场拍下来，大家身上都被咬出一身包。”[②]后期环节更是精益求精，细致到手部动作、面部表情的细节，主创团队反复修改重做，最终完成符合历史事实、还原峥嵘岁月的融媒体作品。

六、结语

《2019对话1949：时代变了 初心未变》这一作品实现了新闻产品思想性、观赏性、传播性的融合，成为媒体优化内容、突破创新、合理运用新兴技术生动表达宏大主题的鲜活案例。

当前，舆论生态、媒体格局、传播方式都已经发生了巨大的变化，主流媒体应迎难而上，抓住时代需求，契合融媒趋势，借鉴优秀新闻实践案例，将技术与内容结合起来，运用新理念、新形式，全面提升新闻传播的质量与效率，真正讲好中国故事。

---

① 笔者于2021年5月20日采访重庆华龙网集团副总编辑张勇。

② 笔者于2021年5月20日采访重庆华龙网集团副总编辑张勇。

作品十：《主播说联播》

吴炜华　李媛媛[①]

作品信息

作品标题：主播说联播

所获奖项：第30届中国新闻奖媒体融合类融合创新二等奖

主创人员：集体（杨华、李浙、康辉、李萌、刚强、海霞、郭志坚、李伟、江永韬、王元、张省、吴晓振、杜通、王茜、王瑄、王义）

编　　辑：王兴栋、柴婧

主管单位：央视新闻客户端

发布日期及时间：2019年7月29日

发布账号（App）：央视新闻客户端

作品简介

2019年7月29日，中央广播电视总台新闻新媒体平台推出《主播说联播》日播短视频栏目，每期视频时长约1分钟，从《新闻联播》播发的新闻切入，结合当天重大事件和热点新闻，由当天一位值班主播用年轻人喜爱的网络语言讲新

① 吴炜华，中国传媒大学电视学院教授，博士生导师；李媛媛，中国传媒大学电视学院硕士研究生。

闻、评热点、观天下，解读大政方针，传递主流声音。

《主播说联播》视频在当天《新闻联播》播放结束之后进行录制，然后迅速进行剪辑制作并配以音乐，以竖屏方式播发。这是一款脱胎于《新闻联播》、为新媒体平台量身打造的短视频产品。《主播说联播》短视频节目推出之后迅速成为一款网红产品，多次登上微博热搜。第一期短视频在微博平台播放量达3326万。截至2020年5月27日，话题#主播说联播#在微博的阅读量超过53亿。在央视新闻微信公众号，单篇阅读量多数超过10万。同时，短视频登陆B站、抖音、快手等平台，在快手平台平均播放量500万，累计播放量超过15亿；在抖音平台单条点赞多在100万以上，累计播放量超过10亿。

《主播说联播》二维码		
康辉：看到杜富国向习主席敬军礼，我眼睛湿润了	刚强一口气说了约40个“美”，是什么让他美呆？	康辉：澳门是我们的“傲”门

《主播说联播》是中央广播电视总台新闻新媒体中心打造的一档网络短视频节目，于2019年7月29日正式上线。脱胎于《新闻联播》，《主播说联播》采用原班主持人以通俗的语言说热点、讲新闻，呈现出与传统时政新闻类节目截然不同的风格。

以《新闻联播》为代表的主流新闻节目在长时间的实践中形成了较为固定的呈现模式，即严肃官方的新闻稿件、字正腔圆的播音风格、模式化的节目编排。而进入融媒体时代后，媒体格局、舆论生态发生深刻变化，原有的“联播体”亟须改变传播模式以吸引年轻受众。《主播说联播》则通过多个层面的创新，实现了对原有传统新闻时政节目的补充，拉进了节目与年轻受众之间的距离，也为主流媒体节目转型升级提供了一条新的路径。

一、平台创新，全媒体传播增强互动

《主播说联播》积极打造横跨各个平台的全媒体传播矩阵，并根据各个平台的技术特点与用户特征采取了不同的传播策略。

（一）平台度身定做

传播渠道的融合是媒体融合的基础，而《主播说联播》并不是将内容简单直白地复制到各个平台，而是因地制宜、量体裁衣，用不同的方法讲故事，打造了一个具有统一整体效果、众星拱月式的传播矩阵。例如，在抖音、快手等以碎片化、娱乐化著称的短视频App中，原本1—2分钟的节目时长变为十几秒的版本，内容侧重发出评论和观点表达，具有很强的感召力。而在B站的PC网页端，《主播说联播》则特别使用了活泼"玩梗"的标题"中国航天，yyds""带动三亿人参加冰雪运动？安排！""中国航天，奥利给！"等，封面图也用醒目的黄色标题注明视频重点，吸引年轻群体的关注。亨利·詹金斯在《融合文化》中指出，理想的跨媒介叙事应该是"每一种媒介出色地各司其职，各尽其责"。[①] 作为《新闻联播》的延伸，《主播说联播》突破了《新闻联播》的特定话语环境的限制，有效扩充了节目本体的媒介版图，既出色地整合了大批年轻受众，又对《新闻联播》节目内容进行有益补充，完善了《新闻联播》总体品牌布局。

（二）对话与交流

《主播说联播》采取竖屏的节目呈现形式，实现了对移动端视频的最大化利用。在节目中，主播的表情动作等非语言符号被放大，由此建立了对话感与在场感，拉近了与受众之间的心理距离，促进了受众对《主播说联播》的二次传播和内容加工。而微信朋友圈、微博动态、QQ空间等社交平台与短视频App之间互连的分享机制，则为《主播说联播》在平台与用户之间多级传播提供了技术支持，使节目内容时常在不同平台上呈现出"刷屏"的态势。例如，2019年11月20日的节目《康辉喊话香港高院：摆正位置！别越位》，使#康辉喊话香港高院#登上微博热搜，达到10.6亿次阅读、8.1万次讨论量。而2021年的一期节目聚焦河南灾情，标题为《海霞：我们一定行！河南老乡，加油！》，该期视频在

---

① 亨利·詹金斯.融合文化：新媒体和旧媒体的冲突地带[M].北京：商务印书馆，2012.

抖音上获得了408万次点赞，11.1万次分享，同时在微博上获得1.6万次评论与3万次转发。可见，《主播说联播》在各个平台上都具有强大感召力与影响力。

除了在节目形式上注重与受众的交流感，受众在评论区的留言有时也成为节目内容的来源。在新媒体时代，互联网和手机等新媒介的用户在信息的选择上都处于主动的地位，传播者和受众的界限越发模糊。① 相较于传统新闻节目的“传者思维”，《主播说联播》的主创团队则更重视媒体融合环境下，新用户、新观众、新受众的反馈，以新媒体传播思路引领创作思路，以融媒体用户为核心进行节目内容与新闻语态的重塑。2019年8月19日，《联播主播手里的稿子长啥样》的开场，康辉以对话式的轻松口吻说道：“很多朋友很感兴趣，我们节目播出完之后收拾的这个稿子长什么样子呢？”“朋友”一词大大拉近了节目与观众之间的距离，一改《新闻联播》单向输出的讲话模式，也增强了受众再次参与讨论的积极性。《新闻联播》自有的权威性与讨论度为《主播说联播》带来了新媒体平台上最早的一批拥趸，并迅速吸引了大量的Z时代新型观众。通过积极反馈跨媒体传播平台上各层次观众、用户和粉丝的意见与评论，《主播说联播》不断明确自身的传播风格与节目特色，生产优质内容，进一步优化《新闻联播》的品牌形象，从生产到反馈的完整传播链条也形成了一个螺旋式的良性循环，使《主播说联播》收获了大批忠实粉丝。

二、新闻语态创新，主流话语与民生话语的融合

《主播说联播》的内容依托《新闻联播》，多集中在时政与国际新闻领域。《主播说联播》的出现，有效地多维重构了《新闻联播》的新闻叙事语态，并以内容延伸、再诠释和述评模式，有力地强化了《新闻联播》的舆论引导方面的作用。

（一）述评式观点表达：新闻语态的情感式重构

《主播说联播》运用述评式观点表达，在强化《新闻联播》的新闻观点与立场表达的同时，更通过新闻语态的情感式重构，采用犀利、敏锐、个性化和

① 康彬.新媒体时代的受众研究——由麦奎尔的《受众分析》谈起[J].新闻知识，2011（01）：30-32.

一针见血的新闻叙事，完成全新的新闻叙事，并引领社会认知。例如在2019年涉及香港问题的新闻中，主播刚强在短短一分钟的视频里“疯狂输出”，尖锐地指责美国某些致力于抹黑中国的无耻政客，极具感染力。根据调查，《主播说联播》节目中最受观众欢迎的内容题材为涉港澳台类、外交类和榜样精神类内容。[①] 在这些内容上，《主播说联播》的观点与态度与国家和公众一致，但节目将分散化、碎片化的情感凝练成为一种全新的新闻语态与价值观表达，并进行二次、三次和多次传播，有效延展和强化了《新闻联播》的感召力与传播力。

（二）融入民生话语：新闻语态重接地气

《主播说联播》将民生热点融入节目内容，重塑更接地气、网感强的新闻语态，体现了其新闻叙事的个性、温度与人文关怀。《主播说联播》的主创团队认为，虽然主播们仍然在《新闻联播》的新闻场景与节目时空中，但所呈现的是一种民生话语的传播风格。因此在节目编排中，需要紧跟当下的时事热点，侧重采用平民化的视角，使其民生化的新闻叙事被“说”得更细致、动人。2020年10月4日，时值中秋国庆假期，《主播说联播》关注了一则广为传播的儿子陪伴八旬母亲在家用擀面杖打球的网络视频，最后评述了对家庭、亲情、传统文化价值的呼吁。以个体情感代替宏大叙事，以网感时事反衬时代特征，更使《主播说联播》成为媒体融合环境中的新型新闻文本的典范。

三、媒体形象重塑，打造通俗亲民的全新新闻风格

《主播说联播》与《新闻联播》形成了独特的新闻互文传播场域，其依托《新闻联播》进行新闻话语的重塑性延展，并完成了对《新闻联播》形象的文化重塑，尝试打造通俗亲民、具有时代特征的新闻风格。

（一）联播主播的形象建设——个性与专业并存

从《主播说联播》的节目名称不难看出，主播作为“说联播”的主体，不仅在节目中承担着主持的功能，也是节目本身的一大看点。康辉、海霞、朱广权、李梓萌等主播主持《新闻联播》多年，本身就具备一定的知名度与权威性。但《新闻联播》作为传播党与国家时事政治的重要窗口，其主持人也必须具备

① 张释心.央视短视频《主播说联播》内容生产调研报告[D].中央民族大学，2020.

大国风范。可以说，《新闻联播》主持人在观众心中具有很强的符号性意义，他们的形象本身就代表着官方媒体的权威性与严肃性。而《主播说联播》则让主播们从符号回归“个人”。竖屏的呈现模式将“人”置于中央，而主播们仍然坐在原本的演播室内，就好像一个下了班的老朋友侃侃而谈。主播们在《新闻联播》上正襟危坐的播报状态与《主播说联播》中丰富的面部表情与肢体动作形成了鲜明的反差，也放大了每一个主播的个人特点。

因此，不同的值班主播在《主播说联播》中形成了鲜明的个人风格，例如康辉的“可盐可甜”、海霞的亲切温暖等。主播在节目内容之外也会拍摄和上传Vlog，展示自身生活化的一面。节目外的内容与节目本身形成一种互文，使主播们不再是一种政治符号，而成为具有个人魅力的生动的普通人，各自圈粉，深入人心。但展示自我不等于刻意迎合受众、投其所好，主播们在节目中的个性化表达是微妙且具有分寸感的。在社会责任、舆论导向、价值引领、文化取向、观点平衡上，主播们把握得当，将业务能力与个人魅力、新闻时效与评述精准、表述创新与人文情怀、精神内涵与价值引领结合统一，成为节目的主体和主人。①

（二）文本语态的变革——口语化、流行化表达

2019年7月25日，康辉在主持《新闻联播》国际锐评板块时，一句“荒唐得令人喷饭”瞬间引爆了互联网，众多网友纷纷被《新闻联播》和主播圈粉，而《主播说联播》也在短短4天后顺势而生。因此，节目在设立之初，就转变了原有的官方话语形态，形成了以犀利尖锐与幽默风趣为主的口语化表达风格。《主播说联播》第一期节目中，主播康辉向大众喊话：“粉联播，您有眼光。”这首先拉近了与观众的距离，将观众置于对话与交流的位置上。而每期节目的开场白“主播说联播，今天我来说”，将主语从“本台”变成“我”，从播新闻到说新闻，提高了节目的自由度。

传统的时政新闻类节目具有规范严肃的话语风格，而《主播说联播》则形成了特有的亲民、接地气的网络化表达。网络热词、热梗的频繁出现为节目带来了时尚感，并且增强了节目在年轻人中的传播效果，例如“666”“奥利给”

① 姜杉.融媒体时代《主播说联播》的创新与突破[J].青年记者，2019（35）：87-88.

等网络热词，不仅在节目中出现，也被写进了标题中，与内容重点一同出现，形成了权威性与趣味性相结合的节目风格。

（三）丰富的视觉呈现——重点与情绪突出

在节目编排上，《主播说联播》也针对自身内容特点大胆创新。节目充分运用了各种视听语言符号，既是对新闻内容的补充，又增强了节目的可看性。在介绍扫雷英雄杜富国时，视频中出现小画面，展示杜富国刷牙、叠被子的日常画面，结合海霞的介绍，新闻内容更加完善。《主播说联播》为节目添加了字幕与背景音乐，在主播讲到新闻重点时，字幕放大需要强调的关键词并且高亮显示，而背景音乐也起到了烘托情绪的作用，使节目增色不少。另外，主播们在节目中也时常运用非语言符号，通过大量的肢体动作，使新闻的重点更加突出，例如，在讲到我国2019年实际使用外资同比增长6.6%的数据时，主播伸出手比出“六”的手势，配合放大的字幕，使节目内容更加生动活泼。

四、结语

在新媒体时代技术赋权的背景下，受众从被动接受信息到享有主动选择信息的权利。人们不再像从前那样关注“硬新闻”，而把是否能够满足自我的情感需求作为新闻选择的标准之一。在这样的背景下，《主播说联播》的成功为传统新闻时政类节目的转型提供了思路。首先，要充分利用新媒体平台，形成全面互补的传播矩阵，扩大节目的传播范围。其次，应坚持以受众为核心的传播理念，转换新闻节目的语态，用亲民、对话的话语模式拉近与受众之间的距离，实现情感共鸣。最后，仍要坚持内容为王，不断提升内容表达，增强内容呈现效果，利用好新技术新平台，传递主流价值观，做好新时代的新闻传播与舆论引导工作。

作品十一：《光明追思》

程素琴　鲍姝语[①]

作品信息

作品标题：光明追思

所获奖项：第30届中国新闻奖新闻名专栏一等奖

主创人员：吴娜、李苑、蒋新军、王子墨、叶乐峰

编　　辑：集体（张政、陆先高、蔡闯、张瑋、王远方、孙金行、张永群、刘嘉丽、徐谭、常莹、孙小婷、邢妍妍、周梦爽、李娜、孙岱、张雪瑜、康薇薇、吴亚琦、孙嘉靖、王佳、宗小宁、孙晶晶、孟曼迪）

主管单位：光明日报社

创办日期：2018年12月10日

发布账号（App）：光明日报客户端

作品年度发布总次数：76次

作品简介

“光明追思”是光明日报从2018年起开设的新媒体新闻专栏，旨在第一时间通过光明日报微博、微信、客户端和光明网，报道我国具有突出贡献的知识分

---

① 程素琴，中国传媒大学电视学院副研究员；鲍姝语，中国传媒大学电视学院硕士研究生。

子和名家大家的逝世消息，引导网友关注，追忆他们的精神品质和爱国情怀，在网络上快速形成见贤思齐、追忆名家的舆论氛围，汇聚网络正能量。该栏目定位准确、特色鲜明，具有人文关怀。栏目注重报、网、端、微各平台联动，凸显出了极强的媒体融合属性。“光明追思”栏目推出后，包括人民日报、新华社等在内的央媒官方微博、微信公众号，均大量转载、引用“光明追思”的内容，形成声浪式传播效果。栏目内容多次登上微博热搜前十名，多篇稿件微博阅读量超1亿、微信阅读量超10万。

《光明追思》二维码

《光明追思》网页

https：//topics.gmw.cn/node_121148.htm

光明日报自2018年起开设了新媒体专栏“光明追思”，旨在第一时间通过光明日报微博、微信、客户端和光明网，报道我国突出贡献知识分子和名家大家的逝世消息。广大网友和人民群众在此引导下，自发关注、哀悼时代榜样，追忆先人的精神品质和爱国情怀。前辈们的奋斗历程如同璀璨的明星点缀在时间长河中，他们的丰功伟绩令后人惊叹。逝世虽感怀，但体现的正能量却能给予我们无限信心和勇气继续向前。

“光明追思”栏目因定位准确，且具有鲜明特色和人文关怀，收获社会各界广泛关注；同时注重报、网、端、微各平台联动，消息、通讯、新媒体产品等多体裁呈现，凸显了极强的媒体融合属性，目前已经成为有光明日报特色的品牌栏目。

一、忆名家之事，致敬时代突出贡献者

“光明追思”栏目，以新媒体平台为文化记忆的载体，构建出中国新时代网络传播环境中独特的媒介景观。

（一）承名家之志，持初心忆奋斗历程

2018年5月28日，习近平总书记在中国科学院第十九次院士大会、中国工程院第十四次院士大会上指出：“两院院士是国家的财富、人民的骄傲、民族的光荣。”如何贯彻落实习近平总书记重要指示精神，做好知识分子报道工作，成为新时代光明人的光荣使命。

2018年10月，光明日报突出贡献知识分子联络办公室（简称：知联办）正式成立，专门负责与爱党爱国、为党和人民作出突出贡献的知识分子之间的联络和报道工作。自此，光明日报形成机制，由知联办统筹协调，在报纸重要版面刊发突出贡献知识分子逝世消息和追思怀念文章，同时推出“光明追思”新媒体专栏。通过这个栏目，希望能经由报纸以及微博、微信、客户端、网站等各个端口，及时报道我国突出贡献知识分子的逝世消息，追忆他们的精神品质和爱国情怀，回顾他们的卓越成绩和奋斗历程，由此传递党中央对广大知识分子的关心关怀，同时营造见贤思齐、追忆名家的社会舆论氛围，汇聚正能量。

（二）立体式的报道：消息言简意赅，通讯内容翔实

在内容表现形式层面上，栏目定位精准且能迅速切中要点，充分发挥融合新闻的特点，在利用好首发优势的前提下坚持内容的优质和可读性。当下，随着媒体融合的发展，报道更倾向以小见大，从小切口、小故事、小细节来展现母题。虽然琐碎，但栩栩如生；可能是涓涓流水的日常，却更富有人情味。

2019年12月14号，我国第一颗“风云一号”气象卫星的研发人、气象卫星专家、中国工程院院士孟执中因病逝世。几小时内，光明日报在全网首发消息《巨星陨落！孟执中院士逝世》。稿件言简意赅地报道了院士逝世情况，并简要介绍了他的生平履历、专业贡献等。此外，引用了院士的生前名言：“走上航天这条路，把国家有代表性的卫星造成，并且让它走向世界，我的人生总算是干成了一件事，对国家、对社会也尽了一份力。”以直接引语的方式，展示院士的性格特征和精神追求，让一篇逝世消息具有人文关怀和情感温度。《最懂茨威格

的翻译家张玉书去世》的报道收集了丰富的资料和张玉书先生生前的翻译佚事，同时介绍张玉书的生平、爱国情怀和个人追求等。此外还特别讲述了启蒙老师谭玛丽如何引导张玉书走入翻译领域的故事，张玉书如何通过翻译扭转国人对茨威格的误解，以及张玉书的翻译追求“没有不能够翻译的东西，只有没有理解的东西”等。千余字的稿件，全面、立体地展现出翻译家的专业和追求，文字洗练、材料丰富、故事动人，符合新媒体阅读习惯。

（三）标注时代高度，尽显人文关怀

一个作品想要打动人，文字本身首先要和读者共情；对于融媒体产品来说，利用好多端交互优势和移动场景下的用户阅读习惯以深入用户内心，则更容易产生共鸣。优秀的人物报道需要走近人物，关注当事人的真实生活和精神世界，多角度多方位地获取尽可能完善的信息，而这也是光明日报深耕70年沉淀出的核心竞争力。

“光明追思”栏目推出后，受到了各界的广泛回应。在刊登中国医学科学院北京协和医学院原院长顾方舟的逝世消息后，北京协和医院名誉院长赵玉沛院士表示，感谢党中央对顾方舟院长的关注和关心，感谢光明日报的报道。赵玉沛还主动提出，希望撰写追思文章；国医大师邓铁涛逝世消息刊登后，更引来众多网友关于中西医异同的探讨和关注。随着报道的次数逐渐增加，栏目越做越大，广大网友对科学家群体的关注日益高涨。很多网友纷纷留言，话语诚恳、感人至深。“他们的时代结束了，我辈当自强。”“这才是我们应该追捧的明星！”“谁终将声震天下，必长久深自缄默；谁终将划破闪电，必长久如云漂泊。拥有于敏，是中国的荣幸！”先进人物的价值体现与时代的联系密不可分，甚至可以成为时代精神的重要组成部分。融合背景改变了传播的生态环境，技术和形式的发展使新闻的触达率和及时性大大提升，人物报道在当下更需契合新时代所要求的议程设置步骤和切入视角，做到“尊重人、关心人、发展人”。①

二、聚融合之力，打造联动传播矩阵

连接跨越时空的文化记忆，运用新型的信息与传播技术，记录在线，并使

① 戚庆燕.新媒体时代典型人物报道致效之思[J].传媒观察，2020（04）：87-92.

其承载知识史志与文化史志的多重功能，是“光明追思”作为传统媒体走向媒体融合之路上，对自身文化与传播使命的探索与回答。

（一）从传统媒体走向新媒体融合：体裁多元化

目前，光明日报等主流媒体在多端融合之路上不断创新，并取得了很好的成效。在前沿技术应用趋于成熟的基础上，融合新闻需要切实在内容与表达上进行突破，实现在不同群体的“破圈”传播。[①]“光明追思”新闻专栏采用多个平台和端口联合报道的方式，并结合多种新闻体裁和模式，全方位报道名家逝世的内容。“光明追思”将主流媒体在新闻领域所具备的引领优势彰显无遗，首发短平快的消息，第一时间准确高效地将信息传递给大众；接着辅以翔实的通讯及其他图文内容形成人物专栏报道，以丰富的语言文字材料和生动的视觉化信息完整呈现被报道人物的立体形象。

2019年1月16日，中国科学院院士、中国核武器事业重要奠基人、中国工程物理研究院研究员于敏逝世后，团队与报社科技部合作，第一时间通过各个端口首发了逝世消息，并配发了光明日报在2015年报道于敏院士的人物特稿，让整个报道既迅速及时，又丰富可读，引发了全网关注。《最懂茨威格的翻译家张玉书去世》专栏报道中，首发二百余字的消息稿，包含了最重要的几条信息：逝世情况、最著名成就、读者评价、最后译作出版情况。这符合新媒体专栏的要求，快速、准确。同日刊发的通讯，则包含了更丰富的内容，结合微博话题发酵、微信公众号发文评论，在互联网形成一定的热度和讨论趋势。在内容不变的情况下，社交媒体平台为宣发创造了更大的传播空间，信息的多元呈现和交互接口弥补了单一媒体的局限，表达形式上有了更大的突破。对于人物报道来说，全面、深刻、真实地传递人物细节，由浅及深，让读者从多个层次了解其生平，从而达到传播效果的新高度。

（二）顶层设计下的融合之路：默契配合，多端联动

在探索新媒体融合的发展之路上，传统媒体从初期的报网融合到如今移动端的普及和发展，光明日报始终铭记以自身品牌定位为出发点，努力打造具有

① 曾祥敏，董华茜，罗珂欣.媒体深度融合语境下时政报道创新研究——基于2021年全国两会媒体融合产品的分析[J].新闻与写作，2021（04）：40-48.

价值和影响力的内容，始终铭记“服务知识分子”的初心。回看光明日报的媒体融合发展历程，从2004年以“突出文化品位，服务知识分子”为理念实施一系列改革开始，到2009年光明日报手机报定位为“知识分子的掌上家园，无线时代的随身顾问”，到2010年再次改革并以“知识分子网上精神家园、权威思想理论文化网站”为宗旨①，“光明追思”等一系列特色栏目上线，进一步丰富了内容的多元化呈现，但也如一根定海神针般在茫茫信息流红海中巩固了传统媒体在当代的特色调性和重要地位。

报社顶层设计完善，编委会支持，各个部门、端口协同配合，工作流程顺畅。几百字的消息背后，有着一套严格的工作流程作为支撑，要经过10人以上的工作团队层层把关。对内工作网络是依托报社各专业部和记者站的力量搭建完成的。每个部门“守土有责”，一旦获取相关信息，会第一时间与知联办联系沟通。如此，既在横向上涵盖了各个领域，又在纵向上囊括了全国各个地方。在对外工作方面，报社与中国科学院、中国工程院、中共中央党校（国家行政学院）、中国社会科学院、中国文学艺术界联合会、中国作家协会等知识分子聚集的单位，均建立起了畅通的沟通渠道。

基于此，“光明追思”专栏在各个端口收获颇丰。栏目内容多次登上微博热搜前十名，多篇稿件微博阅读量超1亿、微信公众号文章阅读量超10万。

（三）内容与设计并行：触达移动分发和场景布局

特色底蕴带给“光明追思”专栏以品牌性和优质内容的保障，创作者不断探索技术、语态、创意和形态方面的进步，利用移动技术的创新争取在优势领域内聚合元素，既能传达信息流，又能产生服务性，满足新闻报道作品在媒体融合环境下传播的新要求。

对于微博微信等短消息平台来说，文字报道内嵌图文是大部分媒体的首选报道形式。而对一些时效性要求较高的新闻，“光明追思”专栏采用要闻简写的消息，便于第一时间在移动端的传播和分发，相较于后续发出的通讯和人物报道来说，更容易跻身头部新闻的前列。消息一经发出则得到广泛关注，多次被

---

① 陈旭管.坚守舆论阵地 提升主流媒体传播力——《光明日报》副总编辑陆先高谈传统媒体的资源凝聚能力建设[J].中国传媒科技，2018（10）：8-9.

人民日报、新华社等中央媒体的官方微博、微信公众号转载、引用，形成声浪式的传播效果。在后续采编到足够的信息和材料后，文字的有效编辑和故事的共情讲述则成为下一个重点。以“光明追思”的网页端设计为例，主页背景为夜空下的点点繁星，代表了一位位逝去的知识分子。通过滑动鼠标，可以看到以时间轴排序的人物专题，配有相对应的生卒年月日和人像。点击跳转子网页，映入眼帘的是详尽的报道内容，图文并茂展现名家风貌。文末设计了三个交互按钮，分别是：祈愿、献花、燃蜡，设计增加了阅读的互动性和沉浸感。下方还有补充的图片画廊，可视化的设计便于读者更好走近人物、了解人物。页面底端的评论板块链接到微博平台，读者可以阅读相关话题的实时讨论，并发表自己的观点，再次彰显多端联动的优势。

三、凝家国之思，共情正向价值引领

数字化的文化追思与在线化的人物追述，交融在“光明追思”的融媒体文本中，凝练着新时代祖国和人民的深情；突破传统时空的局限、拓展新型的生命与知识记载的模式，成为“光明追思”融合网上网下共情共鸣传播空间、延伸融合文化传播职责的鲜明特征。

（一）积极承担社会责任

两年多来，“光明追思”不断收到来自社会各界的积极反馈，特别是那些在各自领域贡献卓著却默默耕耘少有人知的院士、科学家逝世后，光明日报第一时间在重要位置刊发其生平事迹，他们的家属亲友以及所在单位、所在领域的同事和后辈纷纷表示，对党中央的关怀深感温暖，对“光明追思”的报道积极肯定。

中国科学院学部工作局相关负责人表示，“光明追思”栏目产生了很好的社会影响，充分体现了党中央对院士群体的高度认可和诚挚关心。“党的十八大以来，以习近平同志为核心的党中央对广大知识分子饱含深情厚爱，把工作做到了广大知识分子心坎上，我们高校师生深受感动，备受鼓舞。”东北大学党委书记熊晓梅说，“光明追思”致敬突出贡献知识分子、传承科学家精神，留下了宝贵的精神财富，标注了新时代价值高度，凝聚起广大知识分子的人心和力量。于敏院士所在单位中国工程物理研究院在来信中写道：“光明日报刊发于敏同志去世的消息和追思文章，体现了党中央对以于敏同志为代表的国防科技工作者的尊重。通过阅读报道，我院广大干部职工对于敏同志的事迹有了更深入的了解，对于敏同志去世带来的悲痛与缅怀有所寄托。”中国工程院院士、原解放军信息工程大学导航与空天目标工程学院教授许其凤去世后，光明日报及时刊发了他的生平事迹和追思文章。夫人林素婉看到后说：“许其凤是党和军队培养出来的，在自己喜欢的岗位上工作了一辈子，组织给了他很多的关心和荣誉。老许生前最喜欢的事就是钻研卫星导航和指导学生，十分感谢光明日报，让他的经历为更多的人所了解。如果能够给人们一些启发，也算是延续了老许教书育人的本职。”

（二）引导正向舆论氛围

在第一时间报道逝世的同时，网络虚拟环境给予了信息更多发酵和传播的空间。区别于传统媒体传递信息的方式，新媒体环境在与现实的交互中所产生的影响力漩涡深不可测，因此更加需要主流媒体对其进行科学有效的引导，而“光明追思”很好地做到了这一点。报纸版面之外，“光明追思”的新媒体平台评论区里，网友们在感动之余纷纷留言，“愿每一位默默奉献、刻苦钻研的科学家都能受到社会的最高尊敬。真正的社会主流精神应是对科学的尊敬、对祖国建设者们的尊敬”“大师远去，我辈当自强”等。专栏所能反映的社情民意在媒体融合的大背景下如同“滚雪球”一般变得声势浩大，积极正面的舆论效应带动现实社会形成正向的凝聚力和向心力，从而推动社会治理向上向善的发展。①

随着技术的发展，新闻信息移动化成为各个传统媒体试水的发力点，用户反馈是体现影响力的重要参考因素。借助《光明日报》在理论思想和意识形态领域内的沉淀积累，配合“三微一端”的正面宣传和信息公开，一方面对名家逝世表示哀悼，另一方面通过记载生平事迹和人物画像来做好正面宣传，唱响主旋律，形成团结稳定、正向积极的舆论氛围。主流媒体具备一定的公信力和影响力，民众更倾向信任其发布的信息，配合新媒体强大的传播和分发能力，专栏在垂直领域具备的专业性和权威性发挥最大效用，以强大的说服力实现正向舆论引导氛围。

① 杨佚楠.网络空间中舆论引导工作机制的建构研究[J].广西社会科学，2021（02）：56-61.

（三）立足当下，追捧时代“明”星

“光明追思”栏目之所以能在众多新闻专栏中脱颖而出，首先是因为它与光明日报的调性相符。在相当程度上，它是光明日报70多年来深耕知识界、不断沉淀的结果。因此，它才能得到广大知识分子的认可，被认为“一眼望去，就是只有光明日报才能办的栏目”。其次，进入“光明追思”视野的知识分子皆为当代贡献突出、声望卓著的专家，将这些已故名家大家的故事和风采长留纸间、心间，本身即具有厚重感。最后，在报道新闻消息方面，栏目有网络首发优势。光明日报在日常工作中，就特别注重对知识分子意见的征集，这些意见为下一步的工作提供了坐标。例如，中国工程院办公厅副主任黎青山就曾这样表达对“光明追思”工作的新期待：“‘光明追思’品牌对于我院院士的宣传起到了积极的作用，让更多的社会大众了解院士、尊重院士，希望今后能以更丰富的展现形式，全方位记录院士科研生涯，讲好院士故事，弘扬新时代科学家精神。”

四、结语

在媒体融合已成大势所趋的当下，“光明追思”这一具有代表性的获奖新闻作品的创作者，也在思考“光明追思”的成功原因，以及对未来产品的启示与借鉴意义。专栏的成功归结为如下三个方面：一是融媒体产品要立足自身优势，体现自身特色；二是跨部门联动，以大调度机制整合部门力量；三是形成良好的运行机制，在“光明追思”策采编发的各个环节，知联办都充当了信息枢纽，对内统筹协调，对外沟通联络。优质内容建设始终是新闻作品的内核与灵魂，但如何运用好技术发展和融合打通的优势，为未来的新闻行业探索更多发展的可行性并开创进步空间，是一代又一代新闻人需要保持思考和付出行动的命题。

作品十二："长安街知事"微信公众号

戎　融　王广鑫[①]

作品信息

作品标题：长安街知事

所获奖项：第30届中国新闻奖新闻名专栏一等奖

主创人员：汤一原、温子健、陈岩、郭涛、刘柳、周经纬、岳三猛

主管单位：北京日报社

发布日期及时间：2014年11月18日至今

发布账号（App）：长安街知事微信公众号

作品简介

“长安街知事”是北京日报报业集团的新媒体拳头产品，是全国知名的时政类新媒体品牌，秉承“提供靠谱的政事分析、解读注意不到的新闻细节、脑补有趣有料的政治常识、提供走心的时政新闻”这一理念，在国内时政领域提供不一样的阅读视角。

历经5年多的发展，“长安街知事”原创文章经过微信、微博、北京日报移动客户端、PC端网络平台等媒体形态传播，形成覆盖全网、具有全国影响力的品牌，各项指标在全国地方党报新媒体、全国时政类新媒体中居于领先地位。

① 戎融，中国传媒大学电视学院教师；王广鑫，中国传媒大学电视学院硕士研究生。

长安街知事专栏二维码

“长安街知事”微信公众号是北京日报社打造的数字传播矩阵其中一项内容产品，2014年创办以来，为传统媒体转型新媒体、探索多维互融的数字传播模式提供了一条成功的参考路径。目前，除了作为内容分发重点的微信平台之外，“长安街知事”已建立微博账号、各类新闻平台号、短视频账号等多个发布端口，全网粉丝总计超过3000万，2020年微信公众号阅读量为10万+的报道超2000篇，无论是在内容管理层面还是数据效果层面，“长安街知事”无疑是新型主流媒体创新的一个成功案例。

“长安街知事”以“跨地域时政时事新闻观察为特色的非典型时政叙事的新型主流媒体”为自身定位，立足于“时政+群众”的内容路线，在数字化趋势下顺势而为，从资源融通、质效兼容、价值共创、多维布局四个方面积极探索新型媒体管理思路。“长安街知事”沿袭北京日报社的“创新制胜”理念，从内容创新和形式创新两方面入手，推动媒体融合向纵深发展，着力强化“四力”建设，深耕人事、反腐等自身所擅长的报道领域，同时不断向更广阔的新闻报道领域探索前进，最终凭借用户量、互动量和长久的留存度，不断扩大数字化时代作为新型主流媒体的影响力和竞争力。

一、资源通融：借力传统媒体资源优势，深度挖掘诠释

媒体融合不仅强调传统媒体向新媒体的技术与形式创新，也强调数字化的媒介环境下新渠道与新技术空间对深度内容的依托与融契，而这必然要求媒体具有扎实且优秀的内容生产能力。“长安街知事”自创办之初到现在，在不断探索媒体新赛道的过程中经历了由野蛮生长、不断开拓到守正回归等多个阶段的

转变。

在论及传统媒体与媒体融合的关系时，有研究者认为“放弃内容生产，等于放弃传统媒体的优势，导致媒体无法在同质化的内容中获得关注。如果不能辩证地理解‘共享’互联网思维而走向极端并任由新闻来源非专业化，会使专业化生产的新闻行业失去存在的必要。”① “长安街知事”的成功不仅在于其对新型媒介平台与技术的探求，也在于其对传统媒体基础的坚守与创用。一方面，“长安街知事”借助其在传统媒体中磨炼多年的时事敏感与时政洞察本领，以及长期积累的信息资源，能够在竞争激烈的时政类新媒体中发挥自身的独特优势，不仅能迅速提供新鲜的人事与反腐动态，同时能对时事热点与国际要闻进行深入独到的点评与解读；另一方面，其工作人员曾经在传统媒体练就的扎实基础，成为其面对时代发展的强大倚靠。

（一）整合资源要素，信息内容共融互通

“长安街知事”作为北京日报社探索媒体融合、打造新型主流媒体的尝试，其背后必然依托强大的传统媒体资源背景。而在探索的过程中如何处理好传统媒体与新媒体之间的关系，既是面临的挑战，也是巨大的潜力优势。“长安街知事”以时事政治的报道和解读为内容生产的出发点，这使其更好地整合传统媒体资源优势，最终实现信息内容的共融互通。而这种资源的整合不仅体现在单纯的信息共享，更体现在其浸润于时政报道多年的党政媒体基因之中。

首先，北京日报社作为北京市的市委机关报，具有首都媒体得天独厚的地缘优势；其次，京报集团发展历史悠久，其自身也积累了大量丰富的一手信息资料；最后，《北京日报》作为首都意识形态工作的核心阵地，其自身也是北京市委进行舆论引导、开展群众工作的得力助手和重要平台。作为北京日报社的二级新媒体账号，最大化地发挥其传统媒体资源优势是“长安街知事”实现“靠谱、有料的时政分析”的重要基础。

值得一提的是，传统媒体多年来与读者建立的信任关系，也可以为“长安街知事”的影响力背书。“长安街知事”主编郭涛曾提道：“粉丝团强大，读者

① 王瑜.技术 渠道 用户——基于传统媒体媒介融合进程的反思[J].当代电视，2021（07）：104-107.

层次比较高，中纪委、政法委、国务院部委、北京市各机关单位委办局领导都迷上它……”[①]

（一）强化人才优势，发力技能基础

“长安街知事”团队多年来在北京日报社积累的扎实工作经验也为其在新媒体赛道的发展与前进提供了坚实的基础。

首先，北京日报社深耕时政领域多年的经验帮助“长安街知事”的记者团队打下了过硬的报道功底。浸润在时政报道领域多年，其团队熟悉时政领域报道工作规律，这是“长安街知事”发挥自身人才优势的基础。

其次，在访谈中，主编曾提到“长安街知事”在新媒体领域的发展经历了两次瓶颈，而对于这两次瓶颈的突破，都与自身团队在传统媒体进行的“四力”建设有着密切关系。

“长安街知事”创办于公众号刚刚兴起的时期，其自身的发展壮大也借势微信公众号这一媒介平台的兴起，各大媒体都在这个阶段借助自身的生存逻辑“跑马圈地”，借助自身特色大量圈粉。“长安街知事”凭借“靠谱、走心、有料”的特色在此阶段披荆斩棘、脱颖而出，积累了第一波粉丝与口碑，成功塑造出典型独特的时政类新媒体品牌。但是在2017年之后，微信公众号平台已形成一套完整的行业规范与发展逻辑，其用户基数也趋于饱和，此时新媒体公众号面临着涨粉困难与阅读量难以大幅增长的瓶颈。“长安街知事”凭借自身的“脚力”和“眼力”，迅速地发现与追踪新闻热点，借助深入独特的视角阐释，对“香港修例风波”和“新冠肺炎疫情”等重大事件进行重要的资讯报道，而这也体现了团队所具备的扎实的基本功。

在后疫情时代，用户历经微信公众平台中多年的习惯浸养，“从去年年底一直到最近，所谓的短平快的重磅消息没有那么容易获取流量了，仅靠一个标题博眼球的报道不太会被读者买账”[②]，这意味着新媒体向内容的回归。用户关注“长安街知事”，不再仅仅把它视为权威信息的出口，更希望它是一个可以洞察时事、知悉世界的窗口。在浅阅读盛行的时代，“长安街知事”凭借优秀的“脑

① 笔者团队对“长安街知事”主编郭涛的访谈内容，2021年6月。

② 笔者团队对“长安街知事”主编郭涛的访谈内容，2021年6月。

力”和“笔力”，深入洞察新闻事实背后的本质与规律，借助良好的文风增强作品的生命力，帮助用户筛选梳理信息，对事件给出独特的切入视角，提供深度思考。

二、质效兼容：把握传播效果，保证内容质量

微信公众平台的发展将用户数据视为对媒介效果的直接考量标准，点击量、阅读量、转载量、评论量、点赞数等多个数据化的衡量标准也使新媒体行业或多或少地受到“流量焦虑”的影响。追求流量固然是媒体做大舆论影响力、维护自身长远发展的体现，但是保持内容生产的专业初心，才是新型主流媒体取得认可的必然要求。

在用户注意力稀缺的当下，如何在创作中探索新媒体传播规律，把握流量与质量的关系，成为新媒体开展内容实践的一项难题。“长安街知事”一方面借助深入浅出、有趣有料的内容创作理念把握用户，另一方面以高标准的创作要求，保证其内容在“速度与深度、犀利与克制、心态与底线、戾气与正气”的内在统一，进而保障“品效合一”。

（一）时效性与内容精度的统一

对“时效度”的精准把握，不仅是新闻工作者自身素养的体现，也是新媒体时代新闻生产节奏加快的内在要求。而在“快”之外，对内容“稳、准、狠”的把控，则是全媒体时代对新闻内容高标准的坚守。以“长安街知事”《卸任外交部发言人后，陆慷新职务公开，华春莹接棒》报道为例，2019年7月22日上午9点50分，外交部官网“组织机构”栏目刚刚完成更新；3分钟之后“长安街知事”便向百万关注用户几乎同步推送此条消息，引起舆论广泛关注，以人民日报客户端为首的全国媒体刷屏转载。主编郭涛在访谈中说：“做出预判，并提前预制内容的新媒体账号绝对不止‘长安街知事’一家。在几乎没有可能采访当事人、获得更多独特材料的前提下，各家只剩一个‘抢’字。周一一早，我们就选择守在电脑前‘等官宣’，这才发生了开头的这一幕。”① 速度与内容深度并非是“鱼和熊掌”不可兼得的状态，新闻工作者始终保持专业的敏感性与高标

① 笔者团队对“长安街知事”主编郭涛的访谈内容，2021年6月。

准的职业素养，“手中有粮，心中不慌”，才能真正做到速度与深度的统一。

（二）犀利笔风与克制表达的兼容

主流媒体在传播领域牢牢占据舆论高地，始终强调报道中的主流观点，以及发挥新闻评论的思想性与战斗性。“长安街知事”在重大舆论事件中也一直冲在前线，凭借报道中对犀利和克制的把握，在充实的论据中坚守态度与观点。2020年疫情期间，“长安街知事”接连推送2篇文章《美国悍然发动6大舆论战，直指中国！》《你看到的，其实是一个假美国》，对美国关于中国的指责一一回应，并直指美国在疫情应对中的问题，而这种对问题抽丝剥茧、击中本质的回应，犀利的语言风格与克制的论证相融，使“长安街知事”能够用理性的分析和充足的论据让读者看清真相，从而更好地团结广大人民群众。

（三）初心与底线的坚守

做大做强主流舆论，其初心是宣扬主旋律，传播正能量。“长安街知事”在提供犀利的时政评论的同时，时刻注重挖掘背后的正向内核。在“长安街知事”一向关注的反腐问题中，提笔指责官员的腐败丑恶，渲染其人性之沦丧固然可以帮助其获得更多的流量，但是如果只报道这一方面，媒体就会沦为政治“八卦”。在关注腐败问题的同时，“长安街知事”也强调其典型案例的警示教育作用，反映政府对于队伍的严格要求，而这种对选题背后的深度挖掘与主旋律诠释，才能体现作为主流媒体的底线与初心坚守。

（四）“正气”对“戾气”的斗争

“为党为民，激浊扬清，贵耳重目”是习近平总书记对新闻舆论工作提出的要求。而“激浊扬清”强调的就是主流媒体在舆论场中要坚持用真实客观且观点鲜明的内容来弘扬正气，真正通过对党和群众负责的态度扩大自身影响力。

如2020年11月推出的《揭秘，马保国们的流量江湖》一文中，“长安街知事”秉持严谨的分析思路与鲜明的态度，从全民“审丑”乱象讲到网红炒作的精心策划，并进一步深入平台追逐流量的算法逻辑，批判的深度层层加深，充分展现了其对社会怪相的“横眉冷对”；而在文末，创作者又将视角回归到群众本身，提出“作为普通网民，自己应辨别美丑，不要平台推什么就看什么”，也进一步提出了自己的思索，这便是对于“正气”的弘扬。

三、价值共创：深入贴近群众，共筑社会关爱

价值共创理论回应了新媒体环境下的内容生产逻辑，创作者要与用户创造深度联系，寻求共鸣。“媒体通过与用户的深度交流向用户提供个性化、精确化的产品和服务。以用户为中心，价值的创造和获取需要生态系统中更多的参与主体。”[①] 把信息作为聚焦用户的连接点，而不是传统意义上线性传播的重点，在内容与形式上强调与用户的互动联系，“长安街知事”之所以能够屡屡打造“爆款”文章，正是因为其鲜明的群众立场与定位，在内容上回应群众关切，在创作中贴近群众视角，在运营中关注用户互动，最终实现了与群众的价值共创。

在新媒体赋权受众的当下，用户关注“长安街知事”，不仅因为其具有主流媒体的权威可信度，更是因为其接地气的内容表达，人们希望它“活泼可爱”，人们期待它能为自己提供独到的观点和见解。“长安街知事”一年365天、每天至少3次更新，稳定地不断输出高质量的内容，在长期的发展过程中已然积累了相对忠诚固定的用户群体。“许多读者每天都会通过手机端与‘知事’见面。即便看到其他媒体报道，也会打开‘知事’再刷一遍同题新闻，因为他们已经对‘知事’形成了更权威、更可读的认知。”[②]

而在内容上如何与用户实现共鸣与连接，“长安街知事”的主编郭涛提出了“把短文写长、把长文写短”两点思路。

（一）拓展内容深度，延展多维信息

“短文长写”强调的是媒体挖掘选题背后更多信息与深度的能力，正如上文提到的，用户关注“长安街知事”，正是基于对其“解读注意不到的新闻细节、脑补有趣有料的政治常识”的期待。

因此，“长安街知事”在内容创作生产时，并未简单搬运或简短分析时政消息，更侧重对其背后所体现的多维关系和时代要求进行解读。如2020年11月发布的文章《“逮捕安倍”冲上日本热搜》，就从一件奇事“要求逮捕安倍”冲上

---

① 严三九.融合生态、价值共创与深度赋能——未来媒体发展的核心逻辑[J].新闻与传播研究，2019，26（06）：5-15+126.

② 笔者团队对“长安街知事”主编郭涛的访谈，2021年6月。

日本推特热搜高位入手，层层递进地延展到对日本国内局势的分析，做到深度挖掘，广泛拓展，在碎片化语境下帮助用户理解时政信息背后的深刻内涵与潜在深意。

（二）提取关键信息，回应用户关切

新媒体时代，用户注意力时长缩短，在信息的生产与把关中去冗就简，从群众利益出发“长文短写”，帮助其梳理内容的关键点，也恰恰体现了内容生产中的价值共创思路。2019年3月，中办印发《关于解决形式主义突出问题为基层减负的通知》。陕西省委办公厅发布十条措施，对基层减负做出一系列规定。随后，“长安街知事”从3000字条文中梳理出几个关键新闻点，发布千字短文《省内领导称呼今起禁用“尊敬的”》，解读陕西省委在全国范围内首先提出基层减负具体措施。

这条千字文的报道背后，凝练了记者对时政新闻的长期关注和敏锐观察。包括陕西在内，各地之所以专门发文整治“尊敬的”，是因为它看似小事，却关系着政风。文章发掘了这层深意，并用化繁为简的手法做出报道，进一步提出“从倡导清清爽爽同志关系做起，才能让党内关系更简单、更纯洁、更坚强”的观点，既引导舆论关注的焦点，也引发了读者热烈反响。

让用户既能看到关键的信息点，也能看到深层的解剖分析，“长文短说”并不意味着深度的减少，恰恰相反，这正体现着媒体剥开信息表面，深度解读、剖析信息的能力。

四、多维布局：创新传播形态，打通内容壁垒

我国已进入媒体融合发展战略实施以来的第八年。2019年1月，习近平总书记在十九届中共中央政治局第十二次集体学习时强调，坚持一体化发展方向，通过流程优化、平台再造，实现各种媒介资源、生产要素有效整合，实现信息内容、技术应用、平台终端、管理手段共融互通，催化融合质变，放大一体效能，打造一批具有强大影响力、竞争力的新型主流媒体。[①] 除了新闻评论，“长安

---

① 成岚.习近平：推动媒体融合向纵深发展 巩固全党全国人民共同思想基础[EB/OL].新华网.2019.1.25. http：//www.xinhuanet.com/politics/leaders/2019-01/25/c_1124044208.htm

街知事”从内容生产形式、内容分发渠道、技术融合等多重维度广泛推动媒体融合，实现“长安街知事”的品牌化，真正做到协同整合发展。

在内容生产形式上，“长安街知事”积极尝试“破圈”，接连推出《外交密档》《京心助梦》等视频专题，借助影像内容开拓自身影响力；同时，开设微信视频号、B站号、抖音号、快手号等，定期发布短视频新闻报道；在喜马拉雅音频平台开设长安街知事专辑号，发布音频新闻作品。而音、视频特色产品“知事说事”均已与互联网平台打通专项合作通道，探索了新闻多元化表达的新模式。借助多种形式的内容，“长安街知事”在不同的平台积极建构出自身的新媒体矩阵，致力于打通传播壁垒，形成知名的媒体品牌IP，进而更好地发挥多平台、跨圈层的传播合力。

而在技术的探索发展上，主编郭涛则提出了“智库化”的发展设想：深挖时政新闻的数据库富矿，瞄准打造全国稀缺的时政类“知事库”，创建资讯库、标签库、知识图谱等规整的数据仓，通过有效的存储、检索进行内容关联钩稽；探索出品带有“长安街知事”鲜明标签，具有快速、精准、权威等特点的时政数据新闻，以创新业务模式培育新增量；聚拢一批智库专家，不断加入理性客观新闻分析的观点库，同步制作视频新闻，不断提升知事深度化、视频化水平。①

五、结语

本文从“长安街知事”的内容创作、运营管理与经营实践中透视新型主流媒体推动媒体融合纵深发展的探索。对新技术与新形势的创新拥护、对传统媒体资源的整合再利用，以及对全新内容创作思路的把握和对用户价值共创的坚守，这都是“长安街知事”在媒介环境深度变革下的有益经验。坚守初心的同时不断创新，只有这样，新型主流媒体才能真正扩大影响力，让党的声音传得更开、传得更广、传得更深入。

① 笔者团队对“长安街知事”主编郭涛的访谈，2021年6月。

Abstracts

Chapter 1. General Report

1.1 Research on the Development Approaches of In-depth Media Convergence in China

ZENG Xiang-min, LIU Ri-liang, Yang Li-ping

Abstract: With the release of a guideline to further beef up the country's media convergence, the construction of an omnimedia communication system and centers for integrated media at national, provincial, municipal and county levels are accelerating. County-level converged media centers are densely distributed across the country like stars, and municipal media are also accelerating the development of media convergence. The reform of systems and mechanisms is the most prominent feature of media convergence in 2021. Mainstream media is exploring to build an ecological platform based on the advantages of news production. Composed of case studies, national questionnaire surveys, and semi-structured interviews with media practitioners, this report aims to provide ideas for the development of the in-depth convergence of mainstream media in China.

Keywords: In-depth Media Convergence, System and mechanism reform, New mainstream media development, All-media communication system

1.2 2021 New Media Development Report: Flourishing Development, Calm thinking, Leading the Technological and Commercial Transition, from a Humanistic Perspective

HU Yu, WANG Jia-jing

Abstract: New media is already an integral part of people's daily life and social infrastructure. After experiencing extensive growth and reaching the high point of user dividends, the new media should have entered a deep adjustment. However, influenced by the online development trend, it experienced another dividend. At the same time, more and more problems in development are beginning to be exposed. Under the technology and business-driven model, the new media industry has achieved full development and commercial success. However, after reaching the peak, it needs to be reappraised from a humanistic perspective to clarify its social role, responsibilities, and future direction. At the same time, dealing with the relationship between media and public opinion, humanities and technology, and China and the world in the new media environment has also become an important topic at present.

Keywords: New media, Technology, Humanistic perspective, Platform

Chapter 2. Industry Report

Section 1. Content

2.1.1 Analysis of the Direction and Mode of the Mainstream Media's Discourse Innovation from the Breaking Dissemination of Serious Content

WANG Wen-bin, LIU Si-qi, MA Zhan-ying

Abstract: Discourse system innovation is an important aspect and the focus of mainstream media to promote deep media integration. In-depth exploration of mainstream media content resources and innovative expression methods can adapt to the trend of media development and meet the needs of audiences better. In recent years, China Media Group has continuously promoted the innovation of the discourse system to transform from the outside to the inside, and gradually evolved from the innovation of content expression and communication methods to the innovation of more core production methods. This article takes the innovative and excellent financial media programs "Zhu bo shuo lian bo" "Yu yuan tan tian" and "Making a New China" as typical cases launched by CMG to explore the innovation direction of the mainstream media discourse system and summarize the process made in this period. Finally, the basic model of mainstream media discourse system innovation is proposed. The upgrading, innovation, and iteration of the mainstream media discourse system has allowed the original serious content and themed publicity reports to truly enter the hearts of the audience, activating more production and creative forces, and ushering in prosperity and health of the content market.

Keywords: Discourse system innovation, Mainstream media, China Media Group , Media convergence

2.1.2 Context Communication: From Media Transforming to Spacetime Embedment

LIU Xiao-peng, HE Xu-dong

Abstract: Constructing and connecting via mobile internet, "Context" is a structure constituted by time, spaces, behaviors, events, and relations involved in users' working and life scenarios, which exists both online and offline. "Context Communication" refers to a trending pattern that communicates in various contexts via mobile internet. While propelling the depth of media convergence, the mainstream media shall explore the practice of context communication and embed it within space-time. "Context communication logic", namely adopting new communicating strategies and mechanisms and disseminating information, values, and emotions effectively, should also be taken into consideration to better strengthen mainstream ideology and public opinion as well as expand the influence of mainstream values.

Keywords: Context, Context Communication, Media Convergence, Mainstream Media

2.1.3 Live-streaming Bolsters Social Innovation: As a Driving Force and Reaction

WANG Xiao-hong, LI Zhi

Abstract: The live-streaming reconstructs the boundary between the virtual world and the real world, and provides more possibilities for innovation in the field of human activities. It not only broadens the field of people's activities but also brings a kind of comprehensive participation, which activates social innovation and value co-creation. Aided by live-streaming, the ecology of economic society and social governance structure continue to innovate. Social innovation based on live-streaming will empower channels, mechanisms, and models, and drive a variety of social co-creation in all walks of life in practice.

Keywords: Live-streaming, Social innovation, Social governance

Section 2. Technology

2.2.1 A Research on the Directions of the Evolution of Intelligent Media

PENG Lan

Abstract: After five-year development, the intelligent media will continue its evolution driven by both technological logic and content industries rules. In the aspect of smart content distribution, current personalized recommendation algorithm will be expanded to platform adjustment mechanism. Besides interest matching, scene matching will be taken more into account in the design of the recommendation algorithm. In content production, AI and related technologies will be used to enhance human abilities to do better reporting and improve the integration of information. Also, with the help of AI, customized content production will be possible. In the intelligence era, the profit model in the content market will be changed in some way. With the rise of intelligent advertising, media outlets will lose some of their traditional advertising markets. However, with the application of intelligent technologies, media organizations can turn their content into products of data and knowledge to make money, and promote all kinds of content transactions.

Keywords: Intelligent media, Algorithm, Scene, Customized content production, Intelligent advertising, Content transaction

2.2.2 5G Technological Innovation Promotes the Development of Deep Integration of Media Convergence

ZHAO Zi-zhong, MI Wen-xia

Abstract: Under the background of the era of media convergence, the media technology environment, application forms, communication methods, and industrial ecology will all undergo profound changes. 5G has become an important component of advanced media integration technology due to the innovation of its network, terminal, and business systems. It is closely related to industries such as artificial intelligence, big data, and the Internet of Things, and is a key technology that supports the in-depth development of media integration. Since the commercialization of 5G, media at all levels have made full use of 5G technology to actively explore new models of media integration. In the application and development of various major modes, 5G also has a profound impact on the application upgrade and intelligent evolution of omni-media communication, presenting the characteristics and innovations of omni-media communication in the 5G era in all aspects.

Keywords: 5G, media convergence, omni-media communication

2.2.3 A Study on the Development of New Communication Technology and the Ecological Reform of Cyberspace（2020-2021）

DOU Wei-hong, REN Wu-jiong, WANG-Jing yi, ZHANG Er-kun, ZHANG Hong-zhong

Abstract: Driven by various new communication technologies, the ecosystem of network communication is changing. This paper mainly focuses on the development and application of all kinds of new communication technologies since 2020. In terms of technical basis, the Satellite Internet can not only build a three-dimensional network serving the earth, but also complement 5G to build more service scenarios; in terms of channel terminal, VR and AR inject vitality into the fields of news reporting, book publishing, film and television industry, games and entertainment, and usher in multiple interactions between reality and virtuality; in terms of content production, social robots are embedded in the fields of news and topic diffusion, computational propaganda, entertainment and so on, and become an important factor that interferes with online public opinion; in terms of communication subject, on the one hand, virtual humans can participate in news communication activities as anchors and journalists. On the other hand, they also play the role of the intelligent subject in finance, education, entertainment, and other fields. At the same time, we must pay attention to the problems in technological development and guide the benign changes of the communication ecology.

Keywords: Satellite Internet, VR, AR, Social robots, Virtual human

2.2.4 Intelligence news Production: Characteristics, News Authenticity, and Ethical Risks

Li Biao

Abstract: The rapid development of science and technology not only intensifies the uncertainty and mobility of modern society, but also changes the individual lifestyle. The embedding of artificial intelligence technology in the news media industry has brought drastic changes in the ecology and communication pattern of the news industry, and the real implementation mode of intelligent news has also changed. It has the generally real characteristics as the news pattern and the personalized characteristics of data authenticity, procedural authenticity, and technical rationality authenticity. Intelligence journalism not only liberates journalists, but also causes ethical disputes as a basic risk. On the one hand, we rely on technology and machinery to move towards a higher level of livelihood, but on the other hand, the reflexivity of modernity has posed potential risks for human development, which is worthy of further discussion and reflection.

Keywords: Artificial Intelligence, Intelligent Communication, Intelligence News, Journalistic Ethics

Section 3. Platform

2.3.1 Micro Innovation of System and Mechanism of Mainstream Media under the Model of "News + Government, Livelihood and Business Services"

ZHI Ting-rong, LIN Shi-qi

Abstract: In recent years, China's media convergence and development has stepped into the "critical stage". The operation model of "news + government, livelihood and business services" has been widely adopted, which reflects and promotes the innovation of the system and mechanism of the mainstream media. Under the guidance of the new model, mainstream media have achieved both internal integration and external cross-border development, continuously expanded the depth and breadth of convergence, and played an important role in the modernization of national and grass-roots governance systems and governance capabilities. From the six aspects of news, government affairs, people's livelihood, enterprises, personal services, and social welfare, this report combs and analyzes the innovative practice of the current mainstream media beyond the "news +" model theoretically, so as to provide a reference for grasping the characteristics and trends of the institutional mechanism innovation of the mainstream media.

Keywords: The mainstream media, "News + government, livelihood and business services" model, Innovation of System and Mechanism

2.3.2 Aggregation, communication, and reproduction: A Research on content operation strategy of original news platform

WANG Jia-hang

Abstract: Under the background of deepening media convergence, the structural reform on the supply side of content production has been further promoted. After the initial establishment of the platform development model, the mainstream media need to expand the capacity of production of high-quality contents and improve the effect of contents' dissemination. This paper proposes that the mainstream media should have a differentiated positioning with the market-oriented content distribution platform, and give full play to the brand advantages. To serve the ecological construction of the platform content, operational strategies of original news platforms should be based on the platform's resources and connections, and be designed from three aspects: aggregation, communication, and reproduction.

Keywords: News, platform, operation strategy

2.3.3 Convergence, Balance and Leveraging: the predicament and improvement solutions of multi-platform operation of mainstream media

Zhang Yue, Zhang Hong-wei

Abstract: Multi-platform operation is a significant as well as promising domain for mainstream media, which is also a problem among media around the globe. The obstacles of multi-platform operation may come from various traits and preferences of different groups, difficulties to attract them, and the demand for diversified distribution strategies. This research takes the practice of Sichuan Daily and Sichuan Radio and Television as cases to study what they have succeeded and learned. The research has found that it is of vital importance for mainstream media to re-accommodate to the management and production flow, and balance the targets of media with regulations of the third-party platforms. However, the core value of media and the third-party platforms are inconsistent, and there is no bargaining power for media to negotiate with the platforms in regulation-making. Consequently, it would be better for mainstream media to enhance content production and distribution by artificial intelligence and improve the self-owned media matrix. Besides, the governments should strengthen the supervision on the third-party platforms.

Keywords: multi-platform operation, mainstream media, the third-party platform, experiences and obstacles

Section 4. Governance

2.4.1 Controversies and Judicial Practice of Copyright Disputes of Audio and Video Works

LIU Xue-yi

Abstract: Copyright is one of the core assets of the network audio and video industry, which has been plagued by various copyright infringements and unfair competition since the establishment of the audio and video industry. With the diversified development of the audio and video industry, the importance of legal protection of copyright has become more and more prominent. This article focuses on the cases of infringement disputes of audio and video works transmitted on the Internet up to the first half of 2021, summarizes the logic and determination of court trials, sorts out the relevant normative legal documents, and discusses the ideas of resolving copyright disputes of audio and video works on the Internet using the precedents of the same industry at home and abroad for reference.

Keywords: Audio and video works, Copyright, Controversy, Judicial practice, Cooperation

2.4.2 Governance System Construction of New Online Audio-visual Services: Logical Approach and Practical Goals

GU Jie, GAO Yue

Abstract: With rapid development, new online audiovisual services have become the main element of current Internet content production and consumption, bringing some new challenges to internet governance. To strengthen the construction of a new online audiovisual services governance system, it is necessary to first clarify its logical approach: serving the modernization of the national governance system, following the logic of comprehensive social governance, and practicing the concept of comprehensive Internet governance. In addition, it is required to find out its practical goals. Its public attributes, multi-agent participation, system construction, and dynamic openness all coincide with the basic characteristics of collaborative governance. To build a comprehensive governance system for new online audiovisual services guided by the concept of collaborative governance, it is necessary to build on an ecological pattern coordinated by multiple entities of "government, platform, and users". It is supposed to consolidate the leadership of the party committee, innovate the government's governance methods, implement the main responsibility of platforms, help users cultivate a sense of self-discipline and supervision, and strengthen online content ecological governance in the context of technological empowerment.

Keywords: Online audiovisual contents, Comprehensive governance, Collaborative governance

2.4.3 Research on False Information of Short Video Platform: Classification, Characteristics and Governance Logic

Tu Ling-bo, Li Xiao-juan, Zhang Zheng

Abstract: China's short video platform continues to develop vigorously in 2021. However, the issue of false information on short video platform has become a focus of attention. This research is based on the classification of fake news, misinformation, disinformation, and rumors. Through content analysis of 342 short video false information cases in the three years from 2018 to 2020, it finds initially that disinformation accounts for a relatively large proportion, and UGC producers are a major part; social news topics accounts for a high proportion, and most of them show the appearance of "pseudo-news"with obvious audio and video characteristics; the time to dispel rumors is relatively short. The research further analyzes the five communication characteristics of short video false information and argues that the generation of false information deserves attention in the process of transforming from personal, non-news information to public and news information. The research also analyzes the three communication forms of short video false information and discusses the governance logic in combination with the policy and normative documents issued by the Cyberspace Administration of China.

Keywords: Short video platform, False information, Communication characteristics, Information governance

Chapter 3. Special Attention

3.1 Communication Matrix and "Deep Fusion" Practice: A Research on China's Three Central Media Mobile Clients

ZHAO Shu-ping, WANG Hai-long, WEI Meng-yao

Abstract: The mobile client is the core entrance of the mobile Internet and the main channel for people to obtain information. In 2021, the initial construction of the mobile client matrix system for the central media will be completed. Media integration in China will also enter the stage of "deep integration" from "true integration", and mobile clients will assume more important missions and functions. This article conducts a special study on the mobile clients of the three major central media outlets of People's Daily, Xinhua News Agency, and China Media Group in 2021, and conducts dynamic observation and comparison from the three dimensions of matrix structure, functional innovation, and operation strategy. It also summarizes the characteristics of the three central media mobile clients: People's Daily builds a public information platform for diversified content aggregation, Xinhua News Agency guides mainstream value with high-quality content, and China Media Group takes advantage of its audiovisual resources. On this basis, this article proposes the future development path of the central media mobile client: 1. Build a shared platform and integrate internal and external resources; 2. Subdivide content vertically to achieve differential development; 3. Comply with technological evolution and innovate media functions.

Keywords: Central media, Mobile client, Communication matrix, Media convergence

3.2 Central-local Linkages and Regional Co-competition: the Coordinated Development and Future Approach of Media Integration in the Guangdong-Hong Kong-Macao Greater Bay Area

TIAN Xiang-ning，ZHAO Shu-ping，WU Hao

Abstract: The construction and development of the Guangdong-Hong Kong-Macao Greater Bay Area has brought opportunities for the media integration of this area, which is cross-media, cross-regional, and cross-system. Based on the survey of media in Guangdong, Hong Kong, and Macao, this article analyzes their integration practices on the two levels and explores possible approaches to achieve media integration in the Greater Bay Area, including promoting information services, exploring new discourses, and building a combined model of regional media integration with Chinese characteristics. Hopefully, this article could provide new research ideas and action guidance on regional media integration and the construction of the Guangdong-Hong Kong-Macao Greater Bay Area.

Keywords: Media Convergence, “Guangdong, Hong Kong and Macau”, Greater Bay Area, Central-local Linkages, Regional Coordination

3.3 “Newspaper + Radio and Television” Pattern: the Path Exploration of Municipal Media in the Context of Accelerating Media Convergence

CAO Wan-hong，WANG Shi-yuan，CHEN Shi-qing

Abstract: In the context of accelerating media convergence deeply, the overall convergence of municipal medium is relatively slow and lagging behind because of weak foundation and poor convergence ability of some municipal medium and the unbalanced developments between regions. This report focuses on the practical exploration of the deep convergence of municipal media, combines some of the media cases that have achieved certain convergence results, and analyzes the characteristics and advantages of the “Newspaper + Radio and Television” pattern which is currently used in the process of deepening convergence of municipal media, in order to help the convergence of municipal media expand the media ecosystem and industry chain and achieve “true convergence”, “deep convergence”, and “broad convergence”.

Keywords: Municipal Media, “Newspaper + Radio and Television” pattern, Path Exploration

3.4 Patterns, Needs and Concepts: An Innovative Research on Cultivation of All-media Journalism and Communication Talents

WANG Jing-wen, ZOU Jia-li

Abstract: Information technology changes are shaping the new industry of journalism and communication, and also giving rise to new demands for journalism and communication talents training. In today’s media integration, facing the needs of media production, dissemination, operation, and management, “all media” has become an important yardstick to measure the structure of talents. This study summarizes the requirements and layout of the national strategy of media convergence for all-media talents based on the recruitment demand information of 31 different levels of media in three years from 2019 to 2021, analyzes the characteristics and trends of the current demand for talents in the media industry, and explores the concept and path transformation of journalism and communication education. On this basis, this study constructs the expected model of journalism and communication talents training in the era of “all media”, creates the innovation of education model which is oriented by core value and combines cross-convergence, professional competence, and media technology. This model aims to make talents take the initiative to know, adapt and seek change, make good use of their inexhaustible wisdom and creativity to stimulate the inner driving force to deepen the development of media convergence, and consolidate the foundation and accumulate dynamic energy for the journalism and communication of the Party and the country.

Keywords: All Media, Talent Training, Industry Demand, Journalism and Communication Education